中国特色哲学社会科学
"三大体系"研究丛书

主编 权 衡 王德忠

中国特色城市理论与实践研究

周海旺 李 健 等◎著

格致出版社 上海人民出版社

丛书编委会

主　任：

权　　衡　王德忠

副主任：

朱国宏　王　　振　干春晖

编　委：（按姓氏笔画顺序）

王　　健　成素梅　刘　　杰　杜文俊　李　　骏　李宏利　李　　健　沈开艳
沈桂龙　张雪魁　周冯琦　周海旺　郑崇选　姚建龙　赵蓓文　晏可佳
郭长刚　黄凯锋

本书由上海社会科学院智库建设基金会资助研究出版

总　序

发挥国家高端智库优势　推动"三大体系"建设

2016 年 5 月 17 日，习近平总书记在哲学社会科学工作座谈会上发表重要讲话，从坚持和发展中国特色社会主义必须高度重视哲学社会科学，坚持马克思主义在我国哲学社会科学领域的指导地位，加快构建中国特色哲学社会科学以及加强和改善党对哲学社会科学工作的领导四个方面，全面系统阐释和深刻回答了进入新时代，坚持和发展中国特色社会主义为什么要构建当代中国哲学社会科学体系，怎样构建具有中国特色、中国风格、中国气派的哲学社会科学等一系列重大理论和实践问题。这是一篇体现马克思主义立场观点和方法、闪耀着真理之光的讲话，是新时代繁荣和发展中国特色哲学社会科学的纲领性文件。为响应习近平总书记关于构建中国特色哲学社会科学、推动"三大体系"建设讲话精神，上海社会科学院组织专家学者深入学习习近平总书记讲话精神，开展我国哲学社会科学学科体系、学术体系、话语体系"三大体系"研究阐释工作。

科学把握中国特色哲学社会科学"三大体系"建设的重大意义

习近平总书记在讲话中明确指出，哲学社会科学是人们认识世界、改造世界的重要工具，是推动历史发展和社会进步的重要力量，其发展水平反映了一个民族的思维能力、精神品格、文明素质，体现了一个国家的综合国力和国际竞争力。习近平总书记还强调，一个没有发达的自然科学的国家不可能走在世界前列，一个没有繁荣的哲学社会科学的国家也不可能走在世界前列。新形势下，我国哲学社会科学地位更加重要、任务更加繁重，要按照立足中国、借鉴国外，挖掘历史、把握当代，关怀人类、面向未来的思路，着力构建中国特色哲学社会科学，不断推进学科体系、学术体系、话语体系建设和创新。我们认为，为实现以上目标，必须科学理解和把握中国特色哲学社会科学与"三大体系"建设的重要内涵。

构建彰显中国自主知识体系的哲学社会科学。当前，世界正处于百年未有之大变局，我国正处于实现中华民族伟大复兴的关键时期。习近平总书记强调："面对快速变化的世界和中国，如果墨守成规、思想僵化，没有理论创新的勇气，不能科学回答中国之问、世界之问、人民之问、时代之问，不仅党和国家事业无法继续前进，马克思主义也会失去生命力、说服力。"进入新时代，我们要坚持以习近平新时代中国特色社会主义思想为指导，坚持把马克思主义基本原理同中国具体实际相结合、同中华优秀传统文化相结合，正本清源、守正创新，立足中国实践，形成中国理论，在回答中国之问、世界之问、人民之问、时代之问中，构建彰显中国自主知识体系的哲学社会科学。

聚焦"三大体系"是构建中国特色哲学社会科学的重要内容和方向。坚持和发展中国特色社会主义，需要加快构建中国特色哲学社会科学。构建中国特色哲学社会科学，要坚持马克思主义理论的指导地位，立足于中国发展实践，学习借鉴国外哲学社会科学积极成果，更好形成学科建设、学术研究与社会实践发展紧密结合、融为一体的新局面，为加快构建具有中国特色哲学社会科学学科体系、学术体系、话语体系注入新动力和活力。

形成"三大体系"有机统一、相互支撑、共同发展的学科发展新路径。在推动学科体系、学术体系、话语体系建设中，要坚持学科体系是基础、学术体系是核心，话语体系是表述，三者是一个有机统一、不可分割、相互支撑、共同发展的整体。要进一步夯实和健全我国哲学社会科学发展的学科体系和学术体系，把马克思主义理论学科做大做强，把基础学科做扎实，把优势学科巩固好，把新兴学科、冷门学科、特色学科、交叉学科等发展好。要推动习近平新时代中国特色社会主义思想系统化、学理化研究，把党的创新理论成果与"三大体系"建设融会贯通，深入挖掘新思想蕴含其中的哲理、道理和学理。要聚焦新时代中国改革开放和创新发展实践，突出问题导向，加快理论提炼和总结概括，构建中国自主知识体系的学科体系、学术体系和话语体系。

要加快提升中国国际传播能力建设，深化国际传播理论体系建设和实践创新发展，讲好中国故事，传播好中国声音，向世界展示真实、立体、全面的中国。

在国家高端智库工作中推动"三大体系"建设

为深入贯彻落实习近平总书记关于加快构建中国特色哲学社会科学的重要讲话精神和上海市委关于推动上海哲学社会科学大发展大繁荣的战略工作部署，近年来，上海社会科学院立足作为综合性人文社会科学研究机构的学科特色优势和国家高端智库优势，持续推动党的创新理论系统化、学理化研究，持续深化我国和上海发展的重大理论和现实问题研究。

我们注重发挥学科综合优势和国家高端智库优势，不断推动学科发展和智库建设，加快推动中国特色哲学社会科学建设。特别是 2023 年以来，结合主题教育和大调研活动，进一步发挥国家高端智库优势，加快推动中国特色哲学社会科学学科体系、学术体系、话语体系研究和建设。

一是面对复杂的国际国内环境，必须加快构建中国特色哲学社会科学体系。当前，我国正处于复杂的国际国内发展环境下，解决意识形态巩固的问题、各种思想交锋的问题、经济社会发展的问题、深层次矛盾和风险挑战的问题及全面从严治党的问题，都迫切需要哲学社会科学更好发挥作用。当今中国正日益走向世界舞台中央，中国的思想学术和文化也必须跟上来，不能落后，也不能缺席。这就必须依赖于中国特色哲学社会科学提供有力支撑。

二是建设中国特色哲学社会科学要正确理解学科体系、学术体系、话语体系三者之间关系。哲学社会科学体系是学科体系、学术体系和话语体系的有机统一，其中学科体系是基础、学术体系是核心，话语体系则是表达呈现。近年来，上海社会科学院坚持学科发展与智库建设"双轮驱动"战略，努力推进建设一流的"智库型学府、学府型智库"，坚持和发展马克思主义，立足中国国情与中国优秀传统文化，积极吸收国外哲学社会科学的有益资源，服务中国实践、构建中国理论，努力将党的创新理论成果和重要思想、重要主张等转化为知识话语、研究范式、学术理论，建构中国自主知识体系，融通国内外的新概念、新范畴、新表述，形成更大国际传播力和影响力。

　　三是发挥国家高端智库优势和实施大调研，把"三大体系"建设与中国实践、中国经验、中国理论的提炼总结相结合。当前中国哲学社会科学体系的构建，必须持续从我国经济社会发展的实践中挖掘新材料、发现新问题、总结新经验，要加强对改革开放和现代化建设的观点总结和理论提炼，这是中国特色哲学社会科学发展的着力点。上海社会科学院在近些年的理论研究和学科建设中，努力发挥国家高端智库的优势，广泛推动社会调研活动，注重从我国改革发展实践中挖掘新材料、发现新问题、提出新观点、构建新理论，注重对习近平新时代中国特色社会主义思想的系统化研究和学理化阐释，形成我国哲学社会科学的特色和优势，在学界推动建设具有领先水平和较强影响力的学科体系、学术体系和话语体系。

　　四是努力构建系统性和专业性相统一的学科体系、学术体系和话语体系。在"三大体系"建设中，必须重视系统性和专业性相统一。其中，系统性从理论逻辑、历史逻辑及实践逻辑三大逻辑把握。理论逻辑是在顶层设计中坚持和发展马克思主义基本原理，深化拓展马克思主义理论研究和党的创新理论成果的研究阐释；历史逻辑体现在必须更好地传承中华优秀传统文化和思想体系，提出并展现体现中国立场、中国智慧、中国价值的理念、主张和方案；实践逻辑是要求立足于实际发展并解决实际问题。从三大逻辑出发，我院坚持以马克思主义为指导，聚焦十八大以来党的创新理论成果和经济社会发展现实问题，注重学科前沿和学科交叉等研究方法，努力构建中国特色的学科、学术和话语体系。在专业性方面，上海社会科学院设有 17 个研究所，学科门类齐全，传统学科基础好，新兴学科布局早，特色学科发展快，拥有一批学科建设的领军人才，在谋划和推进构建中国特色哲学社会科学方面，也具备较为扎实的基础。

　　五是在"三大体系"建设中培育更多高水平哲学社会科学人才。推动哲学社会科学大发展大繁荣，关键要素还是人才。中国特色哲学社会科学事业是党和人民的重要事业，构建中国特色哲学社会科学是一项极为繁重的系统科学工程，需要广大哲学社会科学工作者在坚持党的领导、坚持和发展马克思主义的基础上，不断开拓学术研究、倡导先进思想、引领社会风尚。作为"智库型学府、学府型智库"，上海社会科学院在大调研基础上，积极稳妥推进科研管理体制机制改革和优化，加快建立和完善符合新时代哲学社会科学发展规律、体现上海社会科学院优势特色、有利于出高质量成果和高水平人才的科研管理体制机制。

以学科发展与智库建设"双轮驱动"推动"三大体系"建设

上海社会科学院创建于 1958 年，是新中国最早建立的社会科学院，也是上海唯一的综合性人文和社会科学研究机构。成立 65 年来，上海社会科学院为我国哲学社会科学的繁荣发展作出了积极贡献。

党的十八大以来，在上海市委和市委宣传部的领导下，上海社会科学院守正创新、勇毅前行，加强哲学社会科学大发展，在理论创新研究、服务决策咨询、人才队伍建设、引导主流舆论等方面取得了丰硕成果。

2023 年，上海社会科学院认真开展主题教育工作，组织专家学者深入学习党的二十大报告提出的一系列新思想、新观点、新论断，深入研究阐释习近平总书记关于加快构建中国特色哲学社会科学的重要讲话精神，进一步聚焦党的创新理论，注重基础研究与应用研究融合发展、相互促进，注重系统化研究、学理化阐释和学术化表达，全院以构建中国特色哲学社会科学自主知识体系为聚焦点，以中国实践为出发点，以理论创新为着力点，在全国率先开展哲学社会科学"三大体系"建设。院党委举全院之力、聚全院之智，17 个研究所齐上阵，全面、完整、系统开展有组织研究；我们也邀请部分全国和上海知名专家一起参与研究，撰写完成了中国特色哲学社会科学"三大体系"研究丛书。这是当前对推动我国哲学社会科学"三大体系"建设和研究做的一次有益探索，以期为促进我国哲学社会科学繁荣发展作出自己的贡献。

衷心希望我院科研工作者在建设社会主义现代化国家新征程中，牢记嘱托、砥砺前行，为不断开创我国哲学社会科学大发展大繁荣的崭新局面作出更大贡献。

上海社会科学院党委书记、研究员　权　衡
上海社会科学院院长、研究员　王德忠
2023 年 8 月

目 录

前 言 /001

第一章 中国特色城市发展实践探索与理论阐释

第一节 建党百年以来中国城市工作的路径梳理 /001

第二节 党的十八大以来中国城市工作的新实践与新探索 /003

第三节 中国特色城市理论的新阐释与新建构 /012

第四节 中国特色城市发展实践与理论新展望 /026

第二章 城市人口发展与新应对

第一节 中国城市人口政策演变 /028

第二节 中国城市人口发展变化特点与规律 /032

第三节 党的十八大以来中国城市人口发展经验与问题 /045

第四节 中国城市人口发展前景展望及新应对 /054

第三章 以人为本的新型城镇化

第一节 中国城镇化发展道路回顾 /057

第二节 新型城镇化的理论体系 /063

第三节 党的十八大以来的新型城镇化实践探索 /066

第四节 新型城镇化建设成就 /071

第五节 中国推进城镇化的发展经验与趋势展望 /074

第四章 城市经济高质量发展

第一节 城市经济高质量发展分析框架 /080

第二节 改革开放以来中国城市经济发展的历史过程 /086

第三节　中国城市经济高质量发展的经验规律　/093

第四节　中国城市经济高质量发展的挑战与路径　/096

第五章　科技创新驱动城市转型

第一节　科技创新与城市发展新动能　/102

第二节　科技创新驱动城市发展的机制分析　/106

第三节　创新驱动中国城市发展的探索　/115

第六章　现代化城市治理体系

第一节　中国城市治理体系的演化　/122

第二节　新时代中国城市治理的要求　/124

第三节　中国现代化城市治理体系的构建　/126

第四节　中国现代化城市治理的总结与展望　/133

第七章　城市基本公共服务均等化

第一节　中国城市基本公共服务的发展与演进　/135

第二节　城市基本公共服务的基本特征与供给模式　/141

第三节　党的十八大以来城市基本公共服务均等化发展的新探索　/145

第四节　中国城市基本公共服务均等化发展的总结与展望　/150

第八章　韧性城市与安全城市建设

第一节　韧性城市与安全城市　/156

第二节　城市公共安全　/161

第三节　中国城市公共安全体系建设情况　/172

第四节　党的十八大以来城市公共安全防控体系的新探索　/175

第九章　数字化转型与智慧城市建设

第一节　数字化转型与智慧城市的理论基础　/183

第二节　中国数字化转型与智慧城市建设的实践探索　/189

第三节 党的十八大以来对数字化转型与智慧城市建设的新要求和新探索 /196

第四节 中国数字化转型与智慧城市建设的总结与展望 /200

第十章 城市更新发展

第一节 中国城市更新的发展历程 /210

第二节 城市更新发展的新要求 /215

第三节 人民城市理念与城市更新 /223

第四节 中国城市推动以人民为中心的城市更新探索 /227

第十一章 新城与新区建设

第一节 新城新区的理论基础 /233

第二节 中国新城新区建设的实践探索 /240

第三节 党的十八大以来对新城新区发展的新要求和新探索 /250

第四节 中国新城新区建设的总结与展望 /257

第十二章 城乡融合发展

第一节 城乡融合发展的理论综述 /265

第二节 中国城乡关系的阶段性演变 /269

第三节 中国城乡融合发展的探索实践 /274

第十三章 城市群与都市圈

第一节 中国城市群、都市圈概念的提出与发展 /288

第二节 中国城市群、都市圈战略的演进与特征 /296

第三节 中国重点城市群实践与经验总结 /300

第十四章 面向新时代的国土空间规划体系

第一节 国土空间规划的内涵与属性 /309

第二节 国土空间规划体系建构的历史逻辑 /312

第三节 国土空间规划体系建构的时代要求 /315

第四节　国土空间规划体系的总体框架与运行逻辑　　/318

第五节　国土空间规划体系发展的未来展望　　/321

参考文献　/324

后　记　/328

前　言

党的十八大以来，在中国特色社会主义理论指导下，中国不断创新城市发展思路和方法，遵循人民城市理念，在人口城市化、新型城镇化、区域协调发展、城市产业创新转型、城市治理现代化、城乡融合发展、生态城市建设、城市更新改造、智慧城市、城市规划等领域不断丰富城市发展理论，探索适合中国国情的城市发展道路，城市建设和人民生活不断取得新的进展。中国城市发展的伟大实践为城市发展理论创新提供了丰富的素材，中国特色社会主义城市发展理论为中国城市社会经济的繁荣发展提供了重要的理论指导。对中国特色的城市发展社会实践和理论创新进行归纳和总结，具有重要的理论意义和应用价值。

中国的城市化重视区域协调发展。坚持大中小城市和小城镇协调发展，推动城市规模结构、空间结构和要素结构持续优化。同时，不断提升城市群的经济和人口承载能力，强化中心城市的龙头作用和对中小城市的辐射引领作用，重视县城在连接城市和乡村发展中的重要平台作用，发挥特色小镇在乡村振兴中的重要作用。

中国的城市化强调以人为本。把促进人的全面发展、提升人民生活水平作为城镇化的出发点和重要目标。在城市化过程中，坚持"量力而行、尽力而为"的原则，有序引导人口流动，为进城人口提供就业、住房、教育、医疗、养老、社保等基本公共服务，促进新老市民融合发展。

中国的城市化重视公平和效率的均衡。在城市化过程中，重视社会公平，公共服务政策强调共建共享，让市民享受优质均衡的公共服务。建立起了适合中国国情的比较完善的社会保障体系和社会救助体系，基本养老保险、基本医疗保险和社会救助制度实现了全覆盖，城镇老年人口退休金连续20多年增加；"看病难、看病贵"的问题正在逐步得到解决，公共卫生服务体系更加健全，人均期望寿命超过发展中国家平均水平，城镇贫困人群和残疾人群等弱势群体都能享受基本的社会保障待遇。住房方面建立了市场和保障两种住房模式，基本解决了城镇人口的居住问题，政府采取了多种措施，控制房价的过快上涨，控制别墅等高端住房供给，保障广大市民的基本住房需求。在城市经济发展中重视调节收入分配，初步建立起三次分配制度，通过税收制度、转移支付、社会保障、慈善事业等方面的改革，缩小收入差距，为中低收入人群提供更多的支持。

中国的城市化重视城乡融合和一体化发展。重视城乡一体化的管理体制、政策和制度顶层设计，完善城乡产业、交通、水电煤气等基础设施以及人口、城镇、公共服务等规划的城乡统筹协调，既提升城镇化的水平和质量，也提升乡村地区的农业生产专业化和市场化水平，促进农村社会经济发展，提高农民的生活水平。

当前，中国正处于迈向全面建设社会主义现代化国家新征程、向第二个百年奋斗目标进军的关键时刻，新阶段、新理念、新格局向中国城市建设和发展提出一些新的理论和实践问题，需要我们开展深入研究。比如：在满足广大市民对美好生活的需要方面如何提供多层级、高水平的公共服务；在城市发展中如何跨越"中等收入陷阱"，实现共同富裕的战略目标；在全国人口负增长的背景下，人口扩张城市如何为不断增加的人口提供公共服务，人口收缩城市如何调整城市规划实现可持续发展；如何实现城市治理能力和治理水平现代化，在全面发展中保持社会和谐稳定；如何抓牢新科技革命的机遇，实现城市产业和城市管理的数字化转型，增强城市发展活力；如何既借鉴国际先进城市发展经验，又发挥中国特色社会主义城市发展的活力，探索出中国式的城市化道路，为全世界城市发展贡献中国智慧；如何在城市发展中实现人口、资源、环境的协调发展，防范和治理城市灾害，增强城市发展韧性；如何在城乡一体化和融合发展过程中，实现乡村振兴、农业现代化、农民城市化，实现城乡资源、劳动力和市场要素互联互通；等等。

由于时间紧、任务重，书中可能还存在一些问题和不足，欢迎广大读者批评指正。我们在以后的研究中将不断总结中国的城市发展实践探索经验，深化中国特色的社会主义城市发展理论，为推动中国和全球的城市科学发展提供参考。

第一章　中国特色城市发展实践探索与理论阐释

建党百年以来，基于马克思主义城市思想指导，中国共产党根据中国城市和经济社会发展实际，对中国城市工作理论进行积极探索，形成在多个阶段的实践工作框架。2015 年 12 月召开的中央城市工作会议指出，城市是中国经济、政治、文化、社会等方面活动的中心，在党和国家工作全局中具有举足轻重的地位。党的十八大以来，以习近平同志为核心的党中央深刻认识到城市在中国经济社会发展、民生改善等工作中的重要作用，不断强化党对城市工作的领导，坚持"人民城市人民建、人民城市为人民"的核心理念，推动以人为核心的新型城镇化发展，走出了一条中国特色城市发展道路，并建构了基于马克思主义城市思想的全新的中国特色城市实践和理论框架。

第一节　建党百年以来中国城市工作的路径梳理

在 20 世纪中国共产党成立前后，城市一直是党的工作重心，城市工作一直贯穿于党的主要工作当中，比如城市经济工作、城市工运工作、城市宣传工作等，中国共产党也在城市中具备了雄厚的群众基础和工作基础。20 世纪 20 年代大革命失败后，中国共产党开始将工作重心放在农村，实施"农村包围城市"战略。随着中国共产党领导的人民革命胜利，在 1949 年党的七届二中全会上，毛泽东同志指出"开始了由城市到乡村并由城市领导乡村的时期"，要求在这一段时期"必须用极大的努力去学会管理城市和建设城市"。新中国成立后，尽管出现发展进程的波折，但城市工作一直是中国共产党治国理政的重要内容，特别是基于建设现代化工业国家的目标，党在借鉴马克思主义城市理论和苏联城市建设经验的基础上，把城市建设和发展作为重要着力点，开启全面推动城市工业化发展的转变。比如在新中国成立初期就提出规划把北京建设成大工业城市和现代化的工业基地，提出上海从消费型城市向生产型城市转型。由于城市人口急剧增长，粮食紧张、住房短缺等矛盾凸显，该阶段中国的城市工作需要调整。总体上，城市工业化发展在短期帮助中国大多数城市实现复兴发展，推动了中国经济发展。

1978年3月，国务院召开了第三次全国城市工作会议，再次强调要发挥城市在中国经济社会发展中的重要地位和作用。在以经济建设为中心的基本路线指引下，中国城市经济和城市建设都得到快速推进，城市现代化发展进程得以开启。相比新中国成立初期的城市工业化发展战略，以经济建设为中心的战略更为综合，在工业区、高科技园区等建设的基础上，商务区、商业区、现代服务业集聚区等不断发展，中国城市经济发展更为健康。从20世纪70年代末期到21世纪第一个十年，中国城镇化率得到了极大提升，从1978年的17.92%增长到2011年的51.27%。与此同时，中国城市居民的收入水平和消费能力也不断上升，人民生活水平不断改善，其中，城市居民可支配收入从1978年的343元增长到2011年的21 810元，城市人均消费支出从1978年的311元增长到2011年的15 161元。与发达国家的城市比较来看，北京、上海、深圳、广州等城市在改革开放政策的加持下，迅速提升为具有一定影响力的世界城市，彰显了中国城市在中国特色社会主义制度下的发展优势。该阶段，经济发展与城市建设相互支撑，城市经济规模快速扩容、城市基础设施不断升级、城市公共服务不断优化，城市发展、人民生活都得到明显改善，总体上处于良好发展状态，但过于侧重经济增长，地方城市政府陷入唯GDP的发展陷阱，中国城市在生态环境、农民工社会融合、公共服务等方面存在不足，还存在城市交通拥堵、城市历史文化破坏严重等问题，"城市让生活更美好"的目标并没有完美实现。

党的十八大，以习近平同志为核心的党中央确立了以人为本的新型城镇化战略和以人民为中心的城市发展思想，针对过去阶段城市建设和发展中发生的经济发展、城市建设、生态环境与人民对城市美好生活追求不匹配的问题进行反思和改革，明确"提高新型城镇化水平，走出一条中国特色城市发展道路"，这条道路着力把马克思主义、社会主义制度的人民立场贯穿城市经济和发展的全过程中，以人为本、人民城市等都是从政治和意识形态属性维度继承并发展马克思主义对城市生产、城乡关系及列宁对城市与人民关系的论述，最终推动形成人民城市这一中国特色的马克思主义城市思想。正如习近平总书记在浦东开发开放 30 周年庆祝大会上讲话所指出的，"要坚持广大人民群众在城市建设和发展中的主体地位"，核心实质就是坚持"人民城市人民建、人民城市为人民"，依靠人民推动城市建设和发展，让人民享受到城市发展的红利和成果，城市是人民对美好生活向往的重要载体平台。习近平总书记提出的人民城市论断，突破了资本主义对城市是工业发展容器和经济增长机器的传统定位理念，是对马克思主义和列宁城市思想的继承发展，让中国城市的人民属性不断增强。

第二节　党的十八大以来中国城市工作的新实践与新探索

自党的十八大以来，以习近平同志为核心的党中央不断创新城市工作思路，在人民城市理念根本指导下，在区域协调发展、新型城镇化建设、科技创新转型、城市现代化治理、城乡融合发展、生态城市建设、历史文脉保护以及智慧城市等领域不断探索和实践，中国城市建设和城市发展都取得了卓越的成绩。

一、实施区域协调发展战略，优化全国城市发展格局

城市作为某一类空间主体，与乡村地区共同构成区域，因此，区域协调发展对城市工作而言就是优化城市发展格局的问题。区域协调发展战略与党的十六届三中全会提出的"统筹区域发展"相承接并有发展，2017 年 10 月，习近平总书记在十九大报告中提出实施区域协调发展战略。2018 年 11 月，国务院出台《中共中央　国务院关于建立更加有效的区域协调发展新机制的意见》。之后每年国务院《政府工作报告》中都重点提出，要深入实施区域重大战略、区域协调发展战略、主体功能区战略，构建高质量发展的区域经济布局和国土空间支撑体系。

从区域协调发展总体战略看，首先是继续推进西部大开发，振兴东北地区等老工业基地，促进中部地区崛起，鼓励东部地区率先发展，进一步健全区域协调互动机制。此外，深入推进京津冀协同发展、粤港澳大湾区建设、长三角一体化发展，推进长江经济带共抓大保护，推动黄河流域生态保护和高质量发展，推动成渝地区双城经济圈建设，促进革命老区、民族地区、边疆地区、贫困地区加快发展，发展海洋经济等重点区域。

其次是国家主体功能区，根据资源环境承载能力、现有开发密度和发展潜力，统筹考虑未来中国人口分布、经济布局、国土利用和城镇化格局等，将整体国土空间划分为优化开发、重点开发、限制开发和禁止开发四类，按照主体功能定位调整完善区域政策和绩效评价，规范空间开发秩序，形成合理的空间开发结构。根据主体功能区的开发目标，优化开发区域、重点开发区域及城市化地区是中国城市空间布局最集中的区域。根据全国主体功能区规划，构建以陆桥通道、沿长江通道为两条横轴，以沿海、京哈京广以及包昆通道为纵轴，以国家优化开发和重点开发城市化地区为主要支撑，以轴线其他城市化地区为重要组成的城市化战略格局。着重推进环渤海、长江三角洲、珠江三角洲地区优化开发，形成三个特大城市群，推进哈长、江淮、海峡西岸、中原、长江中游、北部湾、成渝、关中—天水等地区的重点开发，形成若干新的大城市群和区域性城市群，以构建高效协调可持续的全国城镇空间格局。

最后是城市群发展。从区域协调发展的角度理解新型城镇化发展，就是坚持大中小城市和小城镇协调发展，提高城镇综合承载力，推动城市规模结构、空间结构的持续改善，加快培育发展中小城市，强化区域综合交通运输网络的支撑。积极稳妥推进城镇化，逐步改变城乡二元结构，引导形成合理的新型城镇化格局，把城市群（包括都市圈）作为推进城镇化的主体形态，以沿海及京广京哈线为纵轴、长江及陇海线为横轴构建多个城市群。已形成城市群发展格局的京津冀、长三角、珠三角区域加强城市群内各城市分工协作，提升整体竞争力。正在成长的城市群要加强培育和统筹规划，强化中心城市龙头作用、加强对中小城市的辐射引领，强化不同规模城市的协同一体化高效发展。

二、实施新型城镇化战略，全面提高中国城镇化质量

实施新型城镇化战略是推动中国全面建成小康社会、推动经济转型发展以及加快推进社会主义现代化发展的重要路径。城镇化是农村人口和非农产业在城镇集中的过程，从人类社会发展的一般客观规律来看，这也是一个国家推动现代化发展的重要标志。2014 年 3 月，中共中央、国务院发布《国家新型城镇化规划（2014—2020 年）》并指出，城镇化是现代化的必由之路，是解决农业农村农民问题的重要途径，是推动

区域协调发展的有力支撑，是加快产业结构转型升级的重要抓手。从 2014 年开始，国家发改委陆续推出多批国家新型城镇化综合试点城市和标准化试点城市并制定每年的新型城镇化工作要点和重点任务。梳理近些年发布的发展规划、工作要点和重点任务等文件，可以归纳出四个重点方面。

一是以人为本和着重强调人的利益。与传统城镇化发展更强调人的城镇集中不同，新型城镇化注重保护人在城镇化后的利益保障。包括在合法稳定就业以及合法稳定住所的条件下，全面放开中小城市和建制镇落户的限制、有序合理放开大城市落户的限制和条件。解决农业人口进入城市后难以融入城市社会的问题，在教育、就业、医疗、养老及保障性住房等领域享受城镇居民的基本公共服务。完善公共就业创业服务体系，创新机制和拓宽路径，加强对农民工职业技能培训，加大农民工创业政策的扶持力度。创新公共成本分担机制，构建政府主导、多方参与、成本共担、协同推进的农业转移人口市民化机制，降低农业转移人口进入城镇的成本和风险。

二是注重综合统筹和可持续发展。新型城镇化不是单纯的人口城镇集中和城市人口比例提升，而更加强调城市发展方式的转型，不断优化城市空间结构，推动在产业发展、基础设施、公共服务、人居环境、社会保障等领域实现乡城的更好转变，以综合统筹和可持续发展推动高质量的城镇化。其中，在产业方面强调以科技创新驱动转型升级，优化营商环境、创业就业环境等，增强经济发展活力和扩大就业容量。在城市空间方面注重中心城区更新改造，保护和延续城市文脉，统筹新城新区建设，提升城乡接合部规划建设和管理服务水平。加强市政建设和公共服务设施建设，提升城市基本公共服务能力，增加对城镇化发展支撑。适应现代城市发展的理念和规律，提高城市规划建设水平，健全规划管理体制机制，增强现代化治理能力，提升城市治理水平。

三是推动城乡融合和一体化发展。加快城乡二元结构的治理，完善城乡规划，注重从产业、人口、基础设施、公共服务等领域推动要素在城乡之间流动和平等交换，推动公共服务资源的均衡配置。重点工作包括城乡统一要素市场建设（包括实现劳动者平等就业、健全城乡统一建设用地市场、促进农业科技研发推广以及农业科技金融发展等），城乡规划、基础设施建设与公共服务供给一体化发展等。推动农业现代化发

展，主要包括转变农业发展方式，提高农业科技创新能力、市场流通能力及改善现代
生产装备、经济组织模式，提高农业综合生产能力、市场竞争力和可持续发展能力；
建设社会主义新农村，提升规划管理水平，强化农村基础设施建设和服务网络建设，
推动公共服务包括教育、医疗、文化设施向农村倾斜。

四是创新城镇化发展顶层制度设计。积极推动人口管理、土地管理、财税和金融
体制、城镇住房和生态环境等重点领域的体制机制改革。人口管理加快改革户籍制度，
创新和完善人口服务管理制度，包括全面推进流动人口居住证制度、健全人口统计与
信息管理，促进人口有序流动、合理分布；实施严格的耕地保护和建设用地集约利用
制度，统筹耕地总量规模和质量，完善占补平衡制度，完善农村土地、宅基地和集体
建设用地管理制度改革，鼓励盘活城市建设用地存量、优化土地利用结构。此外，还
应创新新型城镇化建设财税体制和投融资体制改革，完善政府转移支付和地方税体系，
建立规范的城市建设投融资机制；建设总量基本平衡、房价市场调节的住房供需体系，
保障城镇常住人口的合理需求，完善房地产市场调控长效机制；实施最严格的生态环
境保护制度，建立国土空间开发保护制度、实行资源有偿使用和生态补偿制度、建立
资源环境产权交易制度和实行严格环境监管和考核评价制度等。

三、实施科技创新发展战略，培育城市发展新动能

2008年金融危机之后，新一轮科技革命拉开序幕，关于城市发展动力和新兴产业
体系重塑的研究成为热点领域。近年来，随着国际国内形势剧烈变化，各地不断调整
发展模式等，中国经济发展进入新常态，对中国城市产业经济发展都产生了重要影响。
早在2006年，党中央就提出了"坚持走中国特色自主创新道路"。在十八大以后，党
中央继续强调创新在中国现代化建设格局中的核心地位，坚持创新驱动发展，不断开
辟城市经济发展新领域新赛道，重塑城市发展动力体系和新的发展动能。党的二十大
报告中，更是响亮提出"实施科教兴国战略，强化现代化建设人才支撑"，表明了党中
央对科技创新发展战略的重视，科技创新发展必将成为新时代中国城市发展的新动能。

一是完善城市科技创新生态体系。优化科技创新资源配置，推动科研机构、高水
平研究型大学、科技领军企业、中小型科技企业等创新主体不断激发活力，改善创新

服务、金融支持、中介服务等配套体系建设，以区域科技创新生态体系建设国际科技创新中心城市、区域科技创新中心城市，形成多层次国家创新体系，提升科技创新基础能力，加大多元科技投入，不断提升国家创新体系整体效能。深化科技创新体制机制改革和科技评价改革，加强知识产权保护，优化提升全面支撑创新的基础制度环境保障。繁荣包容性的科技创新文化，弘扬科学家精神，营造最佳社会创新文化氛围。融入全球科技创新网络，加强国际科技合作交流，积极全球性科技创新资源配置枢纽，形成最具影响力的科技创新生态体系。

二是加快推动创新驱动发展战略。坚持创新是第一动力的思维，加快推动和落实创新驱动发展战略。坚持面向新科技革命的前沿、面向国家战略重大需求、面向经济主战场及社会实际需求，加快推动高水平科技自立自强。加强科技创新基础研究，积极推动原创性"从0到1"创新研究，引领世界科技革命发展的前沿。在当前复杂的国际经济背景下，积极面向国家重大战略需求，加快实施一批具有战略性的重大科技项目，打赢关键核心技术攻坚战，解决在集成电路、生物医药等领域的"卡脖子"难题，提升国家自主创新能力。面向经济发展和社会民生等需求，积极推动企业主导的科技创新生态更好发展，不断提升科技创新成果转化和产业化水平，推动创新链、产业链、资金链和人才链等深度融合发展。

四、推动城市现代化治理，构建多元共治的社会格局

党的十八届三中全会提出"推进国家治理体系和治理能力的现代化"。2015年12月的中央城市工作会议提出"转变城市发展方式，完善城市治理体系，提高城市治理能力，建设和谐宜居、富有活力、各具特色的现代化城市，走出一条有中国特色的城市发展道路"。习近平总书记也多次强调"城市治理是国家治理体系和治理能力现代化的重要内容""提高城市治理现代化水平，开创人民城市建设新局面"。[①] 由此可总结出中国城市现代化治理的三原则：坚持以人民为中心、强调系统性综合治理、推动城市治理数字化转型。

---

① 习近平：《在上海市考察工作时的讲话》2018年11月6—7日。

一是坚持以人民为中心和问题导向。把握中国城市发展基本价值导向，坚持人民城市属性，服务百姓生产生活的各类需求，聚焦群众反映强烈的突出问题、难题顽症、关键瓶颈等，以社会调查为手段，强化原因剖析和源头治理，坚持民有所呼、我有所应，努力为群众提升安全感、幸福感和获得感。同时要坚持放权赋能基层治理，结合社会治理网格化，全面激活社会活力和鼓励公众参与，充分发挥社会化专业团队和第三方服务力量，汇聚更多城市基层力量参与城市治理，构建多方力量协同互动的基层治理格局，不断探索城市治理的客观规律。

二是强调系统性综合治理。随着城市发展背景的变化和社会主要矛盾转化，特别是城镇化率提升导致城市规模不断扩增、城市结构日益复杂，城市建设从增量扩张向增量与存量并重、城市有机更新不断推进，对城市治理的要求也不断升级，城市精细化管理、城市高品质治理、从物质保障向文化传承和机制建设等成为城市现代化治理的根本要求。这就需要进一步强化系统性思维和综合性工程建设，注重经济社会全工作领域覆盖及规划、建设、管理之间全过程重叠并行的复杂关系，重视短期治理和长效常态治理的更好结合，各种治理主体包括平台、部门、个体等之间的衔接与协同，城市治理"神经末梢"的打通等，形成畅通高效的治理系统，培育城市现代化治理的总体架构。

三是推动城市治理数字化转型。城市现代化治理必须是以数字化转型和智慧城市建设为根本保障。当前，城市经济社会全领域数字化转型和新基建行动加快推进，为城市治理数字化转型提供技术支撑和基础设施保障，也为城市治理流程再造和机制变革提出新的要求。城市现代化治理必须建立在一个全域感知、全息智研、全时响应、全程协同、全面统筹精细化综合管理平台之上，从而构建城市大脑，围绕城市治理存在的突出问题增强信息采集、计算和处理等其他功能，实现城市治理精准施策和靶向发力[1]。

五、贯彻落实人民城市理念，完善高品质公共服务

从党的十九大报告，到"十四五"规划和2035年远景目标纲要，都明确了以人民

---

[1] 邢娜：《提高城市治理现代化水平》，《人民日报》2021年4月13日。

为中心的发展原则。"人民城市"理念是中国现代城市建设和治理理论引领时代的代表性成果，鲜明回答了城市建设发展"依靠谁""为了谁"的根本问题，构建起人民城市理念的基础框架。人民城市理念包含丰富的城市发展内涵，可以有效协调生产、生活、生态各方面工作，激活政府、社会、市民等多方力量参与城市建设。建设社会主义现代化城市，必须将城市发展客观规律与中国特色社会主义理论实现融合，更好地服务于人民群众对美好生活的向往。

人民城市理念要求把服务人民体现到解决民生问题和提升服务便捷度等方面，在创新管理服务、提升民生服务以及改造社区环境等方面着力，破解城市服务低效、公共产品和服务供给不足等问题，以人民幸福感是否得到提高、人民满意不满意为最终检验标准，让人民群众享受更多的城市发展成果。①

一是以"两张网"建设推动城市服务提质增效。通过"一网通办"简化办事环节和优化流程，推动高效办事；强化用户体验导向，拓宽服务事项、畅通受理渠道，提升在线办理率和全程网办率；主动加强与群众、企业交流互动，提供定制化、个性化政务服务。通过"一网统管"在一个端口实现城市治理要素、对象、过程、结果等各类信息全息全景呈现；在一个平台上对城市治理各事项进行集成化、协同化、闭环化处置，推动各类事件处置和风险应对更主动、更及时、更高效。市级平台要抓总体、抓大事，区级平台要发挥枢纽、支撑功能，街镇平台则要抓处置、强实战，履行各自服务职能。

二是在教育、医疗卫生、养老等民生问题上有新突破。推进优质义务教育更加均衡、更充分发展。创新工作机制，探索新的教育资金投入渠道，加快品牌中小学以及教育机构人、财、物等资源跨区域流动。提高医疗和医保服务水平，深化基层医疗卫生服务改革。以信息化为基础整合医疗资源，共享优质医疗资源，加强基层卫生服务，提高就医便利性。重视和加强社区居家养老体系建设，开展长期护理保险试点工作，不断创新养老服务工作。

三是更新改造老式住宅小区居住环境。"十四五"期间，体现人民城市理念仍需从

---

① 李健：《"十四五"打造高品质生活，必须始终牵住这个"牛鼻子"》，《上观新闻》2021年5月8日，https://export.shobserver.com/baijiahao/html/364570.html。

居民感受最直接的地方入手，将居住环境改善与高品质生活营造相结合。推进住房改造试点项目，包括各类旧住房修缮、小区设施设备更新改造、小区综合环境综合整治试点等。探索"服务＋"供给模式，着力解决人民群众的"急难愁盼"的成套改造、屋面改造、厨卫改造等突出社会问题，提供改善型服务，为人民提供更为宜居的城市生活环境。

四是推动城市有机更新，提升城市文化休闲环境。加强城市有机更新，完善城市基础设施和公共服务，形成绿色、智慧、人文生活方式。延续城市历史文脉，挖掘文化内涵，推动城市宜居宜业宜游，打造高品质的人民文化活动区，真正体现以人民为中心和全民共享，优先满足公园绿地、道路广场、文化休闲等公共功能土地需求，彰显城市魅力和让生活更美好。

六、实施生态文明发展战略，促进人与自然和谐共生

1987年，以布伦特兰夫人为主席的世界环境与发展委员会向联合国大会提交《我们共同的未来》报告，报告系统阐述了人类面临的重大人口、经济、社会、资源和环境问题，提出"可持续发展"概念，指既满足当代人需要又不对后代人满足其需要的能力构成危害的发展。可持续发展涉及可持续经济、可持续生态和可持续社会三方面的协调统一，要求人类在发展中讲究经济效率、关注生态和谐和追求社会公平，最终达到人的全面发展。可持续发展虽然缘起于环境保护问题，但作为一个指导人类走向21世纪的发展理论，它已经超越了单纯的环境保护。它将环境问题与发展问题有机地结合起来，成为一个有关社会经济发展的全面性战略。

2005年8月15日，习近平在浙江湖州安吉县余村考察调研时对余村关闭矿区，走绿色发展之路的做法给予高度肯定，首次提出"我们既要绿水青山，也要金山银山。宁要绿水青山，不要金山银山，而且绿水青山就是金山银山"的重要论断。2012年，党的十八大报告用大量篇幅描绘了建设生态文明的宏伟蓝图，在2015年春又提出"绿色发展"重要理念。2017年10月，党的十九大报告提出："我们要建设的现代化是人与自然和谐共生的现代化，既要创造更多物质财富和精神财富以满足人民日益增长的美好生活需要，也要提供更多优质生态产品以满足人民日益增长的优美生态环境需要。

必须坚持节约优先、保护优先、自然恢复为主的方针，形成节约资源和保护环境的空间格局、产业结构、生产方式、生活方式，还自然以宁静、和谐、美丽。"

一是推进发展方式绿色转型。加快建立绿色生产和消费法律制度、政策体系，建立健全绿色低碳循环发展经济体系，这是中国实现经济高质量发展的关键环节。构建市场为导向的绿色技术创新体系、清洁能源产业，推进资源节约和循环利用，加快推动中国产业结构、能源结构、交通运输结构等调整优化。发展绿色金融，完善和支持绿色发展财税、投资、价格等政策和标准体系。发展绿色低碳产业，加快节能降碳先进技术的研发应用，倡导绿色低碳生产方式和生活方式。

二是着力防治突出环境问题。坚持源头防治、精准治污、依法治污，持续实施蓝天、碧水、净土"保卫战"，基本消除重污染天气。统筹水资源、水环境、水生态治理，推动重要江河湖库生态保护治理。强化土壤污染源头管控和修复，加强农业面源污染防治。提升环境基础设施建设水平，推进城乡人居环境全面整治。加强固体废弃物和垃圾处置。全面实行排污许可制度，提高污染排放标准，强化排污者责任，健全环保信用评价、信息强制性披露、严惩重罚等制度。构建政府为主导、企业为主体、社会组织和公众共同参与的环境治理体系。

三是加大生态系统保护力度。以国家重点生态功能区、生态保护红线、自然保护区等为重点，实施重要生态系统保护和修复重大工程，提升生态系统质量和稳定性。推进国家公园为主体的自然保护地体系建设，科学开展国土绿化行动，实施生物多样性保护重大工程。严格保护耕地，扩大轮作休耕试点，健全耕地草原森林河流湖泊休养生息制度，建立市场化多元化生态保护补偿机制。改革生态环境的监管体制，完善生态环境管理制度，构建国土空间开发保护制度。

四是积极推进碳达峰碳中和。立足中国经济发展阶段和结构、能源资源禀赋，坚持分步骤推进碳达峰行动，完善能源总量和强度的消耗调控，最终转向碳排放总量和强度的"双控"。推动能源革命，加快规划建设新型能源体系，大力发展清洁能源，推进工业、交通以及建筑等领域向清洁低碳转型。加强煤炭、石油等传统能源高效清洁利用。完善碳排放统计核算制度，健全碳排放权市场交易制度。积极参与应对全球气候变化治理，落实减排承诺。

七、推动韧性城市建设，让城市发展更安全更可持续

20 世纪 90 年代末，随着全球气候变化、极端灾害、金融危机等公共危机事件频发，韧性城市正式进入了社会关注视野，人们开始在城市规划中通过调整社会框架、提升基础设施能力来预防未来风险冲击。党的十九届五中全会在审核"十四五"规划和 2035 年远景目标纲要时首次提出"建设宜居、创新、智慧、绿色、人文、韧性城市"。党的二十大报告再次提出"打造宜居、韧性、智慧城市"。由此，韧性城市建设已经纳入国家战略规划中，以更好地提升城市应对极端天气、洪涝灾害以及城市病等突发危机的能力。根据国际组织倡导地区可持续发展理事会的定义，韧性城市指城市具备抵御灾害的能力，通过合理调配资源，快速从灾害中恢复，可以更好提升城市对抗灾害的能力。因此，韧性建设是一个系统性工程，包括了组织、制度、预案、硬件、主体、数字化等多个领域的内容。

在韧性城市建设的过程中，必须强化全社会组织体系，明确韧性城市建设的主管部门，党政部门要齐抓共管，坚持防灾减灾的底线思维，做好预防工作，对于易发灾害、重大灾害做好监测预报、做好应对准备，协调多部门和强化信息共享，精准响应、共同行动。要不断强调韧性城市建设与城市应急管理体系、能力的更好对接，完成韧性城市规划、技术和评估体系，加强韧性城市硬件基础设施建设，建立科学的城市灾害风险评估框架，及时发现潜在的风险灾害，不断提升城市的韧性和安全能力。强化数字化赋能韧性城市建设，积极利用大数据、人工智能等提升城市监测预警、风险评估和信息服务等功能，提升韧性城市运行效率。

第三节　中国特色城市理论的新阐释与新建构

当前，中国正处于迈向全面建设社会主义现代化国家新征程、向第二个百年奋斗目标进军的关键时刻，新阶段、新理念、新格局向中国城市建设和发展提出许多重大理论和实践问题，比如基于区域协调的城市体系与布局问题，中国新型城镇化水平调控与高质量发展问题，城市现代化治理问题，科技创新与城市经济发展问题，生态文明与可持续发展问题，城市发展新理念与公共服务供给问题，城市安全与灾害防护问

题，等等。中国特色城市实践的任务，就是进一步从中国国情出发，解决新型城镇化及城市快速发展中不断出现的矛盾和问题，并进一步形成中国特色城市发展理论。为了更好地完成该任务，必须持续总结中国城市工作的实践经验，吸纳西方城市发展的一般规律、方法以及理论，建构具有中国特色的城市理论和方法。综合党的十八大以来中国城市工作的实践情况，与 2015 年 12 月举行的中央城市工作会议内容和精神相适应，从理论框架来看，本书尝试从城市工作的全局性、系统性、发展持续性、宜居性以及主体性等维度初步建构中国特色城市理论的新路径。

一、统筹空间、规模、产业三大结构

习近平总书记指出"国际经验表明，在城市快速发展过程中，能否形成符合当地实际、体现资源禀赋、文化特色的城市发展空间结构、规模结构、产业结构，直接关系城市发展全局"[①]。在传统的城市科学研究中，空间结构、规模结构以及产业结构这三大结构是基于区域差异与协同发展的重要研究内容，涵盖空间布局、规模分布、功能分工三大重点规划与实践工作。

（一）空间结构

空间结构是从区域角度探讨城市的空间布局及其相互作用的问题。从理论上探讨，一个均质地域范围内的城市空间分布是有规律的，并通过相互作用和空间扩散机制构成区域城市的有机整体。就中国发展实践看，城市空间结构从 20 世纪 80 年代以来强调增长极向更平衡的发展不断演化，从强调中心城市发展向重视城市群、都市圈演化，从强调中心城区建设向城乡协调、城乡融合的发展演化。

改革开放以来，中国东部地区在政策加持下经济率先腾飞，引导城市发展领先于中心部地区和东北地区，大量中西部地区的人口在东部沿海地区大城市集聚，东部地区城市发展明显快于中西部地区，这也引发较大的区域发展差异以及东部地区城市发展的瓶颈，区域空间结构亦出现严重失衡。党的十八大以来，我们在城市政策上坚定了区域协调发展战略，在区域战略规划的引导下，以新型城镇化发展为契机，在西部

[①] 习近平：《做好城市工作的基本思路》，载《十八大以来重要文献选编》（下），中央文献出版社 2018 年版。

大开发强调以线串点，以点带面，依托中心城市和交通干线，实行重点开发；在中部地区强调以大城市为引领，逐步引导中小城市更好崛起；在东部地区，控制超大特大城市规模的无序扩张，鼓励中小城市持续发展。在区域层面上，面对单个城市独立发展能力越来越有限问题，中国更重视城市群打造和建设，通过地区不同城市之间的互联互通、共享发展，最终实现"一加一大于二"的协同发展效应。19个城市群的规划建设，一方面在全国范围内强调城镇发展区域的平衡，另一方面赋予城市群内部不同规模和等级城市不同功能，强调分工协调和优势互补，推动城市群内部区域城市发展的协同发展。而在城乡关系方面，乡村振兴战略与新型城镇化发展相互支撑，改变过去产业发展、基础设施、公共服务等过度集中在中心城区的方式，强调人财物在城乡的自由流通，推动乡村地区产业发展、基础设施建设和公共服务建设不断升级。

（二）规模结构

由于城市内外部发展条件的差异，会导致城市成长或者是承载力有较大差异，最终形成不同规模的城市。城市规模一般是用人口规模予以表达，城市规模已经成为城市最为直观的一直综合性特征，最大的城市已经达到几千万人口，而小的城市仅有几千人。从全球范围来看，一个国家或者区域城市规模结构都有一定规律，比如城市首位率、金字塔分布、位序—规模分布，对于不同城市规模结构及其分布的解释，往往受其经济社会的历史进程所影响，历史进程又会反作用于经济社会发展。因此，对城市规模结构的研究必须立足于国家或区域的自身特点。中国一直强调控制大城市规模，但从实际发展效果看，改革开放后特别是在20世纪90年代以后，中国的改革开放政策与全球化发展大潮相适应，推动沿海地区的一些大城市快速发展，而中小城市受虹吸效应影响，发展受到抑制。党的十八大以来，国家实施更为科学严格的方针，实施差别化的城市人口发展政策，使得中国城市规模结构更加科学。

新中国成立以来，总体上采取了控制大城市规模的方针。改革开放前主要学习苏联研究和规划方法，重视城市职能划分和工业地域综合体发展，严格控制大城市发展。1978年以后，国家社会经济建设逐渐回到正轨，主要根据中国城市化发展情况逐步制定相关城市发展方针。1980年，国务院批转《全国城市规划工作会议纪要》，提出了"控制大城市规模，合理发展中等城市，积极发展小城市方针"。20世纪90年代后期，

《中国 21 世纪议程》对城市化提出新的目标，即适当控制大城市人口增长过快的势头，发展大城市的卫星城市，积极适当发展中小城市与大力发展小城镇。

党的十八大以后，中国在国家新型城镇化中进一步强调优化城镇规模结构，增强中心城市辐射带动功能，加快发展中小城市，有重点地发展小城镇，促进大中小城市和小城镇协调发展。其中直辖市、省会城市、计划单列市和重要节点城市等中心城市是中国城镇化发展的重要支撑。沿海地区中心城市加快升级，参与全球产业劳动分工，提升国际竞争力。内陆中心城市要加快建立现代产业体系，提升要素集聚、科技创新和高端服务能力。特大城市要适当疏解部分经济功能及其他功能，通过科学规划形成与周边城市更好的产业分工、基础设施对接、公共服务共享，发展一体化、同城化都市圈。把加快发展中小城市作为优化中国城镇规模结构的主攻方向，加强产业发展和公共服务布局，积极推动以县城为重要载体的新型城镇化。按照控制数量、提高质量的要素，推动小城镇发展，积极承担中心城市疏解功能，发展成为服务乡村、带动周边的乡村振兴重要枢纽。同时在户籍政策改革方面不断加大力度，根据城市现有基础实施差异化落户条件，城区常住人口 100 万以下的中小城市和小城镇取消落户限制，城区常住人口 100 万至 300 万的大城市要全面取消落户限制，城区常住人口 300 万至 500 万的大城市要全面放开放宽落户条件，并全面取消重点群体落户限制。

（三）产业结构

优化城市产业结构，包括促进城市经济转型升级，推动科技创新，改善营商环境和提升经济发展活力，把城市打造成为创新创业发展的摇篮和乐土。在城市地理学及城市经济学中，城市产业结构是城市功能结构的部分内容，但城市功能结构具体到产业层面就是城市产业结构。当前，在中国城市经济结构转型和发展方式转变的背景之下，城市产业结构更可以直接替代城市功能结构的概念。

优化城市产业结构包括多层次内涵，重点是对传统产业结构的改造和对战略性新兴产业体系、现代服务产业体系的培育。过去大投入大产出的发展模式已经对城市生态环境、宜居环境造成了较大伤害，未来要进一步按照主体功能区要求，充分考虑城市资源环境承载力、要素禀赋等重构城市产业体系，包括数字化改造和提升传统产业，淘汰更多的落后产能，培育信息技术、生物医药、新能源以及新材料等新兴产业，推动金融、物流服务、信息服务等现代服务业发展。在城市产业结构体系层面，进一步推动超大特大及大城市形成服务业经济、战略性新兴产业等为主的产业结构，在中小城市层面要依据城市的环境承载力、资源禀赋、地理区位、劳动力条件等构建特色鲜明、优势互补的产业格局。

其次要强化城市创新能力和营造良好创业环境。当前进入新一轮科技革命时代，科技创新已经成为城市经济社会发展的最大动力，必须进一步发挥城市作为创新载体的重要作用，集聚更多的科技、人才、教育、资本等优势资源，推动城市的科技创新之路不断繁荣。在这个过程中，必须注重城市创新生态系统的完善构建，更好发挥企业作为城市科技创新的主体地位，还要发挥城市作为创业平台的作用，充分发挥城市在集聚资源、交通联系、规模经济等方面的经济作用，城市在财政支持、金融服务、税收减免、人才集聚等方面的支持作用，为中小型企业尤其是创业型高科技企业提供良好的经营环境，激发更多人才特别是青年人才自主创业，通过创业带动就业，打造城市良好的发展环境。

二、统筹规划、建设、管理三大环节

习近平总书记指出"统筹规划、建设、管理三大环节，提高城市工作的系统性。城市工作要树立系统思维，从构成城市诸多要素、结构、功能等方面入手，对事关城市发展的重大问题进行深入研究和周密部署，系统推进各方面工作"[1]。习近平总书记关于统筹规划、建设和管理要注重系统性的论述，强调了城市发展过程中三大环节要系统研究、周密部署，要创新理念、坚持人民城市建设的思想，要注重城市内在品质的建设和提升，要提升为人民服务的水平。

（一）规划环节

近现代城市规划理论发轫于 19 世纪末和 20 世纪初，这时基本处于工业化早期阶段，之后基于城市发展各类问题，田园城市理论、新建筑运动、广亩城市概念、有机疏散理论等不断演化，而《雅典宪章》正式确立了现代城市规划设计的基本原则。二

---

[1] 习近平：《做好城市工作的基本思路》，载《十八大以来重要文献选编》（下），中央文献出版社 2018 年版。

战以后，城市进入一个全新平稳发展阶段，各国政府开始非常重视城市规划学科，理论研究蓬勃发展，其研究范围和研究深度都进一步扩展。首先是城市规划开始扩展到区域规划层面，城市规划要求和区域发展协调。其次是城市理论的理论多元化，城市规划考虑的因素在逐渐增多，开始涉及经济、社会、生态问题，把城市规划作为一个生态系统来发展建设。在这个时期，汽车快速发展，城市空间、空间结构大变革，大都市区、大都市带也开始形成。

20世纪90年代以后，城市发展再次发生三大变革：一是人口、环境和资源问题成为全球问题，可持续发展嵌入城市规划；二是城市居民的权利受到关注，以人为本的思想嵌入城市规划；三是全球化发展成为最大的背景，城市规划需要考虑更多外部环境因素，全球化发展城市成为新理念。中国城市规划同样也重视上述因素，党的十八大以来，党中央提出城市规划要创新规划理念的核心思路，包括纳入以人为本、可持续发展、绿色低碳、开放创新等理念，注重城市规划更好为人民服务，改变扩张式的城市规划模式，转而强调效率开发和结构优化，重视城市规模、开发边界、开发强度，在新一轮国土空间规划中强化"三区三线"的划定，统筹城市空间布局，强调绿色低碳产业发展和城市建设，推动用地的混合开发和利用，统筹城市发展与区域的融合、与乡村的融合。城市规划在程序上强调科学性，强调前期研究、公众参与、专家论证、规划评估等作，加强与经济社会、国土资源、生态环境、基础设施建设等相衔接，实现"多规合一"和"一张蓝图管到底"。强调规划权威性和严肃性，以法制形式确保城市规划持之以恒的落实，加强规划督察，实施严格的监管，纳入干部考核和离任审计，包括运用数字化和信息化等手段，强化对城市规划的管控。

（二）建设环节

城市建设是对城市规划的传承和落实，在理念上实现统一，就中国城市建设的需求来看，在过去相对粗放的发展模式引领下，城市建设在集约紧凑、绿色发展等方面存在一定差距。党的十八大以来，在新型城市建设思想引导下，推动城市绿色发展，提高城市智能化水平，增强城市历史文化魅力，全面提升城市内在的品质成为主要的引领方向。

绿色城市建设要求将生态文明理念全面融入城市发展过程，构建城市绿色生产方式、绿色生活方式和绿色消费方式。严格控制高耗能、高排放产业的发展，集约利用土地、能源和资源，推动循环经济发展模式。积极扩大新能源的供给，提高新能源和可再生能源使用的比重。实施绿色建筑计划，加快现有建筑的节能改造行动，倡导绿色交通和新能源汽车的应用。实施更为高效的大气污染防治、水污染防治行动，开展区域联防联控联治。推动垃圾分类，加快城市固体废弃物的循环利用。合理划定生态红线，保护生态用地空间，增加森林、湖泊、湿地等面积。在智慧城市建设方面，要更好统筹城市市政设施、产业发展、交通设施等与信息资源结合，推动物联网、云计算、大数据乃至人工智能等与城市经济社会深入融合。推动新一代网络、数据中心等新型基础设施建设，推动数据开放以及业务协同，强化信息资源的社会化开发，推广智慧化信息应用和信息服务，增强城市信息系统和数据资源的安全保障。注重城市历史文脉的保护，打造更具魅力的城市文化创意空间，注重历史文脉的延续包括文化资源挖掘、文化生态的保护及优秀传统文化的再开发，保存城市文化记忆。完善城市现代公共文化服务体系，为人民群众提供更好的文化服务，推动古今文化协调、中外文化交融，最终构建城市多元开放的现代城市文化体系，培育更强的城市软实力。

（三）治理环节

习近平总书记强调"城市建设和城市管理相辅相成，建设提供硬环境，管理增强软实力，共同指向完善城市功能""城市管理要像绣花一样精细"[1]，这要求树立以人为本的治理理念，完善城市治理结构以及不断创新城市治理方式，提升城市治理数字化水平，构建现代化城市治理体系。

就党的十八大以来的实践总结，始终要求"人民城市人民建、人民城市为人民"的核心理念，在城市治理中坚持为人民服务的核心主线。第一，安全城市就是城市治理的第一原则，正如习近平总书记强调的，"无论规划、建设还是管理，都要把安全放在第一位，把住安全观、质量关，并把安全工作落实到城市工作和城市发展各个环节各个领域"[2]。第二，顺应城市社会结构变化的新趋势，创新社会治理体制改革，推动

---

① 习近平：《在北京市考察工作结束时的讲话》，2014年2月26日。
② 习近平：《做好城市工作的基本思路》，载《十八大以来重要文献选编》（下），中央文献出版社2018年版。

政府、社会、个人等多元主体更好良性互动，坚持依法治理、综合治理等，更好规范社会行为、协调社会关系。强化城市治理的信息化、社会化服务，更好服务于人民群众的各层次诉求。第三，积极培育发展社会组织，激发社会治理的更多活力主体。加快公共服务向基层社区的延伸，整合人口、社保、民政、卫生计生、文化、综合治理、维稳、新房等管理职能和服务资源在社区实现更好落地，引导各类社会组织比如业委会、物业公司、志愿者、驻区单位等，积极参与社区服务管理。第四，鼓励多部门城市管理职能整合，健全社会治安综合治理机制，积极解决影响人民群众安全的社会治安问题。第五，完善城市应急管理体系，以韧性城市、海绵城市建设等强化城市防灾减灾能力，提高城市建筑质量和防灾标准，合理规划和布局城市应急避难场所。建立更好的应急防灾保险制度，发挥社会力量在应急管理中的作用。

三、统筹改革、科技、文化三大动力

习近平总书记指出，"统筹改革、科技、文化三大动力，提高城市发展持续性。城市发展需要依靠改革、科技、文化三轮驱动，增强城市持续发展能力"[1]。传统城市经济学借助古典经济学、新古典经济学的研究路径，更强调资源、资本以及劳动力的投入问题，这也是包括中国在内的许多国家和城市成功发展的经验所在，但对城市组织问题、社会问题、文化问题等相对忽视。2008年全球金融危机之后，新一轮科技革命正式开启，以期更好地通过改革来解放制度的发展"桎梏"，通过科技创新来推动生产力发展跳出"泥坑"，通过优秀文化提升城市"软实力"，成为时代探索。党的十八大以来，围绕改革、科技、文化三大动力，以习近平同志为核心的党中央多次提出，"城市发展需要依靠改革、科技、文化三轮驱动，增强城市持续发展能力"[2]。

（一）改革动力

改革开放是20世纪80年代以来中国经济实现腾飞、沿海地区城市发展快速崛起的重要政策保障。其中，针对中国自身存在的各种制度限制，"改革"成为驱动发展的

---

[1]　习近平：《做好城市工作的基本思路》，载《十八大以来重要文献选编》（下），中央文献出版社2018年版。

[2]　同上。

最大利器。党的十八大以来，党中央提出新型城镇化发展重大战略，与传统城市化发展相比较存在价值导向、发展方式、发展重点等发展内涵和发展内容的巨大差异，在这个过程中，改革再次成为驱动城市发展的一大利器。

首先在发展总体布局上，强调以全国主体功能区规划和国土空间规划为基础，推动"多规合一"，统筹城市规划、建设、管理和户籍等多个领域的改革，打破过去多个部门各自为政，多个规划相互打架的窘境。进一步深化城市管理体制改革，配合政府机构改革，更好地明确不同部门的管理范围、权力清单和相关的责任主体，让城市不同领域的管理条线更加清晰、责任和义务更加明晰。在新型城镇化的发展进程中，要不断深化户籍改革，除超大、特大城市继续坚持积分制度外，其他类型的城市要坚持少限制或不限制农村转移人口落户，同时更好地帮助其在城市生活就业，包括提供廉租房、公租房，更好地发展产业和推动创业等；此外，更要进一步强化在土地、财政、教育、医疗、养老等公共投入和公共服务方面的配套改革，保障子女享有受教育权，建立社区卫生服务体系，建立更科学成本分担机制，明确承担主体和支出责任，理顺政府、企业、个人的责任，推动农业转移人口更好融入城市社会，最终更好地实现市民化转换。

（二）科技动力

现代城市规划都是基于要素推动和资本推动的发展模式，多聚焦于土地利用，相对忽略城市社会发展的全新动力。这主要是因为传统的控制性框架下的空间规划，往往比制定一个动态发展的创新战略规划更容易。但在新的发展背景条件下，传统城市规划对于社会经济、环境和文化不平衡发展的问题，并无更好解决办法。2008年，全球金融危机对经济造成了巨大冲击，传统的"纽伦港"模式（即以服务业为主的产业结构）开始受到怀疑和挑战，纽约、伦敦、新加坡以及上海、北京都提出科技创新的发展战略。全球新冠肺炎疫情以来，社会经济发展问题频发，科技创新体现的科技动力开始受到广泛关注。

改革开放以来，中国经济社会发展取得举世瞩目的伟大成就，但科技创新能力不足一直制约着中国产业结构进一步升级，中美贸易摩擦及美国在科技方面的限制，都说明了传统发展模式的局限性。2006年，全国科技大会提出自主创新、建设创新型国家战略。党的十八大以来，党中央更加重视科技创新在城市发展的"内生动力"作用，习近平总书记提出，中国要实现高水平科技自立自强。美国著名管理学家迈克尔·波特（Michael E. Porter）曾提出区域发展动力的四阶段理论：要素驱动、资本驱动、创新驱动、财富驱动。随着要素驱动和资本驱动在中国城市逐渐发展乏力，创新驱动必须走到台前，在城市层面，要求改变过去以资源大范围开发、资本大规模投入、土地无限制使用的模式，转向科技创新驱动发展的新道路。这就要求更加重视教育、重视人才、重视研发，通过推动城市科技、文化等诸多领域改革，优化创新创业生态链，让创新成为城市发展的主动力，释放城市发展新动能。在城市建设和管理的进程中，通过加强城市管理数字化平台建设和功能整合加强建设综合性城市管理数据库，推动智慧城市建设，更好服务于城市民生需求，让城市生活更加美好。

（三）文化动力

当前城市发展不仅关注技术、基础设施、生产部门等物质建设，而且关注社会、文化、艺术和教育部门等非物质发展。因此，城市建设必须能推动城市生活各方面，包括在思想、文化、技术和组织等方面保持创新性和创意性。关键问题是推动科技创新和文化创意的平衡，应摒弃过去城市社会生活中环境、经济、社会和文化不均衡发展的错误做法。文化创意是一个整合的发展进程，涵盖城市生活的所有领域，包括经济、政治、文化、环境和社会创新等，通过城市文化创意整合发展，真正使城市能够应对全球经济危机和实现有效率的发展。因此，通过"软"的城市文化创意发展，以解决城市中的社会融合等问题，在新的城市战略规划中必须有所体现。

从中国城市工作的实践看，过去粗放的城市发展模式伴随城市的大拆大建，城市旧区改造和更新进程中往往是对城市老建筑等的完全拆除。习近平在福建工作时候就重视城市传统文化及文化设施的保护，制定《福州市历史文化名城保护管理条例》，通过建章立制为福州市历史文化的保护奠定法律基础。中国几千年的传统文化在城市高度集聚，各地各种物质文化和非物质文化都是后世人民和国际游客了解中国文化和民族品格的重要渠道，必须予以保护和弘扬，不断延续城市历史和人文的血脉。保护好民族文化遗产，这是当前城市工作中的重要任务，并可在一定阶段转化为产业发展动能、社会稳定器。此外，文化还能够更好地提升城市软实力，习近平总书记在2016年哲学社会科学工作座谈会上强调，"文化自信是更基本、更深沉、更持久的力量"，要培育和践行社会主义核心价值观，坚持城市历史文化传统以及时代要求，不断打造城市精神和培育城市品格，提升市民素质和城市文明程度，努力让城市文化魅力绽放，文艺创作精品迭出，文化潮流引领风尚，文化生活更加多彩，对外树立文明开放形象，对内更好凝聚人心。

四、统筹生产、生活、生态三大布局

土地资源是城市发展最宝贵的资源之一，城市空间结构则是城市土地利用的空间投影。党的十八大以来，中国将城市空间结构与组织优化问题提到前所未有的高度，根本实质在于对土地利用结构和效率的关注。党的十八大报告提出"优化国土空间开发格局"，强调"调整空间结构，促进生产空间集约高效、生活空间宜居适度、生态空间山清水秀"。2013 年 11 月，党的十八届三中全会决定中，要求"建立空间规划体系，划定生产、生活、生态空间开发管制界限，落实用途管制"。在 2013 年 12 月中央城镇化工作会议上，进一步明确中国城市空间优化提升的方向，提出"按照促进生产空间集约高效、生活空间宜居适度、生态空间山清水秀的总体要求，形成生产、生活、生态空间的合理结构"。传统城市空间研究多聚焦于城市生产空间、生活空间，但从党的十八大开始，优化城市空间结构和管理格局都是与增强城市综合承载能力联系在一起，即增加生态空间维度。从全国层面看，优化城市空间结构和管理格局在不同规模尺度城市下需要不同的推进路径。正如 2015 年中央城市工作会议所强调的："城市发展要把握好生产空间、生活空间、生态空间的内在联系，实现生产空间集约高效、生活空间宜居适度、生态空间山清水秀。城市工作要把创造优良人居环境作为中心目标，努力把城市建设成为人与人、人与自然和谐共处的美丽家园。"

（一）生产布局

生产布局是决定城市生产力空间落地与组织的工作，不同产业发展具有不同空间布局需求，要按照统一规划、协调推进、集约紧凑的原则，统筹中心城区和新城新区、郊区乡村产业发展和布局。

从党的十八大以来中国城市生产布局的实践可以看出，中国注重中心城区和周边

区域的劳动空间分工，加快中心城区老工业区搬迁改造，推动中心城区生产制造功能不断向郊区转移，大中城市中心城区以金融、商贸、法律、中介、广告、文化、信息等功能为主，郊区新区新城侧重制造业为主、多业综合发展，而郊区乡村地区围绕乡村振兴战略，在粮食、蔬菜、渔业等基础上，强调一二三产业融合发展，通过"六次产业化"推动产业转型升级。在中心城区更新改造的过程中，进一步统筹地面地下空间开发，推动居住、办公、商业、交通等功能的混合布局与综合开发，不断提升旧区空间功能。在新城新区产业发展与布局过程中，注重土地集约利用，强调产业投入密度、产出密度、污染强度及综合的资源环境承载力基准，要严格控制用地规模和开发强度过高；统筹工业区与城市生活区的规划建设，推动产城融合和功能混合开发；推动郊区工业区城市化功能改造，推动从单一的生产功能向城市综合功能转型，促进人口集聚和发展服务产业。乡村地区，要在耕地红线和保护基本农田基础上，适当推动农业园区建设，开发食品制造、食品加工以及仓储物流、农业旅游与文创产业等发展。

（二）生活布局

城市经济的高速发展吸引了大量农村人口进入城市，城市人口的快速扩张，一方面在规模方面对城市社会生态系统形成压力，另一方面基于收入、身份、教育等社会地位产生巨大社会鸿沟，引发诸多社会问题。基于以上发展背景，社会结构转型对生活布局的要求第一是要深化城镇住房制度改革，继续完善城市住房保障体系，加快城镇棚户区和危房改造，加快老旧小区的改造，为人民群众提供更好的居住环境；此外，增强新城新镇吸纳人口、服务配套和产业升级综合能力，特别是着力推动住房、教育、医疗、交通等社会保障，保障外来人口共享新型城镇化的发展成果。第二，面对城市人口快速增长而建设土地减少困难，转变空间开发模式，提高土地利用效率就成为核心任务，重点是要建设安全高效便利的生活服务和市政公用设施网络体系，如优化社区生活设施布局，健全社区养老服务体系，合理布局菜场、农产品批发市场，统筹电力、通信、给排水以及供热、燃气等地下管网建设。第三，要推动城市公共交通发展，加快构建以公共交通为主体的城市交通出行系统，推动公共交通系统的数字化改造。第四，完善基本公共服务体系，不断提升水平，统筹布局学校、医疗卫生机构、文化设施、体育场所等公共服务设施建设，注重城乡基本公共服务体系建设的平衡。

（三）生态布局

坚持"绿水青山就是金山银山"的核心理念，让尊重自然、绿色低碳的思想嵌入城市工作的全过程，推动城市发展由外延扩张式不断向内涵提升式转变。在城市定位和发展规模的规划中，将城市环境容量和城市综合承载能力作为基本依据，为城市发展保障足够的生态空间。在城市建设的进程中，城市交通、能源、供排水、供热、污水、垃圾处理等基础设施，应按照绿色循环低碳的理念进行规划建设。在城市总体规划层面上划分城市生态空间，予以绝对保护建设；注重城市与自然山水的更好融合，通过生态建设、生态修复等工作，推动山水城市、田园城市再现。注重划定水体保护线、绿地系统线、基础设施建设控制线、历史文化保护线、永久基本农田和生态保护红线，坚持"精明增长""紧凑城市"建设的理念，科学划定城市开发边界，防止"摊大饼"式扩张，推动形成绿色低碳的生产生活方式和城市建设运营模式。在城市生态保护红线基础上，持续扩大城市生态空间，增加森林、湖泊、湿地面积，推动农村废弃地、其他污染土地、工矿用地转化为生态用地；在城镇化地区合理建设各种生态绿地、生态廊道。

五、统筹政府、社会、市民三大主体

习近平总书记强调，"统筹政府、社会、市民三大主体，提高各方推动城市发展的积极性。城市发展要善于调动各方面的积极性、主动性、创造性，集聚促进城市发展正能量。要坚持协调协同，尽最大可能推动政府、社会、市民同心同向行动，使政府有形之手、市场无形之手、市民勤劳之手同向发力"[1]。传统上，城市治理的主体就是政府，而现代城市治理往往是多元主体共同参与治理，实现城市治理效能的提升和社会公共利益的最大化。习近平总书记关于城市治理统筹政府、社会、市民三大主体的论断，为中国城市治理主体培育指明了方向，通过党委领导、政府负责、社会协同、公众参与、法治保障构建全新社会治理体制，推动中国人民城市建设。

（一）政府主体

作为城市治理的传统主体，政府要努力完善治理结构，创新城市治理方式。必须

---

[1] 习近平：《做好城市工作的基本思路》，载《十八大以来重要文献选编》（下），中央文献出版社2018年版。

明确政府在现代城市治理中的主导作用，政府注重从宏观层次和全局发展上配置重要资源，注重保障城市基本公共服务，针对社会和市民需求最紧迫的公共产品、公共服务进行有组织生产供给，弥补市场供给的不足和缺陷。政府要注重通过有限的力量比如政府财政，调动更多社会力量、个人力量参与城市治理过程，产生"四两拨千斤"的效果。政府要注重创新社会治理方式，特别是主要加强精细化治理，构建更为安全的城市数字化管理平台和数据库资源，利用"一网通办"和"一网通管"，提升城市治理和城市服务的效率。此外，还要特别重视社区基层组织的力量，健全社区管理和服务体制，整合各种资源以增强社区作为城市治理体系基本单元的公共服务能力。

（二）社会主体

从发达国家城市的经验来看，推动政府协议、购买服务、公私合作等形式与社会主体合作提供城市公共服务、解决公共问题已经成为普遍共识和推动路径，社会组织在社会治理实践中发挥了重要的作用。社会主体不仅可以提供公共服务，以较高的服务效率满足民众的公共服务需要，而且以公共利益为导向促进城市公平均衡发展。加快社会组织管理立法，从法律层面给予社会主体参与城市治理的合法地位和路径，并强化社会主体参与城市社会治理的监管评估机制建设。政府建立科学合理的公共政策和引导机制，加快培育各类服务类社会组织，建立公开透明的市场秩序，在城市现代治理进程中，让各类社会组织主体有序参与、公平竞争，提升其参与城市治理的能力。鼓励社会主体参与城市社区治理，完善相关的基层社区依法治理体制。

（三）市民主体

习近平总书记提出，"市民是城市建设、城市发展的主体"①，要提高市民的文明素质，尊重市民对城市发展决策的知情权、参与权、监督权，鼓励更多企业和市民通过各种方式参与城市建设、管理，承担社会责任，正如习近平总书记强调的，"只有让全体市民共同参与，从房前屋后实事做起，从身边的小事做起，把市民和政府的关系从'你和我'变成'我们'，从'要我做'变为'一起做'，才能真正实现城市共治共管、

---

① 习近平：《做好城市工作的基本思路》，载《十八大以来重要文献选编》（下），中央文献出版社2018年版。

共建共享"。[①]市民是城市的基本主体,通过市民的有效参与,可以有效弥补城市发展建设决策制衡,小到行道树的树种选择,大到交通路网、城市地标以及城市风貌管控,可以更多听取基层群众呼声。市民参与城市治理,可以打破部门垄断和归口隔绝,更好统筹城市治理和提升效能。此外,通过市民的参与,更可推动城市治理的常态和长效,带来的效果不是一次或多次"创文""创卫"所能比拟的。从市民主体参与的路径来看,包括网络参与决策、居民反馈电话、社情民意信箱等途径。基层社区治理是最佳平台,强化市民参与社区治理意识,定期举行征询意见、组织活动,共同治理社区事务,把更多权力交到居民手中,强化市民自我组织和管理能力。

第四节 中国特色城市发展实践与理论新展望

尽管党的十八大以来,中国城市发展取得了巨大成就,包括在区域协调发展、新型城镇化、科技创新、生态城市、高品质公共服务供给、韧性城市等领域实现突破。但正如马克思主义基本原理指导的那样,所有理论都随着时代、实践、科学发展而不断发展。纵观人类社会发展的趋势和中国经济社会面临的问题,特别是中国式现代化、共同富裕等发展目标提出,本书认为未来中国特色城市实践和理论构建主要有以下几个方面的探索。

一是人口负增长背景下的新型城镇化发展。尽管已经先后出台"二孩"政策乃至"三孩"政策,但中国人口负增长的态势已经形成,未来人口总量减少和人口老龄化、少子化的趋势将会对新型城镇化发展形成巨大制约,包括新型城镇化应该采取发展模式、政策措施等研究;面对某些城市在人口规模减少后形成"收缩城市"应该如何应对及怎样实现复兴;公共服务和基础设施如何配给;就业岗位如何满足等将成为重点研究内容。

二是高水平的城市现代化治理。随着中国迈入全面建设社会主义现代化国家新征程,城市现代化治理就成为实现经济社会组织的重要组织保障。现代化治理要求通过纳入政府、社会、市民等多维主体共同参与,实现社会各方利益的最大平衡,同时最

---

① 习近平:《做好城市工作的基本思路》,载《十八大以来重要文献选编》(下),中央文献出版社 2018 年版。

小化社会矛盾冲突。重点包括权力和资源在不同主体之间的分配，公平参与城市决策的过程，提供更多的就业岗位与公共服务，公共政策和法律的透明度，对普通市民参与城市治理的包容性等重点研究内容。

三是新科技革命与智慧城市建设。新一轮科技革命已经引发城市经济、城市生活、城市交通、城市服务等各领域的巨大变化，其中新一代互联网、云计算和人工智能等发展，将为智慧城市建设提供最大的技术支撑和便利。随着城市年轻一代的成长，他们对新科技及互联网的接纳将远超过父辈，智慧城市与城市基础设施、城市公共服务、城市产业经济、城市休闲娱乐等领域的结合将更为紧密，关于智慧城市的规划和研究将会成为重点，智慧城市相应引发的生产组织、社会关系、城市治理、网络伦理、数据安全等也将成为热点研究内容。

四是文化创意发展与文明城市建设。与马斯洛需求层次理论相适应，随着经济社会的持续发展，文化创意在城市经济、城市生活中的作用日益突出。城市是经济生产和人口高度集聚的空间，同时也是人类历史文化资源最为集聚的空间，古雅典、古罗马等城市文明带来的巨大荣耀，也推动人们对城市发展目标和定位再思考。文明城市必将成为未来城市发展的最大目标，中国特色城市实践和理论离不开对文明城市的探索。

五是全球气候变暖、极端天气频发与韧性城市建设。随着全球气候变暖趋势明显，全球极端天气发生的频率越来越高，城市安全、防灾救灾与韧性城市建设成为当前乃至未来较长一段时间全世界城市研究者都会关注的命题。特别是在中国，随着双碳目标的确立，中国城市研究学者对于气候变化、生态环境与低碳城市等研究会不断增加。而极端天气的频发，又将海绵城市建设、韧性城市建设等不断推到社会关注的前沿。

六是乡村振兴战略与城乡融合发展。在城市研究中纳入乡村振兴战略将会是中国城市研究的特色和重点，这主要是基于中国特殊的行政管理体制，市域包括城市和农村地区，中国城市研究离不开乡村研究。此外，从区域研究城市是城市研究学者的固有思维，随着共同富裕目标的确定，推动乡村振兴发展，城乡协调发展、城乡融合发展推动城乡资源自由流通、以小城镇构建城乡融合发展的枢纽节点等都将成为未来持续的研究重点。

第二章　城市人口发展与新应对

"人民城市人民建、人民城市为人民"。城市人口既是城市经济和社会发展的参与者，也是城市服务的对象。中国城市人口的规模、结构与分布虽然有一定的发展特点和规律，但也面临一些突出问题，需要有效应对。

第一节　中国城市人口政策演变

中国城市人口政策主要包括户籍制度、生育政策、居住证制度等，这些政策在一定程度上影响了城市人口规模的增长、结构的优化、空间的分布等。

一、户籍制度的演变

（一）城乡分割明显的二元户籍制度阶段（新中国成立后到改革开放前）

改革开放前很长一段时期，中国实行严格的城乡户籍制度，对农村人口进入城镇工作和生活实施严格限制，城镇人口增长缓慢。

1958年1月，全国人民代表大会通过《中华人民共和国户口登记条例》，第一次明确了城市和乡村不同户口登记管理模式，城乡二元结构初步形成。

1964年8月，公安部出台《公安部关于处理户口迁移的规定（草案）》，明确户口迁移的两个"严加限制"，即严加限制户籍从农村迁往城市、集镇；严加限制从集镇迁往城市。城乡二元户籍制度结构确定。

（二）户籍制度的调整阶段（改革开放后到2012年）

改革开放后，随着农村剩余劳动力向城镇的不断转移，中国户籍制度改革由集镇到小城镇再到中小城市和建制镇进行调整，不同级别城镇的人口规模也发生了相应的变化。

1984 年 10 月，国务院印发《关于农民进入集镇落户问题的通知》，允许农民自理口粮到集镇落户，户籍制度改革开始松动，城乡二元结构初次放开。

1985 年 7 月，公安部颁布《公安部关于城镇暂住人口管理的暂行规定》，首次推出了流动人口暂住证和寄住证制度，城乡户籍制度逐步融合。

1997 年 6 月，国务院颁布《国务院批转公安部小城镇户籍管理制度改革试点方案和关于完善农村户籍管理制度意见的通知》，允许符合一定条件的农村人口，在小城镇办理城镇常住户口，小城镇户籍制度逐步放开。

2001 年 3 月，国务院颁布的《国务院批转公安部关于推进小城镇户籍管理制度改革意见的通知》，标志着小城镇户籍制度改革全面推进。

2012 年 2 月，国务院颁布《国务院办公厅关于积极稳妥推进户籍管理制度改革的通知》，引导非农产业和农村人口有序向中小城市和建制镇转移，推进城乡公共资源均衡配置，逐步实现城乡基本公共服务均等化。

（三）户籍制度的加快改革阶段（2013 年以来）

党的十八大以来，随着中国特色新型城镇化的深入推进，户籍制度改革也不断加快，户籍人口城镇化水平快速提升。

2013 年 11 月，《中共中央关于全面深化改革若干重大问题的决定》明确提出"全面放开建制镇和小城市落户限制，有序放开中等城市落户限制，合理确定大城市落户条件，严格控制特大城市人口规模"。

2014 年 7 月，国务院《关于进一步推进户籍制度改革的意见》提出，取消农业户口与非农业户口性质区分，全面放开建制镇和小城市落户限制，有序放开中等城市落户限制，合理确定大城市落户条件，严格控制城区人口 500 万以上特大城市人口规模。

2019 年中国城镇落户限制进一步放开，且总体延续至今：全面取消城区常住人口 300 万以下城市落户限制，确保外地与本地农业转移人口进城落户标准一视同仁；全面放宽城区常住人口 300 万至 500 万的大城市落户限制，并全面取消重点群体落户限制；完善城区常住人口 500 万以上的超大特大城市积分落户政策，精简积分项目，确保社会保险缴纳年限和居住年限分数占主要比例。

2014 年以来，全国有 1.3 亿农业转移人口成为城镇居民，全国户籍人口城镇化率由 2013 年的 35.9% 提高到 2021 年的 46.7%。

二、生育政策的演变

（一）2012 年以前严格的生育政策

1980 年 9 月，党中央发表《关于控制我国人口增长问题致全体共产党员、共青团员的公开信》，提倡一对夫妇只生育一个孩子。

20 世纪 80 年代中期，生育政策略有调整，多数地区实行了双方是独生子女的夫妇可以生育两个子女的政策（双独两孩）；部分地区只有一个女孩的农村居民可以生育第二个子女（一孩半）。

1991 年 5 月，中共中央、国务院作出《关于加强计划生育工作严格控制人口增长的决定》，明确贯彻现行生育政策，严格控制人口增长。

中国生育政策在控制人口规模过快增长问题中起到了关键作用，到 20 世纪 90 年代，总和生育率下降到更替水平 2.1 以下，2012 年进一步下降到 1.6，中国已经进入世界低生育率国家的行列。

（二）2012 年以来加快调整的生育政策

在生育率下降的同时，人口老龄化加速、劳动年龄人口比重下降、出生性别比偏高等结构性问题更加突出，中国及时调整和完善生育政策。

2013 年 11 月，《中共中央关于全面深化改革若干重大问题的决定》中提出"可以引导单独一方是独生子女的家庭再生育一孩"的政策，即"单独二孩政策"。

2015 年 12 月，全国人大常委会表决通过《人口与计划生育法修正案（草案）》，"全面二孩政策"于 2016 年 1 月 1 日起正式实施。

2021 年 5 月中共中央政治局审议《中共中央、国务院关于优化生育政策促进人口长期均衡发展的决定》并提出"一对夫妻可以生育三个子女政策"；此外，围绕"三孩政策"出台了一系列配套支持措施。

随着生育政策的加快调整，2013 年以后，中国总和生育率趋于回升，在 2016 年回升到 1.7。

三、城镇居住证制度的演变

中国城镇居住证制度的产生有其深刻背景，流动人口，尤其是农民工规模的快速增长、新型城镇化的加快建设、乡村振兴战略的大力实施都迫切需要建立能吸引农民在城镇就业、居住、生活乃至扎根的制度，因此中国城镇居住证制度应运而生。

中国城镇居住证制度经历了从地方实践不断发展成为全国性制度安排的过程[①]。中国城镇居住证制度最早出现在北京（1999 年）、上海（2002 年）、深圳（2008 年）等大城市，此后相继在其他城镇陆续制定实施。在各城镇探索实施居住证制度的基础上，国家层面出台了几个与居住证制度相关的重要政策文件。

2010 年 5 月 27 日，国务院批转国家发改委《关于 2010 年深化经济体制改革重点工作的意见》，其中明确提出进一步完善暂住人口登记制度，逐步在全国范围内实行居住证制度。这是首次在国务院的文件中提出在全国范围内实施居住证制度，被认为具有里程碑的意义。

2014 年 3 月 16 日，国务院印发了《国家新型城镇化规划（2014—2020 年）》，进一步提出全面推行流动人口居住证制度，以居住证为载体，建立健全与居住年限等条件相挂钩的基本公共服务提供机制。

2016 年 1 月 1 日，国务院公布的《居住证暂行条例》正式开始实施，规定在全国建立居住证制度，推进城镇基本公共服务和便利向常住人口全覆盖，要求各地积极创造条件，逐步提高居住证持有人享有的公共服务水平，另外对领取居住证条件，居住证持有人享有的权利、服务、便利，常住户口转化有明确的规定。

经过不断探索实践，中国城镇居住证制度改革取得了很好的成效：一系列居住证制度政策文件相继出台、居住证适用对象不断扩大、居住证申领条件有所放宽、持证人享有服务和便利不断拓展。

2021 年，中国居住证制度实现全覆盖，全国共发放居住证超过 1.3 亿张，以居住

[①] 陆杰华、李月：《居住证制度改革新政：演进、挑战与改革路径》，《国家行政学院学报》2015 年第 5 期。

证为载体，与居住年限等条件相挂钩的基本公共服务提供机制进一步健全。

第二节 中国城市人口发展变化特点与规律

在人口与社会、经济发展相互作用下，以及人口政策的影响下，中国城市人口的规模、结构、空间分布等，形成了自身的变化特点和发展规律。

一、中国城市人口规模变化特点与规律

新中国成立以来，中国城镇人口规模不断增加、人口城镇化水平不断提高，尤其是改革开放以来，中国经历了世界上规模最大、速度最快的城镇化进程。如图2-1所示，中国城镇人口规模从1949年的0.58亿人增加到2022年的9.21亿人，年平均增长率为3.9%；相应地人口城镇化率从10.6%上升到65.2%，平均每年上升0.7个百分点，已提前三年实现了"十四五"规划和2035年远景目标纲要中65%的目标。

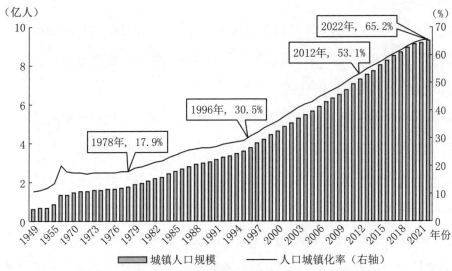

图 2-1 1949 年以来中国城镇人口规模与人口城镇化率变化

资料来源：2022 年《中国统计年鉴》；《2022 年国民经济和社会发展统计公报》。

根据速度变化特点，新中国成立以来，中国城镇人口规模和人口城镇化率变化可以划分为四个阶段。

（一）改革开放前缓慢发展阶段

新中国成立以来，特别是 20 世纪 60 年代以来，中国城市化发展基本是停滞的。1962 年中国城镇人口为 1.17 亿人，到 1978 年仅增加到 1.72 亿人，年平均增长率仅为 2.4%；1962 年人口城镇化率为 17.3%，而到 1978 年也仅为 17.9%，这 16 年间中国人口城镇化率仅上升 0.6 个百分点。

（二）1978—1995 年稳定增长阶段

改革开放后，中国城市化增长逐步恢复并稳定增长。中国城镇人口由 1978 年的 1.72 亿人增加到 1995 年的 3.52 亿人，年平均增长率为 4.3%；人口城镇化率由 1978 年的 17.9% 上升到 1995 年的 29%，平均每年上升 0.7 个百分点。

（三）1996—2011 年快速增长阶段

1996 年中国人口城镇化超过了 30%，进入快速城市化发展阶段。中国城镇人口由 1996 年的 3.73 亿人增加到 2011 年的 6.99 亿人，年平均增长率仍保持 4.3%；人口城镇化率由 1996 年的 30.5% 快速上升到 2011 年的 51.8%，平均每年上升 1.4 个百分点。此外中国人口城镇化水平从 30% 提高到 50% 用了 15 年，全世界用了 57 年，而英国用了近 50 年，美国用了近 40 年，日本用了 20 年左右 [①]。

（四）2012 年至今速度提升与质量并重阶段

随着城市化基础条件改善和综合实力的提升，具备推动中国城市化从速度型向速度与质量并重转变的条件。中国城镇人口由 2012 年的 7.22 亿人增加到 2022 年的 9.21 亿人，年平均增长率 2.5%，比快速增长阶段有明显的减速；人口城镇化率由 2012 年的 53.1% 上升到 2012 年的 65.2%，平均每年上升 1.2 个百分点，上升幅度略小于快速增长阶段。

中国人口城市化进程基本符合诺瑟姆 S 形曲线所揭示的城市化发展一般规律：城市化水平低于 30% 时，城市化发展缓慢；城市化水平在 30%—70% 之间，城市化发展加速；城市化水平大于 70%，则城市化发展稳定。

---

① 郭叶波：《中国城市人口吸纳能力研究》，中国市场出版社 2016 年版。

二、中国城市人口结构变化特点与规律

（一）少子化与老龄化并存

随着生育水平的下降、人均预期寿命的延长，2000—2020年中国人口老龄化速度加快，2020年中国城镇人口中60岁及以上老年人口占比为15.9%，比2010年上升了4.2个百分点，增幅大于2000—2010年的2个百分点；受生育政策调整的积极影响，中国城镇人口中0—14岁少年儿童的比重由2010年的14.1%回升到2020年的17.2%，但仍低于2000年的18.4%，同时由于老龄化的加快发展，15—59岁劳动年龄人口比重由2010年的74.2%大幅度下降到2020年的66.9%（见图2-2）。

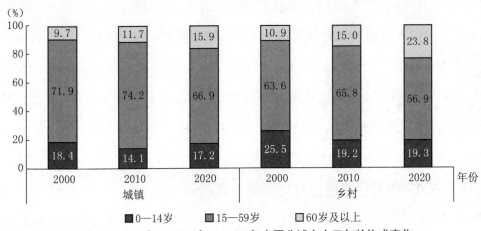

图2-2 2000年、2010年、2020年中国分城乡人口年龄构成变化

资料来源：2000年、2010年、2020年中国人口普查数据。

城镇人口年龄结构比乡村年轻。无论是2000年、2010年还是2020年，中国城镇15—59岁劳动年龄人口的比重都高于乡村人口，2020年城镇比乡村高10个百分点；而城镇中60岁及以上老年人口的比重、0—14岁少年儿童的比重都低于乡村人口，2020年城镇比乡村分别低7.9个百分点、2.1个百分点（见图2-2）。这主要是由于大量年轻的农村劳动力流入城镇。

（二）文化结构明显提升

随着教育事业的发展，中国城镇人口的文化程度不断上升。2020年中国城镇人口文化程度构成中，小学及以下、初中、高中分别占25.7%、32.8%、19.3%，比2000

年分别下降了 5 个百分点、4.8 个百分点和 3.1 个百分点，而大专及以上占 22.2%，比 2000 年上升了 12.9 个百分点。

与 2010 年相比，2020 年中国每 10 万城镇人口中拥有小学文化程度的由 23 488 人下降到 19 005 人、拥有初中文化程度的由 35 233 人下降到 31 790 人、拥有高中文化程度的由 21 265 人下降到 18 683 人，而拥有大学（指大专及以上）文化程度的由 8 899 人上升到 21 475 人。

（三）就业结构转型升级

随着城镇产业结构的转型升级，城镇就业人员的职业、行业构成也随之变化。从职业构成看，生产运输设备操作人员及相关人员占比下降，而商业服务业人员占比上升。生产运输设备操作人员及相关人员由 2015 年的 23.3% 下降到 2020 年的 19.4%，下降了 3.9 个百分点，而商业服务业人员比重由 2015 年的 33% 上升到 2020 年的 39.3%，上升了 6.3 个百分点。无论是 2015 年还是 2020 年，城镇就业人口的两大职业都是商业服务业人员、生产运输设备操作人员及相关人员（见表 2-1）。

表 2-1　2015 年、2020 年中国城镇就业人员的职业构成占比变化（%）

职　　　　业	2015 年	2020 年
单位负责人	3.1	2.7
专业技术人员	17.2	13.5
办事人员和有关人员	15.4	17.0
商业服务业人员	33.0	39.3
农林牧渔水利业生产人员	7.5	8.1
生产运输设备操作人员及相关人员	23.3	19.4
其他	0.5	0.2
合计	100.0	100.0

资料来源：2016 年、2021 年《中国人口和就业统计年鉴》。

从行业构成看，制造业、批发和零售业占比明显下降，建筑业、租赁和商务服务业占比明显上升。制造业、批发和零售业分别由 2015 年的 20.7%、17.9% 下降到 2020 年的 18%、16.6%，而建筑业、租赁和商务服务业分别由 2015 年的 7.2%、2.1% 上升到 2020 年的 8.6% 和 3%。无论是 2015 年还是 2020 年，城镇就业人口的三大行业都是制造业、批发和零售业、建筑业（见表 2-2）。

表 2-2　2015 年、2020 年中国城镇就业人员的行业构成占比变化（%）

行　　业	2015 年	2020 年
合计	100.0	100.0
农、林、牧、渔业	7.8	8.3
采矿业	1.8	1.0
制造业	20.7	18.0
电力、热力、燃气及水生产和供应业	1.5	1.4
建筑业	7.2	8.6
批发和零售业	17.9	16.6
交通运输、仓储和邮政业	5.9	5.9
住宿和餐饮业	5.3	5.7
信息传输、软件和信息技术服务业	2.0	2.3
金融业	2.6	2.4
房地产业	1.5	2.3
租赁和商务服务业	2.1	3.0
科学研究和技术服务业	0.9	1.4
水利、环境和公共设施管理业	0.8	1.0
居民服务、修理和其他服务业	5.5	5.4
教育	5.3	5.7
卫生和社会工作	3.1	3.3
文化、体育和娱乐业	1.1	1.2
公共管理、社会保障和社会组织	7.0	6.6

资料来源：2016 年、2021 年《中国人口和就业统计年鉴》。

三、中国城市人口分布变化特点与规律

（一）城镇人口向中西部地区集聚

从东部、中部、西部、东北部城镇人口区域分布看，[①]2000 年、2010 年、2020

---

① 东部地区包括：北京市、天津市、河北省、山东省、江苏省、上海市、浙江省、福建省、广东省、海南省。中部地区包括：山西省、河南省、湖北省、安徽省、湖南省、江西省。西部地区包括：内蒙古自治区、新疆维吾尔自治区、宁夏回族自治区、陕西省、甘肃省、青海省、重庆市、四川省、西藏自治区、广西壮族自治区、贵州省、云南省。东北地区包括：黑龙江省、吉林省、辽宁省。

年，东部地区一直是城镇人口的主要集聚地，2010 年占比达到 45.1%，2020 年略有下降，但仍高于 2000 年的 43.7%；中部、西部城镇人口占比持续上升，分别由 2000 年的 22.5%、21.9% 上升至 2020 年的 23.9%、24.4%；而东北地区城镇人口占比持续下降，由 2000 年的 11.9% 下降至 2020 年的 7.4%（见表 2-3）。

表 2-3　主要年份四大区域城镇人口占比变化（%）

区域	2000 年	2010 年	2020 年
东部	43.7	45.1	44.3
中部	22.5	23.2	23.9
西部	21.9	22.3	24.4
东北部	11.9	9.4	7.4
合计	100.0	100.0	100.0

资料来源：2001 年、2011 年、2021 年《中国人口和就业统计年鉴》。

2008 年以后，中国土地、劳动力等综合成本上升，沿海产业加速向中西部转移，中西部就近就业人数继续增加。在这个过程中，不少人离开沿海地区回到内陆，往往会选择所在省区的省会、区域中心城市等家乡附近的城市。在这个过程中，包括武汉、成都、重庆、郑州、长沙、合肥、西安等中西部中心城市、省会加快崛起，成为人口流入的重点。

（二）城镇人口向大城市、特大城市和超大城市集聚

《2020 中国人口普查分县资料》显示，中国（内地）共有 683 个城市，按《关于调整城市规模划分标准的通知》的规模评级 [①] 看：2020 年中国有 7 个超大城市、14 个特大城市、84 个大城市（其中 14 个 Ⅰ 型大城市、70 个 Ⅱ 型大城市）、135 个中等城市、443 个小城市（其中 254 个 Ⅰ 型小城市、189 个 Ⅱ 型小城市）。与 2000 年相比，2020 年中国超大城市、特大城市都增加了 7 个，大城市增加了 39 个，而小城市减少了 102

[①] 《关于调整城市规模划分标准的通知》以城区常住人口为统计口径，将城市划分为五类七档：城区常住人口 50 万以下的城市为小城市，其中 20 万以上 50 万以下的城市为 Ⅰ 型小城市，20 万以下的城市为 Ⅱ 型小城市；城区常住人口 50 万以上 100 万以下的城市为中等城市；城区常住人口 100 万以上 500 万以下的城市为大城市，其中 300 万以上 500 万以下的城市为 Ⅰ 型大城市，100 万以上 300 万以下的城市为 Ⅱ 型大城市；城区常住人口 500 万以上 1 000 万以下的城市为特大城市；城区常住人口 1 000 万以上的城市为超大城市（以上包括本数，以下不包括本数）。

个，小城市占比也由 2000 年的 82% 下降到 2020 年底的 64.9%（见表 2-4）。

表 2-4　2000 年、2010 年、2020 年中国各等级城市的数量及占比变化

等级	城市个数（个）			占比（%）		
	2000 年	2010 年	2020 年	2000 年	2010 年	2020 年
超大城市	0	3	7	0.0	0.5	1.0
特大城市	7	9	14	1.1	1.4	2.0
大城市	45	58	84	6.8	8.8	12.3
中等城市	68	93	135	10.2	14.2	19.8
小城市	545	493	443	82.0	75.2	64.9
合计	665	656	683	100.0	100.0	100.0

资料来源：金浩然、刘盛和、戚伟：《基于新标准的中国城市规模等级结构演变研究》，城市规划 2017 年第 8 期；《中国人口普查分县资料（2020）》。

根据第七次全国人口普查数据，2020 年中国 21 个超大特大城市的常住人口合计 29 255.37 万人，占全国总人口的 20.7%；城区人口合计 21 043.74 万人，占全国总城区人口的 47.6%；国内生产总值占全国三成以上。中国超大特大城市在经济社会发展中发挥着动力源和增长极的作用，城区人口集聚特征明显。21 个超大特大城市城区人口占常住人口的 71.9%，其中深圳城区人口占比 99.7%，基本上实现了全域人口的城区化，东莞占比 91.3%，而最低的是郑州，占比 42.4%（见表 2-5）。

表 2-5　2020 年中国超大特大城市人口情况

等级	城市个数（个）			占比（%）		
	2000 年	2010 年	2020 年	2000 年	2010 年	2020 年
超大城市	0	3	7	0.0	0.5	1.0
特大城市	7	9	14	1.1	1.4	2.0
大城市	45	58	84	6.8	8.8	12.3
中等城市	68	93	135	10.2	14.2	19.8
小城市	545	493	443	82.0	75.2	64.9
合计	665	656	683	100.0	100.0	100.0

资料来源：各城市 2020 年人口普查数据。

从 2010 年到 2020 年这十年间，深圳、广州、西安、长沙四个城市不仅常住人口增加规模在全国位居前十（见表 2-6），而且常住人口增长速度也位居前十，都超过

40%，其中深圳不仅常住人口增加规模全国第一，增速也全国第一，达到68.5%。深圳人口保持较快增长的原因有三方面：一是"全面二孩"政策有效持续发挥作用，使生育水平有所回升，自然增长人口逐年稳步增加；二是户籍人口迁入的机械变动促进深圳人口规模扩大；三是深圳作为全国改革开放的排头兵，坚持创新驱动发展，经济活力增强，经济总量位列全国大中城市前列，吸引了大量流动人口，十年间也沉淀了大量人口。此外，"双区"驱动，"双区"叠加，进一步增强了城市的吸引力，人口集聚效应显著，促使常住人口保持了较快增长。

表 2-6　2010—2020 年中国常住人口增量前 10 位城市

城市类型		常住人口（万人）	城区人口（万人）	城区人口占比（%）
超大城市（7个）	上海	2 487.09	1 987.31	79.9
	北京	2 189.31	1 775.17	81.1
	深圳	1 749.44	1 743.83	99.7
	重庆	3 205.42	1 634.04	51.0
	广州	1 867.66	1 487.84	79.7
	成都	2 093.78	1 334.03	63.7
	天津	1 386.6	1 093.31	78.8
特大城市（14个）	武汉	1 244.77	995.30	80.0
	东莞	1 046.66	955.76	91.3
	西安	1 218.33	928.37	76.2
	杭州	1 193.6	874.17	73.2
	佛山	949.89	853.89	89.9
	南京	931.47	791.46	85.0
	沈阳	907.01	706.72	77.9
	青岛	1 007.17	600.77	59.6
	济南	920.24	587.8	63.9
	长沙	1 004.79	554.64	55.2
	哈尔滨	1 000.99	549.93	54.9
	郑州	1 260.06	534.48	42.4
	昆明	846.01	534.09	63.1
	大连	745.08	520.83	69.9
合计		29 255.37	21 043.74	71.9

资料来源：各城市 2010 年、2020 年人口普查数据。

（三）城市人口向城市群/都市圈集聚

2010年以来，中国城市人口向京津冀、长三角、粤港澳大湾区、成渝等城市群集中，其中粤港澳大湾区城市人口增加明显。2020年，粤港澳大湾区内地9市总人口达7 801.43万人，2010—2020年间增速达39.02%，远高于全国平均5.38%的人口增速。这9市中，广州、深圳和东莞人口总量均破千万，2020年分别为1 867.66万人、1 749.44万人和1 046.66万人。与2010年相比，9市中共有6市常住人口增量超过100万人，分别为深圳、广州、佛山、东莞、惠州和中山，合计带来了2 040.63万人口增量，占同期全省常住人口增量的94%。粤港澳大湾区人口增长迅猛的原因，除了人口年龄结构年轻叠加实施"全面两孩"生育政策的作用外，经济活跃亦吸纳了大量跨省流动人口。

2020年中国19个城市群常住人口达到11.49亿人，占全国总人口的81.4%；国内生产总值达到90.24万亿元，占全国总量的89%。由此可见，这19个城市群以约占三分之一的国土面积承载了占全国总人口八成以上的常住人口，产出了将近九成的国内生产总值，城市群已经成为承载中国人口与经济要素的重要区域。[①]

（四）超大城市内部人口郊区化

城市内部人口的空间分布规律一般与城市化发展阶段结合起来。范登博格等人则按照人口分布变动方向把整个城市化过程分为四个阶段，即城市化、郊区化、逆城市化、再城市化，每一个阶段又分为两个分阶段，在不同的发展阶段，人口分布变动、人口迁移流向及不同区域人口规模等均表现出不同的特征：城市化阶段主要市中心形成人口高度密集；郊区化阶段，中心城市部分人迁至城市边缘；逆城市化阶段，大批人口迁到远郊区；再城市化阶段，郊区人口又重新迁回到市中心。[②]中国大多数城市还在城市化阶段，而北京、上海等超大城市已经处在郊区化阶段。

（1）北京市人口向城市发展新区集聚。如图2-3所示，2000年、2010年、2020年北京市首都功能核心区比例趋于下降，由2000年的15.6%下降至2020年的8.3%；

① 童玉芬、杨艳飞、和明杰：《中国主要城市群的人口分布格局特征、问题及政策思考》,《人口学刊》2022年第4期。
② Berg, L. van den; R. Drewet, L. H. Klaasen, A. Rossi, C. H. T. Vijverberg, 1982, *A Study of Growth and Decline*, Pergamon Press, Oxford, New York, Totonto, Sydney, Paris, Frankfurt.

2010 年、2020 年北京市城市功能拓展区比例下降，由 2010 年的 48.7% 下降至 2020 年的 41.9%；而城市发展新区人口的比例趋于上升，由 2000 年的 25.1% 上升到 2020 年的 39.9%；生态涵养发展区比例略有上升，由 2010 年的 9.5% 上升至 2020 年的 9.9%。城市功能拓展区人口的比例相对来说比较稳定。

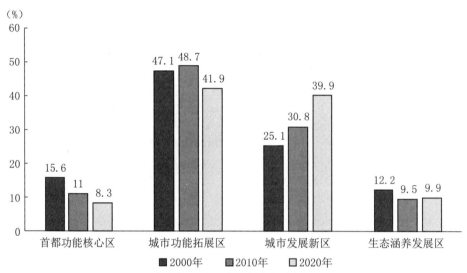

图 2-3　主要年份分区域北京市人口空间分布变化

注：根据不同功能定位，北京 16 个区域划分为四个城市功能区，即首都功能核心区（东、西城区），城市功能拓展区（海淀、朝阳、丰台、石景山），城市发展新区（昌平、大兴、房山、通州、顺义）和生态涵养发展区（门头沟、平谷、密云、延庆、怀柔）。

资料来源：2000 年、2010 年、2020 年北京市人口普查数据。

（2）上海市人口分布郊区化明显。如图 2-4 所示，2000 年、2010 年、2020 年上海市中心城区人口的比例趋于下降，由 2000 年的 42.2% 下降至 2020 年的 26.9%，而近郊区、远郊区人口的比例趋于上升，分别由 2000 年的 38.9%、18.9% 上升至 2020 年的 49.9%、23.2%。

四、流动人口发展变化特点与规律

中国流动人口（主体是农民工）是城镇人口的主要增长源，流动人口的规模、结构、流向变化在一定程度上影响了中国城镇人口的规模、结构、分布变化。

（一）流动人口规模大且增速快

新中国成立初期到改革开放前近 30 年间，受经济发展、社会环境以及户籍制度等

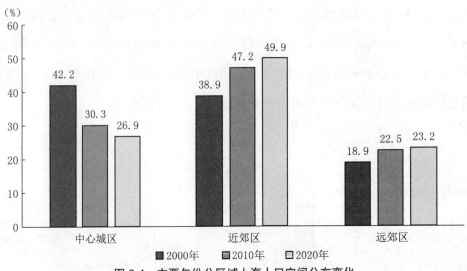

图 2-4　主要年份分区域上海人口空间分布变化

注：上海市中心城区包括黄浦、静安、虹口、徐汇、长宁、普陀、杨浦；近郊区包括浦东、闵行、宝山、嘉定；远郊区包括松江、金山、青浦、奉贤、崇明。

资料来源：2000 年、2010 年、2020 年上海市人口普查数据。

因素的限制，中国人口流动现象并不普遍。随着改革开放和社会经济的迅速发展，中国流动人口快速增长，全国人口比重快速上升。根据历年人口普查数据，流动人口规模从 1982 年的 0.07 亿人增加到 2020 年的 3.76 亿人，其中，2020 年流动人口规模比 2010 年大幅增加 1.55 亿人，超过了上一个 10 年流动人口 1.09 亿人的增加量；1982—2020 年间流动人口年平均增长率达到 11.1%，增速明显高于同期城镇人口的 3.9%；流动人口占全国人口的比例由 1982 年的 0.7% 上升到 2020 年的 26.1%，平均每年上升 0.9 个百分点，其中，2010 年至 2020 年平均每年上升近 1 个百分点（见表 2-7）。2020 年，中国流动人口比同年美国总人口（3.29 亿）还多，中国每四个人中就有一个流动人口。

表 2-7　主要年份中国流动人口规模及占比变化

年份	流动人口规模（亿人）	占全国人口的比例（%）
1982	0.07	0.7
1990	0.21	1.8
2000	1.02	8.2
2010	2.21	16.5
2020	3.76	26.1

资料来源：1982 年、1990 年、2000 年、2010 年和 2020 年中国人口普查数据。

（二）流动人口劳动年龄人口比重不断上升

人口流动对年龄有高度选择性，总体来讲，中国流动人口始终以劳动年龄人口（尤其是青壮年）为主，少年儿童人口和60岁及以上老年人口占比相对较小，年龄构成比较轻。1982年以来，中国流动人口中劳动年龄人口不断增加，16—59岁人口比重从1982年的53.3%增加至2015年的84.1%。并且1980年及以后出生的新生代流动人口逐步替代老一代流动人口，成为流动人口的主体。如表2-8所示，新生代流动人口规模由2005年的5959万人增加到2015年的15289万人，占全部流动人口的比例由2005年的40.2%上升到2015年的62.2%，上升了22个百分点。

表2-8 主要年份中国新生代流动人口规模和占比变化

年份	规模（万人）	占比（%）
2005	5 959	40.2
2010	11 878	53.6
2015	15 289	62.2

资料来源：国家卫生健康委编：《中国流动人口发展报告2018》，中国人口出版社2018年版。

（三）流动人口受教育水平不断提升

随着教育事业的快速发展，以及越来越多新生代流动人口的加入，中国流动人口受教育水平越来越高。1982年以来，中国流动人口文盲、小学的比例大幅度下降，分别由1982年的28.6%、39.3%下降到2015年的2.1%、15.6%，而高中、大专及以上的比例则大幅度上升，分别由1982年的8.4%、1%上升到2015年的22%、23.3%（见图2-5）。

（四）流动人口流向城镇、省内、东部地区、大城市

一是流向城镇。2020年中国流向城镇的流动人口为3.31亿人，占全部流动人口的88.1%，比2010年提高了3.7个百分点，其中从乡村流向城镇的人口为2.49亿人，比2010年增加1.06亿人，占比66.3%，比2010年上升了3.1个百分点（见表2-9）。

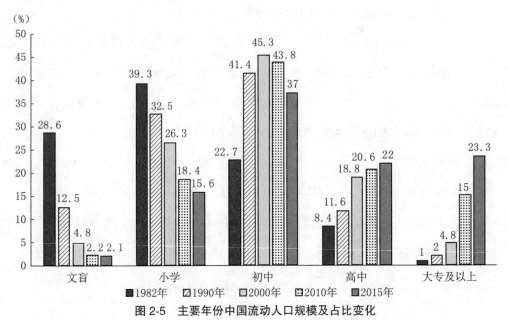

图2-5 主要年份中国流动人口规模及占比变化

资料来源：1982年、1990年、2000年、2010年和2020年中国人口普查数据。

表2-9 主要年份中国四类流动人口的构成占比（%）

流向	2000年	2010年	2020年
乡—城流动	52.2	63.2	66.3
城—城流动	20.8	21.2	21.8
乡—乡流动	18.6	12.7	10.3
城—乡流动	8.4	2.9	1.6
合计	100.0	100.0	100.0

资料来源：2000年、2010年和2020年中国人口普查数据。

二是流向省内。2020年中国省内流动人口为2.51亿人，比2010年增加1.16亿人，增长85.7%，占全部流动人口的66.8%，比2010年上升了5.7个百分点；跨省流动人口为1.25亿人，比2010年增加3 896万人，增长45.4%，占全部流动人口的33.2%，比2010年下降了5.7个百分点（见表2-10）。可见，在省内流动的人口比跨省流动人口增长快很多，大约三分之二的流动人口选择在省内流动。近年来各省域内部的人口流动特点是从中小城市向中心城市流动。

表 2-10　中国跨省和省内流动人口的构成占比（%）

类别	2000 年	2010 年	2020 年
跨省流动人口	36.4	38.9	33.2
省内流动人口	63.6	61.1	66.8
合计	100.0	100.0	100.0

资料来源：2000 年、2010 年和 2020 年中国人口普查数据。

三是流向东部地区。近年来，跨省人口流动的一个特点是从中部、西北、东北等向东南沿海集聚。第七次全国人口普查数据显示，2020 年东部地区吸纳跨省流动人口 9 181 万人，占比达到 73.5%；中部地区吸纳 955 万人，占比 7.7%；西部地区吸纳 1 880 万人，占比 15.0%，东北地区吸纳 468 万人，占比 3.8%。

四是流向大城市。第七次全国人口普查数据显示，2020 年东莞流动人口 795.22 万人，占总人口的 76%；深圳流动人口达到 1 243.87 万人，占总人口的 70.84%；广州流动人口 937.88 万人，占总人口的 50.2%；与第六次全国人口普查数据相比，近 10 年来西安、成都流动人口数量增长迅猛，增幅均超过 100%。即便一些城市控制人口规模，但在更高收入水平、更优质教育资源的牵引下，流动人口依旧表现活跃。以北京与上海为例，北京流入人口 1 047.97 万人，占其总常住人口的 42.1%；上海流入人口 841.84 万人，占其总常住人口总数的 38.5%。此外，拥有较好生活环境和独特吸引力的成都，2020 年流动人口 845.96 万人，占常住人口比例超过了 40%。

大量年轻人口不断流入城镇，为城镇经济社会的快速提供了丰富的人力资源，并逐渐成为城镇建设的生力军，同时有效缓解了城镇人口老龄化速度，是全国人口老龄化日益加深的背景下继续发挥人口红利的重要原因。

第三节　党的十八大以来中国城市人口发展经验与问题

党的十八大以来，以习近平同志为核心的党中央，不断加强党对城市工作的领导，坚持人民城市为人民，推进以人为核心的新型城镇化，以农业转移人口市民化为首要任务，探索了诸多城市人口发展的经验，取得了显著的成效，但仍然存在一些问题。

一、中国城市人口发展的主要经验

（一）重要论述指导推进农业转移人口市民化

党的十八大以来，习近平总书记围绕以人为核心的新型城镇化工作发表了一系列重要论述，对推进农业转移人口市民化具有十分重要的指导意义。

第一，明确了以人为核心的新型城镇化的原则和着力点。2013年12月，习近平总书记在中央城镇化工作会议上，提出推进中国特色新型城镇化的基本原则，归纳为"以人为本、优化布局、生态文明、传承文化"（四个基本原则），其中"以人为本"，强调"推进以人为核心的城镇化，提高城镇人口素质和居民生活质量，把促进有能力在城镇稳定就业和生活的常住人口有序实现市民化作为首要任务"。2016年2月，习近平总书记对深入推进新型城镇化建设作出重要指示，强调"以人的城镇化为核心，更加注重提高户籍人口城镇化率，更加注重城乡基本公共服务均等化，更加注重环境宜居和历史文脉传承，更加注重提升人民群众获得感和幸福感"（四个更加注重）。

第二，指出了以人为核心的新型城镇化的路径。一是加快户籍制度改革，解决农业转移人口的落户问题。2013年12月，在中央城镇化工作会议上，习近平总书记提出"目前我国城镇化发展要求来看，主要任务是解决已经转移到城镇就业的农业转移人口落户问题"。2015年，习近平总书记在《加快提高户籍人口城镇化率》一文中，提及"户籍人口城镇化率直接反映城镇化的健康程度""要加快落实中央确定的使1亿左右农民工和其他常住人口在城镇定居落户的目标"。2019年12月，习近平总书记在《求是》杂志发表的重要文章《推动形成优势互补高质量发展的区域经济布局》提及，"要完善土地、户籍、转移支付等配套政策，提高城市群承载能力，促进迁移人口稳定落户"。二是以人为核心，优化配置公共资源。2013年12月，习近平总书记在中央城镇化工作会议上，提出"对那些已经在城镇就业但就业不稳定、难以适应城镇要求或不愿落户的人口，要逐步提高基本公共服务水平，努力解决好他们的子女教育、医疗卫生、社会保障等需求"。三是遵循客观规律，增强中心城市和城市群的产业和人口承载能力。2019年12月习近平总书记在《求是》杂志发表的重要文章《推动形成优势互补高质量发展的区域经济布局》，强调"产业和人口向优势区域集中，形成以城市群为主要形态的增长动力源，进而带动经济总体效率提升，这是经济规律""经济发展条件好的地区要承载更多产业和人口，发挥价值创造作用"。2020 年 4 月，习近平总书记在《国家中长期经济社会发展战略若干重大问题》中强调"增强中心城市和城市群等经济发展优势区域的经济和人口承载能力，这是符合客观规律的"。

（二）重大文件引领推进农业转移人口市民化

党的十八大以来，出台了一系列的规划、政策文件，引导推进农业转移人口市民化。2014 年 3 月，党中央、国务院印发实施《国家新型城镇化规划（2014—2020 年）》，最大的亮点是强调以人为本，推进以人为核心的城镇化，推进农业转移人口市民化，并提出保障随迁子女平等享有受教育权利等一系列举措，推进农业转移人口享有城镇基本公共服务、将农民工纳入城镇职工基本医疗保险、实施差别化落户政策等，并提出"常住人口城镇化率达到 60% 左右，户籍人口城镇化率达到 45% 左右，户籍人口城镇化率与常住人口城镇化率差距缩小 2 个百分点左右，努力实现 1 亿左右农业转移人口和其他常住人口在城镇落户"的具体目标。《中华人民共和国国民经济和社会发展第十三个五年规划纲要》提出通过深化户籍制度改革、实施居住证制度、健全促进农业转移人口市民化的机制，加快农业转移人口市民化。2014 年 7 月的国务院《关于进一步推进户籍制度改革的意见》、2016 年 1 月开始实施的《居住证暂行条例》也是两个重要的政策文件，在此不再展开。

（三）首要任务逐年推进农业转移人口市民化

纵观 2018—2022 年这五年的《新型城镇化和城乡融合发展重点任务》（以下简称《重点任务》），农业转移人口市民化一直是首要任务，户籍制度改革的步子也逐年加快、城镇公共服务的均等化也逐年推进、相关配套政策也逐渐完善。

第一，全面加快不同类型城市的户籍制度改革。对于中小城市和建制镇的户籍改革，2018 年《重点任务》就提出"中小城市和建制镇要全面放开落户限制"。对于大城市的户籍改革，2018 年《重点任务》提出"Ⅱ型大城市不得实行积分落户，Ⅰ型大城市中实行积分落户的要大幅提高社保和居住年限的权重"；至 2019 年，政策很快升级为Ⅱ型大城市要全面取消落户限制、Ⅰ型大城市要全面放开放宽落户条件；2020 年继续督促上述政策落实，并鼓励各城市简化落户手续；2021 年提出"城区常住人口 300 万以下城市落实全面取消落户限制政策，实行积分落户政策的城市确保社保缴纳年限和居住年限分数占主要比例"。对于超大特大城市的户籍改革，2018年《重点任务》提出"超大城市和特大城市要区分城区、新区和所辖市县，制定差别化落户条件，探索搭建区域间转积分和转户籍通道"；2019年提出"超大特大城市要调整完善积分落户政策，大幅增加落户规模、精简积分项目，确保社保缴纳年限和居住年限分数占主要比例"；2020年提出"鼓励有条件的超大特大城市取消郊区新区落户限制"。在单个城市放宽落户之后，2021年提出"推动具备条件的都市圈和城市群内社保缴纳年限和居住年限累计互认"；2022年提出"户籍准入年限同城化累计互认"，将户籍改革推向都市圈、城市群层面。

第二，全力推进城镇基本公共服务向常住人口覆盖。连续多年，《重点任务》力推城镇基本公共服务向常住人口覆盖，主要包括随迁子女的教育、农业转移人口就业服务和培训、新市民居住服务、社会保障等方面。在随迁子女教育方面，2018年提出"落实'两为主、两纳入'要求，实现公办学校普遍向随迁子女开放"；2019年提出"完善随迁子女在流入地参加高考的政策"；2020提出"健全以居住证为主要依据的随迁子女入学入园政策，使其在流入地享有普惠性学前教育"；2022年提出"优先将随迁子女占比较高的民办义务教育学校纳入政府购买学位范围"。在就业服务和培训方面，每年都提出要加强农民工的就业服务和职业技能培训，大力提升就业和城市的能力。在居住方面，2018年提出"将符合条件的常住人口纳入公租房保障范围和住房公积金制度覆盖范围"；2020年提出"以解决新市民住房问题为主要出发点，完善住房保障体系"。在社会保障方面，从2020年提出"做好社会保险关系转移接续"；2021年提出"简化社保转移接续程序"；2022年提出"以新生代农民工为重点推动参保扩面，推动企业为农民工缴纳职工养老、医疗、工伤、失业、生育等社会保险费，合理引导灵活就业农民工按规定参加基本医疗保险和基本养老保险，推进异地就医跨省直接结算扩面"。

第三，逐渐完善相关配套政策。2018年和2019年两年都提出"深化'人地钱挂钩'配套政策"；2020年提出"加大'人地钱挂钩'配套政策的激励力度"；2021年和2022年两年都提出"健全配套政策体系"。其中，2022年具体内容是加大中央财政农业转移人口市民化奖励资金支持力度，进一步发挥中央财政市民化奖励资金激励作用；推动省级财政建立健全农业转移人口市民化奖励机制，重点支持吸纳跨市域农业转移人口落户多的城市；健全城镇建设用地增加规模与吸纳农业转移人口落户数量挂钩机制；依法保障进城落户农民的农村土地承包权、宅基地使用权、集体收益分配权，健全市场化退出机制。

（四）推进农业转移人口市民化取得显著成效

第一，户籍人口城市化水平大幅度提升，与常住人口城市化水差距有所缩小。户口迁移政策普遍放开放宽，中西部地区除省会（首府）市外，基本实现了城镇落户零门槛；东部地区除少数超大、特大城市外，进一步放宽了落户条件，农业转移人口进城落户更加便捷。2014 年以来，全国有 1.3 亿农业转移人口成为城镇居民，全国户籍人口城镇化率由 2013 年的 35.7% 快速上升到 2021 年的 46.7%，上升了 11 个百分点，上升幅度略高于常住人口老龄化率的上升幅度（10.2 个百分点）；2021 年户籍与常住人口老龄化率相差 18 个百分点，低于 2013 年两者 18.8 个百分点的差距（见表 2-11）。

表 2-11　主要年份中国户籍和常住人口城镇化率

年份	户籍人口城镇化率（%）	常住人口城镇化率（%）	二者之差（%）
1990	20.9	26.4	-5.5
2000	26.1	36.2	-10.1
2010	32.5	50.0	-17.5
2011	34.7	51.8	-17.1
2012	35.3	53.1	-17.8
2013	35.7	54.5	-18.8
2014	37.1	55.8	-18.7
2015	39.9	57.3	-17.4
2016	41.2	58.8	-17.6
2017	42.4	60.2	-17.8
2018	43.4	61.5	-18.1
2019	44.4	62.7	-18.3
2020	45.4	63.9	-18.5
2021	46.7	64.7	-18.0

资料来源：各年份《中华人民共和国国民经济和社会发展统计公报》和各年份《中国人口和就业统计年鉴》。

第二，农业转移人口享有更多更好的城镇基本公共服务。中国居住证制度全面实施，居住证上附着的公共服务和办事便利项目不断增加。随迁子女在常住地接受义务教育的要求全面落实。据中国教育统计数据显示，2021 年中国义务教育阶段在校生中进城务工人员随迁子女 1 372.41 万人（在小学就读 984.11 万人，在初中就读 388.30 万人），其中 90.9% 在流入地公办学校就读或享受政府购买学位服务。农民工参加城镇职工基本医疗和养老保险的比例稳步提高。住院费用跨省直接结算定点医疗机构进一步增多。

第三，农业转移人口市民化配套政策有序实施。"人地钱"挂钩政策深入实施，2021 年中央财政农业转移人口市民化奖励资金下达 350 亿元，并依法保障进城落户农民的农村土地承包权、宅基地使用权、集体收益分配权。

二、中国城市人口发展的主要问题
（一）人口城镇化水平区域差距大

第一，各省区市人口城镇化水平差距大。在 31 个省区市中，2021 年有 12 个省区市常住人口城镇化率高于全国平均水平，其中上海（89.3%）、北京（87.5%）、天津（84.9%）三个直辖市的分列前三位；有 19 个省区市低于全国平均水平，其中甘肃（53.3%）、云南（51.1%）、西藏（36.6%）分列后三位。城镇化率最高的上海比最低的西藏高 50 多个百分点，如果不考虑直辖市的影响，广东常住人口城镇化最高为 74.6%，也比西藏高 38 个百分点（见图 2-6）。

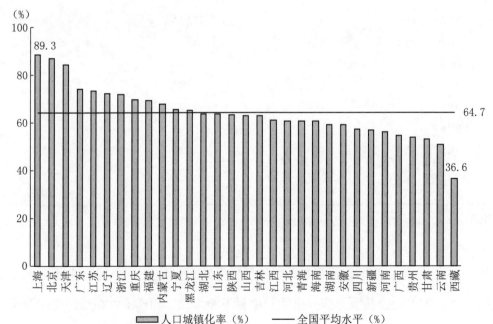

图 2-6　2021 年中国各省区市常住人口城镇化率

资料来源：2022 年《中国统计年鉴》。

第二,四大区域差异大。2011年、2021年东部地区常住人口城镇化率均最高,其次是东北地区、中部地区,而西部地区最低。2021年东部地区常住人口城镇率71.4%,比最低的西部地区高13.1个百分点(见表2-12)。

表2-12 2011年、2021年中国四大区域常住人口城镇化水平(%)

区域	2011年	2021年
东部	60.8	71.4
中部	45.5	60.0
西部	43.0	58.3
东北部	58.7	68.2
全国	51.7	64.7

资料来源:2012年、2022年《中国统计年鉴》。

(二)城镇人口老龄化突出

在中国336个地级及以上的城市中,已经有149个城市已经进入到深度(中度)老龄化社会[①]。

从区域分布来看,深度老龄化的城市主要集中在东北地区、中部地区、长三角地区以及成渝城市群,其中,东北地区的老龄化程度更深。东北三省共36市,已经全部进入深度老龄化阶段。这些城市大多是资源型城市,城镇化率高、生育率低,由于近年来东北经济下行,就业机会不多,因此年轻人口持续外流,导致人口老龄化比较严重。

从省份来看,深度老龄化最为严重的省份是四川省,四川共21个市,深度老龄化的城市多达17个。四川是劳动力输出大省,一直以来年轻劳动输出较多,因此留守老人相对其他地区较多,加重了老龄化程度。另外省内中小城市发展相较不足,与成都市发展差距过大,形成了虹吸效应,大量人才、资本向成都和其他大城市流出,是致使四川深度老龄化城市较多的主因。

从城市看,深度老龄化比较严重的城市有50个,其中江苏南通的老龄化程度最

---

① 按照联合国关于老龄化的划分标准,当一个国家60岁以上人口占总人口比重超过10%或65岁以上人口比重超过7%,表示进入轻度老龄化社会;60岁以上人口占总人口比重超过20%或65岁以上人口比重超过14%,表示进入深度(中度)老龄化社会;60岁以上人口占总人口比重超过30%或65岁以上人口比重超过21%,表示进入超(重度)老龄化社会。

高，65 岁及以上老年人口占比达到 22.67%，超过 21% 就是重度老龄化。从人口自然增长看，自 2002 年以来，南通人口自然增长一直呈负增长，2021 年自然增长率仅为 –5‰；作为计划生育模范城市的南通即使在 2016 年实施全面二孩政策之后，生育意愿也不高。从吸引力看，南通除了工业、建筑业、纺织业，其他产业发展缓慢，很难吸引年轻人口。从地理位置看，南通周边城市实力都很强，易受到苏州、杭州、上海等周边城市的虹吸影响。

从不同统计口径看，城市户籍人口老龄化程度更深，其中，上海和北京居全国前两位。2012 年以来，上海、北京 60 岁及以上户籍老年人口占总户籍人口的比重持续快速上升，分别由 2012 年的 25.7%、20.3% 上升到 2021 年的 36.3%、27.5%（见图 2-7），持续分列全国各城市的第一位、第二位。按照联合国关于老龄化的划分标准，以户籍人口为统计口径，北京从 2012 年开始进入深度老龄化社会，而上海 2016 年开始就进入了超老龄化社会。

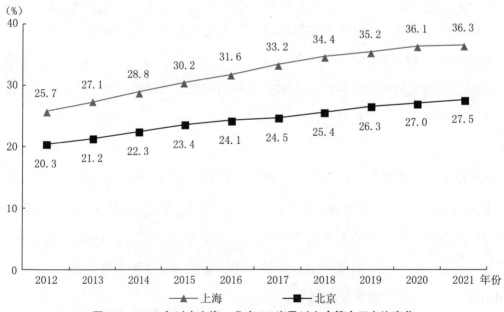

图 2-7　2012 年以来上海、北京 60 岁及以上户籍人口占比变化

资料来源：上海、北京市各年份老年人口和老龄事业相关统计资料。

（三）大城市人口问题突出

第一，大城市人口密度总体偏高。产业和人口向优势地区集中是客观经济规律，但城市单体规模不能无限扩张。目前中国超大城市和特大城市人口密度总体偏高，北京、上海主城区密度都在每平方千米 2 万人以上，东京和纽约只有 1.3 万人左右。[①] 城区人口密度过大，会带来交通拥挤、住房紧张、资源紧缺等问题。

第二，大城市住房问题突出。当前，一些特大城市房价偏高，新市民，特别是青年职工收入偏低，"买不起房、租不起房"的问题比较突出。

（四）城镇非户籍居民市民化仍任重道远

第一，户籍与常住人口城镇化差距大。尽管 2014 年以来，户籍和常住人口城镇化率的差距有所减小，但仍相差 17—18 个百分点，2021 年仍相差 18 个百分点，这主要体现在近 2 亿的进城农民工群体没有落户。这主要有两大原因：一是农民进城的意愿大幅度下降，目前只有大约 30% 的农民工愿意进城。由于农村的权益增加，乡村振兴的推进，城乡基本公共服务的均等化，农民不愿去城镇落户了。二是城市落户壁垒与落户意愿相矛盾。城区人口超过 300 万的大城市，以及特大、超大城市经济发达、就业机会多、公共服务质量高，对农民工吸引力大，但都没有放开落户限制；小城市虽然放开了落户，但是吸引力不够，农民不愿意落户。

第二，城镇基本公共服务尚未覆盖全部常住人口。由于户籍制度的限制，近 2 亿多进城农民工在子女教育、就业、居住等公共服务方面与城镇居民仍然存在较大差异。另外，即使农民工办理了居住证也不一定能享受到相应的基本公共服务，因为很多城镇增加了一些限定条件，如持有居住证年限的限制、居住证积分的限制、住房是否是自购房的限制等，而且城镇规模等级越高，设置的门槛也越高。这严重影响到中国新型城镇化的质量。

第三，市民化机制还有待进一步完善。适应人口跨区域流动的城市化发展机制还不健全，在适应人口跨区域流动的建设用地指标配置、财政转移支付、农村土地退出等方面激励和保障措施有待进一步完善。

---

① 《国家中长期经济社会发展战略若干重大问题》（2020 年 4 月 10 日），选自《十九大以来重要文献选编》（中），中央文献出版社 2021 年版，第 498—499 页。

第四节　中国城市人口发展前景展望及新应对

一、城市人口发展前景展望

（一）人口城镇化水平仍将持续提高但增速减缓

根据诺瑟姆 S 形曲线所揭示的城市化发展一般规律，2022 年中国人口城镇化率达到了 65.2%，将进入城镇化较快发展的后期，城镇化率等达到 70% 后，会减速，并且更加重视市化的发展质量。预计 2030 年中国人口城镇化率将超过 70%，并将在 2035 年前后达到 75% 以后逐步趋于稳定。中国新型城镇化核心是人的城镇化，新型城镇化发展需求决定了人口城镇化未来发展方向不仅要注重发展速度，更要注重发展质量。

（二）城镇人口少子化和老龄化加剧

从全国人口变化趋势看，一是生育水平低，出生人口规模少，将长期保持少子化趋势。尽管 2013 年以来中国多次调整生育政策，但生育水平只在短期内反弹，主要受育龄妇女数量减少和生育意愿降低的影响，2016 年中国总和生育率达到 1.7 的高峰后又持续降低，2021 年降低至 1.15，比欧美国家低 50% 以上。二是人口规模进入负增长阶段，并将长期保持这一总体趋势。社会经济发展到一定阶段，就会出现人口增速放缓或总量减少，这是世界各国人口发展的必然规律。2022 年中国人口规模同比减少 85 万人，是 1961 年以来首次出现人口负增长，尽管今后某些年份还会出现人口的正增长，但人口进入负增长阶段的总体趋势已经出现，以人口老龄化为核心的人口结构性矛盾将日益突出。根据预测，在"十四五"期间，中国将从轻度老龄化迈入深度老龄化。随着第二次生育高峰出生的"60 后"群体步入退休年龄，老年人口增长速度将明显加快，到 2030 年占比将达到 25% 左右，其中 80 岁及以上高龄老年人口增加幅度更加明显。

少子化与老龄化并存是城市人口发展过程中不可避免的阶段。中国城镇总和生育率比乡村低，再加上受全国人口未来变化趋势的影响，中国城镇人口少子化和老龄化也将加剧。

（三）城镇人口继续向优势地区集聚

预计 2040 年中国城镇人口将达到 10.57 亿，人口城镇化率将达到 78.6%。分地级看，未来 20 年重庆、深圳等都市圈核心城市城镇人口增量靠前，预计 2020—2040 年城镇人口年均增量分别为 33.9 万人、26.2 万人。分都市圈城市群看，未来 20 年超八成新增城镇人口分布在都市圈内部，超九成位于城市群内部，其中近五成来自五大城市群。预计 2020—2040 年上海、重庆、广州都市圈年均城镇人口增量超 30 万，中原、长三角城市群年均城镇人口增量超百万。①

二、未来城市人口发展的应对思路

（一）加大城区常住人口在 300 万以上的城市户籍改革力度

目前中国城区常住人口 300 万以下的城市已经实现了比较自由的落户，城区常住人口在 300 万以上的城市还没有完全放开。2020 年城区常住人口在 300 万以上的 I 型大城市（14 个）、特大城市（14 个）、超大城市（7 个）虽然只有 35 个，但这些城市的流动人口规模比较大，占全国的比例较高。因此，接下来户籍制度改革的攻坚战就是在城区常住人口 300 万以上的城市。积极落实《"十四五"新型城镇化实施方案》提出的全面放宽城区常住人口 300 万至 500 万的 I 型大城市落户条件。完善城区常住人口 500 万以上的超大特大城市积分落户政策，精简积分项目，确保社会保险缴纳年限和居住年限分数占主要比例，鼓励取消年度落户名额限制。城区常住人口 300 万以上的城市根据区域经济社会发展实际情况，划分中心城区、近郊区、远郊区（或者内环、中环、外环，或者市中心、新城），制定不同区域的差别化落户条件，由外及内逐步取消落户限制。

（二）优化城镇人口的结构

人口调控不能以控制人口总量为目标，而应着眼于改善人口年龄结构、文化结构、人口分布结构及职住平衡度。一方面，优化年龄、文化结构。以主导产业和战略性新兴产业为方向，大力引导相应年轻人口，特别是将年轻、高素质的人才进入城市工作、生活。另一方面，优化人口的空间分布，并促进职住平衡。严格控制中心城人口增长，推进新增人口向新城集聚，并积极在新城布局相应产业，包括向新城特别是重点新城

---

① 育娲人口：《中国人口流动趋势报告 2022 版》，新浪财经 http://finance.sina.com.cn/china/gncj/2022-05-08/doc-imcwipii8649842.shtml，2022 年 5 月 8 日。

疏解中心城部分功能及部分优质公共服务资源。

（三）切实扩大农业转移人口享有城镇基本公共服务的覆盖面

一是加大农业转移人口的职业技能培训和补贴力度。按照不同行业、不同工种、不同岗位的要求，加大对农业转移人口的定向实用技术培训，并提供相应级别的职业资格证书和培训补贴，提高他们从事合法稳定就业的能力。

二是加大公租房建设与补贴力度。一方面，鼓励各类社会资本和社会主体参与公租房的开发建设。对参与公租房建设、管理的主体单位在用地、资金、税收等方面予以政策倾斜。另一方面，建立农业转移人口公租房租金补贴制度。按照政府、用人单位各补贴三分之一，农民工自付三分之一的办法，降低农民工居住公租房的住房成本，改善农民工的居住条件。

三是加大财政投入和转移支付力度。中央政府要加大财政投入，建立基本公共服务经费专项基金。探索建立全国层面基本公共服务经费"钱随人走"转移支付机制，加大转移支付力度，重点向农民工集聚且相对经济困难的地区转移。

第三章　以人为本的新型城镇化

城镇化是伴随工业化发展，非农产业在城镇集聚、农村人口向城镇集中的自然历史过程，是人类社会发展的客观趋势，是国家现代化的重要标志。积极稳妥扎实有序推进城镇化，对加快社会主义现代化建设进程，实现中华民族伟大复兴的中国梦，具有重大现实意义和深远历史意义。[1]新中国成立以来，特别是改革开放以来，中国城镇化快速发展，城乡面貌发生翻天覆地的变化，城乡居民生活显著改善。党的十八大以来，以习近平同志为核心的党中央高度重视新型城镇化工作，明确提出了以人为核心、以提高质量为导向的新型城镇化战略，为新型城镇化工作指明了方向、提供了基本遵循，推动中国城镇化进入提质增效新阶段，取得了历史性成就。[2]梳理中国城镇化的历史进程与发展成就，总结新型城镇化发展经验，对指导未来中国城镇化健康发展具有重要的现实意义。

第一节　中国城镇化发展道路回顾

1949年以来，中国步入了一个新的历史发展阶段，伴随工业化的展开，城镇化也在全国范围内开始了新的进程。[3]回顾1949年以来中国的城镇化历史进程，虽然经历了起伏波动，但总体呈上升趋势，城镇化水平不断上升。总体而言，中国的城镇化进程大致可以划分为改革开放前的波动发展时期、乡村城镇化时期、快速城镇化时期和新型城镇化时期四个阶段。

---

① 中共中央、国务院：《国家新型城镇化规划（2014—2020年）》，人民出版社2014年版。
② 国家统计局：《党的十八大以来经济社会发展成就系列报告：新型城镇化建设扎实推进　城市发展质量稳步提升》，http://www.gov.cn/xinwen/2022-09/29/content_5713626.htm。
③ 许学强、周一星、宁越敏：《城市地理学》，高等教育出版社2022年版。

一、波动发展时期

1949 年 3 月，中国共产党在河北省平山县西柏坡村召开了七届二中全会，在此次会议上毛泽东指出"从现在起，开始了由城市到乡村并由城市领导乡村的时期，党的工作重心由乡村转到了城市"。这标志着中国的城镇化进程逐步拉开了序幕。新中国成立后，1953 年，中国开始实施第一个五年计划，在工业化推动下，促进了一批中西部城市的发展，城镇化进程明显加快，形成了中国城镇化的短暂发展时期。1958 年，中国进入第二个五年计划时期，然而，受到"大跃进"以及三年困难时期的影响，中国城镇化进入了起伏波动发展时期；之后受"文化大革命"影响，中国城镇化一直徘徊不前，形成了停滞时期（1966—1976 年），此时的城镇化水平基本维持在 17% 左右，至 1972 年降至最低，仅为 17.1%，到 1976 年，中国城镇化水平仍只有 17.4%。[①]

二、乡村城镇化时期

1978 年 12 月，中共中央召开了十一届三中全会，作出把党的工作重点转移到经济建设上来，宣布实施改革开放的历史性决策。此时，上山下乡知识青年大规模回城，城镇人口增长迅速，1981 年城镇化水平达到 20.2%，达到了新中国成立以来的最高水平。

中国的改革率先从农村开始。1981 年，中央"一号文件"正式提出农村家庭联产承包责任制，此后中国农村开展了大规模的家庭联产承包责任制改革。[②] 在包产到户制度的推行下，农民生产积极性显著提高，粮食产量显著增加，同时也产生了大量剩余劳动力，城市化发展的两个前提——足够的剩余粮食和剩余劳动力都得到实现，极大地加快了中国城镇化进程。

20 世纪 80 年代中期开始，随着农村经济体制改革的深化，农村剩余劳动力问题更加突出，此时乡镇企业的崛起对乡村剩余劳动力的吸引以及农村经济发展发挥了促进作用。[③] 1984 年的"中央一号"文件及以后的文件指出"允许务工、经商、办服务业

---

① 许学强、周一星、宁越敏：《城市地理学》，高等教育出版社 2022 年版。
② 许学强、周一星、宁越敏：《城市地理学》，高等教育出版社 2009 年版。
③ 何念如、吴煜：《中国当代城市化理论研究》，上海人民出版社 2007 年版。

的农民自理口粮到集镇落户"，主要把农民进城限制在县城以下的集镇。此时剩余农业劳动力的空间转移主要有三种层次：（1）进入城镇，包括招工进城的农民、自理口粮进城务工经商的农民和进城从事建筑业、运输业的农民；（2）进入集镇，主要是在乡镇办企业中工作的农民和从事其他非农业生产活动的农民，其中大多数人白天进集镇工作，晚上回自己的村庄居住，因此没有实现完全的空间位移；（3）就地转换，主要是在村及村以下企业中工作的农民，其绝大多数只有职业转换，没有空间转换。[①]

在小城镇发展的同时，随着改革开放的不断深入，经济特区设立以及沿海城市经济技术开发区的建立等城市体制改革步伐加快，城市经济活力不断提高，一部分农民也开始向沿海地区和大城市转移，不过跨地区长距离的省际流动在此期间相对较少。1989 年的农村劳动力流动人数为 3 000 万人，其中跨省流动的人数为 700 万人，[②]中国第四次全国人口普查数据显示，1985—1990 年省际迁移人口共计 1 186.5 万人，年平均221.3 万人。[③]20 世纪 80 年代末，国家经济形势发生波动，涌入城市的"民工潮"给城市交通、社会治安等带来了负面影响，于是政府政策从前期的"允许流动"向"控制盲目流动"转变。1989 年 3 月，国务院办公厅发布《关于严格控制民工盲目外出的紧急通知》，4 月民政部、公安部联合发出《关于进一步做好控制民工盲目外流的通知》，要求各地政府严格控制当地民工盲目外流。[④]在城市发展上，1989 年《中华人民共和国城市规划法》提出"控制大城市规模、合理发展中等和小城市"，进一步把自20 世纪 50 年代以来形成的"严格控制大城市、发展小城镇"的方针以法的形式确定下来。

总体来看，这一时期农业剩余劳动力的空间转移主要局限于进入城镇、集镇以及就地转换，其中大多数属于就地转换，[⑤]"离土不离乡、进厂不进城"成为该时期城镇化发展的主要模式，学界结合当时的发展现实提出了具有中国特色的就地城镇化、乡村城镇化、自下而上的城镇化等概念。其中，乡村城镇化是指农村剩余劳动力和人口在

① 许学强、周一星、宁越敏：《城市地理学》，高等教育出版社 2022 年版。
② 韩俊：《中国"三农"问题的症结与政策展望》，https://www.sohu.com/a/360986381_809758。
③ 查瑞传、曾毅、郭志刚：《中国第四次全国人口普查资料分析》，高等教育出版社 1996 年版。
④ 《南方都市报》特别报道组：《洪流：中国农民工 30 年迁徙史》，花城出版社 2012 年版。
⑤ 许学强、周一星、宁越敏：《城市地理学》，高等教育出版社 2009 年版。

乡村完成其职业的非农业转化，而不需要进入城市，即在乡村完成的城市化过程；自下而上的城镇化是指发生在农村，由地方政府和农民群体力量推动的城镇化，[①] 其更侧重于强调自下而上的城镇化动力机制，在实质上应该属于农村城镇化的范畴。

三、快速城镇化时期

步入 20 世纪 90 年代后，经济全球化进程不断加速，在国内改革开放不断深入，1990 年 5 月，中央宣布上海浦东对外开发开放，标志着中国对外开放的重点从广东扩散到长江三角洲。1992 年邓小平南方谈话后，党中央宣布建设社会主义市场经济的重大决定，国内外有利形势的结合，中国迎来前所未有的发展机遇，中国城镇化进入了快速发展时期。[②] 此时，土地批租政策以及各类开发区建设对城市经济增长作出了巨大贡献。

2000 年 10 月，中共中央十五届五中全会通过的《中共中央关于制定国民经济和社会发展第十个五年计划的建议》指出，随着农业生产力水平的提高和工业化进程的加快，中国推进城镇化条件已渐成熟，要不失时机地实施城镇化战略，这是城镇化首次被提升到国家战略层面。该文件还指出："在着重发展小城镇的同时，积极发展中小城市，完善区域性中心城市的功能，发挥大城市的辐射带动作用，提高各类城市的规划、建设和综合管理水平，走出一条符合我国国情、大中小城市和小城镇协调发展的城镇化道路。"2001 年 3 月，全国人大通过的《中华人民共和国国民经济和社会发展第十个五年计划纲要》进一步明确实施城镇化战略，促进城乡共同进步，其中提到，改革城镇户籍制度，形成城乡人口有序流动的机制。取消对农村劳动力进入城镇就业的不合理限制，引导农村富余劳动力在城乡、地区间的有序流动。2001 年中国加入 WTO，进一步加快了中国全球化进程，从中西部地区向东部地区跨省流动的人口快速增加，并同时向大城市集中，[③] 促进了中国大城市和城市群的发育，城镇化进程不断加快。

2002 年 11 月，党的十六大报告提出农村富余劳动力向非农产业和城镇转移，是工业化和现代化的必然趋势。要逐步提高城镇化水平，坚持大中小城市和小城镇协调发

---

①　辜胜阻、刘传江、钟水映：《中国自下而上的城镇化发展研究》，《中国人口科学》1998 年第 3 期。

②　许学强、周一星、宁越敏：《城市地理学》，高等教育出版社 2009 年版。

③　杨传开：《中国多尺度城镇化的人口集聚与动力机制》，经济科学出版社 2019 年版。

展，走中国特色的城镇化道路。之后，2006 年 3 月，《中华人民共和国国民经济和社会发展第十一个五年规划纲要》提出，要促进城镇化健康发展，强调坚持大中小城市和小城镇协调发展，提高城镇综合承载能力，按照循序渐进、节约土地、集约发展、合理布局的原则，积极稳妥地推进城镇化，逐步改变城乡二元结构；还提出要把城市群作为推进城镇化的主体形态，已形成城市群发展格局的京津冀、长江三角洲和珠江三角洲等区域，要继续发挥带动和辐射作用，加强城市群内各城市的分工协作和优势互补，增强城市群的整体竞争力；具备城市群发展条件的区域，要加强统筹规划，以特大城市和大城市为龙头，发挥中心城市作用，形成若干用地少、就业多、要素集聚能力强、人口分布合理的新城市群。在一定程度上对控制大城市发展的政策作出了调整。

2007 年 10 月，党的十七大报告提出，要走中国特色城镇化道路，按照统筹城乡、布局合理、节约土地、功能完善、以大带小的原则，促进大中小城市和小城镇协调发展，以增强综合承载能力为重点，以特大城市为依托，形成辐射作用大的城市群，培育新的经济增长极。此时，大城市的增长极作用更加凸显。2011 年 3 月，《中华人民共和国国民经济和社会发展第十二个五年规划纲要》提出，要积极稳妥推进城镇化，不断提升城镇化的质量和水平。除了优化城市化战略格局外，还强调要稳步推进农业转移人口转为城镇居民，并指出把符合落户条件的农业转移人口逐步转为城镇居民作为推进城镇化的重要任务。此时，已经开始关注城镇化发展质量，强调尊重农民意愿。

总体来看，中央对城镇化战略的认识不断深化，城镇化在这一时期获得了飞速发展。在该时期，中国城镇化率从 1990 年的 26.41% 增长到 2011 年的 51.83%，年均增加 1.21 个百分点，其中 2011 年末城镇人口比重首次超过 50%，标志着中国进入了城市时代。

四、新型城镇化时期

2012 年 11 月，党的十八大报告提出："坚持走中国特色新型工业化、信息化、城镇化、农业现代化道路，推动信息化和工业化深度融合、工业化和城镇化良性互动、城镇化和农业现代化相互协调，促进工业化、信息化、城镇化、农业现代化同步发展"，正式提出了新型城镇化。由此，中国城镇化开始进入以人为本、规模和质量并重的新阶段，可以看作是新型城镇化时期。

2013 年 12 月，党中央、国务院召开了第一次中央城镇化工作会议，分析城镇化发展形势，明确推进城镇化的指导思想、主要目标、基本原则、重点任务，指出推进城镇化的主要任务包括推进农业转移人口市民化、提高城镇建设用地利用效率、建立多元可持续的资金保障机制、优化城镇化布局和形态、提高城镇建设水平、加强对城镇化的管理等，为出台国家新型城镇化规划奠定了基础。紧接着 2014 年 3 月，首次印发了《国家新型城镇化规划（2014—2020 年）》，强调以人的城镇化为核心，对推进新型城镇化的指导思想、发展目标、主要内容作了详细部署。随后，国家发改委连续多年印发《新型城镇化建设重点任务》，持续推进新型城镇化建设。

2016 年 3 月，"十三五"规划提出，坚持以人的城镇化为核心、以城市群为主体形态、以城市综合承载能力为支撑、以体制机制创新为保障，加快新型城镇化步伐，提高社会主义新农村建设水平，努力缩小城乡发展差距，推进城乡发展一体化。2017 年 10 月，党的十九大报告在强调"以城市群为主体构建大中小城市和小城镇协调发展的城镇格局，加快农业转移人口市民化"的基础上，首次提出实施乡村振兴战略，建立健全城乡融合发展体制机制和政策体系，促进城乡融合发展成为新时期处理城乡关系的根本遵循。2020 年 4 月，习近平总书记在中央财经委员会第七次会议上的讲话中将完善城市化战略作为中国中长期经济社会发展战略的重大问题之一，对未来城镇化的发展趋势和重点进行了详细论述，例如，提出"要建设一批产城融合、职住平衡、生态宜居、交通便利的郊区新城，推动多中心、郊区化发展，有序推动数字城市建设，提高智能管理能力，逐步解决中心城区人口和功能过密问题""要推动城市组团式发展，形成多中心、多层级、多节点的网络型城市群结构""要选择一批条件好的县城重点发展，加强政策引导，使之成为扩大内需的重要支撑点"等。[①]

2021 年 3 月，"十四五"规划和 2035 年远景目标纲要强调完善新型城镇化战略，提升城镇化发展质量，指出"坚持走中国特色新型城镇化道路，深入推进以人为核心的新型城镇化战略，以城市群、都市圈为依托促进大中小城市和小城镇协调联动、特

---

① 习近平：《正确认识和把握中长期经济社会发展重大问题》，《求是》2021 年第 2 期。

色化发展，使更多人民群众享有更高品质的城市生活。"2022 年 7 月，国家发展改革委员会进一步制定了《"十四五"新型城镇化实施方案》，明确"十四五"时期深入推进以人为核心的新型城镇化战略的目标任务和政策举措。2022 年 10 月，党的二十大报告继续强调"推进以人为核心的新型城镇化，加快农业转移人口市民化。以城市群、都市圈为依托构建大中小城市协调发展格局，推进以县城为重要载体的城镇化建设。"可以说，中央政府一直高度重视城镇化，城镇化依然是中国经济社会发展的重大战略，是推动中国经济持续发展的强大动力。截至 2022 年末，中国常住人口城镇化率已经超过 60%，达到 65.22%。

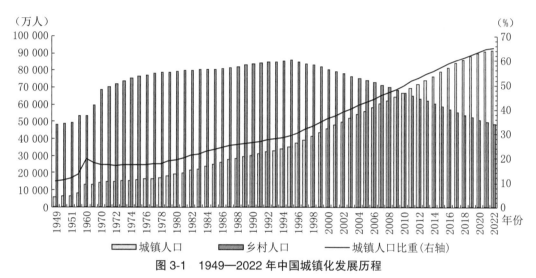

图 3-1 1949—2022 年中国城镇化发展历程

资料来源：2022 年《中国统计年鉴》。

第二节 新型城镇化的理论体系

一、新型城镇化的提出背景

新型城镇化的提出既是城镇化发展趋势和规律使然，同时也是基于中国城镇化发展的现实和宏观背景的变化。改革开放以来，随着工业化进程加速，中国城镇化经历了一个起点低、速度快的发展过程，在这个过程中，也暴露出一些突出问题，由重视速度向重视质量转变成为必然。同时，21 世纪以来，中国发展的宏观背景发生了变化，这些变化既包括国内外经济形势变化对城镇化产生的新的要求，也与迫切需要解决城镇化进程中产生的诸多社会、环境、生态等问题有关。

首先，中国经济持续平稳增长需要城镇化作为重要动力。全球金融危机使中国出口导向型发展战略面临严峻挑战，面对外部需求下降和市场替代，中国传统的依靠投资和出口带动经济增长的模式遇到了极大的挑战。① 庞大生产能力与有限市场空间的矛盾更加突出，在促进经济增长的投资、内需和出口"三驾马车"中，受投资过剩、出口疲软的影响，扩大内需在中国未来经济增长中将扮演更重要的作用，而城镇化被认为是扩大内需的最大潜力，既能够扩大投资又能够促进消费。② 按照诺瑟姆曲线所揭示的城镇化发展规律，中国城镇化水平在超过50%之后仍处于中期加速阶段，而且城镇化质量的提升会产生巨大的需求，从而使城镇化仍可在中国经济长期平稳增长发展中发挥巨大的作用。

其次，中国城镇化发展迫切需要社会转型。受户籍制度影响，农民进城的同时农民的身份没有变化，致使出现了"流动人口""农民工"等称谓，形成了所谓的"半城镇化"。因城乡二元户籍制度的限制，流入城市的农民工因不能获得城市户口，不能享受与城市居民等同的公共服务，面临社保缺失、工资拖欠、子女教育、劳动条件和居住条件较差等问题，城镇内部出现新的二元矛盾。同时，农村留守儿童、妇女和老人问题日益凸显，给经济社会发展带来诸多风险隐患。城镇化社会转型的核心就是农业转移人口的市民化，即进城农民享受城市户籍人口的同等待遇，同时促进农业转移人口的市民化也可对经济发展产生巨大的需求。因此，亟需推动城镇化的社会转型。

最后，中国城镇化的未来需要以可持续发展为指导。随着城镇化的快速推进，在城市让生活更美好的同时，也形成了困扰城市发展、削弱居民幸福感的诸多城市病，主要表现为：人口拥挤、交通拥堵、环境污染、住房困难等，③ 成为群众多怨、政府关注、媒体瞩目的话题。同时，土地城镇化快于人口城镇化，建设用地粗放低效。一些城市"摊大饼"式扩张，过分追求宽马路、大广场，新城新区、开发区和工业园区占地过大，建成区人口密度偏低。2000—2011 年，城镇建成区面积增长 76.4%，远高于

① 马晓河：《城镇化是新时期中国经济增长的发动机》，《国家行政学院学报》2012 年第 4 期。
② 李克强：《在改革开放进程中深入实施扩大内需战略》，《求是》2012 年第 4 期。
③ 林家彬、王大伟等：《城市病——中国城市病的制度性根源与对策研究》，中国发展出版社 2012 年版。

城镇人口 50.5% 的增长速度。此外，中国的快速城镇化还面临沉重的资源、能源压力。中国是世界上人均水资源最缺乏的国家之一，人均水量仅为世界人均水量的 1/4，[①] 石油和天然气储量分别只有世界平均值的 7.4% 和 6%[②]。全球资源供需矛盾和碳排放权的争夺更加尖锐，中国能源资源和生态环境面临前所未有的国际压力，传统高投入、高消耗、高排放的工业化城镇化发展模式难以为继。在资源、能源约束和环境保护的压力下，推进生态文明建设，建设美丽中国，走集约绿色的新型城镇化道路显得更加必要。

综上所述，当前国内外宏观形势的变化，推动城镇化转型发展成为必然，提高城镇化质量成为发展重点，新型城镇化也因此被提出。

二、新型城镇化的理论内涵

新型城镇化并不是一个新的概念，它是对城镇化原本含义的一种回归。认识的反复性与无限性使人们对城镇化真正内涵的认识存在一定的局限性，人为因素使过去的传统城镇化道路在某种程度上更加偏离了城镇化的原本含义，而新型城镇化则是对城镇化原本含义的逼近，是城镇化过程的更高级阶段。

2012 年 12 月召开的中央经济工作会议，强调要把生态文明理念和原则全面融入城镇化全过程，走集约、智能、绿色、低碳的新型城镇化道路。进一步丰富了新型城镇化的内涵，将生态文明理念与城镇化过程相融合。《国家新型城镇化规划（2014—2020年）》提出走以人为本、四化同步、优化布局、生态文明、文化传承的中国特色新型城镇化道路。强调以人的城镇化为核心，使全体居民共享现代化建设成果；强调推动信息化和工业化深度融合、工业化和城镇化良性互动、城镇化和农业现代化相互协调；强调根据资源环境承载能力构建科学合理的城镇化宏观布局，促进城市紧凑发展，提高国土空间利用效率；强调把生态文明理念全面融入城镇化进程，着力推进绿色发展、循环发展、低碳发展；强调发展有历史记忆、文化脉络、地域风貌、民族特点的美丽城镇，形成符合实际、各具特色的城镇化发展模式。这些作为推进新型城镇化的基本

① 中国发展研究基金会：《中国发展报告 2010——促进人的发展的中国新型城市化战略》，人民出版社 2010 年版。
② 仇保兴：《新型城镇化：从概念到行动》，《行政管理改革》2012 年第 11 期。

原则也很好地体现了新型城镇化的内涵。

总体而言，与传统城镇化相比，新型城镇化是在新的发展背景下，提出了更加科学合理、内容更加丰富的城镇化方式，其关注的内容不再是单一的人口城市化率指标，而是集经济发展、社会发展、环境发展、城乡一体等多维内容，更加强调以人为本、绿色、低碳、集约、智能等方面。

第三节　党的十八大以来的新型城镇化实践探索

党的十八大正式提出新型城镇化战略，之后中央和国家出台了一系列政策建议，从人口、空间、城乡融合发展等多个维度积极推动新型城镇化战略落地实施，不断探索新型城镇化建设经验。

一、推进农业转移人口市民化，提升城镇化发展质量

解决好人的问题是推进新型城镇化的关键，城镇化最基本的趋势是农村富余劳动力和农村人口向城镇转移。从目前中国城镇化发展要求来看，主要任务是解决已经转移到城镇就业的农业转移人口落户问题，[①]因此，推动农业转移人口市民化是新型城镇化的关键任务。党的十八大以来，中央不断加大推进农业转移人口市民化力度，提升城镇化发展质量。

深化户籍制度改革。在《国家新型城镇化规划（2014—2020年）》中提出："以合法稳定就业和合法稳定住所（含租赁）等为前置条件，全面放开建制镇和小城市落户限制，有序放开城区人口50万—100万的城市落户限制，合理放开城区人口100万—300万的大城市落户限制，合理确定城区人口300万—500万的大城市落户条件，严格控制城区人口500万以上的特大城市人口规模"。2022年，国家发展改革委员会制定的《"十四五"新型城镇化实施方案》进一步强调"全面取消城区常住人口300万以下的城市落户限制，确保外地与本地农业转移人口进城落户标准一视同仁。全面放宽城区常住人口300万至500万的Ⅰ型大城市落户条件。完善城区常住人口500万以上的超

---

① 习近平：《论"三农"工作》，中央文献出版社2022年版，第56页。

大特大城市积分落户政策,精简积分项目,确保社会保险缴纳年限和居住年限分数占主要比例,鼓励取消年度落户名额限制。"农业转移人口城镇落户标准不断降低,城区常住人口300万以下的城市落户限制全面取消。

完善农业转移人口市民化机制。健全财政转移支付同农业转移人口市民化挂钩机制,建立城镇建设用地增加规模同吸纳农业转移人口落户数量挂钩机制,建立财政性建设资金对城市基础设施补贴数额与城市吸纳农业转移人口落户数量挂钩机制。在此基础上,进一步提出建立基本公共服务同常住人口挂钩、由常住地供给的机制,稳步提高非户籍常住人口在流入地享有的基本公共服务项目数量和水平,推动城镇基本公共服务常住人口全覆盖。此外,提出不断健全中央和省级财政农业转移人口市民化奖励机制,建立财政、发改、公安等部门工作协同机制,中央财政和省级财政分别对吸纳跨省域、跨市域农业转移人口落户多的地区给予支持。

二、优化城镇化空间布局和形态,推动大中小城市协调发展

在推进新型城镇化建设过程中,不断优化城镇化空间布局和形态。"十三五"规划提出,"加快城市群发展、增强中心城市辐射带动功能、加快发展中小城市和特色镇";党的十九大报告强调,"以城市群为主体构建大中小城市和小城镇协调发展的城镇格局";"十四五"规划提出,"推动城市群一体化发展、建设现代化都市群、优化提升超大特大城市中心城区功能、完善大中城市宜居宜业功能、推进以县城为重要载体的城镇化建设";党的二十大报告强调,"以城市群、都市圈为依托构建大中小城市协调发展格局,推进以县城为重要载体的城镇化建设"。可见,党的十八大以来,我们对城镇化布局和形态的认识更加清晰,重点更加明确。

首先,在强调城市群作为新型城镇化主体形态的基础上,进一步加快都市圈建设。在"十三五"规划基础上,"十四五"期间有更为完整的城市群空间布局,提出,优化提升京津冀、长三角、珠三角、成渝、长江中游等城市群,发展壮大山东半岛、粤闽浙沿海、中原、关中平原、北部湾等城市群,培育发展哈长、辽中南、山西中部、黔中、滇中、呼包鄂榆、兰州—西宁、宁夏沿黄、天山北坡等城市群。强调要建立健全城市群一体化协调发展机制和成本共担、利益共享机制;优化城市群内部空间结构,

构筑生态和安全屏障，形成多中心、多层级、多节点的网络型城市群。同时，在强调城市群重要性的基础上，进一步认识到都市圈是城市群内部以超大特大城市或以辐射带动功能强的大城市为中心、以1小时通勤圈为基本范围的城镇化空间形态，国家发展改革委出台了《关于培育发展现代化都市圈的指导意见》，加快都市圈建设。

其次，不断优化提升超大特大城市中心城区功能。"十三五"规划提出，要适当疏解超大城市和特大城市中心城区非核心功能，强化与周边城镇高效通勤和一体发展，促进形成都市圈；"十四五"规划进一步明确，坚持产城融合，完善郊区新城功能，实现多中心、组团式发展。

最后，提出推进以县城为重要载体的城镇化建设。县域作为中国行政治理的基本单元，数量多、面积广，涵盖了全国大部分国土面积和人口，2020年中国共有县级市388个、县1 312个，两者面积合计占全国陆地面积的90.9%，两者人口合计约占全国人口的63.2%。目前，县域的城镇化水平依然相对较低，具有较大的发展潜力，是未来城镇化发展的重要支撑。而县城作为县域发展的龙头，是区域经济、人口、服务、资本等要素的重要集聚地，是人口向城镇集聚的重要载体，是城乡融合发展的关键支撑，对促进新型城镇化建设、构建新型工农城乡关系都具有重要意义。习近平总书记指出："农民到县城买房子、向县城集聚的现象很普遍，要选择一批条件好的县城重点发展，加强政策引导，使之成为扩大内需的重要支撑点。"①2020年5月，国家发展改革委出台《关于加快开展县城城镇化补短板强弱项工作的通知》，明确了县城城镇化补短板强弱项项目范畴以及县城新型城镇化建设示范名单；2022年5月，中共中央办公厅、国务院办公厅进一步印发《关于推进以县城为重要载体的城镇化建设的意见》，要求加快推进县城建设和发展。

三、顺应城市发展新趋势，积极推进新型城市建设

党的十八大以来，中国顺应现代城市发展新理念新趋势，不断转变城市发展方式，推动城市绿色发展，提高智能化水平，增强历史文化魅力，全面提升城市内在品质。

---

① 习近平：《正确认识和把握中长期经济社会发展重大问题》，《求是》2021年第2期。

《国家新型城镇化规划（2014—2020 年）》提出，加快绿色城市建设、推进智慧城市建设、注重人文城市建设。"十三五"规划进一步丰富新型城市内涵，提出建设绿色城市、智慧城市、创新城市、人文城市以及紧凑城市等。"十四五"规划提出，顺应城市发展新理念新趋势，开展城市现代化试点示范，建设宜居、创新、智慧、绿色、人文、韧性城市。2022 年 7 月，《"十四五"新型城镇化实施方案》进一步明确新型城市的建设内容，提出坚持人民城市人民建、人民城市为人民，顺应城市发展新趋势，加快转变城市发展方式，建设宜居、韧性、创新、智慧、绿色、人文城市。具体包括：增加普惠便捷公共服务供给、健全市政公用设施、完善城市住房体系、有序推进城市更新改造、增强防灾减灾能力、构建公共卫生防控救治体系、加大内涝治理力度、推进管网更新改造和地下管廊建设、增强创新创业能力、推进智慧化改造、加强生态修复和环境保护、推进生产生活低碳化、推动历史文化传承和人文城市建设等十余项内容。

四、重塑城乡关系，推进城乡融合发展

着眼于中国城乡发展实际和未来趋势，在总结国内外城乡发展经验基础上，提出了实施乡村振兴战略、建立健全城乡融合发展体制机制和政策体系等，从全局和战略高度为把握和处理中国城乡关系明确了方向，乡村振兴和城乡融合发展正式进入国家战略。

在乡村振兴方面，党的十九大报告首次提出实施乡村振兴战略，并明确"按照产业兴旺、生态宜居、乡风文明、治理有效、生活富裕的总要求，建立健全城乡融合发展体制机制和政策体系，加快推进农业农村现代化"，明确了推进乡村振兴的内涵；2018 年 1 月，中央一号文件《中共中央　国务院关于实施乡村振兴战略的意见》，对实施乡村振兴战略进行了全面部署。2018 年 9 月，中共中央、国务院印发《乡村振兴战略规划（2018—2022 年）》，部署了一系列乡村振兴的重大工程、重大计划和重大行动，这是中国出台的第一个全面推进乡村振兴战略的五年规划。2020 年 10 月，《中共中央关于制定国民经济和社会发展第十四个五年规划和二〇三五年远景目标的建议》强调"优先发展农业农村，全面推进乡村振兴"。2022 年 1 月，中央一号文件《中共中央　国务院关于做好 2022 年全面推进乡村振兴重点工作的意见》进一步部署落实全面推进乡村振兴的工作重点，其中提出要抓点带面推进乡村振兴全面展开，开展"百县

千乡万村"乡村振兴示范创建,采取先创建后认定方式,分级创建一批乡村振兴示范县、示范乡镇、示范村。回顾党的十九大以来国家有关乡村振兴的政策文件可以看出,中央对乡村振兴的重视力度不断加大,并进一步明确要全面推进乡村振兴,而不仅仅是停留在示范点的建设上。

在城乡融合方面,国家层面密集出台了一系列政策建议和规划文件(见表3-1),城乡融合发展体制机制和政策体系不断健全完善。2019年4月,中共中央、国务院印发《关于建立健全城乡融合发展体制机制和政策体系的意见》,对城乡融合发展的原则、近远期目标及重点内容进行了系统部署,可以说是指导中国城乡融合发展的纲领性文件;2019年7月,国务院同意建立由国家发展改革委牵头的城镇化工作暨城乡融合发展工作部际联席会议制度;2019年12月,国家发展改革委、中央农村工作领导小组办公室、农业农村部等十八部门联合印发《国家城乡融合发展试验区改革方案》,公布了11个国家城乡融合发展试验区名单,为全国提供可复制可推广的典型经验,为探索城乡融合发展经验迈出了坚实步伐;随后,国家发改委连续三年印发《新型城镇化建设和城乡融合发展重点任务》,强调把县域作为城乡融合发展的重要切入点,并逐步明确提出"以县域为基本单元推进城乡融合发展",城乡融合发展的路径和抓手更加明晰。党的二十大报告再次强调"着力推进城乡融合和区域协调发展""坚持城乡融合发展,畅通城乡要素流动",为未来推进城乡融合发展进一步明确了方向。

表3-1　党的十九大以来城乡融合主要政策文件梳理

发布时间	文件名称	主要内容
2019年4月	《关于建立健全城乡融合发展体制机制和政策体系的意见》	对城乡融合发展的原则、目标及内容进行了系统部署
2019年12月	《国家城乡融合发展试验区改革方案》	公布了11个国家城乡融合发展试验区名单,为全国提供可复制可推广的典型经验,为探索城乡融合发展经验迈出了坚实步伐
2020年4月	《2020年新型城镇化建设和城乡融合发展重点任务》	加快推进国家城乡融合发展试验区改革探索、全面推进农村集体经营性建设用地直接入市、加快引导工商资本入乡发展、促进城乡公共设施联动发展等
2021年1月	《关于全面推进乡村振兴　加快农业农村现代化的意见》	明确提出全面推进乡村振兴,提出加快县域内城乡融合发展,并强调把县域作为城乡融合发展的重要切入点

（续表）

发布时间	文件名称	主要内容
2021 年 3 月	《中华人民共和国国民经济和社会发展第十四个五年规划和2035年远景目标纲要》	提出"坚持农业农村优先发展 全面推进乡村振兴"，通过深化农业农村改革、加强农业农村发展要素保障等健全城乡融合发展体制机制
2021 年 4 月	《2021年新型城镇化和城乡融合发展重点任务》	从促进人才入乡就业创业、深化改革农村土地制度以及推动公共设施向乡村延伸三个方面加快推进城乡融合发展，并明确提出"以县域为基本单元推进城乡融合发展"
2022 年 3 月	《2022年新型城镇化和城乡融合发展重点任务》	强调以县域为基本单元推动城乡融合发展，推进城镇基础设施向乡村延伸、公共服务和社会事业向乡村覆盖
2022 年 10 月	党的二十大报告	着力推进城乡融合和区域协调发展；坚持城乡融合发展，畅通城乡要素流动

资料来源：根据国家相关政策文件整理。

第四节 新型城镇化建设成就

一、城镇化水平持续提升，城镇化质量不断提高

党的十八大以来，城镇化水平持续提升。常住人口城镇化率从 2012 年的 53.1% 增加至 2022 年的 65.2%，年均增加超过 1.2 个百分点。相应地，城镇人口规模也快速增加，中国的城镇人口从 2012 年的 72 175 万人增至 2022 年的 92 071 万人，年均增长近 2 000 万人，相当于每年增加两个苏州或杭州的常住人口规模。党的十八大以来，中国农业转移人口市民化制度基本建立，市民化质量也在稳步提高。户籍制度改革取得历史性突破，城市落户门槛大幅降低，城区常住人口 300 万以下城市全面取消落户限制。与此同时，户籍人口城镇化率也在不断提高，2012 年，中国户籍人口城镇化率仅为 35.3%，截至 2021 年末，中国户籍人口城镇化率提高到 46.7%，年均增加 1.27 个百分点，略高于常住人口城镇化率增速，表明城镇化质量不断提高。2014 年以来，全国超过 1 亿农业转移人口落户成为城镇居民。城镇基本公共服务覆盖范围扩大，农民工参加城镇职工基本医疗和养老保险的比例提高，2022 年义务教育阶段进城务工人员随迁子女在公办学校就读和享受政府购买学位的比例达到 95.2%。[①]

---

① 国家统计局：《党的十八大以来经济社会发展成就系列报告：新型城镇化建设扎实推进 城市发展质量稳步提升》，http://www.gov.cn/xinwen/2022-09/29/content_5713626.htm。

二、大中小城市协调发展，城镇化空间布局持续优化

党的十八大以来，城市规模结构不断优化。2021年末，全国城市数量达691个，比2012年末增加34个。其中，地级以上城市297个，增加8个；县级市394个，增加26个。建制镇21 322个，比2012年末增加1 441个。城市人口规模不断扩大，按2020年末户籍人口规模划分，100万—200万、200万—400万、400万以上人口的地级以上城市分别有96个、46个和22个，分别比2012年末增加14个、15个和8个；50万以下、50万—100万人口的城市分别有47个和86个，分别减少7个和22个。①

与此同时，城镇化空间布局持续优化，大中小城市和小城镇协调发展。中心城市辐射功能不断增强，以县城为重要载体的城镇化建设扎实推进，120个县城建设示范工作稳步开展，在促进产业配套设施提质增效、市政公用设施提档升级、公共服务设施提标扩面、环境基础设施提级扩能等方面取得积极进展。

城市群一体化发展水平不断提高，自2015年以来，国务院已批复11个城市群规划，在前期城市群建设的基础上，还进一步出台了多项重要的区域性规划。2015年4月《京津冀协同发展规划纲要》审议通过；2019年2月，中共中央、国务院印发《粤港澳大湾区发展规划纲要》；2019年12月中共中央、国务院印发《长江三角洲区域一体化发展规划纲要》。当前，"19+2"城市群布局总体确立，在"十四五"规划中提出优化提升京津冀、长三角、珠三角、成渝、长江中游等城市群，发展壮大山东半岛、粤闽浙沿海、中原、关中平原、北部湾等城市群，培育发展哈长、辽中南、山西中部、黔中、滇中、呼包鄂榆、兰州—西宁、宁夏沿黄、天山北坡等城市群。京津冀协同发展、粤港澳大湾区建设、长三角一体化发展有序推进，成渝地区双城经济圈加快建设，长江中游、北部湾、关中平原等城市群也在不断加快发展。与此同时，现代化都市圈稳步培育，南京、福州、成都等都市圈发展规划编制完成并印发实施，都市圈内便捷通勤网络逐渐形成，公共服务共建共享水平提升。②

---

① 国家统计局：《党的十八大以来经济社会发展成就系列报告：新型城镇化建设扎实推进 城市发展质量稳步提升》，http://www.gov.cn/xinwen/2022-09/29/content_5713626.htm。

② 国家发展改革委有关负责人就《2022年新型城镇化和城乡融合发展重点任务》答记者问 http://www.gov.cn/zhengce/2022-03/22/content_5680367.htm。

三、新型城市加快建设，城市品质不断提高

随着城镇化水平的提高，中国的城市建设也取得了巨大成就，城市品质不断提高。城镇居民居住条件持续改善，2019—2021 年，全国累计开工改造城镇老旧小区 11.5 万个，惠及居民超过 2 000 万户。[①] 公共服务明显提升，2020 年末地级以上城市医疗卫生机构床位数和医生数分别比 2012 年增加 79.8% 和 75.4%，社区卫生服务中心（站）基本实现所有街道全覆盖。同时，社会保险覆盖范围持续扩大，2020 年末地级以上城市城镇职工基本养老保险、城镇居民基本医疗保险和失业保险参保人数分别比 2012 年增加 46.2%、14.1% 和 41.6%。

城市交通更加便利，城市联系更加紧密，中国铁路网对 20 万以上人口城市的覆盖率由 2012 年的 94% 扩大到 2021 年的 99%，高铁网对 50 万人口以上城市的覆盖率由 2012 年的 28% 扩大到 2021 年的 90%；城市轨道交通覆盖范围逐渐扩大，截至 2021 年末，共有 51 个城市开通运营城市轨道交通线路 275 条，运营里程 8 736 公里。[②]

城市绿色发展加快推进，城市更加低碳、韧性、智慧。"绿水青山就是金山银山"的理念深入人心，城市加快推进生态文明建设。2020 年末，地级以上城市绿地面积比 2012 年末增长 38.2%，公园绿地面积增长 48.6%，城镇新建建筑中绿色建筑比重达到 68%，可再生能源消费比例超过 13.6%。城市废弃物回收和可再生利用体系加快建立，截至 2020 年底，46 个重点城市已基本建成生活垃圾分类处理系统，居民小区覆盖率达 96%。党的十八大以来，中国智慧城市建设进展迅猛，并在新型城镇化发展中发挥了重要作用，据不完全统计，国家发改委、科技部、工信部等部门确定的智慧城市试点累计已达 749 个。[③]

四、城乡居民收入水平显著提高，城乡融合加快推进

随着城镇化水平的提高，城乡经济社会快速发展，乡村生产生活条件不断改善，

---

① 国家统计局：《党的十八大以来经济社会发展成就系列报告：新型城镇化建设扎实推进　城市发展质量稳步提升》，http://www.gov.cn/xinwen/2022-09/29/content_5713626.htm。

② 同上。

③ 钱玉英：《新型智慧城市驱动新型城镇化》，http://rurc.suda.edu.cn/be/85/c30602a507525/page.htm。

城乡居民收入水平显著提高。2012 年城镇居民人均可支配收入为 24 565 元，2022 年达到 49 283 元，增长了 2.01 倍；相应地，农村居民人均可支配收入从 2012 年的 7 917 元增加至 2022 年的 20 133 元，增长了 2.54 倍。城乡居民收入比从 2012 年的 3.10 降至 2022 年的 2.45，城乡收入差距不断缩小。除城乡居民收入差距缩小外，在建立统一的城乡居民基本养老保险制度、城乡居民基本医疗保险制度基础上，2021 年中国实现义务教育县域基本均衡发展。[①] 此外，逐步建立起了城乡基础设施一体化发展的体制机制，提出要加快实现城乡基础设施统一规划、统一建设、统一管护，城乡融合发展的基础更加稳固。

城乡要素流动的制度不断加快改革，城乡融合发展的体制机制加快完善。由乡到城的要素流动渠道不断畅通，农业转移人口市民化进程持续加快，户籍制度改革力度不断加大，城区常住人口 300 万以下城市落实全面取消落户限制政策，实行积分落户政策的城市确保社保缴纳年限和居住年限分数占落户主要比例，山东、江西等地区已全面放开全省城镇落户条件，全面取消城市落户限制，2021 年中国常住人口城镇化率和户籍人口城镇化率差距进一步缩小。在土地方面，土地制度改革加速推进，逐步建立健全城乡统一的建设用地市场，推动农村集体经营性建设用地入市交易，同时，加快宅基地制度改革，2020 年 9 月，在全国 104 个县（市、区）和 3 个地级市部署启动新一轮农村宅基地制度改革试点。由城到乡的要素流动渠道也在逐步打通，例如，畅通入乡返乡落户渠道，山东提出允许符合当地人民政府规定条件的入乡返乡创业就业的高校学生、退伍军人，以及拥有农村宅基地使用权的原进城落户农村人口回农村落户。[②]

第五节　中国推进城镇化的发展经验与趋势展望

一、中国推进城镇化的发展经验

（一）坚持党的领导

城市是中国经济、政治、文化、社会等方面活动的中心，在党和国家工作全局中

[①] 教育部：《我国义务教育县域基本均衡发展已实现》，https://baijiahao.baidu.com/s?id=1736213375527040075&wfr=spider&for=pc。
[②] 《山东将允许原进城落户农村人口回农村落户》，https://baijiahao.baidu.com/s?id=16932733606296140 48&wfr=spider&for=pc。

具有举足轻重的地位。中国共产党历来重视城市工作。早在 1949 年，党的七届二中全会就提出把工作重心从乡村转移到城市，1962 年、1963 年、1978 年、2015 年，中央也多次召开城市工作会议。[①]回顾中国城镇化发展历程，总结其发展经验，最根本的是坚定不移地坚持党的领导，坚持党的基本路线不动摇。正是在中国共产党的领导下，我们紧紧抓住经济建设这个中心，坚持四项基本原则，坚持改革开放，城市发展才取得了举世瞩目的成就。未来，加快推进中国城市持续发展，依然要坚定不移地坚持党的领导，坚持党的"基本路线"不动摇，不断提高新型城镇化水平，走出一条中国特色的城市发展道路。

（二）坚持以人民为核心

中国共产党的宗旨是全心全意为人民服务，中国共产党人的初心和使命就是为中国人民谋幸福，为中华民族谋复兴，坚持以人民为核心也是城镇化发展的重要经验和基础。党的十八大以来，以习近平总书记为核心的党中央提出了以人为核心的新型城镇化，并逐步形成了"人民城市"的重要理念。2018 年 6 月 12 日，习近平总书记在山东青岛考察时强调："城市是人民的城市，要多打造市民休闲观光、健身活动的地点，让人民群众生活更方便、更丰富多彩。"2019 年 8 月 21 日，正在甘肃考察的习近平总书记强调："城市是人民的，城市建设要坚持以人民为中心的发展理念，让群众过得更幸福。金杯银杯不如百姓口碑，老百姓说好才是真的好。"2019 年 11 月 2 日，习近平总书记在上海考察时，正式提出了"人民城市人民建、人民城市为人民"的伟大理念。正是坚持以人为核心的发展理念，才充分调动了全国人民参与城市建设的积极性、能动性和创造性。未来城镇化发展依然需要坚持以人为核心的理念，不断提高发展质量，不断满足人民日益增长的美好生活需要。

（三）坚持实事求是

实事求是，是马克思主义的根本观点，是中国共产党人认识世界、改造世界的根本要求，是我们党的基本思想方法、工作方法、领导方法。实践是检验真理的唯一标准，中国的城镇化发展之所以取得今天的伟大成就，就是在于我们坚持了实事求是。

---

① 中共中央党史和文献研究院：《习近平关于城市工作论述摘编》，中央文献出版社 2023 年版。

"大跃进"和"文化大革命"时期的城镇化发展呈现波动或停滞,很大程度上在于脱离了实事求是。在当前发展阶段,依然需要持实事求是的原则,脱离实事求是就会产生新的矛盾和问题。例如,近年来,一些地区盲目推进合村并居,不少地区的农民仍以务农为主,"上楼居住"与农民当前的生产方式极不契合,很多农民反映"上楼"后农机具、粮食没有地方存放、"扛着锄头住楼",以及到田地的距离变远等,物质基础决定上层建筑,有什么样的生产方式就会有什么样的生活方式,这明显超越了发展阶段,不符合农民实际需求,而导致这些问题的根源就在于脱离实际,没有坚持实事求是的原则。

(四)坚持改革开放

开放是国家繁荣发展的必由之路。中国城镇化之所以能快速发展就得益于中国的改革开放政策,通过实行对外开放,参与全球分工,利用全球的资金、技术和市场,实现了跨越式发展,支撑了中国城镇化水平的快速提高。未来,依然需要坚持改革开放,坚持市场化改革,以更高水平的开放推动高质量发展。在新发展格局下,既要"引进来"也要"走出去",推动经济开放走向更高层次,促进中国城镇化迈向更高水平。

(五)坚持城乡融合

中国的革命、建设和改革均肇始于农村,并以农村为动力源。建党百年来,中国经济发展在实践演进和理论创新层面,都围绕从农村到城市再到城乡融合发展这一主线展开,城乡互动融合发展为我国经济社会建设提供了重要支撑,是城镇化发展的重要内容。"我们一开始没有提城市化,而是提城镇化,目的就是促进城乡融合。"[1]乡村兴则国家兴,乡村衰则国家衰。全面建成小康社会和全面建设社会主义现代化强国,最艰巨最繁重的任务在农村,最广泛最深厚的基础在农村,最大的潜力和后劲也在农村。[2]只有全面推进乡村振兴,促进城乡融合,才能真正实现建设社会主义现代化强国的目标。

二、中国城镇化发展的未来趋势

(一)城镇化水平进一步提高,城镇化发展速度趋缓

与发达国家相比,中国的城镇化率还有一定差距,例如2019年,日本、美国、欧

---

[1] 习近平:《论"三农"工作》,中央文献出版社2022年版。
[2] 中共中央、国务院:《乡村振兴战略规划(2018—2022年)》,人民出版社2018年版。

盟的城镇化率分别为 91.7%、82.5%、74.7%，而 2022 年中国城镇化率为 65.22%，仍然相差 10 多个百分点，这在一定程度上也说明中国的城镇化发展仍具有较大的潜力。根据联合国预测，到 2035 年中国城镇化水平将达到 73.9%，2050 年将进一步达到 80.0%。

改革开放以来，中国城镇化一直保持了快速增长，常住人口城镇化率年均增长速度超过 1 个百分点。根据城镇化发展的诺瑟姆曲线一般规律：城镇化率低于 30% 时，城镇化发展速度较慢，处于起步阶段；当城镇化率处于 30%—70% 时为快速城镇化阶段，此时人口向城市迅速聚集，城镇化水平快速提升；超过 70% 后城镇化水平趋于稳定，增速放缓。尽管 2022 年中国城镇化率为 65.22%，仍处于 30%—70% 的快速发展阶段，但根据国内相关学者的研究，其中 30%—70% 阶段又可划分为 30%—50% 和 50%—70% 两个阶段，尽管都仍处于快速发展阶段，但其中后一个阶段相对于前一阶段的增速开始放缓。事实上来看，中国城镇化率从 1996 年的 30.48% 到 2010 年的 49.95%，年均增长 1.39 个百分点；从 2011 年的 51.83% 到 2022 年的 65.22%，年均增长 1.22 个百分点，已经呈现增速放缓的趋势。可以预期，随着未来城镇化率水平的进一步提高，中国城镇化率将会逐步超过 70% 而进入稳定阶段。

（二）城镇化空间格局不断优化，就地就近城镇化凸显

未来，随着城镇化水平的不断提高和趋于稳定，地际、省际的城镇化发展水平差异将逐步缩小。同时，随着国家相关政策的不断推进，人口在不断向城市群、都市圈集聚的同时，也将倾向于选择以省内流动为主的就地就近城镇化。这主要是由于劳动密集型产业转移，为中西部地区推进就地就近城镇化提供了经济基础；同时，近年来从东部向中西部回流的现象不断增多，省内、县内就业的农民工比重持续提高，流动人口返乡创业、回流定居的意愿也不断增强，外出人口"被动回流"向"主动回流"转变。此外，随着新型城镇化的推进，中小城市和小城镇获得更多政策优惠，相关公共服务在省市内的优先统筹等也为就地就近城镇化发展提供了政策支撑，特别是随着"以县城为重要载体的城镇化"的加快推进，县城建设水平将不断提高，吸引力也将进一步增强。根据清华大学的一项预测，2010—2035 年新增加的城镇人口，60% 是 50 万人以下的中小城市和小城镇贡献的；2035 年时，近 60% 的城镇人口分布在中小城市和

小城镇。[①] 因此，在未来以省内流动为主的就地就近城镇化或将在中国城镇化进程中扮演更重要的角色。

（三）城乡差距不断缩小，城乡实现全面融合

根据马克思主义城乡关系理论和国际发展经验，通常城镇化水平在超过 60% 之后，农村稀缺性和多样化功能开始受到重视，城市开始反哺农村，城乡融合成为城乡关系典型特征。目前，中国的城镇化水平已经超过 60%，且国家正在大力推进乡村振兴和城乡融合发展发展，随着城镇化水平的进一步提高，乡村的稀缺性还将进一步凸显，乡村的多样化功能价值将不断被挖掘。可以预期，乡村建设水平稳步提高，城乡差距将进一步缩小，进而实现城乡全面融合，乡村全面振兴，全体人民共同富裕。

---

① 尹稚：中国城镇化战略研究 https://mp.weixin.qq.com/s/hJpbYBEcIy47KY-m38rsbg。

第四章　城市经济高质量发展

改革开放以来，中国工业化和城镇化快速推进，城市规模与数量也不断扩大，2021年中国城镇化率达到64.72%，城市数量达到692个，其中城区人口超过百万的大城市达到106个、超过1 000万人的超大城市达到8个，建成区总面积达到62 420.53平方千米。以长三角、粤港澳大湾区为代表的城市群形成与发展初具成效，全国城市群建设空间布局规划逐渐完善。同时，城镇居民人均可支配收入也从1978年的343元达到2021年的47 412元，城市建设与经济发展取得了巨大成就。[①]中华人民共和国第七次全国人口普查数据显示，全国人口向经济发达区域、城市群聚集的趋势与人口分布格局进一步凸显，因此，在加快形成以国内大循环为主体，国内国际双循环相互促进的新发展格局的背景下，城市及城市群的高质量发展将是中国经济社会发展重要的空间载体与动力源泉。城镇化的快速推进与城市的空间扩张成就了过去40多年中国经济高速繁荣发展，但追求速度的粗放发展模式也带来城镇化质量不高、空间无序扩张、城乡差距过大等发展问题。自改革开放以来，尤其是20世纪90年代中期分税制改革以来，在以GDP考核标准的官员晋升机制激励下，地方逐渐形成以经济指标增长为第一要务、以工业投资为动力、以城市土地快速扩张为表征的城市增长模式。但随着"刘易斯拐点"的到来以及经济步入新常态，社会经济结构和发展方式步入深刻调整期，劳动力成本上升以及人口结构老龄化的出现使得传统土地财政式城镇化逐渐难以为继，一些中小城市逐渐面临投资下降、转型乏力、经济停滞的现象，甚至出现了人口流失与城市空间扩张并存的收缩悖论。

党的十八大提出"创新、协调、绿色、开放、共享"五大发展理念；党的十九大

---

① 数据来源：《中国城市建设统计年鉴》和国家统计局。

指出，"我国经济已由高速增长阶段转向高质量发展阶段，正处在转变发展方式、优化经济结构、转换增长动力的攻关期，建设现代化经济体系是跨越关口的迫切要求和我国发展的战略目标"；"十四五"规划和2035年远景目标纲要提出"坚持走中国特色新型城镇化道路，深入推进以人为核心的新型城镇化战略，以城市群、都市圈为依托促进大中小城市和小城镇协调联动、特色化发展，使更多人民群众享有更高品质的城市生活"。过去粗放工业投资和空间扩张城市发展模式逐渐转为通过注重提升公共服务质量、改善营商环境、提高宜居品质来吸引人力资本流入，实现对传统产业改造和新兴产业的引进，实现城市经济高质量发展。总的来看，目前中国城市经济发展正处于向高质量发展方式转变的深刻调整期，因此，回顾总结中国城市经济发展历史阶段特征与机制、提炼经验与规律，对于应对转型所面临的挑战，探索高质量发展道路、真正实现以人为核心的城镇化具有重要的理论和现实意义。

第一节　城市经济高质量发展分析框架

一、城市经济高质量发展的概念基础

城市是人类聚居的主要场所，也是工业、交通、服务业、金融、信息业等分布的集中点。而城市经济是指发生在城市空间上的，由工业、服务业、商业等各种非农业部门组成的经济活动。城市经济的发展主要是在比较优势、规模经济以及集聚经济基础上产生的，地区的比较优势产生了地区间的分工与贸易，而部分地区凭借地处交通枢纽等优势吸引了贸易商业活动在此集聚，并逐渐形成了市场城市。在生产上，由于规模经济的存在，厂商更倾向于在市场规模更大的地区集中，厂商的集中反过来又进一步吸引劳动力、资本等要素的集中，推动城市的形成与发展。经济主体在地区上的集聚有利于基础设施、技术信息以及劳动力池的共享，产生正向外部性形成集聚经济，促进城市经济发展与繁荣。因此，城市经济有高密度、高产出的特点。在西方国家，城市与乡村范围界定区分明晰，城市即代表实体城市。与之不同的是，在中国，"城市"一词还具有行政区域范围含义，不仅包括市区、城区以及县辖镇，还包括行政管辖下的乡村地区。因此，中国地方城市经济发展从广义讲，主要指代整体行政管辖区域范围内经济发展，包括城市、城镇与乡村以及城乡之间的经济发展，而从狭义

讲，主要指代地级市行政辖区下主要市区或城区这类具有明显城市经济特征的地区经济发展。

"质量"一词常见于物理学，是指物体所具备的一种物理属性以及对物质本身量的度量。在社会经济领域，质量更多是指事物、产品或工作的优劣程度，本质上是一种价值判断。发展的质量包含了对发展过程中的方式、动力、效率以及结果等方面状况的评价，相对于过去追求数量或规模的发展，高质量发展更加注重发展过程中质量和效益的提升，是一种"好"的发展。而经济的高质量发展就是围绕着"创新、协调、绿色、开放、共享"五大发展理念，能够更好满足人民日益增长的美好生活需要的发展，也是生产要素投入少、资源配置效率高、资源环境成本低、经济社会效益好的发展，即从过去注重"有没有"转向注重"好不好"。改革开放以来，中国社会经济发展长期以速度与规模为导向，过度追求GDP、财政收入、外资投资等经济指标的增长，而忽略了经济发展过程中资源的过度消耗、生态环境的污染以及发展成果的不平衡等质量问题，因此，转向经济高质量发展就是需要在经济增长方式、产业结构、资源利用效率、发展动力来源以及发展布局等方面进行转变。这就要求高质量发展必须完整、准确、全面贯彻新发展理念，始终以"创新、协调、绿色、开放、共享"的内在统一来把握发展、衡量发展、推动发展。因此，要更好统筹质的有效提升和量的合理增长，始终坚持质量第一、效益优先，大力增强质量意识，视质量为生命，以高质量为追求；必须坚定不移深化改革开放、深入转变发展方式，以效率变革、动力变革促进质量变革，加快形成可持续的高质量发展体制机制；必须以满足人民日益增长的美好生活需要为出发点和落脚点，把发展成果不断转化为生活品质，不断增强人民群众的获得感、幸福感、安全感。

二、城市经济高质量发展的本质要求

党的十九大报告指出："发展是解决我国一切问题的基础和关键，发展必须是科学发展，必须坚定不移贯彻创新、协调、绿色、开放、共享的新发展理念。"新发展理念是习近平新时代中国特色社会主义经济思想的主要内容，也是城市经济高质量发展的本质要求，需要得到贯彻和实施。实现质量变革、效率变革、动力变革，推动高质量

发展，是保持经济持续健康发展的必然要求，是适应中国社会主要矛盾变化和全面建成小康社会、全面建设社会主义现代化国家的必然要求。

一是创新发展。创新发展是解决城市经济高质量发展动力问题的强大因素。从当前全球发展趋势来看，新一轮的科技革命和产业革命正在兴起中，在此背景下，知识和技术的创新速度在以惊人的幅度增加，以互联网、物联网、云计算等技术为核心的新的经济模式和业态也在不断涌现，为了顺应这一发展趋势，使创新成为促进城市经济发展的重要内生动力，城市经济的高质量发展必须摒弃高速增长阶段对劳动力数量优势和物质资源投入的依赖，实现从劳动力与资本驱动的模式向创新驱动模式的转变。目前，中国城市对理论、制度、科技、文化等重要领域的创新的关注度都有所提升，创新对经济社会发展的支撑和引领作用也有所加强，但是整体水平还不足以达到城市经济高质量发展的要求，制约着城市经济的发展，因此需要推进以科技创新为核心的全面创新。创新发展不仅有利于突破当前城市经济发展中资源与环境的约束，提高资源配置效率，提高各生产要素的作用，强化经济发展的效率与效益，还有利于帮助城市空间建立起经济发展的核心优势和新的经济增长点，实现城市产业的转型升级和经济社会的可持续发展。只有持续推进创新体系和能力的建设，提高创新在实体经济发展中的贡献，才能使创新发展真正成为城市经济高质量发展的强大动能，推动城市经济在实现动力变革的基础上，实现效率与质量的同步提升。所以，创新发展注重的是解决发展动力问题，要不断通过科技发展水平的稳步提升增强创新能力，不断扩展创新科技对于经济发展的应用范围与广度，增强科技对经济增长的贡献，强化中国经济水平的科技含量，这是城市乃至国家发展战略的重要环节。

二是协调发展。协调发展是解决城市经济发展不平衡问题的重要基础。目前城市经济发展中不平衡、不协调、不可持续等问题仍然突出，这些问题若得不到解决，高质量发展就难以真正实现，特别是在城市经济和社会、物质文明和精神文明等方面的发展，存在较为严重的不平衡不协调问题。实现城市经济高质量发展有着更为关键的紧迫性和现实性，这就要求政府必须正确处理好发展中的重大关系，贯彻落实乡村振兴战略和深入推进区域协调发展战略，不断增强发展的整体性和协调性，实现更加公平、更为协调的发展。从另一方面来看，协调发展也表现为经济重大关系协调、循环顺畅的发展，需要利用整体性思维，注重整体效率的提升。协调发展，要求政府从整体的角度进行发展规划和战略实施，充分发挥宏观调控的作用，完善经济协调机制，实现由高速增长阶段追求总量扩张向追求结构合理优化的转变，实现城市经济社会效率与效益提升、抗风险能力和可持续发展能力不断增强的高质量发展。所以，协调发展要注重解决发展不平衡的问题，尤其是对区域、城乡之间的发展提供更大的助力，推进城市物质文明与精神文明的建设，强化经济建设以及基础设施建设，为各个区域的社会发展提供动力元素，并通过优化资源配置实现城市内部的动态协作，注重发展的整体效能，规避"木桶效应"，降低社会矛盾出现的概率。

三是绿色发展。绿色发展是实现城市经济可持续发展的重要保障。高速发展阶段长期存在的高投入、高消耗、高污染的经济增长模式，导致了资源约束趋紧、环境污染严重、生态系统退化等一系列问题的出现。人民群众对清新空气、干净饮水、安全食品、优美环境的要求越来越强烈，必须通过新的发展规划强化生态环境的建设与推进，提升环境承载力，为城市经济发展提供更广阔的空间。在新时代背景下，若要实现城市经济高质量发展，必须坚持绿色发展理念，加快推进生态文明建设，推动生态补偿机制的市场化，在创造更多物质财富与精神财富的同时，也要注重为人民创造更加优美的生态环境，提供更加优质的生态产品，满足人民日益增长的美好生活需要以及对和谐生态环境的期盼。同时，绿色发展需要在生产方式上实现绿色与环保，推动高循环的产业发展模式，切实提高资源利用效率，这不仅有利于城市产业的可持续发展，而且有利于延长产业价值链。另外，绿色发展也表现为城市发展过程中对生态、环保、绿色等内容的相关政策、法律法规、机制体制的建立健全，以此作为绿色可持续发展的城市经济运行体系的制度和法律保障，推动形成人与自然和谐发展的现代化建设新格局。因此，绿色发展注重的是解决人与自然和谐问题，坚持绿色发展，对于实现城市经济高质量发展具有重要的保障性作用。

四是开放发展。开放发展是实现城市经济发展内外联动的重要前提，高水平的开放是高质量发展不可或缺的动力。从国际发展的趋势来看，多极化、全球化、信息化仍然是世界发展的主流，并处在持续加深的阶段，这意味着中国的城市经济与世界经济之间的联系与影响也会进一步深化，在这样的国际背景下，中国的城市经济想要实现高质量发展，就必须坚持开放发展，在拓展开放范围的同时提高开放档次，完善城市对外开放的结构布局和体制机制。一方面，开放发展表现为政府在对外开放层面发挥更大作用，进而进一步扩大对外开放程度和水平，推动城市对外开放新格局的形成；另一方面，开放发展也表现为充分利用自身的比较优势，寻求在全球的资源配置，在提高自身在国际上的竞争力、获得自身经济发展的同时，注重推动世界的包容性增长，为全球的发展作出贡献，实现真正的城市经济高质量发展。因此，开放发展注重的是解决发展内外联动问题，即不断加强对外合作的能力和水平，实现经济贸易的畅通，增强经济发展的多元化，提升对外开放质量，增强应对国际经贸摩擦的能力，提升经济开放水平。

五是共享发展。共享发展是解决社会公平正义问题的重要路径。共享发展的实质是以人民为中心的发展，体现了实现共同富裕的最终目标。目前中国城市发展面临收入分配差距过大的社会公平问题，公民在养老、医疗、教育、就业等公共服务获得仍然存在困难。当前中国社会的主要矛盾的深刻转变，意味着城市经济要实现高质量发展，就要坚持共享发展，只有努力推动社会公平的实现，才能不断满足人民对美好生活的需要和对高质量生活的追求。共享发展的具体要求一方面是要促进收入公平，缩小居民收入差距，实现居民收入与经济发展的同步增长，实现居民收入与劳动报酬和劳动生产率的同步增长，使人民共享城市经济高质量发展的成果；另一方面，共享发展要求政府从社会公共利益以及社会公平与正义出发，着重对公平与效率之间冲突的解决，完善社会保障制度和相关政策，提高公共物品和服务的提供水平，坚持实施积极的就业政策和就业战略，以此提高居民收入水平，缩小居民收入差距，提高居民生活水平，加快建成覆盖全民、城乡统筹、权责清晰、保障适度、可持续的多层次社会保障体系，实现真正的幼有所育、学有所教、劳有所得、病有所医、老有所养、住有所居、弱有所扶，真正体现共享发展的理念，使城市经济高质量发展成果惠及全民。因此，共享发展注重的是解决社会公平正义问题，从覆盖面上深化城市经济高质量发展的内涵，若要实现城市经济高质量发展，必须将实现城市经济的共享发展作为重要的环节。

三、城市经济高质量发展的分析框架

党的十八大以来，中国经济发展进入从高速增长阶段转向中低速发展阶段、结构调整的阵痛期凸显以及前期政策消化的"三期叠加"阶段。面对经济发展新常态，党的十八大提出"创新、协调、绿色、开放、共享"五大发展理念，党的十九大根据发展阶段和社会主要矛盾重大变化进一步提出中国经济已由高速增长阶段转型高质量发展阶段。《中共中央关于党的百年奋斗重大成就和历史经验的决议》强调："必须实现创新成为第一动力、协调成为内生特点、绿色成为普遍形态、开放成为必由之路、共享成为根本目的的高质量发展。"同时，面对国际国内发展新形势，立足新发展阶段，围绕新发展理念，党的十九届五中全会提出加快构建以国内大循环为主体，国内国际双循环相互促进的新发展格局。面对"三新"的外部变化，城市经济发展也产生了高质量发展新的内涵，形成了城市经济高质量发展的分析框架（见图4-1）。具体分析如下：

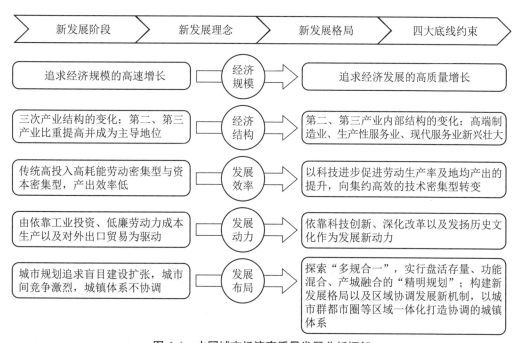

图 4-1　中国城市经济高质量发展分析框架

资料来源：作者自制。

经济规模：从过去追求高速增长转变为不单强调经济效益的增长速度，同时也强调城市社会、生态以及空间的全方面的增长。

经济结构：从过去在工业化和城镇化发展下第二、第三产业的占比的提升进一步细化到注重第二、第三产业内部高端制造业以及生产性服务业等现代服务业的新兴壮大。

发展效率：从传统高投入高耗能、产出效率低的劳动密集型与资本密集型向集约高效的技术密集型转变。

发展动力：从过去依靠工业投资、低廉劳动力成本以及出口贸易为驱动转化为依托科技进步、要素市场化改革以及更高水平对外开放形成新的动能。

发展布局：一方面，从过去城市规划追求盲目建设扩张转变探索"多规合一"，实行盘活存量、功能混合、产城融合的"精明规划"；另一方面，城市间过度竞争以及城镇体系发展不协调转变为依托城市群都市圈等区域一体化政策打造协调的城镇体系。

第二节　改革开放以来中国城市经济发展的历史过程

一、高速度增长阶段（1978—2012 年）

党的十一届三中全会以后，市场化改革在经济社会各方面逐渐铺开，其中，农村家庭联产承包责任制的推行，使得农业部门产出率大幅提升，农产品供应日渐充足，同时也出现了大量的剩余农村劳动力，由于彼时中国城市大规模扩张尚未起步且城乡二元户籍制度下的农业劳动力流动的严格限制，在以"离土不离乡、进厂不进城"为主的号召下，原有社队企业吸收了农村剩余劳动力逐步发展为乡镇企业并以此形成了"就地城镇化"的模式，一些乡政府开始撤乡设镇，凭借充足的本地剩余劳动力以及土地资源优势投资设厂，兴起了小城镇的建设热潮。1978—1992 年，乡镇企业单位数从152.42 万个增长到 2 079.20 万个，总产值从 493.07 亿元增长至 17 975.4 亿元，占农村社会总产值的 70%，建制镇数量从 1 227 个增加值 14 539 个。[①] 在改革开放初期，乡镇企业的发展极大缓解了农村剩余劳动力就业压力并将农民转化为产业工人，为下一阶段 "人口红利" 的释放奠定了基础，乡镇企业的壮大也为地方政府积累了城镇建设的资金和产业基础，为下一阶段工业化与土地城镇化提供了条件。但乡镇企业也存在着规模小、发展分散和生产效率低等问题，不利于劳动力资金等要素进一步向中心城市集聚形成规模优势从而发挥主导和辐射带动作用，同时在地方 "财政包干" 的体制下，

---

① 倪鹏飞：《中国城市崛起的经验提炼与理论启示》，《天津社会科学》2019 年第 4 期。

地方政府往往倾向于保护本地乡镇企业及商品，并模仿跟随邻近地区的相关产业建设和企业投资行为，造成了市场分割以及地方重复建设、产业趋同等问题。

1992 年邓小平南方谈话以及党的十四大以后，随着市场经济体制改革和对外开放力度进一步加大，东南沿海地区开始承接全球制造业转移，大中型城市凭借较好的基础设施、交通区位以及第三产业配套服务比一般小城镇具有更好的制造业承接优势，而乡镇企业因其分散规模较小等特点难以承担现代大型制造业规模化生产。20 世纪 90 年代后，乡镇企业发展逐渐萎缩，本地劳动力开始向东南沿海地区以及大中城市转移。在 1994 年分税制改革后，地方政府可支配财政收入下降，失去了发展本地乡镇企业的动力，开始转向以土地财政为核心的土地城镇化道路。一方面，在以 GDP 考核为标准的官员晋升机制激励下，地方政府需要通过不断招商引资，尤其是对制造业项目的引进或投资来促进本地经济发展；另一方面，1998 年城镇住房市场化改革以及《中华人民共和国土地管理法》的实施让地方政府可以通过征地开发获得土地出让金。因此地方政府可以以较低的工业用地价格以及基础设施建设大力招商引资来发展地方工业，同时，工业化的推进进一步吸引大量劳动力的流入，从而刺激房地产以及服务业的需求，抬高了商住用地开发价值和土地出让价格，土地出让金又进一步用于后续招商引资的城市建设和土地开发，最终在工业化和土地城镇化推进下实现城市经济发展和财政收入的增长。这种循环发展的机制逐渐形成了以经济指标增长为第一要务、以工业投资为动力、以城市土地快速扩张为表征的城市增长模式。

在城市增长模式下，工业化和城镇化成为了中国城市经济发展的重要引擎。城市经济发展迅速，产业结构持续优化，第二、第三产业成为经济增长的主要动力，1993—2012 年，GDP（当年价）从 35 673.2 亿元增长到 537 329.0 亿元，年均增速达到 5.26%，其中，第二产业增加值由 16 472.7 亿元增长至 244 639.1 亿元，第三产业增加值由 12 313.0 亿元增至 244 856.2 亿元。城镇居民收入大幅提升，城镇每年人均可支配收入从 2 577 元上升至 26 467 元；市场规模不断壮大，市区消费零售总额由 8 580.1 亿元增加到 130 702.6 亿万元。同时，土地出让收入成为地方财政收入以及城市建设资金的重要来源，国有土地出让成交额由 1995 年 420 亿元飙升至 2012 年 2.8 万亿元，占财政收入比重从 8.7% 上升至 26.1%。此外，城镇数量规模在这一阶段快速扩张，人口城镇化持续推进，1993—2012年城市数量从570座发展到657座，其中，建成区面积由2004年3.04万平方千米发展至2012年4.56万平方千米。城镇人口由3.317亿增加至7.118亿，城镇化率由27.99%上升至52.57%。[①]城镇化发展思路和空间布局不断优化，2002年，党的十六大指明中国城镇化发展要"坚持大、中、小城市和小城镇协调发展"，2007年，党的十七大进一步提出"按照统筹城乡、布局合理、节约土地、功能完善、以大带小的原则，促进大中小城市和小城镇协调发展"。根据《中国城市建设统计年鉴》，2006年大中小城市数量比例为1∶1.44∶8.66，2012年大中小城市数量比例为1∶1.39∶7.55。[②]

2008年全球金融危机出现后，中国为应对外贸出口下降、东南沿海企业关停、劳动力失业等问题实施了"四万亿"财政刺激计划。其中，地方政府配套筹集资金达到1.25亿元，这进一步刺激了地方政府推进土地城镇化，各地掀起了新城规划和建设以及基建投资的热潮，成为地方城市经济发展新的动力。2008—2013年，全国各省市（包括县级市）新城新区规划已超过3000个，规划面积从1.76万平方千米飙升至6.53万平方千米。然而，过热的新城建设也造成了地方政府债务增高以及人口土地规划脱钩带来的新城"空城化""鬼城化"等问题。尤其是对于一些中小城市而言，受到先天区位、资源禀赋不足，附近大城市虹吸等方面影响，过度的基建投资和新区建设可能并未能如期吸引企业入驻和产业集聚，造成财政收支失衡、地方债务上升，同时，也影响了对地方公共服务的投入，导致对本地人口吸引力不足，造成人口外流，出现人口收缩和城市扩张的脱钩现象。

总的来说，自20世纪90年代分税制改革以来，城市增长发展模式极大推动了地方工业化和城镇化进程，发挥出了城镇尤其是大中型城市的规模优势和集聚带动效应，释放了城市经济发展潜力，实现了中国经济的高速发展和人民生活水平的极大提升，创造出举世瞩目的中国发展"奇迹"。但该模式下的高速增长和快速城镇化带来了一系列经济、社会和生态问题。第一，尽管改革开放以来中国积极参与国际分工，凭

①　统计范围为《中国城市统计年鉴》中地级以上城市数据中市区范围。
②　大中小城市划分标准为城区人口数100万以上为大城市，50万以上100万以下为中等城市，50万以下为小城市。

借劳动力成本优势积极承接制造业转移成为了"世界工厂"，但仍处于产品附加值较低的产业链中低端，科技创新含量较低，缺乏核心竞争力和可持续发展能力。第二，在GDP考核晋升激励下，各地区之间竞相投资、争夺税源，造成了产业趋同以及产能过剩等问题。同时一些中小型城市盲目追求经济效益，不惜降低地方环保监督力度从发达地区转移淘汰的高耗能、高污染产业，造成本地生态环境的恶化与资源的浪费。第三，在分税制度下，地方政府财政支出往往更倾向于基础设施、产业园建设支出，而在教育、卫生等公共服务投入有限，造成城市公共服务水平普遍较低。第四，较高的商住用地价格抬高了城市房价，户籍制度的存在增加了城市外来人口的落户难度，使外来人口难以真正享受城市经济发展的成果，同时拉大了城乡之间以及东西部之间发展差距。第五，在新城建设以及基建投资的热潮下城市的无序扩张造成了人地脱钩现象，导致城市发展的空间失衡。

二、走向高质量发展阶段（2013 年至今）

自党的十八大以来，中国经济发展进入从高速增长阶段转向中低速发展阶段、结构调整的阵痛期凸显以及前期政策消化的"三期叠加"阶段。在经济增速上，2008—2013 年，GDP 年均增速由 9.7% 下降至 7.8%，2015 年以后降至 7% 以下，经济增长持续放缓；在经济发展方式上，传统产业出现产能过剩、资本投入回报率降低、劳动力成本上升，人口结构老龄化加剧，"刘易斯拐点"逐渐显现，人口、能源、资源、环境等约束日益凸显，因此以资本投入和廉价劳动力驱动的粗放型经济增长方式难以为继，需要加快调整经济发展方式向创新驱动型高质量增长转变；在前期政策消化上，2008年以来，中国为应对全球金融危机的影响所采取的四万亿经济刺激计划尽管成功发挥出抵御外部、促进国内经济的回升回暖的作用，但也带来了投资和信贷扩张，不仅加剧了传统产能过剩，也引发了城镇扩张热潮，抬高了地方政府债务风险，因此还需进一步清理和消化政策所带来的负面影响。面对"三期叠加"所构成的经济运行新常态，党的十八届五中全会提出了"创新、协调、绿色、开放、共享"的新发展理念。围绕着新发展理念，不同于过去工业投资、土地扩张的城市增长主义，城市经济高质量发展道路在发展目的、要素驱动以及城镇建设等方面均发生重大变化。

一是发展目的：从过去追求 GDP 高速增长转向以人民为中心注重人民生活质量的提升。过去，在以 GDP 和财政收入为导向的晋升机制下，地方政府一味地追求本地经济的高速增长，过度依赖于工业投资的带动，在财政支出上也倾向于有利于招生引资的公共基础设施建设，造成城市发展过程中教育、卫生等基础公共服务方面支出不足，[①] 也造成收入分配偏向资本，不利于劳动力收入以及消费的提升。这种重工业发展而轻民生的支出行为使得城市人民难以直接享受到经济发展来的成果。此外，尽管随着近几十年的发展，人口自由流动不再受到限制，但户籍制度的存在使得城市外来人口难以真正享受到当地的公共服务。因此，城市经济高质量发展要求以提高人民生活质量为目标，将更多民生指标纳入政府绩效考核，同时彻底改革户籍制度，放开大城市落户限制，建立推进以常住人口为基础的公共服务供给空间均等化以及城乡一体化，以城市群或都市圈为重点，建立健全区域基本公共服务一体化保障体系。

二是发展动力：从过去土地、人口要素投入投资、外贸出口拉动的经济增长转向以科技创新、深化改革以及发扬文化为新驱动力的高质量经济增长。在过去城市增长主义模式下，工业投资、地方土地开发和丰富低廉的劳动力三者的投入配合出口贸易形成了经济增长的主要动力，但随着工业投入饱和、资本边际收益及拉动作用开始下降，同时"刘易斯拐点"的到来使低成本劳动力优势消失，人口、能源、资源、环境等约束日益凸显，全球金融危机的出现也对沿海外向型经济造成较大冲击，传统以资本投入和廉价劳动力以及贸易出口对经济发展驱动力逐渐减弱。因此，城市高质量发展要求形成统筹改革、科技、文化三大新动力，把创新驱动作为城市发展的主引擎，重视人力资本、技术、信息、数字等新兴要素的作用。科技教育人才统筹推进，大力发展新经济、培育新动能，加快构建形成产业生态化和生态产业化经济体系，同时发挥大城市创新中心的辐射带动作用，打造协同发展的城市群产业集群。深化户籍制度改革、加快推进农民工市民化，推动城市公共服务均等化。加快土地管理制度改革，将建设用地资源向中心城市和重点城市群倾斜，与常住人口规模相挂钩。推进更高水平的对外开放，不断改善营商环境与提高政府服务能力，降低地方准入门槛，扫除市

---

① 肖金成、刘保奎：《改革开放 40 年中国城镇化回顾与展望》,《宏观经济研究》2018 年第 12 期。

场保护障碍，探索新型自贸区、自贸港建设，打造国家开放枢纽，构建对外开放新格局。积极参与国际分工合作，依托"一带一路"倡议，打造对外经济合作轴带进一步推动本地企业"走出去"。挖掘城市历史文化价值，保护城市历史古迹建筑，推动时代文化创新性发展、创造性转化。

三是发展效率：从传统高投入高耗能、产出效率低的劳动密集型与资本密集型向集约高效的技术密集型转变。传统工业投资主要集中在劳动密集型与资本密集型的中低端制造业，产品价值低、利润少，耗能大，资源利用效率较低。同时，地方政府之间的竞争带来各地的过度投资也会带来产能的过剩以及要素资源的浪费。因此，城市经济高质量发展要求转变过去粗放低效的增长方式，向集约高效的技术密集型转变。一方面要提高要素结合效率，以科技进步促进劳动和资本的结合。另一方面要提高资本的使用效率，推进金融体系供给侧改革，调整各种融资渠道的比例结构，让金融体系更好服务于实体经济。此外，要明晰产权界定，推动技术和信息市场等新兴要素市场的建设与完善，激发创新主体活力，实现创新驱动增长。

四是产业结构：从过去以第二、第三产业比重提高并成为主导地位转变第二、第三产业内部结构的变化，并向合理化高级化发展。过去在城市工业的发展以及农村剩余劳动力进城作用下，城市工业和服务业经济迅速壮大，反映在产业结构上表现为第二、第三产业比重的大幅提升，第二产业逐渐占据主导地位。然而产业结构在全球产业分工链条中处于中低端，产业附加值低。因此高质量发展需要进一步推动产业结构的升级，迈向高级化、合理化。抓好新一轮技术革命和产业革命窗口期，加快传统制造业信息化改造，壮大数字信息产业，加快建设工业互联网、大数据、云计算以及人工智能等新基建，建立起先进的现代生产性服务业。

五是发展布局：城市内部布局从过去粗放的产城分离土地开发布局转向产城融合、功能混合的集约式布局。过去在城市建设过程中，地方政府为了招商引资，往往会规划建设新的工业园区并以较低价格出让进行招商引资，同时，为了满足基建投资的财政支出需求人口城镇化带来的住房需求，政府又将商住用地以较高价格进行出让。一方面，城镇建设的无序扩张使得一些中小城市出现产城分离、人地脱钩的现象；另一方面，在土地开发指标上一味追求"空间均衡"也导致了大城市住房用地供给有限，抬高本地房价，一些本地区位及禀赋条件一般、招商引资较为艰难的地市盲目进行新城建设不仅造成土地资源的浪费，也抬高了政府的债务风险。2013年，中央城镇化工作会议提出"提高城镇建设用地利用效率和集约化程度""城市规划要由扩张性规划逐步转向限定城市边界、优化空间结构的规划"。2015年，中央城市工作会议进一步提出，要树立"精明增长""紧凑城市"理念，科学划定城市开发边界，推动城市发展由外延扩张式向内涵提升式转变，《2019年新型城镇化建设重点任务》和《2020年新型城镇化建设和城乡融合发展重点任务》提出"要统筹新生城市培育和收缩型城市瘦身强体，稳妥调减收缩型城市市辖区，审慎研究调整收缩型县（市）"。因此，城市经济高质量发展就是要将过去无序扩张的土地开发转向集约化土地复合利用化转变。应推行"多规合一"政策，对城市土地外延进行政策约束，改变增长规划观念；实施城市更新行动，盘活存量，提高老旧社区环境治理，挖掘历史街区文化价值和旅游价值，打造宜居城市。

这一时期，城市经济高质量发展在不断取得新的成就：（1）人口城镇化进一步提高，城市人口集聚能力进一步增强，常住人口中城镇人口从7.45亿人上升至9.21亿人，城镇化率从54.49%升到65.22%。（2）城市规模持续扩大，城市数量从658座增加至2021年672座，建成区面积从47 855.3平方千米扩大至62 420.5平方千米，年增长3.3%，土地城镇化速度相较于前一阶段有所减缓。（3）城市经济不断迈上新台阶，国内生产总值从59.29万亿元增长至121.02万亿元，产业结构进一步调整，第三产业占比从46.88%上升至52.78%，超过第二产业。城镇人均可支配收入从26 467元上升至49 283元，市区社会消费总额从14.85万亿扩大到2020年24.51万亿。（4）高端制造业、现代服务业蓬勃发展，第二、第三产业内部结构持续优化。2013—2021年，规模以上高技术制造业和装备制造业增加值年均增速分别达到11.7%和9.2%，2020年，计算机、通信和其他电子设备制造业，医药制造业增加值占制造业增加值比重分别为10.2%、3.8%；2021年，信息传输、软件和信息技术服务业，租赁和商务服务业增加值占GDP的比重分别为3.8%和3.1%。2016—2021年，规模以上战略性新兴服务业营业收入年均增长13.5%。（5）社会创新投入持续加大，科创成果丰硕显现。全国研发经费支出由11 846.60亿元增长至30 870亿元，专利申请授权数从年131.3万项增加到年

432.3 万项，高新技术企业从 2012 年的 3.9 万家增长至 2022 年的 40 万家，中小型科技企业达到了 50 万家。（6）城市绿色生态建设成效显著，居民生活环境品质稳步提升。2013—2021 年，城市建成区绿化覆盖率从 39.7% 扩展到 42.42%，人均公园绿地面积由 12.64 平方米增长至 14.87 平方米，城市污水处理率从 89.34% 进一步提高至 97.92%。（7）城镇之间联系日益紧密，空间一体化发展趋势明显，城市群迅速崛起壮大。目前中国已初步形成 19 个城市群国家级、区域级及地区级别的城市群，占全国国土面积 29.12%，并集聚全国 72% 的人口以及 80% 以上的经济总量，在新时期构成了新发展格局下经济高质量发展的空间载体和重要动力源。

第三节　中国城市经济高质量发展的经验规律

改革开放 40 多年来，中国城市经济发展脉络既展现出了一条具有中国特色的发展道路，也遵循着经济发展的基本客观规律，同时积累了丰富的发展经验。城市经济发展的核心在于如何将资源要素合理配置，在城市发挥出规模效应和集聚优势，从而得到更有效率的产出。市场作为资源要素配置的决定性因素，持续不断的市场化改革成为城市经济发展壮大的内生动力，而政府同样作为影响资源配置的重要主体，在城市的经济发展中始终发挥着重要影响力和外在推动力。此外，制度变革、历史路径、地理区位等也是不容忽视的重要方面。总的来看，中国城市经济发展可总结为以下几条规律。

一、持续的市场改革释放了城市经济高质量发展的内生动力

城市经济是集聚经济的代表，市场化改革就是让市场这一"无形之手"实现要素在城市地区集聚，从而更好发挥出城市的集聚和规模效应，达到更有效率的经济增长。党的十一届三中全会以来，农村地区家庭联产承包责任制的推行提高了农村生产率，产生了对农产品销售市场以及生产资料市场的需求，农村剩余劳动力的释放也产生了较强的城镇就业需求。1984 年，党的十二届三中全会通过《中共中央关于经济体制改革的决定》，进一步明确社会主义经济是公有制基础上的有计划的商品经济，提出增强企业活力是经济体制改革中心环节，要建立多种形式的经济责任制，积极发展多种经济形式。改革重点开始转向以国企改革为重点的城市经济体制的改革，放松其他非公

有制形式经济的发展，城市企业活力及商品经济得到释放与发展，同年发布的中央一号文件进一步放宽农村人口进城的限制。1992 年，党的十四大正式提出，中国经济体制改革的目标是建立和完善社会主义市场经济体制，要使市场在国家宏观调控下对资源配置起基础性作用。市场化改革全面铺开，土地市场、劳动力市场、资本等要素市场开始发育壮大，为全面推进城镇化创造了条件。党的十八大以来，为了解决前 30 年城镇化所产生的问题，党的十八届三中全会进一步深化认识，提出要处理好政府与市场的关系，使市场在资源配置中起决定性作用和更好发挥政府作用。传统"生产型"政府向"服务型"政府转变，减少行政对市场行为的干预，充分发挥市场各要素主体的活力。2017 年，党的十九大提出，要完善产权制度和要素市场化配置，实现产权有效激励、要素自由流动、价格反应灵活、竞争公平有序、企业优胜劣汰。这表明要进一步深化土地、劳动力及资本市场化配置改革，破除户籍制度及公共服务不均衡带来的人口流动障碍，进一步提高土地、人口等要素配置效率，实现城市人地协调发展。同时，明晰产权界定，推动技术和信息市场等新兴要素市场的建设与完善，激发创新主体活力，实现创新驱动增长。可以看出，持续的市场化改革本质是打破要素资源流动障碍，提高要素资源配置的效率，激发各类市场主体活力。

二、深度的政府参与增强了城市经济高质量发展的外在助力

受到过去计划经济体制以及历史传统政治文化的影响，中国政府掌握着大量对经济社会发展具有较大影响的资源，因此地方政府会在现有政治体制下根据自身事权深度参与并影响地方经济的发展。在改革开放初期，在"财政包干"的财政体制下，地方政府为了扩大本地税源，积极参与培育乡镇企业发展，通过资源配给、政策优惠、工厂承包管理等方式促进了乡镇企业的建立和壮大，为工业化和城镇化奠定基础，但同时也产生了地方政府地方保护主义带来的市场分割、地方重复建设导致的产业趋同等问题。分税制改革后，对企业的税收征收由之前按从属地征收转变为按所在地征收，使得地方政府扩大税源的重点开始从培育壮大本地企业转向招商引资与土地出让与开发，在 GDP 增长晋升激励机制下，地方政府更倾向于引进对 GDP 拉动作用明显的制造业，这样就形成了以工业投资为动力、以城市土地快速扩张为表征的城市增长模式。

在市场化改革尚未深入、市场机制不健全的经济发展早期，地方政府凭借资源整合优势主导了早期工业化和城镇化的发展过程，带来了 20 世纪 90 年代以来中国经济的腾飞。但也导致土地盲目开发带来的人地脱钩、产业趋同带来的产能过剩、投资支出过高带来的债务高企以及公共服务供给水平低民生项目供给缺失等问题，严重影响了城市经济的可持续发展。党的十八大以来，随着经济社会发展逐渐成熟、市场机制逐步完善，传统投资出口拉动的粗放经济发展方式进入深刻调整转型，围绕着新发展理念，政府角色也从"主导型"转向"服务型"，让市场发挥好在资源配置中的决定性作用，减少政府对市场的无效干预，此时的行为重点更倾向于提高公共服务供给质量，持续改善营商环境，展开对"人力资本"的竞争来提高创新这一内生动力。总的来说，政府行为深度参与并影响了城市经济发展，在未来也将是不可忽视的重要一环。

三、坚定的对外开放铺就城市经济高质量发展的必由之路

过去 40 多年，中国经济的腾飞离不开坚定的对外开放，城市经济的繁荣也离不开外向型经济的推动和助力。1978 年 12 月，中国改革开放拉开序幕，党中央先后决定设立深圳、珠海、汕头和厦门四个经济特区，允许实行特殊的开放政策，引进外资、技术和先进的管理经验。1984 年，党的十二届三中全会正式确定对外开放为中国基本国策，随后对外开放区进一步扩展到沿海多个省份。1992 年，邓小平南方谈话和党的十四大召开后，中国开始进入全面对外开放阶段，得益于"冷战"结束后新一轮经济全球化浪潮，沿海地区依托低成本劳动力优势积极参与国际分工、承接制造业和生产性服务业转移，推动了城市初期工业化发展。2001 年，中国正式加入 WTO 标志着中国全面融入世界经济体系之中，全球市场、资金和技术促进沿海外向型经济蓬勃发展并逐渐成为"世界工厂"，同时外资、劳动力在城镇的集聚推动了城镇化同步提升。北上广深等大城市在国内和国际市场的联动中强化了航空、航运、金融和信息等枢纽功能，成为国际城市网络重要的组成部分。党的十八大以后，提出要推进更高水平的对外开放，构建对外开放新格局。一方面，2013—2018 年党中央先后批准了上海、广东、福建等沿海及内陆多地设立自贸试验区，支持海南岛建设中国特色自由贸易港，探索更高水平的对外开放平台和新体制，吸引更高质量的外资与技术助力城市经济高质量

发展。另一方面，党中央提出"一带一路"倡议，通过打造对外经济合作轴带进一步带动内地城镇对外经贸投资合作。

四、协调的城镇体系是城市经济高质量发展的关键趋势

随着城市经济的发展，城镇数量及规模的扩大，城镇之间的经济联系日益加强的同时也产生了城镇之间协调发展的问题。首先，在政治晋升锦标赛激励下，地方政府之间展开的竞争产生了地方保护主义以及市场分割现象，造成重复建设、产能过剩和资源浪费等问题。其次，大城市尤其是中西部省份的中心城市凭借其市场、政策、区位等优势持续对周边地区产生虹吸效应，造成中心城市首位度过高，城镇规模体系建设不协调。此外，大城市的过度虹吸所产生的"大城市病"也需要向周边地区疏解部分产业与人口。因此，发展跨行政区域的都市圈以及城市群成为城市经济协调发展的进一步要求。2006年《中共中央关于制定国民经济和社会发展第十一个五年规划的建议》首次提出"把城市群作为推进城镇化的主体形态"，2014年《国家新型城镇化规划（2014—2020年）》以及2016年"十三五"规划进一步明确城市群主体形态的地位。2017年党的十九大报告提出"以城市群为主体构建大中小城市和小城镇协调发展的城镇格局"，2021年"十四五"规划继续提出"发展壮大城市群和都市圈，分类引导大中小城市发展方向和建设重点，形成疏密有致、分工协作、功能完善的城镇化空间格局。"2022年党的二十大报告继续提到要"以城市群、都市圈为依托构建大中小城市协调发展格局，推进以县城为重要载体的城镇化建设"。可以看出，以城市群和城市群为代表的协调城镇体系将是城市经济发展的未来趋势。

第四节　中国城市经济高质量发展的挑战与路径

目前，中国城市经济发展模式已出现由数量追赶转向质量追赶、由规模扩张转向结构升级、由要素驱动转向创新驱动的转变。如何适应新时代的要求，就需要在贯彻"创新、协调、绿色、开放、共享"五大发展理念的前提下，强化城市创新驱动能力、推动产业升级、形成全面开放新格局、建立绿色低碳型城市，推动城市经济规模与经济质量的共同进步，走城市经济高质量发展的道路。

一、城市经济高质量发展的新挑战

党的二十大首次全面系统地对中国式现代化进行了远景勾勒，指出中国式现代化是人口规模巨大的现代化。目前中国人口城镇化率已到达 65% 左右，城市人口未来可能还将继续增加，作为人口及各类要素的集聚地以及创新活动策源地，城市经济的高质量发展将是中国式现代化重要内容及必由之路。自党的十八大以来，中国城市经济高质量发展方面尽管已取得不少成就，但在新的阶段与形势下仍面临着众多新的挑战。

一是城市人口问题。近年来，中国人口出生率持续走低，老龄化问题日益突出，城市适龄劳动力人口数也随之减少。根据第七次全国人口普查结果，2020 年，中国新出生人口为 1 203 万人，总和生育率为 1.3；中国 60 岁以上的老年人口已达 2.64 亿人，占总人口的 18.7%，相比于 2010 年第六次人口普查，增加了 8 600 万人，上升 5.44 个百分点，15 至 59 岁劳动年龄总人口为 89 438 万人，与 2010 年的 93 962 万人相比减少 4 524 万人，占比也从 70.14% 下降至 63.35%，降幅达到 6.8 个百分点。人口红利的逐渐消失与老龄化的凸显加剧了社会负担。从城市人口分布空间格局演变来看，人口空间集聚趋势加强，主要流向沿海地区和区域中心大城市，大城市人口密度持续升高，对公共服务资源供给、城市交通拥堵与污染以及社区街道治理都带来巨大的压力与挑战。此外，人口收缩型城市开始出现明显的扩散趋势，2010—2020 年人口收缩型城市增加 49 个，多集中于东北和中西部地区[①]，在劳动力流出和老龄化双重压力下，人口收缩城市所面临的财政负担加重、产业衰退等发展困境在未来将会更加突出。

二是城市科创发展问题。创新是高质量发展的第一动力，尽管近年来中国科技创新能力有了极大提升，但基础科学仍与发达国家存在不小差距，部分核心技术处于"卡脖子"状态。城市创新生态系统动力有待加强，顶尖院校数量较少；城市科技平台载体支撑作用有待提高，科研成果应用转化不足。此外，从区域创新空间发展来看，存在各地区发展不均衡与区域内不协同等问题。如何进一步提高创新要素空间配置效

---

① 余运江、任会明、高向东：《中国城市人口空间格局演化的新特征——基于 2000—2020 年人口普查数据的分析》，《人口与经济》2022 年第 5 期。
宫攀、张樂、王文哲：《人口视角下中国城市收缩的演变特征与时空格局——基于第七次全国人口普查公报数据的分析》，《人口与经济》2023 年第 3 期。

率，完善科技成果产权保护制度以及产学研转移机制，是未来形成城市高质量发展持续动力的重要问题与挑战。

三是国际循环问题。当今世界正面临百年未有之大变局，新冠疫情全球影响延续、局部地区冲突不断，保护主义单边主义抬头，中美贸易摩擦仍频有，世界经济低迷与贸易萎缩，都对国内外向型经济产生较大冲击。以美国为首的西方国家近年开始实行与中国脱钩以及制造业回流政策，对中国企业实施的科技封锁以及"实体清单"制裁，同时，部分产业以及外资从中国迁往东南亚等地区，全球产业链本土化、区域化趋势更加明显，对全国产业供应链的稳定也会带来一定影响。因此，国际国内新形势下，中国城市如何服务好"一带一路"建设以及在其他国际区域合作平台更深嵌入国际分工贸易网络、如何建设好自贸试验区或自贸港提升城市国际要素吸引力，都是未来城市高质量发展中国际循环问题的重要内容。

二、城市经济高质量发展的新路径

在梳理了城市经济发展模式变迁和明确了城市经济高质量发展的新要求的基础上，未来的城市发展过程中，若要全面实现其高质量发展，就需要坚持五大发展理念的理论指导，并将其进行落地，方能实现高质量发展的初衷。

第一，强化创新驱动能力，加快城市经济创新发展。创新驱动能力是城市经济高质量发展的重要推动力，创新发展是加快中国城市经济实现高质量发展的战略保障。

首先，强化科技创新能力。作为引领发展的首要动力，创新是构建城市现代化经济体系的战略支柱。城市各级政府部门要在创造有利的创新创业环境上加大力气，持续激发企业创新的潜力，适度放权，不断释放企业创新活力，营造公平公正的市场环境，在财政政策和税收政策层面给予企业充分支持，优化自身服务，给予企业发展与成长条件。同时，要充分发挥创新型企业的示范带头作用，推动城市高校科研中心与创新创业基地的深度合作，并持续完善科技成果转化的体制机制。

其次，加强创新人才的吸引、集聚和培养。人才是第一资源，科技创新人才是科技创新的重要驱动力，要积极借鉴国内外成功城市从人才大市到人才强市建设的宝贵经验，在制度建设和功能完善层面寻求新的突破，逐渐提升龙头企业和高精尖人才的比重，为城市创新发展营造良好的生态环境。各城市结合产业结构实际有针对性地吸引专业人才创新创业，定期组织实施产业带头人聚集活动，做好创新创业带头人队伍建设工作、完善优秀产业人才遴选机制，加快高精尖行业人才聚集。

最后，营造城市经济创新发展的制度环境，探索形成城市经济特色。城市经济创新包括产业结构、交通系统、城市规划和综合配套设施创新，要将其统一纳入城市经济综合创新战略，集中力量、重点突破并解决在推进城市创新中的经济、物联网等各子系统存在的问题，大力提供技术援助，为科技园区、工业园区等营造良好的制度环境，协调周边功能板块，保障人力、土地、信息等资源要素的整合利用，规避资源浪费的现象。

第二，推动产业升级，共创区域产业协同发展。协同发展的产业体系是城市经济高质量发展的生产力基础。通过生产要素合理流动和优化组合、企业兼并重组，改造提升传统产业，加快发展新兴产业和新业态、新模式，促进区域产业协同发展，以提高整体城市经济效率。

首先，加强制造业改造升级。制造业作为实体经济的核心和主体部分，既是创新驱动城市经济发展的重要活动领域，也是深化供给侧结构性改革的重点产业，推动制造业的改造升级，加强制造业建设，对提高供给体系的质量具有重要意义。制造业的改造升级，需要在新一轮工业革命的发展背景之下，加强技术创新的同时也要注重科技成果的转化，实现互联网、物联网、大数据等新技术在制造业中的应用；还要注重一些发展较为乏力的传统制造业的转型，在这些传统制造产业推进存量重组、增量优化以及动能转换，推动城市制造业的高质量发展；同时，加强城市制造业建设还需要注重利用制造业的集群优势，注重构建较为合理的产业配套，为建设先进的、现代化的制造业群提供基础。

其次，以科技力量助推产业结构发展。未来的城市产业构成应向更高层次的发展状态迈进，通过高新生产技术带动产品种类的丰富化与多样化。要注重品牌的力量，通过产品的质量提升引进品牌效应，形成系统的产业体系，推进产品与技术的交互融合。同时，各类型产业以及业态模式应融合于科技水平的提升，多渠道地促进经济新动力的演化，强势推进城市经济质量的提升。在经济增长的前提下，保证经济结构的日益完善，构建科学的空间布局，优质的产业分工，推进城市经济系统中各产业部门之间合作的有序性、联动性，保证各产业之间的协调式发展，进而推进信息工业化、信息化、城市化等多元化的同步进展，有效促进发展的全面性。

最后，积极探索形成具有特色的区域产业协调发展模式。积极融入中国经济创新网络，并以更加开放的姿态参与其中，探讨科学领域开放合作新模式、新体制，力求通过积极参与创新管理，充分利用城市区域间的上下游资源，结合城市经济发展实际，建立特色的优势创新产业，确立在不同功能和产业领域的中的战略地位，实现城市经济高质量发展。

第三，推动形成全面开放新格局，共创城市经济开放发展。为应对不断升级的国际贸易摩擦，全方位适应经济全球化与区域一体化发展的新形势与新特点，应实行更加积极主动的开放战略。外向型的经济体系不断完善，结构逐步优化，使得对外贸易方式和投资方式持续拓宽，内外投资协调度进一步协调，高效拓展了城市对外开放的深度和广度，激发了开放型的城市经济活力。

首先，发挥城市中心圈的示范作用。在城市建设过程中，充分发挥中心圈的比较优势和示范功能，加强对外合作交流，与其他城市共同创建优质城市群，不断提升中心圈在城市经济发展与开放中的示范带头作用，为城市经济高质量发展奠定战略基础。逐步完善市场一体化机制，进一步推进城市基础设施的互联互通，有效提升人员流动、贸易、投资自由化便利化水平。以城市的科技创新区为抓手，在区域内牢固树立协同发展观念，革除制约区域内创新要素流动的藩篱，携手打造科技创新园，逐步形成现代化、开放型的区域创新体系，为城市经济高质量发展提供优质的资源支撑。

其次，加强高端制造业和现代服务业开放水平。各城市应结合自身发展实际，商讨制定减少外商投资的负面清单，适度放松准入机制，加强高端制造业和现代服务业开放程度，尤其是在绿色能源、生物制药、金融保险、物流运输、信息服务、文化等行业，充分发挥吸引外资的示范效应。结合城市实际，在明晰城市优势行业基础上，逐步放开在优势行业上的外商投资准入限制，形成可复制推广的具体管理细则。鼓励外商投资更多地进入金融、医疗、文化、电信、法律等现代服务业领域，放宽对外资进入托儿、养老、建筑设计、会计、审计、企业物流和电子商务等行业。

最后，建立健全城市企业对外沟通机制，加强城市间的经贸合作，提高各城市间的开放合作水平。深入开展研发基地交流对话工作，利用中国从全球制造中心向全球创造中心转变的契机，加强城市间企业技术中心的对话沟通。探索城市与城市一对一、一对多或多对多合作，建设特色工业园区，推动关键技术、人才培养、市场开发等领域的合作，逐步完善城市企业对外沟通机制。充分利用城市工业园区、贸易园区、合作区等载体，积极整合城市内部的优质资源，推动中小企业在相互合作的基础上"组团出城"。

第四，建立绿色低碳型城市，促进城市经济绿色发展。绿色经济发展水平作为衡量城市经济转入高质量发展阶段的重要指标，其作用价值日渐显现。要促进城市经济绿色发展，实现城市经济高质量发展，必须建立绿色低碳型城市。

首先，完善低碳城市建设。在完善低碳城市建设的体系方面，理应完善城市管理体制，进一步强化对低碳城市建设的宏观管理和引导。创新政策机制，合理采取不同种类的低碳政策工具。由于在低碳城市建设中所触及的利益关系纷繁复杂，在具体实施中，通过合理的政策设计，运用行政、市场、行为等不同的政策手段，积极引导第三方组织、社会公众参与到低碳城市的建设中来，推动政府、企业、第三方部门与市民等多元主体的共同参与。要求政府对于绿色发展进行积极引导和全社会绿色消费意识的形成。政府采取的法律、财政税收等手段可以在宏观层面促进绿色产业的发展，而消费者具备绿色消费意识后，可以形成"绿色"指标占重要地位的需求结构，从而在微观层面促进绿色产业的发展和绿色经济发展水平的提高，共同实现经济发展的"绿化"。

其次，促进创新城市低碳技术产业聚拢。在推进低碳城市进程中，创新低碳技术是其核心要义，低碳量的实现需要高技术的支撑，因此，要大力发展以绿色低碳为核心的产业类型，促进城市低碳产业网络和产业集群的形成，充分发挥低碳效应，切实减少碳的排放。将发展低碳产业融入城市规划编制规划要求，切实将低碳理念落到实处，加强对新能源产业的培育与投资力度，充分利用可再生资源、开发和推广绿色材料、环保建筑，形成规模性的低碳产业链、产业集群，为建设低碳城市给予技术支持。应加快传统制造业等资源消耗和环境污染较严重产业的转型和升级，大力发展绿色新兴产业。通过绿色改造等方式，完成高消耗高污染企业生产工艺技术的更新改造，逐步实现绿色生产、清洁生产，把握"绿色工业革命"的契机，最终建立起绿色与效率并存、经济与环境协调的产业体系，提高城市绿色经济发展水平和城市经济发展质量。

第五章　科技创新驱动城市转型

第一节　科技创新与城市发展新动能

一、概念解析与动能阐述

（一）概念解析

城市发展动能是指获取最佳综合效益与协调发展目标的动力。城市发展动能的强弱直接影响城市发展的水平和速度，最终决定城市发展战略目标的实现程度。不同学科对城市发展动能的理解不同：如经济学认为城市发展的本质是资本的扩展；社会学认为城市发展是经济和非经济因素综合作用的结果；地理学将地理空间作为分析城市发展动能的首要因素。从内涵上来看，城市发展动能不仅包括经济发展，还涉及城市建设、空间扩展、文化发展等多个维度的动力。[①] 因此，广义上的城市发展动能是指城市经济发展、人口发展、社会发展、环境发展动力的综合与统一。[②] 作为复杂系统，城市的发展是经济、社会、环境三大子系统协同发展与演化的结果。

（二）动能阐述

早期已有理论认为促进城市发展的动能主要包括劳动力、自然资源、地理环境、产业结构、城市文化、对外开放、政府管理、科学技术等，并认为劳动力、资本和资源是促进城市发展的主要动力因子。[③] 虽然将科技创新视为对城市发展具有倍增效应的重要动能，但并未将科技创新作为城市发展的第一动力。[④] 科技创新作为城市发展的新

---

① 孙家驹：《城市发展的动力、作用和趋势——加快我国城市化进程的历史、现实、理论和趋势参照》，《求实》2002 年第 2 期。

② 黄亚平：《城市发展动力理论的评述与探讨》，《长安大学学报（建筑与环境科学版）》1991 年第 1 期。

③ Lu, C., Wu, Y., Shen, Q., et al. 2013, "Driving Force of Urban Growth and Regional Planning: A Case Study of China's Guangdong Province", *Habitat International*, 40: 35—41.

④ 李随成、蒲国利、梁工谦：《城市发展动力评价指标体系设计》，《科学学与科学技术管理》2003 年第 11 期。

动能，不仅要作为城市经济增长新的驱动力，更要作为引领城市全面发展的根本源泉。2013 年 9 月，习近平总书记在十八届中共中央政治局第九次集体学习时强调："当前从全球范围看，科学技术越来越成为推动经济社会发展的主要力量，创新驱动是大势所趋。" 2016 年 5 月，习近平总书记在全国科技创新大会、两院院士大会、中国科协第九次全国代表大会上强调："科技创新是核心，抓住了科技创新就抓住了牵动我国发展全局的牛鼻子。"党的二十大报告提出："必须坚持科技是第一生产力、人才是第一资源、创新是第一动力，深入实施科教兴国战略、人才强国战略、创新驱动发展战略，开辟发展新领域新赛道，不断塑造发展新动能新优势。"这些表述充分肯定了科技创新在城市发展动力系统中的第一地位，必将对未来城市发展产生深远的影响。

二、科技创新推动城市发展的中国探索

改革开放之后，中国经济进入了加速发展时期，但受历史发展基础和现实经济多方面的影响，城市间发展不平衡问题加剧。而且与过去相比，城市发展的整体性、开放性和复杂性进一步增强，城市发展面临新问题。随着传统要素对经济发展的驱动力减弱，中国城市，特别是大城市的高质量发展已成为国民经济持续、高速、协调发展的关键。此外，随着生产要素质量的不断提高，促进经济发展的资源禀赋条件发生重大改变，将更多地依靠科技创新、人力资本和制度优化，科技创新作为城市发展的新动能成为突破发展瓶颈制约、解决深层次矛盾问题的关键突破口。

党的十八大之前，中国城市在科技创新促进经济发展、优化产业结构、提升资源利用效率等方面做了一系列探索准备。在科技创新对城市经济发展的影响方面，进入 21 世纪以来，中国科技进步贡献率从 2000 年的 43.2% 提升至 2010 年的 50.9%。习近平总书记早在 1990—1996 年任福建省福州市委书记期间就高度重视科技创新，并将"科技兴市"作为一项重要工作来抓。1995 年福州市科技创新对城市经济增长的贡献率高达 47.7%，并因此被评为全国科教兴市先进城市。① 在科技创新对城市产业结构的影响方面，主要表现为城市高附加值产业部门的建立与城市生产方式的升级和高级化方

---

① 周士跃：《习近平关于科技创新重要论述的时代背景、演进历程与核心要义》，《江南社会学院学报》2020 年第 2 期。

面。为应对全球科技创新重大突破，加快应用极有可能重塑的全球经济结构，中国设立了一批创新型城市，为产业和经济竞争赛场发生转变做准备，在一定程度上促进了中国城市产业结构的高级化和合理化。[①] 在科技创新对城市资源利用的影响方面，加大了对要素使用效率提升的关注。根据国家发展改革委发布的《中国资源综合利用年度报告（2012）》，2011 年，中国工业固体废物综合利用率近 60%，约三分之一的共伴生矿产资源实现综合开发，部分城市主要品种再生资源利用率提高到 70%。在科技创新对城市政府治理的影响方面，科技创新，尤其是数字技术创新助力了城市公共服务创新、社会治安监管和数据开放，为形成有效的社会治理结构打下了基础。2005 年 7 月，国家建设部印发《关于推广北京市东城区数字化城市管理模式的意见》，提出在全国范围内推广数字化城市管理新模式。截至 2010 年 6 月，全国 665 个城市中已有 128 个建立了数字化城市管理平台。

此外，科技创新还通过优化资本配置效率、提升对外开放程度和完善基础设施等多种路径直接或间接地促进城市发展。科技创新作为发展新动能已逐渐渗透到城市经济、社会、环境和教育等各个领域，极大地推动了中国城市的发展，并为党的十八大以后的城市创新驱动发展奠定了基础。

城市发展动能转换是一个不断产生新问题、提出新要求和进行新探索的持续进化过程。党的十八大以后，科技创新与城市发展面临一些新问题，突出表现为城市发展在人才支撑、产业发展、生态环境等方面对科技创新的支撑力度较为薄弱，科技创新与城市发展的协调度有待提升。例如，虽然新技术带来了大量的就业机会，但也出现了就业结构性失衡问题。据人力资源和社会保障部统计数据，2017 年中国 AI 行业的人才缺口达到了 500 万人。再如，"卡脖子"技术和产品不断涌现，给城市执行科技和产业发展规划增加了难度和不确定性；"双碳"目标的提出也给城市生态环境质量提升与产业转型升级提出了新挑战。中国关于科技创新作为新动能促进城市发展的新问题、新要求、新探索是党的十八大以来城市发展动能转换的一种新表现，新社会参与模式、新政策措施，用新视角为我们提供了理解和解决这些新问题的新途径。在这个过程中，

[①] 徐宛笑、柯孟康、张璐：《创新型城市试点政策对城市产业结构的影响》，《中国房地产》2020 年第 12 期。

习近平总书记的科技创新观为城市发展提供了重要指引。

近十年来，中国在形成城市发展的科技推动方面做了以下探索：

一是用中国经验证实了科技创新与城市发展之间的紧密联系。在科技创新作为城市高质量发展的驱动力方面，以深圳、合肥为典型代表，其在较短时期内因独特的科技创新能力成为中国最活跃的经济、科技中心之一。在科技创新与城市发展的长期互动方面，以北京为典型代表，凭借其优质的教育资源和丰富的文化环境塑造城市创新软实力。在科技创新与政府政策紧密结合方面，以上海为典型代表，上海综合配套改革试验区和上海自贸试验区的设立就是中国政府以政策手段直接推动科技创新与城市发展的一个典范。在科技创新与可持续发展的统一方面，以杭州为代表，其借助云计算、大数据等科技创新成功构建的数字经济，在很大程度上增强了经济的可持续性并带动了城市的可持续发展。

二是揭示了中国科技创新与城市发展之间关系的综合、多元和开放趋势。确立了智能化、绿色化和人文化的中国城市科技创新发展的新动能。智能化通过大数据、云计算、人工智能等技术改进城市服务和管理；绿色化通过清洁能源、环保技术、绿色建筑等手段提高城市的环境友好性；人文化强调在科技创新的过程中注重提升居民的生活质量和社区的凝聚力。在政策制定方面，强调对初创公司、科研机构、高校等不同创新主体的支持；在新兴领域方面，涌现生物技术、人工智能、清洁能源等新的创新领导者和新业态；政府也在不断寻求与全球科技创新网络更深的联系和合作。

三是实现了创新驱动发展与区域协同发展并举的发展理念和模式。不仅以科技创新作为发展的第一动能，加速形成以企业为主体、市场为导向、产学研深度融合的技术创新体系，还在区域创新资源优化配置和协同发展上进行了积极探索。习近平总书记亲自谋划、亲自部署、亲自推动的京津冀协同发展、长三角一体化、粤港澳大湾区等国家战略，通过政策引导和市场机制极大地发挥了科技创新在城市群发展中的作用，实现了科技资源的高效利用和区域协同发展。

值得注意的是，科技创新作为新动能对中国城市发展的影响可能在地域分布上发生变化。过去，科技创新主要集中在一线城市，如北京、上海和深圳。随着互联网、远程工作等技术的普及以及政策对于区域平衡发展的关注，二三线城市在未来城市发展动能转换过程中扮演更为重要的角色。科技创新并非孤立发生，而是深深嵌入在其所处的社会、经济、政策和环境等背景中。因此，我们需要将科技创新视为一个系统性的过程，考虑其对城市未来发展方方面面的深远影响。

第二节　科技创新驱动城市发展的机制分析

一、科技创新驱动城市发展的机制与途径

科技创新驱动城市发展是指城市主要依靠科技、知识、人力、文化、体制等创新要素驱动发展，其目标是通过促进生产要素、发展重点、创新领域和政府职能的转变，从而提升城市发展质量和竞争力。科技创新驱动的关键在于依靠科技创新实现城市发展方式的根本性转变。

（一）科技创新驱动城市发展的机制

关于科技创新驱动机制的探讨主要集中在以下四个方面。

1. 科技创新促进生产要素转变

科技创新能够提供高质量的供给和需求，加速新旧动能转换，提升经济发展效率和全要素生产率升，实现高质量发展。这一机制主要通过两种途径发挥作用。一方面，科技创新带来的技术升级可以有效取代劳动力、土地和资本等现有生产要素。例如，人工智能可以实现部分工作的自动化，进而取代劳动力；区块链可以实现部分产品的溯源工作，促进贸易的便利化；云计算将计算作为产品和服务，带来生产方式的根本性变革；大数据可以有效降低主体间的信息不对称，本身已成为新的生产要素。这些科技创新实践不仅改变了生产活动过程中的要素投入，也促进了城市新兴产业的崛起和快速发展。另一方面，科技创新加强了未被取代的要素。以数字技术为代表的新一轮信息技术革命为城市发展带来的重大战略机遇，极大地提高了传统要素的投入产出比。制造业和零售业在数字化转型过程中极大地提升了传统生产要素的生产力。[1] 因此，通过科技创新驱动对传统生产要素的替代和优化，摒弃城市发展对劳动力和资源环境的低成本依赖，发挥科技创新附加值高的优势，可以构建持续性强和竞争力强的城市

---

[1]　郭李为、陈秋语：《科技创新支撑经济高质量发展的作用机理与实证分析——基于七大中心城市的比较研究》，《中共南京市委党校学报》2022年第5期。

新优势。①

2. 科技创新促进发展重点转变

在全球竞争由产品竞争全面转向科技竞争的背景下，以要素成本优势、大量资源投入、生态环境污染为代价的传统城市发展模式已难以为继。一方面，科技创新驱动城市发展使科技创新成为城市发展新模式。以土地、人口、产能规模扩张带动城市发展的扩张效应已经逐渐减弱，只有将发展重点转向科技创新，更多依靠科技创新驱动的城市发展模式，才能推进城市经济结构由中低端向中高端升级。另一方面，科技创新驱动城市发展将城市发展重点聚焦于结构优化。科技创新驱动城市发展，势必要求城市以科技创新作为关键要素投入，以提高城市发展效益为核心，从根本上转变重规模轻结构的城市发展思路，充分发挥创新对优化城市生产能力和组织方式的引领功能，进一步提升生产力满足人民日益增长的美好生活需要。2014年11月，国家主席习近平在亚太经合组织工商领导人峰会开幕式上发表讲话，明确提出将"从要素驱动、投资驱动转向创新驱动"作为中国经济新常态的三大特征之一。

3. 科技创新促进创新领域转变

传统科技创新强调在单一科技创新，尤其是在产业创新领域，往往难以形成多要素联动、多领域协同的综合创新系统。科技创新促进创新领域转变主要通过两种途径发挥作用。一方面，以科技创新为引领，统筹多维度创新。创新驱动城市发展，需要发挥将科技创新放在城市全面创新中的核心位置，不仅要强调科技创新对城市发展的支持和推动作用，还要统筹推进组织创新、文化创新、管理创新、市场创新和制度创新等各个维度创新的协同发展、蓬勃发展。另一方面，以科技创新为抓手，统筹多领域创新。以科技创新作为城市多领域转型的突破口，将科技创新成果运用至产业发展、城市规划、城市治理、居民参与、环境保护、资源利用等方面，最大化发挥科技创新在城市全面转型发展中的作用。

4. 科技创新促进政府职能转变

科技创新驱动城市发展需要城市制度的保障。一方面，科技创新促进政府由科研

---

① 赵峥：《依靠创新驱动城市发展模式转变》，《中国国情国力》2016年第2期。

管理者向创新服务者转变。以往城市政府在城市发展过程中充当科技创新管理者角色，更多聚焦于技术创新环境，更多着力于组织创新活动，忽视了对基础研究到应用研究再到商业化应用创新链条的服务。由于科技创新管理主要是科研单位的职责，政府职能的错位导致创新服务长期缺失，不利于市场在科技创新中发挥根本力量。科技创新驱动城市发展，要求城市政府理顺政府与市场之间的关系，更好围绕创新链条履行政府创新职能，在全面深化改革过程中高度重视市场在资源配置中的决定性作用，更好地发挥政府的作用合力，破除制约科技创新驱动城市发展的体制机制障碍。另一方面，科技创新促进政府由创新政策制定者向创新生态营造者转变。以往城市政府单纯依靠具体的政策对科技创新活动进行激励和引导，忽视了科技创新的系统性障碍和系统性失灵。科技创新驱动城市发展，需要城市政府在科技创新驱动发展的过程中加快形成有利于科技创新发展的城市人才制度、投资制度、市场环境、分配制度等，构建适宜科技创新的生态环境。

（二）科技创新驱动城市发展的途径

具体而言，科技创新通过与城市经济发展、城市生态环境、城市社会发展、城市基础设施、城市规划、城市治理等深度融合驱动城市转型。

1. 科技创新与城市经济发展

熊彼特认为，创新是建立一种新的生产函数，即对各种生产要素进行"新组合"，科技创新能够产生新的产品、服务和市场，从而刺激经济活动。一方面，科技创新驱动实现对传统生产要素的替代和优化，摒弃城市发展对劳动力和资源环境的低成本依赖，构建持续性强和竞争力强的城市新优势。另一方面，城市是人才、信息、技术等技术创新资源的汇集地，科技创新不仅促进城市原有生产要素的不断优化重组，还会对周边地区发展动力转化、方式转化和结构调整等方面起重要示范和带动作用。

2. 科技创新与城市生态环境

科技创新是生态环境持续改善的关键，支撑科技创新将帮助城市实现环境可持续性。一方面，科技创新可以更好地监测和管理生态环境。例如，利用物联网技术和大数据技术，城市可以实时监测生态环境中的污染物质，及时采取措施进行治理，并能利用人工智能技术对环境数据进行分析和预测，进而有针对性地制定环境保护政策和方案。另一方面，科技创新有助于开发大量的清洁能源和绿色技术。例如，以风能、太阳能、水能等清洁能源可以替代城市传统的化石能源消耗；研发出更加高效、环保的新材料、新工艺和新技术，减少污染物排放和碳排放，提高环境治理效率。

3. 科技创新与城市基础设施

通过使用物联网技术、人工智能、大数据等新型技术，科技创新可以显著改善城市基础设施，如交通系统和公用事业。一方面，科技创新是城市新基建的基础。以5G、物联网、工业互联网为代表的信息基础设施，以智能能源基础设施、智能物流基础设施、智能交通基础设施为核心的融合基础设施，以支撑基础研究、技术研发、产品研制为目标的创新基础设施，本身都是科技创新的产物。另一方面，科技创新能够提升传统城市基础设施的运行效率。城市基础设施的智能化和数字化改造将为城市公共基础设施资源的优化使用提供更多可能。

4. 科技创新与城市规划

一方面，科技创新促使城市规划智能化。以全球定位系统、遥感和地理信息系统为代表的智能化技术运用，可以使城市规划更有效率、更准确，[①] 从而提高城市规划的科学性。最常见的应用是利用大数据和人工智能技术对城市交通网络进行优化，以有效减少交通拥堵。另一方面，科技创新使城市规划更可持续。物联网、遥感等技术的应用，可以对城市能源、资源、土壤等进行智能检测和调节，有效实现城市资源利用的最大化。例如，地理信息系统和人工智能辅助的对城市空间更准确的测量，为城市自然、经济问题的科学施策提供了直接依据。

5. 科技创新与城市治理

技术创新也可以帮助城市实现更好的治理。一方面，科技创新能够有效推动城市公共服务创新。例如，上海推出"随申办"App，打通线上线下服务，利用数据让公共服务更便捷；浙江提出"最多跑一次"，利用综合大数据平台打通政务服务中心的壁垒；新冠肺炎疫情期间，许多城市依赖数字技术为远程学习、居家办公、无人送货等提供新的解决方案。另一方面，科技创新为城市政府提高居民参与度。利用科技创新

① 吴晓莉：《利用遥感技术拓展城市规划数据源——兼谈遥感技术在城市规划中的应用》，《城市规划》2001年第8期。

助力数据开放，政府治理与社会参与共同构成了有效社会治理的结构。例如，数字化和开放数据可以提高政府透明度和公民参与度。当前，一些城市已经实现了开放数据平台，让公民可以访问到更多的城市数据，提高了城市治理的透明度。

总的来说，科技创新可以在许多方面推动城市转型发展，包括经济、生态环境、社会服务、基础设施、规划和治理。然而，不可忽视的是，科技创新也会为城市发展带来一系列新的挑战，如数据安全和隐私问题，以及技术决策的公正性问题。

二、中国城市科技创新发展回顾

人口是经济发展的基础，对于城市的发展来说亦是如此。一般来说，城市的发展壮大，往往伴随城镇化过程。中国城镇化以速度扩张、数量增长为主，城镇化率由1978年的17.92%上升至2022年的65.22%。推动以人为本的新型城镇化，可以有效调整供给结构，为促进经济中高速增长、迈向中高端注入强劲动力。但是，由于发展极为迅猛，中国城镇化既表现为城市数量、城市规模以及城市经济总量与经济结构同步提升，也不可避免地面临过多依靠扩大投资规模和增加物质投入发展模式所带来的不协调、不可持续压力，存在着人口拥挤、土地浪费、环境污染、交通拥堵和贫富分化等"城市病"。[①] 党的十八大以前，中国在城市经济转型、城市政策驱动、城市环境治理、城市基础设施升级、城市治理改革等方面进行了一些探索。

（一）经济转型方面

改革开放以来，科技创新成为推动中国从传统的农业经济转型到以工业和服务业为主的现代经济的重要驱动力。随着城市的发展，劳动力、土地、资源和技术等生产要素对城市经济发展的驱动力也在不断变化。改革开放以前，城市的发展依靠主要传统生产要素，劳动力、土地和资本是城市发展的核心动力；改革开放以后，过分依赖传统生产要素的规模化投入无法使城市在国际竞争中占据优势，政府开始通过颁布政策法规改善城市的产业发展重心，并引导城市内产学研机构进行联合研发，创新在城市发展中的驱动力开始显现。科技进步在城市经济发展中的驱动作用不断增

---

① 赵峥：《依靠创新驱动城市发展模式转变》，《中国国情国力》2016年第2期。

强。[①]2000—2010 年间，科技进步对于经济增长的贡献在逐年增加，2000 年科技进步对经济增长的贡献为 38%，到 2010 年，这个比例已经提高到 56%。[②]

（二）政策驱动方面

改革开放以来，中国的科技创新政策体系逐步建立，并逐步形成一条具有中国制度特色的发展轨迹。[③]1978 年 3 月，邓小平同志在全国科学大会上提出"科学技术是生产力"，拉开了中国科技创新工作改革的帷幕；1985 年 3 月，中共中央发布《关于科学技术体制改革的决定》，将科技体制改革作为科技战线的首要任务，这标志着科技体制改革的全面展开；"863 计划"（1986 年）、"火炬计划"（1988 年）和"攀登计划"（1991 年）纷纷出炉，从不同领域和侧重点部署中国科技事业发展路线。20 世纪 80 年代以来，知识经济逐渐兴起，中国城市依靠资源消耗的发展模式已难以长久维系。1995 年 5 月，中共中央、国务院发布《关于加速科学技术进步的决定》，提出实施科教兴国战略，"211"工程（1995 年）、"973 计划"（1997 年）和"985 工程"（1998 年）等科学前沿研究战略陆续实施。1988 年，中国设立国家高新技术产业开发区，旨在通过提供公共平台，帮助企业获得关键的研发资源，并鼓励企业进行创新；2001 年，中国正式加入 WTO，正式融入全球创新网络；2006 年国务院发布《国家中长期科学和技术发展规划纲要（2006—2020 年）》，提出建设创新型国家。在科技创新政策体系的周密部署下，中国科技创新能力显著提升。2010 年中国共有 54 个国家级高新技术产业开发区，吸引了大量的高技术企业和创新人才。2011 年中国授权发明专利为 17.2 万件，国际专利申请量为 1.64 万件，分别是 2001 年的 11 倍和10 倍。

（三）环境治理方面

改革开放后，随着市场经济的发展，能源消耗和环境污染也同样达到了令人震惊的程度。在付出了惨痛的经济、社会和环境代价后，环境保护工作开始引起整个社会

---

① 陈媞、喻金田：《创新型城市的形成过程研究》，《科技创新与生产力》2011 年第 12 期。

② Hu, A., Mathews, J. A., 2008, "China's National Innovative Capacity", *Research Policy*, 37(9): 1465—1479.

③ 陈强、沈天添：《中国科技创新政策体系演变研究——基于 1978—2020 年 157 份政策文本的量化分析》，《中国科技论坛》2022 年第 12 期。

的重视。[1]1983 年 12 月，在第二次全国环境保护会议上，环境保护被确立为基本国策。然而部分城市政府在追求 GDP 政绩过程中忽视甚至以牺牲环境为代价，城市生态环境保护措施并未有效实施。1984 年 10 月，中共中央发布《关于经济体制改革的决定》，指出城市政府应当进行环境的综合整治，明确城市政府是城市环境综合整治的主体。1989 年 12 月，《中华人民共和国环境保护法》正式颁布，标志着各种生态环境保护措施的实施有了法律依据。21 世纪以来，城市生态环境治理逐渐由单纯环境污染控制向城市生态环境综合管理转变。2006 年 4 月，国务院召开第六次全国环境保护大会，提出要从主要依靠行政手段保护生态环境转向综合运用法律、经济、技术等方法解决环境问题。科技创新在城市生态环境治理中的作用开始凸显。从绿色发展看，科技创新是建设美丽中国的钥匙。科技创新尤其是与环境治理相关的绿色技术创新，对于实现绿色发展、应对气候变化等挑战至关重要。

（四）基础设施方面

城市基础设施包括道路交通、信息通信、环境卫生等工程性基础设施和医疗卫生、教育科研、住房保障等社会性基础设施。科技创新对城市基础设施的升级起到关键作用。以交通基础设施为例，在高速公路方面，1988 年中国内地建成了第一条高速公路——沪嘉高速公路，截至 2001 年，中国高速公路总里程高达 1.9 万千米，位居世界第二。在高速铁路方面，2003 年中国开通第一条高速铁路——秦沈客专，截至 2011 年，中国高铁将初步成网，运营里程突破 1.3 万千米。在智慧交通方面，20 世纪 90 年代前，中国智慧交通以发展战略、体系框架、标准体系等理论研究为主。20 世纪 90 年代初期至 21 世纪初期，基于国家示范工程的带动，智慧交通行业发展开始初具规模。[2]物联网技术逐渐被应用于交通管理、公共服务和能源管理等领域，使城市运行更加智能和高效。

（五）城市治理转型

科技创新在推动产业朝集约、高效、绿色环保方向发展外，还为更具包容性、高效率、可问责、开放共享的城市治理提供了更多可能和技术支持。科技创新也推动了

---

① 姜爱林、陈海秋：《20 世纪以来城市环境治理的发展历程概况》，《合肥师范学院学报》2009 年第 3 期。
② 郑健壮、张嘉旆、邵勇：《智能交通系统发展历程与我国数字化转型》，《公路交通技术》2022 年第 4 期。

城市治理方式的改革。例如，信息化和数字化使得政府决策更加透明，也更加便于公民参与。这为城市社会管理提供了新的工具和手段，也有助于提高政府的服务水平。

三、科技创新驱动城市发展的新探索

党的十八大以来，中国在科技创新驱动城市发展出现了一些新的问题，也进行了一些新的探索。

新问题主要表现在科技创新与社会主义核心价值观的融合、科技创新的安全隐忧、科技创新加剧社会不平等等方面。一是党的十八大以来，习近平总书记明确提出了科技创新与社会主义核心价值观相融合的新要求，强调科技创新应该服务于人民、服务于社会，而不仅仅是追求经济效益，体现了新时期中国对科技创新任务的全面理解和人本关怀的发展转向。二是以数据隐私为代表的安全问题凸显，科技创新驱动的城市发展强调了数据的重要性，但随着城市经济、社会数据量的爆炸式增长，数据安全和隐私保护问题也日益突出。这不仅涉及个人信息的安全，也关乎国家安全和社会稳定，中国政府已经开始着手制定相关法律法规加强数据安全和隐私保护。三是科技创新发展在一定程度上加剧了社会不平等。尽管大城市可能从科技创新中获益，但是中小城市和农村地区可能会被边缘化；富人是最大的受益人群，穷人则难以跨越"数字鸿沟"，这需要在推动科技创新的同时注意防止新的社会分化和不平等现象的加剧。

新的探索主要表现在以下六个方面：

一是科技创新全面发展。在推动科技创新方面，中国政府实施了全方位的战略。首先，在顶层设计上，制定了一系列科技政策和计划，新的五年科技创新规划明确了中国在下一阶段科技创新的目标和方向；国家中长期科学和技术发展规划则从长远出发，指明了中国科技创新的发展蓝图；此外，还有全面推动制造业与人工智能等专项领域发展的制度设计。这些政策和规划体现了中国政府对科技创新的高度重视和决心。其次，在底层推动上，中国也做了大量工作。主要是通过新一批科技创新园区（如深圳的前海深港合作区）的建设与原有科创基地（北京的中关村科技园）的转型升级，提供更加优惠的政策和先进的硬件设施，吸引了大量科技企业和人才，形成了良好的

创新生态环境。

二是科技经济融合发展。在科技与经济的融合方面，中国采取了一系列有效措施。一方面，政府鼓励科技企业参与到主要的经济任务中去。通过科技成果转化和产业化，科技创新的成果被转化为实际的经济效益。例如，中国的电商巨头阿里巴巴就是一个典型的例子，其通过技术创新，不断改进和优化业务模式，从而在电商市场上取得了领先地位。另一方面，中国也注重通过科技创新推动传统产业的升级转型，例如，强调通过科技创新，提升传统制造业的技术水平和附加值，从而提高经济的质量和效益。①

三是绿色科技协同发展。面对环境挑战，中国十分注重通过科技创新来推动绿色发展。主要体现在两个方面：首先，中国政府积极推动绿色科技研发。例如中国在新能源、能源效率、污染防治等领域大力支持科技创新，并取得了显著的成果。其中，中国在新能源汽车、光伏技术、风力发电等领域取得的科技创新成果，在全球都处于领先地位。其次，中国政府鼓励绿色科技创新成果在生产和生活中的应用，并提供各种政策支持，例如税收优惠、贷款利率优惠等，让更多企业和公众能够采用和利用这些绿色科技成果，从而推动了整个社会的绿色转型。

四是科技创新与国情结合。习近平总书记的科技创新观为中国的科技创新提供了新的理论指导。习近平总书记强调科技创新作为社会进步驱动力，不仅是提升经济效益的重要手段，更是推动社会进步和提高人民生活水平的关键。他指出中国在推动科技创新的过程中，必须始终坚持以人民为中心，关注科技创新的社会效益和人民福祉。总书记还强调，科技创新必须紧密结合国情和实际，不仅要关注前沿科技的发展，也要关注科技创新如何解决中国社会的实际问题。他指出在推动科技创新的过程中不能脱离实际，必须紧密结合中国的国情和发展需求。

五是全球科技创新合作。习近平总书记多次强调"科技无国界，科学家是世界和平的使者"，指出中国需对全球科技合作持开放态度，积极与国际伙伴进行交流合作。在此背景下，中国与众多国际科技机构和公司深入开展了合作，以中欧联

---

① 周济：《智能制造——"中国制造 2025"的主攻方向》，《中国机械工程》2015 年第 17 期。

合开发"天舟"系列空间货运飞船为代表,展现了中国在高端科技领域的国际合作能力。

六是科技创新环境优化。中国在科技创新环境优化上作了许多努力,主要包括改善科技政策环境、提升科技创新的基础设施和营造良好的科技创新文化等方面。在基础设施方面,投入巨大的资金和人力建设高质量的科技研发机构和设施;在创新文化方面,鼓励社会各界尊重知识、尊重人才、尊重创新,营造良好的科技创新氛围[①];此外,科技政策也逐渐转变为鼓励和引导科技创新,而不仅仅是控制和管理,这是最大的进步。

在科技创新驱动城市发展的机制方面,未来需要在以下七个方面持续探索:

一是深化科技创新制度改革。在保证公平公正的前提下,创造一个更开放、更包容的科技创新环境,进一步激发科学研究的积极性和创造性。二是加大科技资源配置力度。关键不在于单纯提高科技投入,而在于优化科技资源配置。三是持续推进全球科技合作。借全球的智慧和力量解决中国城市创新问题,同时,在全球科技规划和决策中发出中国声音,实现帮助发展中国家提高科技创新能力的大国担当。四是推动城市高质量发展。着力解决城市发展过程中出现的环境、能源、社会等问题,形成环保科技、新能源科技、社会科技等发力点和增长点。五是提升城市公众科技素养。通过科普教育、媒体宣传、科技展览等方式提高公众对科技创新的认识和理解,进一步推动科技创新深入人心。六是优化科技创新生态系统。鼓励政府、企业、科研机构、高校、金融机构、非政府组织等多元化参与,打破传统的行业和部门壁垒,鼓励跨行业、跨部门的协同创新。七是推进智慧城市发展。提高城市管理效率,提高公民生活质量,推动经济发展,解决环境问题。

第三节 创新驱动中国城市发展的探索

一、新时代中国创新驱动的发展观

创新驱动发展是一种主张通过科技创新、制度创新、文化创新等多方面创新来推

---

① Wei, Y., 2020, "China's Innovation System Reform and Fostering a Favorable Innovation Culture", *Science and Public Policy*, 1.

动经济发展的思想。[①] 从中国的发展实践来看，党的十七大报告首次将"提高自主创新能力、建设创新型国家"上升为国家发展战略的核心和提高综合国力的关键。党的十八大以来，围绕新时代加快推进科技创新，习近平总书记发表了一系列新思想、新论断和新要求，形成了系统完整、内涵丰富的新时代科技创新思想，成为当前建设创新型城市的行动指南。

1. 创新地位论

习近平总书记用"第一推动力""新动力""新引擎"等一系列提法肯定了创新的重要地位。2015 年 3 月，习近平总书记在参加十二届全国人大三次会议上海代表团审议时正式提出"创新是引领发展的第一动力"，并指出应将科技创新摆在国家发展全局的核心位置。

2. 创新协同论

习近平总书记关于科技创新协同发展的论述主要包括产学研协同创新、区域协同创新、跨学科协同创新等。党的十八大以来，习近平总书记亲自谋划、亲自部署、亲自推动了京津冀协同发展、长三角一体化、粤港澳大湾区等城市协同发展的国家战略，成为科技创新引领城市高质量发展的重要动力源。

3. 自主创新论

党的十八大以来，习近平总书记多次强调自主创新的重要性。2014 年 6 月，习近平总书记在中国科学院第十七次院士大会、中国工程院第十二次院士大会上指出，只有把核心技术掌握在自己手中，才能真正掌握竞争和发展的主动权，才能从根本上保障国家经济安全、国防安全和其他安全。

4. 人才根基论

习近平总书记紧紧抓住人才在科技创新中的根基地位，强调创新驱动的实质是人才驱动，人才是创新的第一资源。[②]2018 年 5 月，习近平总书记在中国科学院第十九次院士大会、中国工程院第十四次院士大会上指出，要牢固确立人才引领发展的战略

[①] Lei, J., Zhang, Q., Qi, Y., 2020, "Innovation-led Development: The Logic of China's Economic Development", *Journal of Industrial Integration and Management*, 1.

[②] 中共中央文献研究室：《习近平关于科技创新论述摘编》，中央文献出版社 2016 年版。

地位，全面聚集人才，着力夯实创新发展人才基础。

5. 体制改革论

习近平总书记围绕科技创新体制改革发表了一系列重要讲话，指出中国科技管理体制还不能完全适应建设世界科技强国的需要，科技体制改革许多重大决策落实还没有形成合力。[①] 针对这些问题，习近平总书记从科技创新体系、科技管理制度、科技人才制度等多方面提出了一系列指示，指明了科技创新体制改革的方向。

习近平总书记关于创新驱动发展的重要论断还涉及创新价值、实现路径、战略目标等方面，涵盖了顶层设计、价值导向、制度落实等多个维度，充分彰显了习近平总书记关于创新驱动发展重要论述鲜明的创新性、实践性和包容性。其科技创新观不仅为中国科技创新驱动城市发展指明了重要方向，提出要贯彻"创新、协调、绿色、开放、共享"的发展理念，优化创新创业生态链，让创新成为城市发展的主动力；要在规划理念和方法上不断创新，增强规划科学性、指导性；政府要创新城市治理方式，加快推进市域社会治理现代化，提高市域社会治理能力，提高城市治理水平，推动治理手段、治理模式、治理理念创新[②]；同时，还指出了中国科技领域在视野格局、创新能力、资源配置、体制政策等方面仍然存在的一些亟待解决的突出问题[③]，主要表现在：当前中国基础研究短板明显，关键核心技术受制于人，科技与产业结合度不高，科技创新成果转化能力不强，人才发展体制机制不完善等方面。他指出，中国城市需要继续探索如何最大限度地利用科技创新驱动发展，同时也要处理好这些挑战。习近平总书记关于城市创新发展的一系列重要论断为中国推进创新型城市建设提供了新的行动指南。

二、科技创新驱动中国城市发展的新阶段

改革开放后，中国经济保持了高速增长，成为令世界瞩目的新兴经济体。而中国城市发展的模式和经济增长的方式相类似，走的是高投入、高能耗、高污染的发展道路，城市的快速发展主要依靠扩大增加物质与投资规模投入，在带来经济总量快速提

① 习近平：《努力成为世界主要科学中心和创新高地》，《共产党员》2021年第8期。
② 中共中央党史和文献研究室：《习近平关于城市工作论述摘编》，中央文献出版社2013年版。
③ 习近平：《努力成为世界主要科学中心和创新高地》，《共产党员》2021年第8期。

升的同时，也使有限的自然供给能力和生态环境承载能力被日渐削弱，引发了土地浪费、环境污染、生态破坏等一系列黑色发展问题。[①]2011 年，中国人口城镇化率超过 50%，正式进入城市主导型社会。城市的人口结构、需求结构、外部环境等各种经济基本面因素也因此发生了根本性变化，传统粗放型的城市发展方式已经难以为继，必须加快推进城市发展方式的转型。而在加快城市发展方式转变的过程中，科技创新无疑将扮演着重要角色。

自 20 世纪末至 21 世纪以来，中国开始尝试探索创新驱动的发展模式，以深圳、北京和上海为首的发达城市的积极探索为中国创新型城市建设积累了宝贵经验，主要体现在创新能力构建、地方政策激励、企业创新能力培育、创新资源集聚、产学研体系完善等方面，为党的十八大之后的全面创新驱动发展奠定了坚实的基础。

党的十八大以来，在习近平总书记的领导下，中国正式进入了创新驱动发展的新阶段，具体体现在：

一是创新驱动发展战略的实施。党的十八大明确提出，科技创新是提高社会生产力和综合国力的战略支撑，必须摆在国家发展全局的核心位置，要坚持走中国特色自主创新道路、实施创新驱动发展战略。2013 年 12 月，习近平总书记在深化改革领导小组第一次会议上指出，实施创新驱动发展战略，是中国发展的战略选择。[②]这一战略的实施，对城市的转型和发展产生了深远影响。

二是城市科技创新实践的深化。各城市在创新驱动国家发展战略的引领下，持续加大科技创新实践的力度，在强化企业创新主体地位、建设公共技术平台、培育科技服务体系、完善城市创新环境、建设创新型城市等领域进行了系列探索。以深圳为首的创新型城市推出了一系列科技创新政策，并取得了显著的创新实践效果。截至 2022 年底，103 个国家创新型城市以占全国 51% 的人口，培育了全国 85% 的高新技术企业。

三是城市科技创新体系的完善。党的十八大以来，中国在全国范围内兴起了构建科技创新体系的热潮。例如，北京、上海、深圳等城市明确提出，要建设成为具有全

[①] 赵峥：《科技创新驱动中国城市发展研究》，《学习与探索》2013 年第 3 期。
[②] 习近平：《在深化改革领导小组第一次会议上的讲话》，《人民日报》2013 年 12 月 28 日。

球影响力的科技创新中心，重庆、成都、合肥等城市则明确提出，要建设具有全国影响力的科技创新中心，郑州、兰州、济南等更多城市则将构建区域性科技创新中心作为战略目标，各城市对科技创新体系的重视和科技创新资源的争夺已然提升到了一个新高度。

四是国际科技创新合作的深化。党的十八大以来，中国积极参与国际科技创新合作，以吸取国际创新资源和经验。国家主席习近平在向 2021 中关村论坛视频致贺时指出，中国将以更加开放的态度加强国际科技交流，积极参与全球创新网络，共同推进基础研究，推动科技成果转化，培育经济发展新动能，加强知识产权保护，营造一流创新生态，塑造科技向善理念，完善全球科技治理，更好增进人类福祉。这些重要观点为中国城市进一步加强国际科技交流、深化国际科技创新合作指明了方向。

五是城市科技创新政策的改革。党的十八大以来，中国在科技创新政策上进行了一系列改革，以支持科技创新驱动的发展。党的十八大提出实施创新驱动发展战略，指出科技创新是提高社会生产力和综合国力的战略支撑，必须摆在国家发展全局的核心位置。2016 年中共中央、国务院正式发布《国家创新驱动发展战略纲要》指出，创新驱动就是创新成为引领发展的第一动力，并提出"三步走"战略目标，对创新驱动发展作出了顶层设计和整体部署。[①]

六是高新技术产业的快速发展。党的十八大以来，随着创新驱动发展国家战略的深入实施，以信息技术、生物技术、新材料技术为核心的高新技术产业发展迅速。2019 年中国电子信息产业的产值达到 16.1 万亿元，年均增长率超过 10%；新材料产业总产值已达 4.08 万亿元，在 10 年内增长了近 5 倍。高新技术产业的快速发展为城市创新驱动发展提供了强大的支撑。

七是城市科技创新人才的培养。党的十八大以来，中国对创新人才的培养与吸引力度持续加大。2015 年 11 月，国务院印发《统筹推进世界一流大学和一流学科建设总体方案》，提出以建设一流学科和一流大学来建成高等教育强国。2021 年 9 月，习近平总书记在中央人才工作会议在指出，要深入实施新时代人才强国战略加快建设世界重

---

① 张永凯：《改革开放 40 年中国科技政策演变分析》，《中国科技论坛》2019 年第 4 期。

要人才中心和创新高地，为中国创新人才的培养与吸引提供了方向。

党的十八大以来，中国科技创新驱动城市发展也产生了一些新问题，主要表现在：一是科技创新资源配置不均。虽然中国城市的科技创新能力在整体上得到了显著提升，但不同城市之间的科技创新资源配置差距日益加剧。例如，2019年，中国科技创新资源主要集中在北京、上海、深圳等一线城市，这些城市的科技创新资源占全国的比重超过60%。习近平总书记在2018年在全国科技创新大会上指出，要坚决破除一切妨碍科技创新的体制机制障碍，优化科技创新资源配置。因此，未来需要加强发达城市和欠发达城市的科技创新协同能力。二是人才流动问题依然严峻。尽管中国高校毕业生数量位居世界第一，但城市间的人才分布差异显著，中小城市人才流失问题尤为突出。为了解决这个问题，部分经济发达城市出台了一系列的优惠政策，如提供生活补助、住房补贴、税收减免等优惠，但也导致了其他城市的人才流失加剧。同时，习近平总书记对人才问题高度重视，在2019年全国教育大会上明确提出人才是第一资源，未来需要积极探索城市间的人才培养与分配机制，最大化发挥人才对城市科技创新的支撑作用。三是部分行业创新动力不足。虽然在高新技术产业方面科技创新成果明显，但在一些传统行业中，如制造业、农业等，仍然主要依靠加大劳动力、资本和资源投入维持增长，科技创新的驱动发展力度不足。2023年全国两会期间，习近平总书记指出，在激烈的国际竞争中我们要开辟发展新领域新赛道、塑造发展新动能新优势，从根本上说还是要依靠科技创新。未来需要进一步通过政策引导、技术研发、技术转移等方式进一步提高传统行业的科技创新能力。

三、科技创新驱动城市发展的中国经验

创新驱动中国城市发展的中国经验主要包含六个方面：一是坚持科技创新核心驱动。将科技创新摆在全面建设社会主义现代化国家的中心位置，推动新产业的发展，提升城市的经济效率，增强城市竞争力。二是依靠人才制度双轮驱动。加强科技人才队伍建设，各地争相创新科技管理制度，建立有利于科技创新的制度环境，推动科技创新高速发展。三是以创新型产业集群为主载体。用好外生性创新型产业集群、培育内生性创新型产业集群，有效集中科技创新资源，促进科学知识的传播和技术知识的

交流，形成具有国际竞争力的优势产业。四是产学研用深度融合。探索具有中国特色的产学研用互动机制和利益分配机制，为城市科技创新提供源源不断的动力。五是全力构建科技创新生态。全面构建国家创新体系，着力解决发展中国家在政策环境、金融环境、市场环境等方面科创生态短板。六是关注科技—社会协同。积极推动社会创新，聚焦提升城市的整体创新能力，服务于社会主义共同富裕。这些经验和规律为未来中国城市的创新驱动发展提供了指导。

第六章　现代化城市治理体系

第一节　中国城市治理体系的演化

中国的现代化发展进程中，人们对城市文明的认识不断加深，对于城市地域空间范围内的治理的认识逐渐从"城市管理"转变为"城市治理"。综观近年来的城市治理实践演化过程，在系统构建、技术应用、以人为本、网络覆盖等方面实现了迭代式发展与进步。

一、城市治理系统构建的迭代式发展

城市治理强调系统性构建。城市治理不是一个单项工程，也不是一个可以孤立存在的小系统，而是城市复杂系统中的有机组成部分。城市曾经被简单地认为是工业机械体，是由若干零件、功能组合而成，这一认识已经不能满足城市治理的系统化构建的需要。因此，城市应当是各项功能紧密协同互动联系的"有机生命体"。具体来说，"有机"即区域之间相互关联协调、各有分工，最终达成不可分的统一性，强调系统思维；"生命体"即城市和人一样，有血管经脉、肌肉骨骼，能呼吸吐纳、新陈代谢，强调生命思维，突出全生命周期管理；对应到城市治理的载体，基层是"细胞"，生态是"肌理"，交通是"血管"，经济产业是"骨骼"。[①]从机械向生命有机体延展，才能满足城市治理面向未来走向永续的迭代式发展需要。

二、城市治理技术应用的迭代式发展

城市治理需要技术手段的支撑与保障。随着新技术的不断涌现，城市治理的不同

---

① 茅冠隽：《城市是个"有机生命体"读懂城市发展的"空间密码"》，《东方网》2021 年 1 月 25 日。

场景的技术应用得以实践，城市治理的数字化水平不断提升。让城市更聪明一些、更智慧一些，是推动城市治理体系和治理能力现代化的必由之路。① 近年来，互联网、大数据、云计算、人工智能等新技术在城市治理中的应用不断加深，在各个关键领域的技术应用得到了有效实践，并且在实践中通过不断的迭代更新实现了技术应用的转型升级。例如，上海坚持以理念创新引领制度创新，以数字化转型倒逼服务方式重塑，充分应用大数据和人工智能等技术，变被动服务为主动服务，变共性服务为个性服务，推动"一网通办"改革不断深化；坚持以"一网通办"服务理念引领公共服务、便民服务优化，以场景应用驱动服务供给创新，实现与群众和企业生产生活密切相关的服务全覆盖，打造标准化、普惠化、均等化、智慧化的全方位服务体系，提升整体服务质量和水平，切实增强群众和企业的获得感、满意度。②

三、城市治理以人为本的迭代式发展

城市是居民集中居住生活的场所，城市建设和发展的目的是为居民提供更好的空间与环境，城市治理的目的是为居民提供更好的硬件与软件。随着文明的发展，以人为本的理念不断深入人心。"以人民为中心"已经成为宏观层面发展的重要思想理念和实践主线，对于城市治理来说亦是如此。因此，城市治理的主体人民逐渐成为城市治理的主题，宜居、宜业、宜乐、宜游成为城市治理的关键目标。城市治理需要满足人民对美好生活的追求，让人民群众安居乐业，能够充分感受到获得感与幸福感。例如，上海在建设"人民城市"时，致力于"以共享为最终目的，努力打造人人都有人生出彩机会的城市、人人都能有序参与治理的城市、人人都能享有品质生活的城市、人人都能切实感受温度的城市、人人都能拥有归属认同的城市"③。

① 张佳丽：《城市治理现代化迈开新步伐——各地建设城市运管服平台观察》，《中国建设报》2023年3月5日。
② 上海市人民政府网站：《关于深化"一网通办"改革构建全方位服务体系的工作方案》，2021年3月16日。
③ 《中共上海市委关于深入贯彻落实"人民城市人民建，人民城市为人民"重要理念，谱写新时代人民城市新篇章的意见》，2020年6月。

四、城市治理网络覆盖的迭代式发展

城市治理不是高高在上的，要让人民群众感受到城市治理带来的温暖，必须实现城市治理重心向基层方向的下沉。近年来，城市治理通过网格化治理、社区治理能方式不断实现重心的下沉，让城市治理的温度深入基层，让居民能够实实在在地去感受。这一规律对于大城市、中等城市、小城市都是通用的，其关键是要做精"微服务"，畅通"微循环"。例如，兰州新区主动顺应人民群众对美好生活的向往，切实解决群众难题、畅通诉求渠道，以"微服务"疏通基层社会的"毛细血管"、改善基层社会"微循环"，打通联系服务群众"最后一公里"，推动城市治理的重心和资源向基层下沉。①

第二节　新时代中国城市治理的要求

党的十八大以来，中央高度重视城市治理工作的现代化，从多个方面对新时代的中国城市治理工作进行了部署。

一、以人民为中心的治理

党的十九届四中全会提出："必须加强和创新社会治理，完善党委领导、政府负责、民主协商、社会协同、公众参与、法治保障、科技支撑的社会治理体系，建设人人有责、人人尽责、人人享有的社会治理共同体，确保人民安居乐业、社会安定有序，建设更高水平的平安中国。"②2019 年 11 月，习近平总书记考察杨浦滨江公共空间杨树浦水厂滨江段时提出："人民城市人民建，人民城市为人民。"在城市建设中，一定要贯彻以人民为中心的发展思想，合理安排生产、生活、生态空间，努力扩大公共空间，让老百姓有休闲、健身、娱乐的地方，让城市成为老百姓宜业宜居的乐园。③党的二十大报告提出："坚持以人民为中心的发展思想。维护人民根本利益，增进民生福祉，不

---

① 姜波：《做精"微服务"　畅通"微循环"——新区推动社会治理重心向基层下移的创新探索》，《兰州新区报》2021 年 2 月 5 日。
② 中国共产党第十九届中央委员会第四次全体会议公报，2019 年 10 月 31 日中国共产党第十九届中央委员会第四次全体会议通过。
③ 习近平：《人民城市人民建，人民城市为人民》，新华网，2019 年 11 月 3 日。

断实现发展为了人民、发展依靠人民、发展成果由人民共享，让现代化建设成果更多更公平惠及全体人民。"

二、精细化治理

2015年12月，中央城市工作会议公报提出："政府要创新城市治理方式，特别是要注意加强城市精细化管理。"2017年3月5日，习近平总书记参加十二届全国人大五次会议上海代表团审议时指出："上海这种超大城市，管理应该像绣花一样精细。城市精细化管理，必须适应城市发展。要持续用力、不断深化，提升社会治理能力，增强社会发展活力。"[1]2018年11月6日，习近平总书记在浦东新区城市运行综合管理中心考察时强调，城市管理搞得好，社会才能稳定、经济才能发展。一流城市要有一流治理。提高城市管理水平，要在科学化、精细化、智能化上下功夫。习近平希望上海继续探索，走出一条中国特色的超大城市管理新路子，不断提高城市管理水平。[2]党的二十大报告提出："完善网格化管理、精细化服务、信息化支撑的基层治理平台。"

三、科学化、智能化治理

2014年2月，习近平总书记在北京市考察工作时指出："要健全城市管理体制，提高城市管理水平，尤其要加强市政设施运行管理、交通管理、环境管理、应急管理，推进城市管理目标、方法、模式现代化。"[3]十九届四中全会提出，"坚持和完善中国特色社会主义制度、推进国家治理体系和治理能力现代化的总体目标是，到我们党成立一百年时，在各方面制度更加成熟更加定型上取得明显成效；到二〇三五年，各方面制度更加完善，基本实现国家治理体系和治理能力现代化；到新中国成立一百年时，全面实现国家治理体系和治理能力现代化，使中国特色社会主义制度更加巩固、优越性充分展现[4]"。2019年11月，习近平总书记在上海考察工作时指出："要深入学习贯彻党的十九届四中全会精神，提高城市治理现代化水平。要统筹规划、建设、管理和

---

[1] 《2015年中央城市工作会议公报》，新华网，2015年12月。
[2] 《习近平参加上海代表团审议》，新华网，2017年3月5日。
[3] 习近平：《北京考察工作：在建设首善之区上不断取得新成绩》，人民网，2014年2月27日。
[4] 新华社：《中国共产党第十九届中央委员会第四次全体会议公报》，2019年10月31日。

生产、生活、生态等各方面，发挥好政府、社会、市民等各方力量。要抓一些'牛鼻子'工作，抓好'政务服务一网通办''城市运行一网统管'，坚持从群众需求和城市治理突出问题出发，把分散式信息系统整合起来，做到实战中管用、基层干部爱用、群众感到受用。①" 2020 年 3 月，习近平总书记在浙江杭州城市大脑运营指挥中心考察时指出："推进国家治理体系和治理能力现代化，必须抓好城市治理体系和治理能力现代化。运用大数据、云计算、区块链、人工智能等前沿技术推动城市管理手段、管理模式、管理理念创新。"② "十四五"规划和 2035 年远景目标纲要提出，"坚持党建引领、重心下移、科技赋能，不断提升城市治理科学化精细化智能化水平，推进市域社会治理现代化"。

四、全周期、系统化治理

2020 年 3 月，习近平总书记在湖北考察时指出，城市是生命体、有机体，要敬畏城市、善待城市，树立"全周期管理"意识，努力探索超大城市现代化治理新路子。③2020 年 10 月 14 日，习近平在深圳经济特区建立 40 周年庆祝大会上发表重要讲话："要树立全周期管理意识，加快推动城市治理体系和治理能力现代化，努力走出一条符合超大型城市特点和规律的治理新路子。要强化依法治理，善于运用法治思维和法治方式解决城市治理顽症难题，让法治成为社会共识和基本准则。要注重在科学化、精细化、智能化上下功夫，发挥深圳信息产业发展优势，推动城市管理手段、管理模式、管理理念创新，让城市运转更聪明、更智慧。"④

第三节　中国现代化城市治理体系的构建

回顾既有城市治理体系的发展，根据新时代中国城市治理的新要求，提出构建中国现代化城市治理体系的要点。

---

① 新华社：《习近平在上海考察时强调　深入学习贯彻党的十九届四中全会精神　提高社会主义现代化国际大都市治理能力和水平》，2019 年 11 月 3 日。
② 新华社：《让城市更聪明更智慧——习近平总书记浙江考察为推进城市治理体系和治理能力现代化提供重要遵循》，2020 年 4 月 4 日。
③ 习近平：《在湖北省考察新冠肺炎疫情防控工作时的讲话》，2020 年 3 月 31 日。
④ 习近平：《在深圳经济特区建立 40 周年庆祝大会上的讲话》，2020 年 10 月 14 日。

一、既有城市治理体系的发展回顾

（一）城市治理理论范式

西方城市对于城市治理理论范式的探索始于 19 世纪末，其关注"政府"与"市场"的关系，核心聚焦点是治理资源的高效配置。从时间序列看，西方城市治理的理论范式探索经历了三个阶段：一是传统区域主义阶段，崇尚通过大政府来解决治理的效率和公平的问题；二是公共选择理论学派流行阶段，崇尚通过地方政府竞争，多元化的治理主体参与实现资源的有效配置；三是新区域主义阶段，理性认识政府和市场的关系，通过合作实现城市的有效治理。[①]

（二）城市治理实践模式

由于政治、经济、社会、文化的基础与发展情况不同，城市治理在不同城市所聚焦的方向存在差异，因此城市治理并无统一标准的实践模式。在不同的发展阶段，同一个城市所面临的主要矛盾和治理任务也存在差异，城市治理实践模式在客观上存在多样性。根据相关研究，基于西方文化的城市治理模式主要有：皮埃尔的四种城市治理模式、城市伙伴制治理模式、新公共管理模式。[②]

（三）城市治理技术手段

西方的城市治理技术手段大致存在公众参与、技术创新、精细治理等发展方向。关于公众参与，包括个人、社会组织、企业等社会力量共同参与城市治理。例如，美国城市在治理中，通过畅通参与渠道、公开决策过程、加强社会监督等方式，提升公众参与积极性。[③] 关于技术创新，通过数字技术推进城市治理转型是其普遍发展方向。美国纽约在城市治理中，通过大数据立法、应用组织体系构建、平台开发、实践推进等多个环节，推进治理手段创新发展。[④] 关于精细治理，不少城市通过细分空间或者细

---

① 曹海军、霍伟桦：《城市治理理论的范式转换及其对中国的启示》，《中国行政管理》2013 年第 7 期。

② 张诗雨：《发达国家城市治理的标准与模式——国外城市治理经验研究之一》，《中国发展观察》2015 年第 2 期。

③ 张诗雨：《发达国家的城市治理范式——国外城市治理经验研究之三》，《中国发展观察》2015 年第 4 期。

④ 陈志成、王锐：《大数据提升城市治理能力的国际经验及其启示》，《电子政务》2017 年第 6 期。

分人群，提升治理服务效能。例如：新加坡以人民协会构建一套嵌入社区居民生活的机构和活动。①

（四）城市治理发展动态

近年来，西方城市的城市治理发展动态包括统筹治理、区域协同治理、完善组织体系、健全法规体系等。关于统筹治理，西方城市逐渐认识到在解决重大议题时，有必要加强以政府为核心的统筹管理。例如，东京都针对城市灾害风险挑战，建立了一体化的风险治理机构和知事直管型危机管理体制。② 关于区域协同治理，不少西方城市的地理空间范围跟行政区划范围存在较大差异，因此，构建以中心城市为核心的区域协同治理对于完善城市治理体系具有积极意义。以东京为例，其构建了区域性统一规划机制和跨行政区划的区域协作机制。③ 关于完善组织体系，西方注重建立简明高效的组织体系，明确分工体系和权责边界。例如，美国城市基于"扁平化"的组织结构形式，提升面向居民的公共服务效能。④ 关于健全法规体系，西方城市普遍通过加强城市治理立法体系保障城市治理长效发展。以新加坡为例，其建立了一整套严格、完备、具体、周密、切合实际、操作性强的城市管理法规体系。⑤

二、构建中国现代化城市治理体系的要点

党的二十大报告明确了中国式现代化的本质要求："坚持中国共产党领导，坚持中国特色社会主义，实现高质量发展，发展全过程人民民主，丰富人民精神世界，实现全体人民共同富裕，促进人与自然和谐共生，推动构建人类命运共同体，创造人类文明新形态。"中国式现代化的本质要求是构建中国现代化城市治理体系的重要依据。

（一）注重城市治理架构的顶层设计

构建中国现代化城市治理体系的首要关键是：以顶层设计为抓手，构建具有中国

---

① 吴美：《新加坡基层治理模式的经验及启示》，《浙江经济》2019 年第 23 期。
② 杨典：《特大城市风险治理的国际经验》，《探索与争鸣》2015 年第 3 期。
③ 张军扩、侯永志、贾坤：《东京都市圈的发展模式、治理经验及启示》，《中国经济时报》2016 年第 5 期。
④ 张诗雨：《发达国家的城市治理范式——国外城市治理经验研究之三》，《中国发展观察》2015 年第 4 期。
⑤ 同上。

特色的，适应中国式现代化要求的城市治理体系架构。以系统性思维构建中国现代化城市治理的行政体系、政策体系、法治体系、协调机制。建立健全中国现代化城市治理的行政体系，构建畅通高效的管理机制；完善中国现代化城市治理的政策体系，出台有利于促进地方城市治理高效发展的政策指引。健全中国现代化城市治理的法治体系，在法治轨道上推进城市治理现代化；完善中国现代化城市治理的协调机制，以系统性思维统筹协调相关部门和资源。

（二）注重城市治理促进高质量发展

构建中国现代化城市治理体系的重要方向包括：以高效治理为抓手，促进城市经济、社会等全方位高质量发展。基于系统性思维，以体制机制创新为抓手，统筹城市治理中的规划、建设、管理等环节，推进融合创新，释放治理效能。通过城市治理效能的提升促进城市功能发展，提升城市的资源集聚和承载能力，实现城市经济繁荣发展。通过数字化治理的推进，提升城市科技创新能力，促进智慧城市建设。通过空间资源的统筹协调规划，推进城市公共服务等资源的优化配置，促进城市社会事业的协调发展。推进韧性城市建设，推进城市基础设施的升级与完善，提升城市抗风险能力。

（三）注重城市治理过程中的人民民主

构建中国现代化城市治理体系的重要方向包括：以"人民城市人民建，人民城市为人民"等城市治理理念为引领，畅通城市治理的"自上而下"和"自下而上"的双向路径，实现城市治理过程中充分的人民民主。打通影响城市治理公众参与的各种渠道，丰富城市治理全过程中的人民民主实践，提升城市治理中人民群众的主人翁意识。通过制度完善、技术创新等方式更好地保障城市治理中的公众参与。通过制度化方式保障公众参与城市治理的渠道，拓展公众参与的领域，鼓励多主体参与社区治理。通过城市治理中的数字化创新应用拓展公众参与的渠道和方式。

（四）注重城市治理丰富人民精神世界

构建中国现代化城市治理体系的重要方向包括：响应人民群众精神世界的发展需要，通过城市治理营造文明、和谐、公正、友善的城市与社区氛围。通过城市治理营造文明的城市与社区氛围，倡导现代化的生活方式，积极发展城市文化，点亮城市精神，提升城市文明水平；通过城市治理营造和谐的城市与社区氛围，提升社区的认同感与凝聚力，提升城市的治理安全水平；通过城市治理营造公正的城市与社区氛围，减少城市中的不平等，推进社区之间的协调融合发展；通过城市治理营造友善的城市与社区氛围，提升全体居民的快乐与幸福感。

（五）注重城市治理让全民享有获得感

构建中国现代化城市治理体系的重要方向包括：响应人民群众对美好生活的追求，通过城市治理营造更加美好的城市物质空间环境，让人民群众享有更加丰富的物质获得感。通过合理的空间规划，推进资源要素在空间上合理均衡配置，提升公共服务资源配置的精准性与公平性，满足居民个体对于美好生活需要；持续改善城市人居环境，优化各类基础设施的建设与运行保障；积极开展旧区改造，面向居住条件困难群体解决关键问题，缩小城市内部的居住条件差异；以城市更新为抓手，积极开展社区软硬件更新，持续响应美好生活期待。

（六）注重城市治理促进城市可持续发展

构建中国现代化城市治理体系的重要方向包括：积极应对城市发展过程中面临的风险与挑战，推进韧性城市建设，提升精细化治理水平，推进区域协同治理，推进城市可持续发展。通过软硬件建设并举打造韧性城市，推进城市交通与市政基础等设施的智能化升级，提升城市风险隐患防控能力；积极运用大数据等技术实施智慧化治理，推进城市网格化治理，提升城市感知能力、应急响应能力以及资源差异化配置与服务能力；完善跨区域协同治理机制，打破行政区划壁垒，提高跨城市之间的城市治理协同水平，促进区域协调发展；强化治理板块之间的协同，构建和谐的人与生态环境的关系，促进城市永续发展。

三、中国现代化城市治理的典型实践

由于城市定位、规模、功能与发展阶段等方面的客观差异，不同城市在城市治理领域的实践也具有鲜明的特色或者侧重点。本小节选取北京、上海、深圳等城市进行中国现代化城市治理典型实践案例介绍。

（一）北京——建设韧性城市，严控安全隐患

北京作为首都，一直将城市安全放在城市治理工作中重要位置。北京也是中国首

个将"韧性城市"概念纳入城市总体规划的城市。① 通过建设韧性城市，有助于城市系统化解和抵御外界冲击，保持其主要特征和功能不受明显影响。2018 年，北京市人民政府办公厅关于印发了《北京城市安全隐患治理三年行动方案（2018 年—2020 年）》，计划通过城市安全隐患治理三年行动，依法集中整治一批重大隐患，取缔一批非法场所，拆除一批违章建筑，关闭取缔一批违法违规和不符合安全条件的生产经营单位，基本建立城市安全风险分级管控和隐患排查治理双重预防体系，主要治理内容包括：（1）重点消防领域；（2）交通领域；（3）建设施工领域；（4）城市运行；（5）危险化学品；（6）工业企业；（7）矿山；（8）重点人员密集场所。②

（二）上海——"一网统管"提升城市治理水平

上海自 2019 年开始在全国先行先试"一网统管"，作为提升城市治理水平的关键抓手。上海于 2020 年 4 月正式发布了《上海市城市运行"一网统管"建设三年行动计划》，明确了主要任务。2022 年 5 月 24 日，上海市第十五届人民代表大会常务委员会第四十次会议通过了关于进一步促进和保障城市运行"一网统管"建设的决定，提出"推进'一网统管'建设，以'一屏观天下、一网管全城'为目标，坚持科技之智与规则之治、人民之力相结合，构建系统完善的城市运行管理服务体系，实现数字化呈现、智能化管理、智慧化预防，聚焦高效处置一件事，做到早发现、早预警、早研判、早处置，不断提升城市治理效能。"③

（三）深圳——城中村综合整治的探索与实践

相比北京、上海，深圳在行政区划面积上较为狭小，且市内山地较多，可用建设用地资源紧缺。由于地方特点和历史因素，深圳城内有大量的"城中村"，其改造与整治是深圳城市治理重要任务。深圳"城中村"整治具有以下几方面特点：（1）分类整治，保障基本生活安全；（2）政府主导，财政投入为主。④ 为缓解居住需求矛盾，深圳

① 《北京成全国首个将"韧性城市"建设纳入城市总规的城市》，《新京报》2018 年 12 月 23 日。
② 《北京市人民政府办公厅关于印发〈北京城市安全隐患治理三年行动方案（2018 年—2020 年）〉的通知》，北京市人民政府办公厅，2018 年 8 月 13 日。
③ 《上海市人民代表大会常务委员会关于进一步促进和保障城市运行"一网统管"建设的决定》，上海市第十五届人民代表大会常务委员会，2022 年 5 月 24 日。
④ 张艳、朱潇冰、瞿琦等：《深圳市城中村综合整治的整体统筹探讨》，《现代城市研究》2021 年第 10 期。

结合城中村整治，挖潜租赁住房的潜力资源。2017 年发布的《深圳市人民政府办公厅关于加快培育和发展住房租赁市场的实施意见》提出引导"城中村"通过综合整治开展规模化租赁，各区政府至少要组织开展一项"城中村"规模化租赁试点工作（有条件的区可以街道为单位开展试点工作），引导各原农村集体经济组织及继受单位通过综合整治提升"城中村"的品质，将符合安全、质量、消防、卫生等条件和违法建筑查处相关规定的"城中村"改造成租赁住房并对外长期租赁经营。[①]

（四）杭州——城市大脑赋能城市治理

杭州率先开发的城市大脑，作为地方政府运用人工智能实现治理转型的先行案例，从构想到成熟，是理念、基础条件、核心支撑、制度保障、特色应用的综合实践创新。[②]2020 年发布的《杭州城市大脑赋能城市治理促进条例》提出，城市大脑是指由中枢、系统与平台、数字驾驶舱和应用场景等要素组成，以数据、算力、算法等为基础和支撑，运用大数据、云计算、区块链等新技术，推动全面、全程、全域实现城市治理体系和治理能力现代化的数字系统和现代城市基础设施。[③]2023 年 3 月，杭州市委召开杭州城市大脑 2.0 推进会，提出进一步构建"123"推进格局，持续迭代深化城市大脑 1.0 重点场景、2.0 首批场景、2.0 第二批场景建设，着力打造特大城市数字治理系统解决方案。[④]

（五）威海——全方位推进精致城市建设

威海位于山东半岛最东端，具有丰富的山海景观资源，城市特色显著。近年来，威海致力于打造精致城市，成立了精致城市建设办公室，坚持全领域全环节全要素推进精致城市建设，编制了《威海市精致城市建设规划纲要（2021—2035 年）》。[⑤]根据《威海市精致城市建设条例》，威海注重从精当规划、精美设计、精心建设、精细管理、精准服务、精明增长等方面，动员社会各界力量参与，促进城市高品质发展。[⑥]2022

---

① 《深圳市人民政府办公厅关于加快培育和发展住房租赁市场的实施意见》，2017 年 10 月 17 日。
② 本清松、彭小兵：《人工智能应用嵌入政府治理：实践、机制与风险架构——以杭州城市大脑为例》，《甘肃行政学院学报》2020 年第 3 期。
③ 《杭州城市大脑赋能城市治理促进条例》，杭州市第十三届人民代表大会常务委员会，2020 年 10 月 27 日。
④ 《市委召开杭州城市大脑 2.0 推进会》，杭州市人民政府网站，2023 年 4 月 1 日。
⑤ 《精致城市建设》，威海市人民政府网站，2023 年 1 月 18 日。
⑥ 《威海市精致城市建设条例》，威海市人民政府网站，2020 年 8 月 31 日。

年，威海"用绿色和温情来打造精致城市"案例成功入选《上海手册：21世纪城市可持续发展指南》，成为中国6个入围案例之一，也实现了地方城市治理经验的全球推广与宣传。[①]

（六）嘉兴——自治、法治、德治"三治融合"

国家"十四五"规划提出，构建基层社会治理新格局："健全党组织领导的自治、法治、德治相结合的城乡基层社会治理体系，完善基层民主协商制度，建设人人有责、人人尽责、人人享有的社会治理共同体。"浙江嘉兴下辖的桐乡市在全国率先开启自治、法治、德治"三治融合"的实践，并于2019年入选中央农办、农业农村部发布的首批全国乡村治理典型案例。[②]2018年8月，嘉兴市发布《自治、法治、德治"三治融合"建设规范》地方标准，积极推动"三治融合"规范化建设，提出"三治融合"建设成效的标准：（1）建立基层民主、群众参与、社会协同的自治建设体系，实现民事民议、民事民办、民事民管；（2）建立组织学法、引导用法、带动守法的法治建设体系，实现遇事找法、办事依法、解决问题用法、化解矛盾靠法；（3）建立以规立德、以文养德、以评树德的德治建设体系，推进社会公德、职业道德、家庭美德、个人品德建设。[③]

第四节 中国现代化城市治理的总结与展望

根据前文阐述，中国现代化城市治理已经经历了系统构建、技术应用、以人为本、网络覆盖的迭代式发展。新时代中国城市治理需要响应以人民为中心、精细化、科学化、智能化、全周期、系统化的发展要求。基于中国式现代化的本质要求，构建中国现代化城市治理体系需要注重城市治理架构的顶层设计、城市治理促进高质量发展、城市治理过程中的人民民主、城市治理丰富人民的精神世界、城市治理让全民享有获得感、城市治理促进城市的可持续发展。近年来，中国城市在城市治理的典型实践方面取得了诸多具有特色的成果。

---

① 《威海精致城市建设案例成功入选》，威海新闻网，2022年11月1日。
② 《"三治融合"促基层善治（人民眼·基层治理）》，人民网，2021年10月29日。
③ 《自治法治德治"三治融合"建设规范》，平安浙江网，2018年9月20日。

2022 年 12 月 19 日，北京、上海、天津、重庆、石家庄、雄安、呼和浩特、杭州、济南、广州、深圳、海口、成都等 13 个城市共同发布了《城市治理现代化北京宣言》，针对城市化和城市治理面临的主要问题，总结了各兄弟城市在城市治理方面形成的宝贵经验，呼应了国际上城市建设和城市治理方面普遍关注的生态建设、韧性城市、智慧城市、多元主体协同共治等共性话题，发出了"十点倡议"：（1）坚持以人为本、增进民生福祉，采取更多惠民生、暖民心举措，不断健全公共服务体系，提高公共服务水平；（2）坚持依靠人民、建设人民城市，让城市治理充分体现人民意志、保障人民权益、激发人民创造活力；（3）坚持依法治理、保障公平正义，在法治轨道上推进城市治理体系和治理能力现代化；（4）坚持源头治理、强化主动治理，更聚焦市民诉求反映集中的高频共性问题，开展重点领域和重点区域治理；（5）坚持协同治理、强化共治体系，进一步激发全社会活力，发挥好政府、社会、市民以及市场主体等各方力量的积极性能动性、创造性；（6）加强基层治理、筑牢治理基础，进一步推动城市治理的重心和配套资源向街道和社区下沉，提高基层治理专业化水平；（7）加强数字治理、建设智慧城市，构建更完善的城市治理信息网络系统，推进城市治理的敏捷化、精细化和智能化；（8）加强韧性治理、实现安全发展，统筹公共卫生事件、自然灾害、事故灾害的应急管理，实现城市建设、发展、安全协同推进；（9）加强区域协调、促进平衡发展，统筹城市群落、小城镇及城乡区域协同发展；（10）加强生态文明、共享低碳生活，推进集约型、绿色化的高质量发展，努力创造宜业、宜居、宜乐、宜游的良好环境。①

未来，中国现代化城市治理将在宏观战略的指引下，继续开展丰富的地方实践，构建更加完善的具有中国特色的城市治理体系，促进城市更高质量的发展，实现更加完善的公众参与机制，更加丰富全体居民的精神世界，让人民更加感受到获得感，实现城市各领域的全方位可持续发展。

---

① 新华社：《北京等 13 个城市共同发布〈城市治理现代化北京宣言〉》，2022 年 12 月 20 日。

第七章　城市基本公共服务均等化

第一节　中国城市基本公共服务的发展与演进

自新中国成立至今，中国的公共服务事业取得了飞速发展。从刚开始的初具雏形，到现在的公共服务资源相对丰富、公共服务体系比较健全、公共服务制度日趋完备，城市基本公共服务走过了一条漫长而卓有成效的探索之路。本章从梳理城市基本公共服务的内涵和特征出发，历时呈现公共服务所经历的四个发展阶段，将有助于更全面、更深刻地理解当下公共服务的优势与不足，以寻求公共服务未来的发展方向与高效发展模式。

一、城市基本公共服务基本概念

（一）城市公共服务

公共服务是由政府向公众提供的各种服务，包括基础设施建设、公共安全、医疗卫生、教育、文化、社会保障、环境保护等方面的服务。[①]公共服务是政府履行职责、保障公众权益、促进社会发展的重要手段和途径。公共服务包括基本公共服务和普惠性非基本公共服务两大类。非基本公共服务是为满足公民更高层次的需求、保障社会整体福利水平所必需但市场自发供给不足的公共服务，政府通过支持公益性社会机构或市场主体，增加服务供给，提升服务质量，推动重点领域非基本公共服务的普惠化发展，实现大多数公民以可承受的价格付费享有。

（二）城市基本公共服务

根据《"十三五"推进基本公共服务均等化规划》，基本公共服务定义为"由政

[①]　竺乾威：《从新公共管理到整体性治理》，《中国行政管理》2008 年第 10 期。

府主导、保障全体公民生存和发展基本需要、与经济社会发展水平相适应的公共服务。"① 基本公共服务作为公共服务的子集，与公共服务的差异在于它仅是维持人们"基本""底线"的公共服务需求。

城市基本公共服务是指政府必须向城市居民提供的一系列基本公共服务，如教育、医疗、社会保障、文化体育、公共交通、环境卫生等，以满足居民基本的生活需求，进一步提高生活质量。城市基本公共服务是城市化发展的基础和保障，也是政府履行公共服务职责的重要体现。

（三）城市基本公共服务均等化

由于享有基本公共服务是公民的基本权利，因此，保障人人享有基本公共服务是政府的重要职责，即推进基本公共服务均等化。基本公共服务均等化是指全体公民都能公平可及地获得大致均等的基本公共服务，其核心是促进机会均等，重点是保障人民群众得到基本公共服务的机会。在此进程中，政府应当以推进基本公共服务标准体系建设为基础，以补齐基本公共服务短板为重要手段，最终目标是加快提升基本公共服务均等化水平。② 尤需指出的是，均等化并非简单的平均化。

二、城市基本公共服务的发展阶段

新中国成立以来，中国城市基本公共服务获得了快速发展，取得了巨大成效。从公共服务体系、城市社区公共服务模式、基本公共服务供给等角度出发，可以将发展历程划分为以下几个不同阶段。③

（一）计划经济体制下公共服务的政府单一供给方式阶段（1949—1978 年）

1949 年制定的《中国人民政治协商会议共同纲领》规定了政府在公共服务方面的责任、目标、任务以及具体政策。根据这一纲领，应该由国家来统一经营涉及国家经济命脉和国民生计的事业。因此，在新中国成立后，政府按照人民当家作主的原则，

---

① 国务院：《"十三五"推进基本公共服务均等化规划》，中华人民共和国中央人民政府网站 https://www.gov.cn/zhengce/content/2017-03/01/content_5172013.htm，2017 年 3 月 1 日。

② 参见《"十四五"公共服务规划》，国家发改委网站 https://www.ndrc.gov.cn/fggz/fzzlgh/gjjzxgh/202203/P020220325303659788299.pdf，2021 年 12 月 28 日。

③ 徐凯赟：《全面建成小康社会进程中的公共服务供给方式研究》，中共中央党校博士论文，2017 年。

并参照苏联模式，在公有制的基础上建立起了公共服务体系，并采用由国家完全控制资源调配的方式来提供公共服务。

在这个以公有制为基础的公共服务体系中，出现了城、乡分割的二元结构。在城市方面，通过单位制、企事业单位承担社会职能等形式，由国家财政为城市居民提供全面的、具有低福利特征的公共服务。而在农村方面，则主要通过农村集体经济、人民公社制度等形式，由农村集体组织为农村居民提供较为有限的公共服务。例如，在医疗保障方面，从1958年开始，建立了农村合作医疗制度，农村居民开始享受卫生医疗救助等公共服务。[①]

可见，在这一阶段，不论是城市还是农村，公共服务都依赖于政府的供给，国家在其管辖范围内具备高效而有效地贯彻政治决策的能力，且涵盖了广泛的社会管理和社会服务领域。

（二）市场经济体制下效率优先导向的市场供给方式阶段（1979—2003年）

从公共服务供给效率的角度来看，在计划经济体制下，政府单一的公共服务供给方式适合中国当时的国情：一方面，新中国成立初期，百废待兴，政府单一的公共服务供给方式有利于集中力量办大事，从而促进中国经济社会的繁荣发展；另一方面，在单位制、集体经济组织中，民众的公共需求不多，在这种情况下，政府垄断公共服务的供给方式能很好地提高公共服务的供给效率。但随着改革开放步伐的加快和社会主义市场经济体制改革的深入发展，民众的公共需求越来越呈现出多样化、差异化特征，政府单一的公共服务供给方式越来越不适应中国经济社会的发展要求。

有鉴于此，建立与中国市场经济体制相适应的公共服务供给方式刻不容缓。原因在于：一是社会主义市场经济体制改革需要与之相适应的高效率的公共服务供给方式，换句话说，经济体制改革是中国公共服务供给方式变革的原动力。1993年，党的十四届三中全会通过了《中共中央关于建立社会主义市场经济体制若干问题的决定》（以下简称《决定》），《决定》指出：市场将在国家宏观调控下对资源配置起基础性作用；同时，要建立适应市场经济要求，产权清晰、权责明确、政企分开、管理科学的现代企

---

① 张健悦：《我国基本公共服务均等化水平测度与影响因素研究》，中国财政科学研究博士论文，2022年。

业制度。党的十五届四中全会进一步提出，要大力促进国有企业的体制改革、机制转换、结构调整和技术进步。同时，政府单一的公共服务供给方式效率低下也不能满足多样化、差异化的公共需求，成为束缚中国公共服务供给改革与发展的桎梏。

二是随着市场经济体制改革的深入，大量国有企业在市场经济浪潮的冲击下纷纷转制、倒闭、拍卖、重组，造成原来依靠单位制、"企业办社会"中可以获得生、老、病、死全面保障的"单位人"变成了"社会人"，在一定程度上滋生了部分不稳定因素。[①] 因此，如何保障他们的公共服务供给，成为影响中国改革、发展、稳定的关键问题。面对数量庞大的"社会人"多样化的公共服务需求，政府单一的公共服务供给方式已力不从心。

中国公共服务的市场化始于 20 世纪 80 年代，当时，受西方"新公共管理运动"的影响，政府将市场化机制运用于公共服务供给实践。公共服务市场化供给方式首先在城市的水电煤气供给、公共生活服务供给、公共基础设施建设等领域得到探索实施，后扩展到教育、医疗等其他公共事业领域。公共服务市场化供给方式改变了政府单一供给方式的渠道，扩大了公共服务供给的规模，大大提高了公共服务供给效率，改善了人民生活，受到政府各部门青睐。

（三）公共服务过度市场化纠偏，公共服务社会化供给方式的迅速发展阶段（2004—2012 年）

随着公共服务市场化快速发展，教育、医疗卫生等领域亦逐渐被纳入市场化行列，"上学难""看病难"等社会问题日益突出，公共服务市场化供给方式遭到广泛的质疑和批评。[②] 这些问题实质上意味着：第一，政府公共职能缺位。政府没有履行好自身公共服务的职能，更没有实现公共利益的最大化。政府不能将理应由自身承担的责任视为一种包袱，更不能将其随意甩给市场，这是公共服务市场化供给方式最受质疑的地方。第二，公共利益缺失。市场的本质是追求利润最大化，企业往往追求的是自身效益最大化而忽略公共利益和社会效益，正因如此，在本应该强调公共利益、追求公共性和

---

① 朱传俊：《基本公共服务均等化视角下的浙江省城市反贫困——以杭州市小河街道为例》，浙江大学硕士论文，2010 年。
② 姚瑶：《非政府组织参与政府购买公共服务的"内吸—反嵌"模式研究——以新航社区服务总站为例》，上海师范大学硕士论文，2021 年。

公平性的公共服务供给中，充斥着追逐私利的效率和被金钱引诱的腐败。第三，城乡差距加剧。在公共服务市场化之前，城乡之间的公共服务就存在差异性和不对等性；在公共服务市场化的过程中，市场效率机制得到全面的推进和渗透，以致城乡公共服务供给的数量和质量的差距越来越大，显然不满足公共服务理应具备的普惠性要求。

面对这些困境，公共服务社会化提供了优良的解决之道。公共服务社会化是指由非营利组织和公众来主导公共服务的提供，基本形式包括非营利组织供给、社区供给和自愿供给三种。公共服务社会化打破了政府垄断公共服务供给的局面，促使社会组织和民众拥有了公共服务的参与权和发言权，促进了公共服务供给方式的完善、发展。实际上，中国公共服务社会化基本与公共服务市场化同步，都是随着改革开放后经济社会的发展，由国家政策和民众需求相互推动发展起来的。有学者认为，1995 年上海"罗山会馆"建设模式是中国最早阶段由政府向非营利组织购买公共服务的探索。在此期间，公共服务社会化供给方式与民众的公共需求以及寻求发展的民间社会资本相辅相成，公共服务社会化得到初步发展，积极发挥了社会力量。

（四）国家治理能力和治理体系现代化战略下的公共服务多元主体供给方式阶段（2013 年至今）

2013 年，党的十八届三中全会提出了国家治理能力和治理体系现代化战略。在此战略的指导下，国家治理实现了从社会管理向社会治理的转型，这是中国为顺应时代变化需要和人民需求更新而作出的重大决策，对于国家社会治理的创新具有重大的划时代意义。社会管理与社会治理仅一字之差，体现的却是包括治理理念、治理方式、治理体系等在内的治理体制的全方位转变，社会治理本质上是系统治理、依法治理、源头治理与综合施策。国家治理体系和治理能力现代化战略对于公共服务供给方式的变革具有重要意义，其要求的治理主体多元化决定了公共服务供给主体的多元化和多元主体供给方式的全新发展。[①]

公共服务多元主体供给方式是指发挥政府、市场、社会等多元主体各自的优势，协同提供公共服务，这是中国全面建成小康社会以及国家治理能力与治理体系现代化

---

① 郁建兴、秦上人：《论基本公共服务的标准化》，《中国行政管理》2015 年第 4 期。

发展的要求。①第一，公共服务多元主体供给方式是全面建成小康社会进程中满足人民日益增长的公共服务需求的必然要求。在全面建成小康社会的进程中，人民的公共服务需求呈现出多样化、差异化和复杂化特征，公共服务供给单一主体无法满足人民的公共需求，因此要发挥政府、市场、社会不同主体的功能优势，才能最大程度地提高公共服务供给效率和效益，从而满足人民对公共服务的需求。第二，公共服务多元主体供给方式是公共服务供给主体多元化发展的必然结果。政府、市场和社会都是公共服务的供给主体，在这个供给主体体系中，政府主体向服务型政府转型，市场主体在资源配置中起决定性作用，社会主体则充满了活力，三大主体各司其职，能够形成平等的良性互动关系，即政府、市场和第三部门的最佳关系应该是各尽所能、各得其所而又和谐相处，它们在各自具有比较优势的领域发挥着主导作用，同时又互补互强，从而促进公共服务主体多元化供给方式的创新与发展。第三，公共服务多元主体供给方式是公共服务供给方式多元化的必然结果。单一的政府供给方式、市场供给方式和社会供给方式都可能出现政府失灵、市场失灵和志愿失灵的情况，只有多种供给方式不断发展、完善并发挥整合作用，才能克服各种供给失灵问题，确保公共服务得以灵活、有序地惠及民众。

公共服务多元主体供给方式的基础是供给主体各具独特优势，通过汲取政府、市场、社会各自的优势，形成了互补性的合作伙伴关系。公共服务多元主体供给方式在20世纪90年代以后已初具雏形，主要是发挥出了多元主体各自的优势。随着经济的发展与政府职能部门、市场及社会主体对公共服务性质和功能认识的深入，目前，公共服务多元主体供给方式在中国众多公共服务领域得到了较好地实践，如养老服务、工会援助服务等，提高了公共服务的有效性，取得了良好的社会效果。②

有研究认为，公共服务多元主体供给方式实际形成了一种复合供给机制，"有利于发挥行政机制、市场机制和社会机制的各自优势，并实现三者的有机结合，从而有利于整合各种社会资源，满足公民的异质性公共服务需求"③。公共服务多元主体供给方式

① 魏娜、刘昌乾：《政府购买公共服务的边界及实现机制研究》，《中国行政管理》2015年第1期。
② 刘青：《我国公共服务多元主体合作供给问题研究》，河南大学硕士论文，2018年。
③ 徐凯赟：《全面建成小康社会进程中的公共服务供给方式研究》，中共中央党校博士论文，2017年。

在多元主体内部乃至跨主体之间发生了多个环节的外包与转移、分工与协作，形成了诸多制度供给的"服务供应链"。

总之，公共服务供给历经政府单一供给方式、效率优先导向下的市场供给方式，一度陷入过度市场化的漩涡，最终在国家治理能力和治理体系现代化战略的指导下，寻找到了能够有效发挥出政府、市场及社会主体各自功能与优势的多元主体供给方式，促使多主体协同合作的整合供给模式在公共服务中得到了有效实践。这一模式既有效提高了公共服务的有效性，更是全面建成小康社会的重要举措，它满足了全体民众对公共服务的多样化需求，极大程度上保证了公共服务供给的公平性和普惠性。

第二节　城市基本公共服务的基本特征与供给模式

一、城市基本公共服务的特征

（一）基础性

基本公共服务的基础性主要体现在以下两个方面：一是基本公共服务是整个公共服务体系中的基础，对于其他公共服务的落地和发展起到支撑性作用。二是基本公共服务是保障社会全体公民生存和发展所需的最基础的公共服务，它们满足了人们最基本的需求，包括义务教育、就业社保、医疗卫生、养老服务、住房保障、文化体育、社会服务等，是公民享有其他公共服务的基础。[1]

（二）普惠性

基本公共服务的普惠性体现在基本公共服务所供给的对象是社会全体公民，目标是保障所有公民基本生存和发展的需要。因此，政府提供的基本公共服务应该惠及社会各个阶层和各类群体，避免导致对特定人群的偏好或排斥。这意味着每个人都有平等的机会获得教育、医疗、住房等基本服务，无论其社会经济地位、性别、民族、受教育程度、年龄或者其他身份特征如何。[2]普惠性的最终目标是建设一个公平的、极具包容性的社会，以确保每个个体都能够享受到最基本的权利和福利，从而实现自身的

---

①　黄云鹏：《"十二五"促进城乡基本公共服务均等化的对策建议》，《宏观经济研究》2010 年第 7 期。
②　张健悦：《我国基本公共服务均等化水平测度与影响因素研究》，中国财政科学研究院博士论文，2022 年。

全面发展。

（三）非营利性

基本公共服务的非营利性是指，政府提供基本公共服务的目的不是为了牟利，而是为了保障社会的公共利益和公民的基本权利。政府之所以提供基本公共服务，不仅仅是为了弥补市场力量缺失所导致的短板，更是为了确保公共利益的最大化，使得全体公民能够公平、公正地享受基本公共服务。①

正因为基本公共服务具有非营利性特征，一方面，政府应当以公共利益为导向，以服务于社会全体公民为目标，尤其要避免将公共服务资源的建设与推广转化为营利性的经营活动。另一方面，非营利性也要求政府合理地进行资源配置，尤须将公共服务资源配置中存在的地域性差异与群体性差异考虑在内，保证偏远地区、弱势群体等在获取资源时的公平性，并提高服务效率，保障服务的可持续性和稳定性，从而促进社会公平、和谐地发展。

（四）发展性

基本公共服务的发展性是指基本公共服务的类型和范围并非一成不变。随着社会经济的发展和人口结构的调整，社会公民对公共服务资源的需求量将不断增加，因此需要及时完善、丰富和发展基本公共服务资源。② 不仅如此，由于社会经济一直处于发展当中，社会公民的需求也会随之不断变化、增加，因此，政府应当及时关注到公民需求的时代性差异，不断更新、扩大和提高服务质量，以适应全体社会公民对于公共服务的新需求。

二、城市基本公共服务供给模式

根据供给主体的不同，城市基本公共服务供给模式可分为行政化供给模式、市场化供给模式、社会化供给模式和自主供给模式四种类型。当然，四种模式并非各自为政，往往协同合作，促使有限的公共服务资源发挥出最大价值。其中，行政化供给模式是前提与基础；市场化供给模式在资源配置与效率提升中承担了重要功能；社会化

---

① 张妍彦：《城市内部基本公共服务均等化研究》，东北财经大学博士论文，2019年。
② 王悦荣：《城市基本公共服务均等化及能力评价》，《城市问题》2010年第8期。

供给模式凭借其专业性、志愿性，进一步推动了公共服务所要求的公平性、普惠性；自主供给模式有针对性地为片区或利益共同体提供具体的公共服务。

（一）行政化供给模式

行政化供给是指作为公共责任承担者的政府为实现公共利益目标，凭借其权威，投入公共财政及其他公共资源，以权力运作的方式，向社会公众生产或提供所需的公共服务。[1]在这种供给模式下，政府主要扮演政策制定者、资金供应者和生产安排者的角色，通过直接提供、委托生产、合同外包、特许经营等方式来提供公共服务。由于公共服务本身所具有的非竞争性和非排他性，政府应当建设并维护某些公共利益事业及某些公共设施。这些事业与设施在由大社会经营时，其利润常能补偿相应费用且有所盈余；但若由个人或少数人经营，则通常不能补偿相应费用。随着凯恩斯主义的盛行，公共服务政府供给的观念在经济学和行政学领域一直占据主导地位，该观念认为：在市场经济条件下，只有政府才能弥补市场失灵带来的短板，也只有政府才能真正实现公共服务的有效供给。

（二）市场化供给模式

市场机制作为资源有效配置的一种方式，已成为共识；更关键的是，市场机制不仅能够有效地配置经济资源，而且可以有效配置社会资源。市场供给模式是指在公共服务的供给中借鉴市场机制，通过引入竞争机制，打破政府垄断，从而提高服务质量，改善供给效率。[2]在公共服务的市场供给中，政府与市场之间既是管制与被管制的关系，又是以公共利益为核心的合作伙伴关系。为了保证这种供给模式不丧失公共性，在经济利益、效率与社会效益之间取得平衡，市场化供给模式通常表现为以下几种形态：一是公共生产，市场提供；二是非公共生产，政府提供；三是非公共生产，混合提供；四是非公共生产，市场提供。诚然，即便是由市场提供的公共服务，其本质上仍具备公共性，根本目标是承担起公共责任，因此，一方面，市场主体在公共服务供给中，通常采取与其他主体协同合作的模式；另一方面，作为营利性组织，市场在提供公共

① 张楠迪扬：《中国城市基层基本公共服务供给模式：特点、趋势与反思》，《公共管理与政策评论》2018年第1期。
② 张文礼、吴光芸：《论服务型政府与公共服务的有效供给》，《兰州大学学报》（社会科学版）2007年第3期。

服务的过程中，应当以接受政府规制和公众监督作为必要前提。

（三）社会化供给模式

随着经济的发展与管理分工的深化、细化，以及整个社会对公共福利越来越关注，介于政府部门与营利性部门之间的第三部门逐渐兴起，这对于公共服务的发展具有重要意义，尤其是在市场失灵和政府失灵的大部分领域。这一变化使得部分公共权力得以转移，具体到公共服务领域，第三部门成为一支与政府干预、市场调节既相区别又相联系的新兴力量，积极在公共服务供给中发挥作用。[1]

一般而言，公共服务的社会化供给模式是在政府无力或无法提供全部公共服务，或者政府提供公共服务成本过高的情况下出现的。与此同时，在市场化运作中，企业面临着某些无力或无法解决的事务，或者在解决这类问题时成本过高。在此情势下，第三部门依靠政府的委托和政策优惠、企业组织以及个人的资金资助，以自愿的方式提供公共服务，从而满足公众需求，实现公共效益。第三部门以其专业性和志愿性，在普遍的社会问题上积极行动，发挥着重要作用，它能够有效解决公共服务的供需矛盾，提高公共服务的质量和效率，并满足公众多样化、复杂化的需求。

（四）自主供给模式

在当前的公共服务供给方式中，自主供给方式往往被忽略，但它事实上是不可或缺的重要手段。公共服务自主供给的方式是指，为了片区或者利益共同体的公共利益，公民自发地组织起来，具体地提供服务。埃莉诺·奥斯特罗姆（Elinor Ostrom）认为："无论国家还是市场，在使个人以长期的、建设性的方式使用自然资源系统方面，都未取得成功。而许多社群的人们借助既不同于国家也不同于市场的制度安排，却在一个较长的时间内，对某些资源系统成功地实行了适度治理。"[2] 随着中国经济社会的发展，在政府无法实现公共服务的个性化、针对性供给而民众公共服务需求强烈的情况下，自主供给的服务将越来越丰富。目前，公共服务自主供给方式的实践案例很多，例如农村的自主修路气通电（用电），农业减灾公共产品的自主供给等。又如，温州的民间消防队义务为片区的企业和民众提供灭火服务；老年话聊志愿服务队以聊家常的方式，

---

[1]　赵子建：《公共服务供给方式研究述评》，《中共天津市委党校学报》2009年第1期。
[2]　王怡：《城市社区公共物品有效自主供给模式研究》，《生产力研究》2012年第10期。

为老龄人带去精神慰藉等。这些组织都致力于提供自主服务，满足民众急需的公共服务需求。

随着公共服务体系与制度的不断健全、完善，四种供给模式之间的协作变得更为良性、更为高效，公共服务地域性差异与群体性差异日渐弥合，不仅进一步创造出高品质生活，更好地满足了人民对美好生活的向往，同时也增强了人民对政府的信任与支持，对于国家和社会的发展均具有重要意义。

第三节　党的十八大以来城市基本公共服务均等化发展的新探索

一、推动以人民为中心的城市基本公共服务均等化的重要意义

推进城市基本公共服务均等化是共同富裕的内在要求。共同富裕是中国特色社会主义的本质要求，推进城市基本公共服务均等化是实现共同富裕的内在要求和关键途径之一。通过提供平等的教育、医疗、就业、住房等基本公共服务，确保每个城市居民都能够享受到基本生活保障和发展机会，实现全体人民共同富裕。推进城市基本公共服务均等化也体现了共同富裕的目标，通过关注社会公平正义，提升人民的生活质量，促进社会稳定与和谐。通过这一举措，可以实现城市居民的共同富裕和社会的可持续发展。此外，推进基本公共服务均等化也是使改革发展成果惠及全体人民的重要基础。改革开放以来，中国取得了巨大的发展成就，但是这些成果并不平衡地分布在各地区和各社会群体之间。通过均等化公共服务水平，可以确保改革发展成果更加公平地惠及全体人民，让每个人都能够分享发展的红利。

推进城市基本公共服务均等化对于缩小城市差距具有重要意义。在中国这样一个大国，城市之间、区域之间以及不同社会群体之间存在着明显的公共服务水平差距。一些发达城市和地区享受着高质量的教育、医疗、社会保障等公共服务，而一些偏远地区和弱势群体却面临公共服务的不足和质量不高的问题。这种差距不仅违背了公平正义原则，也影响了人民群众的获得感和幸福感。推进基本公共服务均等化可以促进社会公平正义，确保每个人都能够平等享有基本公共服务，消除不公平现象。此外，均等化有助于提升人民群众的生活质量，满足人民日益增长的物质和精神需求。

推进城市基本公共服务均等化是加快形成科学有效的社会治理体制的保障。推进

基本公共服务均等化是社会治理的重要内容之一，社会治理体制建设是为实现社会的和谐稳定和促进社会发展而进行的体制机制的建设。基本公共服务均等化的推进需要科学有效的社会治理体制作为支撑，以便提供政策制定、资源配置、监督管理等方面的支持和保障。公共服务的提供涉及教育、医疗、社会保障、住房等多个领域，直接关系到人民群众的生活质量和福祉。推进基本公共服务均等化，可以促进公共服务资源的合理配置和均衡发展，保障人民的基本权益，增强社会的凝聚力和稳定性，也是构建现代化社会治理体系的重要一环。

推进基本公共服务均等化是促进经济高质量发展的重要条件。基本公共服务均等化可以提供更均衡的公共服务资源，包括教育、医疗、交通、基础设施等。当不同地区的公共服务水平趋于均等时，生产要素如人才、资金、技术等会更自由流动，实现资源的优化配置。通过推进基本公共服务均等化，可以消除经济发展的阻碍。当各地区享有相对均等的公共服务时，生产要素能够更加自由地跨区域流动，从而促进经济全面、均衡、可持续发展。此外，基本公共服务均等化可以提升各地区的经济竞争力。当公共服务在各地区均等提供时，各地区能够提供优质的创新环境和基础支持，进而吸引和留住人才，提供优质的创新环境和基础设施支持。这有助于各地区提升自身的综合实力，提高经济的竞争力，推动经济的快速发展。

二、党的十八大以来中国城市基本公共服务均等化发展的主要举措与成就

党的十八大以来，为促进城市基本公共服务均等化的发展，中央和地方政府先后出台了一系列制度设计，围绕发展规划、标准体系、资源保障、协同统筹、数字赋能、监督评估等方面采取了具体的措施，推动了城市基本公共服务均等化发展。

（一）专项规划引导城市基本公共服务水平提升

随着经济社会的发展，中国社会主要矛盾已转化为"人民日益增长的美好生活需要和不平衡不充分的发展之间的矛盾"，完善促进基本公共服务均等化已成为全面深化经济体制改革的重要内容。《国家基本公共服务体系"十二五"规划》《"十三五"推进基本公共服务均等化规划》和《"十四五"公共服务规划》的颁布，进一步明确了中国城市基本公共服务均等化发展的总体思路、目标和实践路线。

从规划目标来看，《国家基本公共服务体系"十二五"规划》明确，要把建立健全基本公共服务体系作为完善保障和改善民生制度安排、加快构建再分配调节机制的重大任务，并与全面建设小康社会战略目标和任务紧密衔接。《"十三五"推进基本公共服务均等化规划》提出，到 2020 年，基本公共服务体系更加完善，体制机制更加健全，在学有所教、劳有所得、病有所医、老有所养、住有所居等方面持续取得新进展，基本公共服务均等化总体实现。《"十四五"公共服务规划》明确，到 2025 年，公共服务制度体系更加完善，政府保障基本、社会多元参与、全民共建共享的公共服务供给格局基本形成，民生福祉达到新水平。从发展原则来看，在尽力而为、量力而行的指引下，实现了从"十二五"规划"保障基本，统筹城乡"到"十三五"规划"兜住底线，促进均等"再到"十四五"规划"权责清晰，共建共享"的过渡。[①] 从重点任务看，"十二五"规划主要强调提升覆盖水平，扩大有效供给；"十三五"规划着重补短板，以标准化推动均等化；"十四五"强调继续推进均等化，普惠性非基本公共服务实现提质扩容和生活服务品质升级。三份总体性规划文件的出台体现了基本公共服务制度建设的权威性和持续性，为中国基本公共服务事业的战略发展提供了坚实支撑。这些规划凝聚了资源、力量和意志，展现了强大的政治势能。作为中央的重要文件，这些规划彰显了党和国家对基本公共服务制度建设的高度重视和坚定决心，也保障了中国基本公共服务制度建设的持续性。改善民生是一个持续不断的过程，而非一劳永逸的目标。通过连续颁布规划，确保了基本公共服务事业的制度建设会不断向前发展，始终致力于为人民提供更好的服务。此外，这些规划体现了民生事业发展的层次性。规划的目标、原则和任务的变化引导着基本公共服务事业的不断提升。从普惠共享到公平可及再到优质共享，中国基本公共服务事业在不断迈向新的层次，不断提高服务水平，以满足人民对更好生活的向往和需求。

从成效来看，中国城市基本公共服务水平不断提升。以"十三五"时期的基本公共服务规划主要指标为例，托育服务中，每千人口拥有 3 岁以下婴幼儿托位数达 1.8 个，学前教育毛入园率达 85.2%；义务教育中，九年义务教育巩固率达 95.2%，高中阶

[①] 姜晓萍、吴宝家：《人民至上：党的十八大以来我国完善基本公共服务的历程、成就与经验》，《管理世界》2022 年第 10 期。

段教育毛入学率达 91.2%，劳动年龄人口平均受教育年限增至 10.8 岁；在医疗卫生条件方面，人均预期寿命增至 77.3 岁，每千人口拥有执业（助理）医师数为 2.9 人，基本医疗保险参保率达 95%；在养老方面，养老机构护理型床位占比达 38%，基本养老保险参保率已达 90%，养老服务床位总量已达 823.8 万张；在住房保障方面，城镇老旧小区改造完成 5.9 万个；在社会救助方面，困难残疾人生活补贴和重度残疾人护理补贴目标人群覆盖率已达 100%；在文体服务保障方面，人均体育场地面积达 2.2 平方米。中国通过一系列措施不断改善了重点领域的民生，使人民的满意度保持着稳中向好的发展态势，同时也提高了人民对政府的信任和对未来发展的信心。

（二）标准体系推动城市基本公共服务均等化发展

党的十八大以来，标准体系作为基本公共服务的一项核心制度安排，实现了"从无到有，从有到全"的突破。《国家基本公共服务体系"十二五"规划》提出，要通过推进落实主体功能区基本公共服务政策，加大困难地区基本公共服务支持力度，建立健全区域基本公共服务均等化协调机制等方式来促进区域基本公共服务均等化。《"十三五"推进基本公共服务均等化规划》强调要通过缩小城乡服务差距、提高区域服务均等化水平和夯实基层服务基础等方式来促进城乡区域均等化。《"十四五"公共服务规划》提出，要基于推进基本公共服务标准体系建设、补齐基本公共服务短板和加快提升基本公共服务均等化水平等方式来推进基本公共服务均等化。此外，《关于建立健全基本公共服务标准体系的指导意见》和《国家基本公共服务标准（2021 年版）》等针对服务对象、质量标准和负责单位等为基本公共服务均等化提出了要求。

在标准体系推行的背景下，中国城市基本公共服务均等化程度也得到不断提升。首先是城市之间的基本公共服务差距不断缩小。新型城镇化战略注重城市基本公共服务的提升，通过加大对城市基础设施建设和公共服务设施的投入，提高了居民在教育、医疗、交通等方面的服务水平。同时，城市的经济发展和人才吸引力的增强也为提升基本公共服务提供了坚实的支撑。以省会城市的中小学教育资源来看，2011—2021 年间，中国省会城市中小学教师数量均有较大幅度的上升，各省会城市的生师比比值呈下降趋势。其中初中生师比的差距缩小最为明显，从 2011 年的 1.92 倍降至 2021 年的 1.66 倍。小学生师比的差距缩也从 2011 年的 2.24 倍降至 2021 年的 2 倍。这一变化反映了中国在民生领域的平衡发展水平明显提升。特别是在基本公共服务资源的配置方面，取得了渐趋均等的进展。教育、医疗、养老和公共文化等领域城市基本公共服务均等化也取得实质性的改进。其次是区域之间的基本公共服务均等化得到较大程度的提升。2011—2021年间，中国省会城市基本公共服务的地区间基尼系数呈现明显递减的趋势，其中省会城市小学生师比基尼系数由2011年的0.09下降至2021年的0.08，下降11.52%；初中生师比基尼系数由2011年的0.0908下降至2021年的0.0714，下降21.31%；每千人床位数基尼系数从2011年的0.1187下降至2021年的0.0984，下降了17.01%；每千人医生数基尼系数从2011年的0.1612逐渐下降至2021年的0.0744，下降了53.85%。同时区域之间的差距也在缩小，东部—中部、东部—西部、东部—东北部、中部—西部、中部—东北部和西部—东北部基尼系数也基本都出现下降。这一变化表明中国省会城市之间，四大区域之间的差距均在逐步缩小，城市基本公共服务向区域均等化方向发展。

（三）数字赋能推动基本公共服务均等化的高效精准

数字赋能在推动基本公共服务的高效精准方面发挥着重要作用，也为基本公共服务提供了新的发展机遇。通过充分利用信息技术和数字化手段，可以实现对基本公共服务的精确识别、高效管理和精准投放，提高服务质量和效率，推动基本公共服务向高效精准的方向发展。这不仅有助于提升人民群众的获得感和满意度，也为构建更加智慧、便捷和可持续的社会服务体系奠定了坚实基础。

党的十八大以来，中国政府认识到数字技术在提升基本公共服务质量、优化基本公共服务资源配置和增强治理能力方面的巨大潜力，中国积极推动数字化转型，将其应用于基本公共服务领域。国务院先后印发了《"十四五"数字经济发展规划》《国务院关于加强数字政府建设的指导意见》等政策，明确要推进数字技术与基本公共服务的深度融合，提升服务的高效配置能力，提高服务的质量和安全。一是加快推进数字技术与基本公共服务的深度融合，推动服务的数字化普惠。通过建设数字化平台和应用，提供在线预约、便捷支付、电子证照等服务，让公众可以随时随地享受基本公共服务。例如，在医疗领域，可以推广互联网医院、远程医疗等数字化服务，让患者无需长时间等待就诊，享受到及时便捷的医疗服务。二是通过大数据分析、人工智能等技术手段，可以更准确地识别和分析服务需求，优化资源配置和服务供给，提高服务效率和满意度。例如，在教育领域，可以利用大数据分析学生学习情况和能力水平，实现个性化教育和精准辅导，提高教育资源的利用效率。此外，通过数字化监测、追溯和反馈机制，可以及时发现和解决服务中的问题，提升服务的质量和可信度。同时，加强数据安全和隐私保护，建立健全的信息安全体系，确保公众在使用数字化服务时的数据安全和个人隐私。

总之，加快推进数字技术与基本公共服务的深度融合，可以实现服务的数字化普惠，提升服务的高效配置能力，提高服务的质量和安全。这将为人民群众提供更便捷、高效、优质的基本公共服务，促进社会公平正义，推动经济社会的可持续发展。

（四）以监督评估构建基本公共服务均等化发展的激励约束机制

在"十二五"规划时期，政府高度重视基本公共服务的提供和质量改善。为了确保基本公共服务的有效实施和落地，监督评估机制被引入，作为对公共服务提供者的约束和激励手段。党的十八大以来，国家发改委、国家统计局等部门先后颁布了国家基本公共服务统计指标、基本公共服务满意度调查方案等评价指标体系和实施方案，逐步建立起基本公共服务基础数据库并实施年度监测，并围绕基本公共服务均等化发展程度和重点领域，进行基本公共服务均等化实现程度评估研究、基本公共服务统计监测分析等评估工作，通过评估全面了解基本公共服务均等化的实施情况，发现存在的问题和差距，并制定有针对性的政策和措施进行改进和提升。

构建基本公共服务均等化发展监督评估机制对于推动公共服务的均等化发展、提升服务质量和效果，保障公民权益，实现社会公平和可持续发展具有重要意义。它能够加强政府的管理和责任意识，提高政策落地的效果，促进资源的合理配置和利用，推动社会公平和人民福祉的不断提升。

第四节　中国城市基本公共服务均等化发展的总结与展望

党的十八大以来，中国城市基本公共服务均等化发展取得了重要进展，但也面临新的挑战。随着经济社会发展进入新阶段，人民对公共服务的需求不断增长，对公共服务体系提出更高要求。然而，我们必须正视当前公共服务发展不平衡、不充分，基本公共服务均等化实现程度不高等问题。这就需要我们在新发展阶段，在共同富裕的引导下，以基本公共服务优质共享为关键，优化资源布局，确保基本公共服务资源合理配置，解决地区间和群体间的服务供给不平衡问题。同时，要深化体制改革，加强政府管理和服务能力，加强政府与市场、社会组织的合作，引入多元化的服务提供主体，推动公共服务的优化和创新，提高公共服务的响应速度和效率。

一、党的十八大以来中国城市基本公共服务均等化发展的经验总结

（一）人民至上的发展理念

习近平总书记在党的二十大报告中指出，"必须坚持人民至上"。人民性是马克思主义的本质属性，党的理论是来自人民、为了人民、造福人民的理论，人民的创造性实践是理论创新的不竭源泉。一切脱离人民的理论都是苍白无力的，一切不为人民造福的理论都是没有生命力的。人民至上的发展思想要求我们将民生改善作为核心任务，以人民的幸福和福祉为出发点和落脚点，使党始终是为人民谋幸福的政党。这一发展思想强调了人民的利益至上，将人民的需求和利益置于发展的中心位置，体现了对人民权益的高度关注和关怀。

党的十八大以来，中国共产党的组织领导为中国基本公共服务事业发展提供着巨大的政治优势。[①]一是中国共产党的领导为基本公共服务事业提供了坚强的组织保障。党在全国范围内建立完善的组织体系，形成科学决策、统一行动的工作机制。这种高效的组织体系使得基本公共服务事业能够得到统一规划、协调推进，确保各项政策和措施的贯彻执行。二是具有坚定的执政意志和决策执行力。党的领导层具有丰富的经验和高度的政治敏锐性，能够准确把握国内外形势的发展，科学制定并坚决执行各项政策和改革措施。在基本公共服务事业的发展中，党能够迅速调动各方资源，解决各种困难和问题，确保政策的顺利实施和目标的实现。三是党能够凝聚全社会的力量，形成推进基本公共服务事业的广泛合力。党具有强大的凝聚力和组织动员能力，能够团结和动员各方面力量，包括政府、企业、社会组织以及广大人民群众，共同推进城

---

① 姜晓萍、吴宝家：《人民至上：党的十八大以来我国完善基本公共服务的历程、成就与经验》，《管理世界》2022年第10期。

市基本公共服务事业的发展。四是为基本公共服务事业提供了长远的战略思考和规划。党的十八大以来，通过制定一系列规划和政策文件，明确了基本公共服务事业的发展目标和路径，为未来的发展提供了明确的指引和方向。

（二）共同富裕战略目标的引导

共同富裕是社会主义的本质要求，是中国式现代化的重要特征，更是人民群众对美好生活的共同期盼。党的十八大以来，以习近平同志为核心的党中央，把逐步实现全体人民共同富裕摆在更加重要位置，对共同富裕道路作了新的探索。党的十九届五中明确"扎实推动共同富裕，不断增强人民群众获得感、幸福感、安全感"，要把"全体人民共同富裕取得更为明显的实质性进展"作为2035年社会主义现代化远景目标之一，并把基本公共服务实现均等化作为实现共同富裕的重要内容。党的二十大进一步明确"共同富裕是中国特色社会主义的本质要求"，并指出，要"提高公共服务水平，增强均衡性和可及性，扎实推进共同富裕"。

共同富裕的实现需要推动城市基本公共服务的均等化发展，而城市基本公共服务的均等化发展也为实现共同富裕提供了重要支撑。只有通过共同富裕和均等化的双重努力，才能够建设富强、民主、文明、和谐的社会主义现代化国家，让人民共享改革发展的成果，实现全面小康社会的伟大目标。一方面，共同富裕是城市基本公共服务均等化的目标和导向。共同富裕的核心理念是实现全体人民共同富裕，使每个人都能够享受到发展成果，摆脱贫困和不公平的局面。为了实现共同富裕，必须加强城市基本公共服务的均等化发展，确保每个人都能平等获得教育、医疗、社保等基本公共服务，消除因地域、身份等因素而导致的服务差距，使城市的发展成果惠及每一个人。另一方面，推动城市基本公共服务均等化是实现共同富裕的重要手段和保障。城市基本公共服务的均等化发展为人民群众提供了平等的发展机会和条件，提升了人民的生活质量和幸福感，促进了社会公平和社会稳定。通过提供优质、普惠的基本公共服务，可以帮助贫困人口脱贫致富，缩小收入差距，增加社会阶层流动的机会，为实现共同富裕打下坚实的基础。

（三）需求导向的基本公共服务资源布局

进入新时代，中国社会主要矛盾已转化为"人民日益增长的美好生活需要和不平衡不充分的发展之间的矛盾"。"一切为了人民的美好生活",是始终如一的承诺,也是我们的发展决心。正如习近平总书记所指出的"我们的人民热爱生活,期盼有更好的教育、更稳定的工作、更满意的收入、更可靠的社会保障、更高水平的医疗卫生服务、更舒适的居住条件、更优美的环境,期盼孩子们能成长得更好、工作得更好、生活得更好"①。

党的十八大以来,党和政府秉承以人民为中心,从人民的需求出发来推动城市基本公共服务均等化的发展。通过以需求导向的方式来推动城市基本公共服务均等化发展,在教育、医疗、公共文化、社会保障等领域取得了显著进展。人民群众获得了更加优质、便捷和平等的基本公共服务。主要工作可以分为以下三种:一是搭建供给机制。建立定期评估机制,根据实际需求和社会变化,及时调整基本公共服务的供给内容和布局,并根据不同地区和群体需求差异,合理配置基本公共服务资源,确保服务的均等性和适应性。二是构建需求识别机制。鼓励公众广泛参与基本公共服务规划和决策,通过听取意见、开展调研等方式,深入了解公众需求。充分利用大数据和信息技术手段,分析公众需求的变化趋势和特点,为政府决策提供科学依据。三是建立责任回应机制。建立快速响应和应急处理机制,及时解决突发问题,保障公众的基本公共服务需求不受影响,并建立监督机制,加强对基本公共服务供给的监测和评估,确保责任主体履行职责、提供高质量服务。

二、中国城市基本公共服务均等化发展的展望
(一)进一步推进基本公共服务标准体系建设

以《"十四五"公共服务规划》指标为引领,围绕"幼有所育、学有所教、劳有所得、病有所医、老有所养、住有所居、弱有所扶、优军服务有保障、文体服务有保障"的民生保障目标,通过健全完善基本公共服务标准体系,推动基本公共服务达标,开展重点领域基本公共服务标准化工程,推动基本公共服务标准动态调整常态化、制度化来推动城市基本公共服务均等化的发展。具体如下:一是健全完善基本公共服务标

---

① 人民网:《十八届中央政治局常委同中外记者见面(实录)》,转自中国网 http://www.china.com.cn/zhibo/zhuanti/18da/2012-11/15/content_27096850.htm,2012 年 11 月 15 日。

准体系。建立健全、科学的基本公共服务标准体系是推动均等化发展的基础。这需要明确定义不同领域基本公共服务的范围、内容、质量要求和服务水平，并确立相应的指标和评价体系。二是推动基本公共服务达标。即通过明确的标准和指南，促使各地区和单位全面提升基本公共服务水平，确保服务达到标准要求。三是开展重点领域基本公共服务标准化工程。重点领域的基本公共服务对人民群众的生活质量和福祉影响深远。通过开展针对教育、医疗、养老等重点领域的基本公共服务标准化工程，可以明确服务内容、质量标准和操作规范，提高服务的规范性和一致性。四是推动基本公共服务标准动态调整常态化、制度化。建立动态调整机制，通过定期评估、研究和反馈机制，及时修订和完善标准。同时，将标准调整纳入法律和制度框架，确保标准的制定、调整和执行具有稳定性和可预期性。这样可以保证基本公共服务标准的适时性和科学性，提高服务的针对性和实效性。

（二）加快提升城市基本公共服务均等化水平

尽管中国在城市基本公共服务的发展方面取得了显著成就，但在均等化水平方面仍存在一些问题和挑战。城市基本公共服务供给存在地区间之间的差异，一些发达地区相对于欠发达地区，基本公共服务的质量和覆盖范围更好。这导致了城市间的服务差距。推动城市基本公共服务的均等化发展，可以从缩小区域基本公共服务差距和优化基本公共服务对象认定制度等角度出发。不同地区之间存在着基本公共服务的供给差异，一些地区面临着服务不足的问题，需要采取措施来缩小这些差距。此外，要加强区域间的合作与协调，促进资源的共享与优化配置，确保基本公共服务在各地区普遍平衡发展。还应加强监测和评估机制，及时发现和解决区域差距问题，制定有针对性的政策措施，确保基本公共服务的均等化发展。

（三）以数字赋能推动基本公共服务均等化的发展

数字赋能在推动基本公共服务均等化的发展中发挥着重要的作用。通过数字技术的应用，可以提升服务的覆盖范围、质量和效率，满足人们多样化的需求，并缩小城市间的服务差距。首先，数字赋能可以促进基本公共服务的覆盖范围扩大。通过数字技术，可以建立起全面的信息化系统，实现信息的共享和流通。借助移动互联网和智能设备，可以将基本公共服务延伸到更广泛的人群，包括偏远地区和弱势群体。例如，通过在线教育平台，可以为无法获得优质教育资源的地区提供教育服务；通过远程医疗系统，可以让偏远地区的居民享受到专业的医疗服务。其次，数字赋能可以提升基本公共服务的质量和效率。借助大数据分析和人工智能技术，可以对公共服务进行精细化管理和优化。通过数据的收集和分析，可以了解人民的需求和偏好，精准地提供符合需求的服务。同时，通过自动化和智能化的技术手段，可以提高服务的效率，减少人力成本，加快服务的响应速度。例如，通过智能交通系统可以优化交通流量，提高城市交通的效率和便利性。通过电子政务平台可以简化行政审批流程，提高政府服务的效率和透明度。另外，数字赋能还可以促进基本公共服务的个性化和定制化。通过数字技术，可以实现个性化的服务需求识别和响应。通过个人信息的采集和分析，可以为每个人量身定制符合其需求和偏好的服务。例如，通过智能推荐系统可以向每个人推荐符合其兴趣和需求的文化活动和娱乐项目。

第八章　韧性城市与安全城市建设

党的二十大报告提出："推进国家安全体系和能力现代化，坚决维护国家安全和社会稳定。""必须坚定不移贯彻总体国家安全观，把维护国家安全贯穿党和国家工作各方面全过程，确保国家安全和社会稳定。"党的二十大报告将国家安全体系、维护国家安全能力、公共安全治理水平、社会治理体系等两大体系和两大能力建设统筹考虑和布局，不仅体现了国家安全的重要性，更说明国家安全和社会领域发展已经具备跨越式发展的基础，而这种跨越式发展必须要以国家安全与经济社会各领域的治理相互融合为基本路径，才能为高质量发展提供"四梁八柱"，这也是国家安全现代化的基础。落实在城市层面，安全体系与安全能力的统筹规划升级、安全城市与社会治理体系的融合、城市安全运行与高质量发展的一体化道路正是在微观层面体现出中国式现代化的基本路径。

同时，党的二十大报告还提出："坚持人民城市人民建、人民城市为人民，提高城市规划、建设、治理水平，加快转变超大特大城市发展方式，实施城市更新行动，加强城市基础设施建设，打造宜居、韧性、智慧城市。"韧性城市建设已经成为贯彻落实国家安全观，保障城市安全的"底座"，也是夯实国家安全和社会稳定的微观基础。

因此，韧性城市与安全城市建设是在国家安全观引领下推进城市安全运行的两个方面，韧性城市主要强调以基础设施建设为基础"硬"安全，安全城市建设则主要强调以安全体系为基础的"软"安全，两大领域有边界和分工，也有融合、叠加和交叉，需要通过构建科学的机制，搭建起资源配置更加合理、系统运行更加有序、经济社会可持续发展的高质量一体化体系。

第一节　韧性城市与安全城市

韧性城市与安全城市建设是解除和减少城市公共安全风险，科学合理地预防和处理突发公共事件，保障城市安全运行的两个方面，韧性城市主要强调以基础设施建设为基础"硬"安全，其防控对象主要是"物"；安全城市建设则主要强调以安全体系为基础的"软"安全，其防控对象主要是"人"。两者的目标是相同的，都是为了城市人民生命财产安全保驾护航，共同为城市经济社会健康持续发展构建安全"底座"。

一、韧性城市的概念和内涵

2005 年，世界减灾会议将"韧性"纳入灾害议程；2010 年，地方可持续发展协会（ICLEI）开始每年举办"城市韧性和适应力"全球论坛；2011 年，联合国国际减灾战略（UNISDR）发布报告《使我们的城市更具韧性》。自 2017 年起，全球很多国家和城市先后发布了聚焦"城市韧性"的总体规划和专项规划，包括纽约、伦敦、首尔、香港、北京等。①

2020 年 11 月 3 日，党的十九届五中全会审议通过的《中共中央关于制定国民经济和社会发展第十四个五年规划和二〇三五年远景目标的建议》（简称《建议》），其中首次提出建设韧性城市。《建议》提出，"推进以人为核心的新型城镇化。强化历史文化保护、塑造城市风貌，加强城镇老旧小区改造和社区建设，增强城市防洪排涝能力，建设海绵城市、韧性城市。提高城市治理水平，加强特大城市治理中的风险防控。"党的二十大报告则聚焦规模更大，结构更加复杂，治理难度更高的超大特大城市，提出"加快转变超大特大城市发展方式，实施城市更新行动，加强城市基础设施建设，打造宜居、韧性、智慧城市"。

韧性城市起源于对生态系统的研究，OECD 认为韧性城市是指城市具有吸收各种经济、环境、社会和制度冲击带来的影响并从中恢复的能力。国际标准化组织则认为，具有韧性的城市能够以一种及时有效的方式抵御、吸收、容纳并适应灾难和冲击。因此，韧性城市是在具备在受内部和外部扰动能力的基础上，对扰动作出迅速反应，作出恰当的调适，快速处理扰动，甚至吸收扰动，变不利因素为有利因素的城市。韧性强的城市应对扰动的反应和自适应能力强，以及保障城市安全运行的能力强，但这种

---

① 曾鹏：《韧性城市与城市韧性发展机制》，《学术前沿》2022 年第 6 期。

能力的培养不是一蹴而就的，需要长期的培育和提升。韧性城市有狭义和广义之分。

（一）狭义的韧性城市

狭义的韧性城市指，城市拥有良好的系统结构，具备强大的配置资源的水平，能够通过优化要素资源配置进行预警预报灾害、抵御灾害、应急处理灾害、减轻灾害损失、快速恢复运行等。同时，城市能够从以往灾害事故中学习经验，总结教训，不断提升智慧化的灾害应对自适应能力。城市是自然属性和社会属性相结合的复杂巨系统，狭义的韧性城市主要是针对城市的自然属性而言。

（二）广义的韧性城市

广义的韧性城市指，城市在具备狭义韧性的基本结构和能力基础上，通过不断融入社会治理体系，形成科学系统的体制机制，并不断优化狭义的韧性城市系统，即优化预警预报灾害、抵御灾害、应急处理灾害、减轻灾害损失、快速恢复运行体系，这样才能真正从长远上不断提升韧性水平，保障的安全运行的能力。随着城市化的高速发展，城市系统的规模和结构日益复杂，人民对城市系统的要求日益提高，对韧性城市的要求也日益提高，韧性城市在立足自然属性的基础上，逐步在向社会属性延伸，城市管理、社会治理与基础设施的规划建设更好地融为一体，城市韧性呈现出多维度、多层次和多方位的特征。一方面，基础设施的规划建设和安全运作城市系统稳定有序运转的基础保障。随着灾种的不断增多，灾害的放大效应不断增强，单独依靠基础设施本身的功能越来越无法满足抗风险的要求。在提升韧性水平的初期，一般以运用技术手段提高基础设施的抗风险能力为主，但随着跨区域、跨领域、跨行业的风险不断增加，在运用技术手段的过程中会遇到较大的困难，必须与城市管理、社会治理体系融合和联动，才能构建综合性的跨界治理体系，为城市系统的资源整合、配置和流动提供更好的路径和渠道，进一步推动城市的韧性功能，并达到良性循环的状态。另一方面，基础设施风险管理是城市安全的重要抓手之一。城市管理与社会治理系统在运作过程中，必然会遇到基础设施的管理问题，城市治理体系也要根据韧性城市建设情况进行调整和适应，构建具有韧性的治理机制。

因此，广义的韧性城市不是固守单一的物理性思维和线性思维，而是将整个城市作为一个整体考虑，创新韧性模式，通过共建、共治、共享，实现高质量抗风险的韧性水平。在此基础上，要以系统性、动态性和开放性构建韧性城市的整体性框架，把广义的韧性与城市经济社会结合起来，促进多元化安全风险化解手段发展，进一步化解风险的扰动影响。

二、安全城市的概念和内涵

随着城市化的推进，城市人口规模不断扩大，特别是城区人口规模和人口密度不断提高。目前，全国已经有上海、北京、深圳、重庆、广州、成都、天津、武汉 8 座超大城市，城区人口都在 1 000 万以上，人口规模大、密度高、结构复杂，城市高层建筑数量多，各类要素高度密集，城市运行异常复杂，城市安全容易受外部环境的影响，各种安全风险隐患不断累积和叠加，一旦出现突发公共事件，放大效应明显，这关系到国家安全体系，任务艰巨，职责重大。

长期以来，中国城市发展模式是以城市中心城区为中心向外的"摊大饼"式的发展。从理论上分析，城市的这种发展是单中心的发展，其人口密度在城市中心城区最高，随着距离中心越远，人口密度迅速下降[①]。这种长期以来的人口布局，往往造成中心城区人口过度集中。例如，上海中心城区内环以内人口密度越过 4 万人 / 平方千米。陆家嘴金融城的容积率为 3.1，人口密度为 5.8 万人 / 平方千米，已远远超过纽约曼哈顿 2.8 万人 / 平方千米、巴黎市区 2.1 万人 / 平方千米等国际特大型城市中心的人口密度。中心城区人口密度过大带来很大的安全隐患，对城市公共安全的管理带来巨大压力。从人口流动速率看，人口流动非常密集，仅虹桥综合交通枢纽每天人口的流量就将达到 80 万人次左右[②]。中心城区过密，郊区过疏的人口分布格局造成了虹吸现象。一方面加大了中心城区的资源和基础设施供应压力，增加了防灾减灾的难度；另一方面造成了郊区基础建设的规模效益不足，使人口集聚效应不足，弱化了基础设施配置，增加了防灾减灾的难度。

2013 年 6 月，习近平总书记强调："人命关天，发展决不能以牺牲人的生命为代价。这必须作为一条不可逾越的红线。"中共中央办公厅、国务院办公厅印发的《关于

---

① 吴文钰、高向东：《中国城市人口密度分布模型研究进展及展望》，《地理科学进展》2010 年第 8 期。
② 宗传宏：《上海蓝皮书：上海社会发展报告（2016）》，社会科学文献出版社 2016 年版。

推进城市安全发展的意见》，强调切实把安全发展作为城市现代文明的重要标志，为人民群众营造安居乐业、幸福安康的生产生活环境。近年来，中国各城市始终坚持"人民城市人民建，人民城市为人民"的理念，以人民群众生命财产安全为底线，在安全中谋求更优化的发展方向和发展路径，向最安全的城市迈进。

安全城市是保障国家安全的"压舱石"。按照党的二十大报告对国家安全体系和能力现代化的要求，未来城市安全体系必须具备四个方面的内容。一是构建完善的城市安全体系。完善城市安全法治体系、战略体系、政策体系、风险监测预警体系、国家应急管理体系，完善重点领域、重点区域、重点点位的安全保障体系和协调指挥体系，强化经济、重大基础设施、金融、网络、数据、生物、资源、核、太空、海洋等安全保障体系建设，完善城市安全力量布局，构建全域联动、立体高效的城市安全防护体系。二是增强维护城市安全运行的能力。加强重点领域安全能力建设，确保粮食、能源资源、重要产业链供应链安全。提高防范化解重大风险能力，严密防范系统性安全风险，严厉打击敌对势力渗透、破坏、颠覆、分裂活动。全面加强国家安全教育，提高各级领导干部统筹发展和安全能力，增强全民国家安全意识和素养。三是提高公共安全治理水平。坚持安全第一、预防为主，建立大安全大应急框架，完善公共安全体系，推动公共安全治理模式向事前预防转型。推进安全生产风险专项整治，加强重点行业、重点领域安全监管。提高防灾减灾救灾和重大突发公共事件处置保障能力，加强国家区域应急力量建设。强化食品药品安全监管，健全生物安全监管预警防控体系。加强信息安全工作。四是完善社会治理体系。健全共建共治共享的社会治理制度，提升社会治理效能。坚持和发展新时代"枫桥经验"，完善正确处理新形势下人民内部矛盾机制，加强和改进人民信访工作，畅通和规范群众诉求表达、利益协调、权益保障通道，完善网格化管理、精细化服务、信息化支撑的基层治理平台，健全城乡社区治理体系，及时把矛盾纠纷化解在基层、化解在萌芽状态。加快推进市域社会治理现代化，提高市域社会治理能力。强化社会治安整体防控，推进扫黑除恶常态化，依法严惩群众反映强烈的各类违法犯罪活动。发展壮大群防群治力量，营造见义勇为社会氛围，建设人人有责、人人尽责、人人享有的社会治理共同体。

第二节　城市公共安全

一、城市公共安全的概念和内涵

（一）城市公共安全

城市公共安全是指城市民众的生命、健康和公私财产的安全。城市公共安全一般包括城市防灾减灾、城市社会治安综合治理、城市交通安全、城市消防安全、城市生产安全、城市卫生安全、城市食品安全等方面，是保障城市安全运行的基本条件。城市公共安全问题是城市系统中最为突出的问题之一，也是城市管理中难度最高的问题之一。

城市公共安全体系主要包括两个方面：一是常态化的日常安全系统，包括维持日常社会各项活动的公共安全秩序系统；二是城市突发公共事件，就是突然发生，造成或者可能造成重大人员伤亡、财产损失、社会危害、环境污染等危及公共安全的紧急事件。

（二）城市突发公共事件

城市突发公共事件是城市中突然发生，造成或者可能造成严重社会危害，对城市和国家安全运行影响巨大，需要采取应急处置措施予以应对的事件。

各国对城市突发公共事件的分类是不同的，主要考虑以下几方面因素：（1）按照成因：根据突发事件的源头划分，一般分为自然性或社会性事件；（2）按照危害程度：一般分为轻度、中度、重度事件；（3）按照放大程度：一般分为原发和次生事件；（4）按照影响范围：一般分为地方性、区域性、国家性、国际性事件。

2006年1月，国务院颁布的《国家突发公共事件总体应急预案》规定，根据突发公共事件的发生过程、性质和机理，突发公共事件主要分为四类：一是自然灾害。主要包括水旱灾害，气象灾害，地震灾害，地质灾害，海洋灾害，生物灾害和森林草原火灾等自然灾害。二是事故灾难。主要包括工矿商贸等企业的各类安全事故，交通运输事故，公共设施和设备事故，环境污染和生态破坏事件等。三是公共卫生事件。主要包括传染病疫情，群体性不明原因疾病，食品安全和职业危害，动物疫情，以及其他严重影响公众健康和生命安全的事件。四是社会安全事件。主要包括恐怖袭击事件，经济安全事件和涉外突发事件等。根据社会危害程度、影响范围等因素，可分为：特

别重大、重大、较大和一般四级。^①

二、城市公共安全总体框架

如图 8-1 所示，韧性城市体系与安全城市体系共同构成城市公共安全防控体系。韧性城市体系与安全城市体系既各自独立，也相互联系。在预警预报、城市管理、基础治理、社会监督、模拟演练等城市日常运行体系的共同作用下，两大体系保持各自日常安全运行状态的同时，针对共性部分，形成共享机制和制度，共同解决跨界的重大问题。一旦出现突发公共事件，系统从常态进入非常态，即应急处置状态，从日常资源配置转化为专业化资源配置阶段。按照突发应急公共事件的种类和级别进行分类，处于韧性城市体系与安全城市体系内部的，尽量通过"属地化"处置方式高效地处理事件；处于共同交叉领域，或者诱发跨界事件的，则通过顶层协调两大体系分工协作，共同处理。

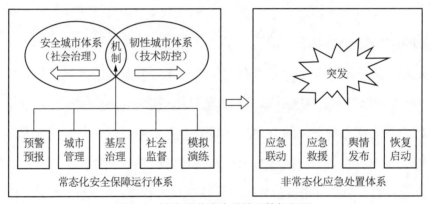

图 8-1　城市公共安全防控总体框架图

资料来源：作者自制。

三、城市公共安全的防控体系

城市公共安全的防控体系是一种反馈系统，按照反馈控制原理运行，并通过反馈系统的运作形成局部闭环，从而达到循环控制的目的。从防控方式来划分，主要分为三种：集中防控体系、分散防控体系、多级递阶防控体系。

（一）集中防控体系

集中防控体系的特点是由一个集中控制器（一般是城市政府）对整个系统进行控

---

① 朱建江、邓智团：《城市学概论》，上海社会科学院出版社 2018 年版。

制，在这种防控体系中，各子系统的信息、系统的各种外部影响，都集中传送到集中控制器，由集中控制器统一加工处理（见图 8-2）。在此基础上，集中控制器根据整个系统的状态和控制目标，直接发出控制指令，控制和操纵所有子系统的活动。

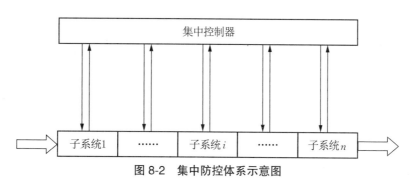

图 8-2　集中防控体系示意图

资料来源：作者自制。

（二）分散防控体系

分散防控体系的特点是由若干分散的控制器（一般是区、街镇等政府）来共同完成系统的总目标（见图 8-3）。在这种防控体系中，各种决策及控制指令通常由各局部控制器分散发出，各局部控制器主要是根据自己的实际情况，按照局部最优的原则对子系统进行防控。

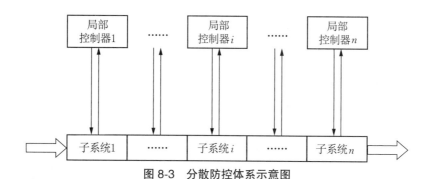

图 8-3　分散防控体系示意图

资料来源：作者自制。

（三）多级递阶防控体系

多级递阶防控体系是在集中防控方式和分散防控方式的基础上，取长补短发展起来的（见图 8-4）。多级递阶防控系统主要是由子系统和决策单元（市、区县、街镇等）构成的。决策单元由两个以上的级配列起来。第一级决策单元直接作用于各子系统，它们进行下一级的决策，完成对子系统的控制任务。第二级决策单元进行上一级的决策，它们是对第一级中各决策单元的协调器，执行着系统的局部控制功能，同时又受控于再上一级的决策单元，也就是说，对于上一级而言，它们是局部控制机构，对下一级而言则是协调器。类似地，可以递阶至三级、四级等，从而形成多级递阶防控系统。

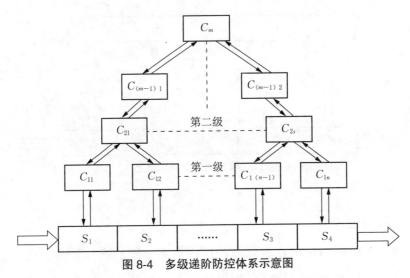

图8-4　多级递阶防控体系示意图

资料来源：作者自制。

从表8-1的比较可以看出，每种控制体系有其优劣势。在安全防控中，防控主体组织的设计首先应在遵循客观规律的情况下，根据自身的情况选择不同的控制系统。同时在控制过程中灵活运用各种机制，克服系统本身的缺陷，以达到良好的效果。

表8-1　三种防控体系的特点比较

	集中防控体系	分散防控体系	多级防控控制体系
适用对象	系统规模小	系统结构比较复杂、功能比较分散	空间结构复杂、影响因素众多的复杂系统
防控有效性	功能、权力集中程度大，控制有效性较高	功能、权力分散，局部控制器之间需要协调，全局有效性低，但对应子系统的控制有效性较高，灵活性好	集中与分散控制相结合，对全局协调及各子系统的局部控制有效性高
运行可靠性	集中控制器发生故障，影响全局运行，可靠性较低	分散控制器发生局部故障，不会导致系统全局瘫痪，可靠性较高	递阶控制使故障分离、风险分散，集中控制器与局部控制器之间可以相对独立运行，因此，可靠性较高
信息传递性	纵向信息流为主，传递速度快	横行信息流为主，传递速度较慢	递阶式纵向信息流为主，信息传递慢，特别是局部控制器之间的信息传递缺陷较大

资料来源：作者自制。

城市公共安全防控方式可以从以下几个不同的维度展开：（1）从时间维度上，可以分为长期、中期和短期控制。减灾的中长期规划和短期规划就可以体现这一点。（2）从层次维度上，可以分为宏观、中观和微观控制。一般是从市—区县—街镇—社区—楼宇的防控模式，属于"块"状控制。（3）从领域维度上，可以分为交通、气象、建筑、航空、化工等各个领域，一般属于"条"状控制。（4）从过程维度上，可以分为事前、事中、事后以及三者集成的全过程控制。①

四、城市公共安全规划

城市公共安全问题是城市系统中最突出的问题之一，也是城市管理中难度最高的问题之一。随着城市化进程的不断推进，城市人口规模和密度日益增大，结构日益复杂，外部环境也更加复杂。城市越大，大型基础设施也越多，城市结构越复杂，特别是人口规模对资源承载力产生巨大压力，带来了人口布局的阶段性不合理集聚，人口管理、公共卫生、群体性事件等问题日益突出，一旦发生城市突发公共事件，其放大效应更加明显，往往容易发生影响更大的次生事件，甚至事件链，国际城市还会产生国际性的问题。

城市公共安全规划就是以保障人民生命财产为基本红线，以保证城市正常运行基本底线，针对城市公共安全的总体情况和存在的短板，应统筹规划要素资源的数量、规模、结构、空间布局、流量等，使城市公共安全管理水平与城市经济社会发展的历史阶段相匹配，使城市公共安全状况与城市经济社会的发展趋势相协调，使城市公共安全与城市经济社会的总体规划相一致，为城市未来的发展保驾护航。

（一）城市公共安全规划的概念和内涵

城市规划是为实现一定时期内城市的经济和社会发展目标，而开展的确定城市性质、规模和发展布局，合理利用城市土地，协调城市空间布局，进行各项建设的综合部署和全面安排。城市规划是建设城市和管理城市的基本依据，是保证城市空间资源有效配置和土地合理利用的前提和基础，是实现城市经济和社会发展目标的重要手段

---

① 朱建江、邓智团：《城市学概论》，上海社会科学院出版社 2018 年版。

之一。①

城市公共安全规划是城市规划的重要组成部分，就是在应对公共安全过程中，针对公共安全的防卫部门，构建城市公共安全防范体系，统筹规划布局安全防范要素资源，提高城市对突发事故的应急和处置能力，提升城市公共安全防控水平，进而达到降低风险提高安全性的目的。城市公共安全规划要在城市规划的总体要求下进行实施。

城市公共安全规划与应急预案的总体目标相同，正如《国家突发公共事件总体应急预案》中指出的，城市应急预案的提出是为了提高城市保障公共安全和处置突发公共事件的能力，最大程度地预防和减少突发公共事件及其造成的损害，保障公众的生命财产安全，维护国家安全和社会稳定，促进经济社会全面、协调、可持续发展。

同时，两者也有不同之处，主要表现在三个方面：一是角度不同。城市公共安全规划相对更具有宏观性、全局性、指导性的特点，包含的内容较多，广度较大；应急预案相对更具有微观性、领域性、实施性的特点，深度较大。二是时限不同。城市公共安全规划一般时限较长，并与城市总体规划相一致，"刚性"较强，一旦调整则需要一定的程序；应急预案一般较为灵活，"弹性"较强，可以随着外部环境变化进行适当调整，并立即付诸实施。三是重点不同。城市公共安全规划涉及城市公共安全的全领域，是指导政府与社会共同应对城市公共安全的纲领性的文件，其重点是城市公共安全的全过程，预防城市公共安全上升为突发公共事件，突发公共事件发生后如何统筹安排资源处置突发事件，事后救援工作如何安排等；应急预案的重点目标是针对突发公共事件，重点环节是应急处置环节，重点相对是在"点"上。

（二）城市公共安全规划体系的构成

城市公共安全规划不是孤立的，而是与城市规划一样，由总体规划和一系列的专项规划、部门规划共同组成，形成规划体系。城市公共安全总体规划体现城市公共安全的共性特点、问题和实施方案。专项规划是专门针对不同区域、不同项目等制定的专门性的规划，如交通、消防、海上搜救等。部门规划是城市公共安全相关主管部门

---

① 吴鹏：《国土空间体系下城市规划与土地规划关系研究》，《城市建筑》2020年第8期。

制定的相关部门内的公共安全规划。如经济、教育、科技等规划。城市公共安全规划体系具有与综合性、行政性、体系性、动态性等特点。

城市公共安全专项规划从大类上，一般是依据突发公共事件的类别进行规划，即自然灾害规划、事故灾难规划、公共卫生事件规划、社会安全事件规划。具体而言，如水旱灾害、气象灾害、地震灾害、地质灾害、海洋灾害、生物灾害和森林草原火灾等自然灾害的规划；工矿商贸等企业的各类安全事故、交通运输事故、公共设施和设备事故、环境污染和生态破坏事件等事故灾难的规划；传染病疫情、群体性不明原因疾病、食品安全和职业危害、动物疫情等公共卫生事件的规划；恐怖袭击事件、经济安全事件和涉外突发事件等社会安全事件的规划。

城市公共安全部门详细规划的主体是相关主管部门，如经济类事件由经信委付诸规划，文化类事件由文化宣传系统规划等。部门详细规划主要体现城市公共安全主管部门对公共安全要素资源在系统内配置水平，以及日常监督管理的水平。

五、城市公共安全规划
（一）编制城市公共安全规划的总体思路
编制城市公共安全规划要综合考虑三个方面：

一是要与世界经济社会发展环境相协调。随着全球化的不断推进，世界各城市对外开放的程度日益增高，城市之间的联系日益紧密，城市对环境的依赖程度日益增高，城市公共安全规划也开始考虑利用世界资源、外部环境。

二是要与国家相关战略相一致。国家战略是指导城市发展的战略体系，城市发展必须符合国家战略体系，以国家相关方针政策为指导，并成为国家战略中的组成部分。

三是要与城市经济社会发展的阶段相匹配。城市经济社会发展的阶段不同，对城市公共安全的要求不同。此外，经济社会发展水平也决定了城市公共安全要素的供给。城市公共安全规划只有综合考虑经济效益和社会效益，才能形成与城市发展相匹配的最优或极优的规划方案。

四是要与城市其他系统相融合。城市内部的系统之间不是孤立的，是相互影响的，甚至"牵一发而动全身"，城市公共安全规划必须要有全局性的思路，融入城市其他系统中，才能在城市运行系统中真正发挥作用。

（二）编制城市公共安全规划的基本原则

纵观国内外城市公共安全规划，体现出以下几项原则：

一是以人为本，目标合理。城市公共安全规划的基本目标是人民生命财产安全，规划必须遵循以人为本的原则，设立相应合理的防范目标，为公众提供精细化、优质化的设计方案。

二是统筹规划，合理布局。要根据自然禀赋、区位条件、空间布局和功能定位的特点，在充分考虑人口承载能力、资源支撑力、生态环境和社会承受力基础上，总体把握公共安全资源要素的合理布局，制定相应的公共安全防范体系建设规划，以及相关的应急预案。

三是优化配置，突出重点。充分集聚、利用优势要素资源，挖掘潜力资源，培育资源，提高资源配置效率，促进不同领域、不同区域和不同行业的资金、技术、信息、人员、物资、装备等各种资源之间的有机整合，提高预警预报、应急反应和应急处置水平，避免重复建设、"九龙治水"等现象的发生。聚焦城市公共安全体系中的重点风险环节、风险区域和重点领域，优先解决事关重大的、关键的和全局性的问题，提高应急反应能力。

四是规范标准，精细管理。借鉴国际前沿技术，提高城市公共安全精细化管理水平，优化城市突发公共事件应急体系的资源结构，提升运行水平。以国家法律法规和相关标准为引领，建立完善城市公共安全标准体系，促进公共安全体系规划、建设、运行与评估的规范化。

五是分级负责，分步实施。根据城市不同公共安全防控体系的具体情况，将事权合理划分到各级政府、各部门，以及基层单元等不同层次、不同级别的城市执行主体中，各系统各司其职，各负其责，根据规划目标，明确执行主体的建设任务和建设项目，分级分步组织实施。

六是政府主导，社会参与。城市公共安全规划必须充分发挥政策导向作用，引入市场机制，调动各方参与城市公共安全体系建设的积极性，把政府管理与社会参与有机结合起来，提高城市公共安全防范工作的社会化程度。

（三）城市公共安全规划编制的基本内容

国体不同，城市基本情况不同，城市公共安全规划编制的基本内容也各有差异，一般包括以下几方面的共性内容。

1. 规划依据

城市公共安全规划应符合国家相关法律、法规，城市相关法规、规章，国家和城市有关指导、参考文件。因此，需要列举出相关的文件名称和发布时间。

2. 规划期限

要明确提出城市公共安全规划的期限。按照阶段不同，一般分为短期规划、中期规划和长期规划。短期规划一般以五年为限，中期以十年为限，长期为十年以上。

3. 城市公共安全的基本情况

把城市面临的城市公共安全情况进行总括，主要从供需两方面提出客观情况。

一是面临的城市公共安全问题。根据外部宏观环境发展及城市经济社会发展情况，提出重点领域、重点区域、重点顽疾所在，客观反映出城市公共安全，特别是突发公共事件的可能发生的规模、结构、空间布局等情况。

二是城市公共安全要素资源的基础条件。提出应对城市公共安全问题所具备的资源要素情况，以及应对突发公共事件所具有的预警预报、应急处置、救援、恢复重建等方面具有的基础条件、存在的不足等。

4. 前一个规划周期公共安全规划及执行情况

需对前一个规划周期的公共安全规划及情况进行分析评估。包括对城市公共安全要素资源的配置情况、突发公共事件的预案体系、组织管理体系、管理机制、突发公共事件应对能力等方面进行评估。

5. 现有工作基础和薄弱环节

对当前城市公共安全工作所具备的条件和基础进行客观地分析，找到劣势，特别是工作的薄弱环节所在，包括公共安全的基础设施建设、公共安全监督管理、法制建设、体制机制建设等方面。

6. 面临的形势

分析判断未来城市面临的宏微观环境变化，以及在自然灾害、事故灾难、公共卫生事件、社会安全事件方面所面临的自然的、社会的和技术的安全风险趋势，分析发展形势和面临的挑战。

7. 指导思想、规划原则和规划目标

指导思想是统领规划的重点思路。一般体现在注重外部环境影响，坚持自身建设，有效应对风险，针对自身的薄弱环节进行完善，保障城市安全运行等方面。

城市公共安全规划原则是优化配置资源，提升公共安全管理所水平方面所坚持的几项纲领性的内容。规划原则要体现各城市在自然条件、自然资源、历史沿革、经济基础、文化习俗等方面的个性和特点，体现公共安全资源要素的差异性带来的规划个性。规划原则要充分发挥各城市的优势，因地制宜，力争取得最佳综合效益。

规划目标分为总目标和子目标。总目标是规划期内所能达到的总体目标，可以是定量指标，也可以是定性目标。子目标是总目标的分解，是支撑总目标的具体目标和指标，子目标一般以定量指标为主。总目标包含但不限于子目标。

8. 主要任务

需提出公共安全防范体系、应急处置体系、公共安全保障体系、应急重建体系的规划建设任务。

公共安全防范体系规划一般包括监测预警系统规划、应急管理培训与演练规划，以及相关的功能提升。从城市自然灾害的规划来看，要确定未来城市易灾薄弱环节，建立城市灾害区划。应综合考虑地形、地质、气象、危险源场所、防洪、抗震、防风等因素，合理安排城市用地功能布局，优化城市的生命线系统布局，合理布局抗灾救灾的设施，使居住、公用建筑、工业等主要功能区完全避开自然和环境敏感地带，实现城市总体布局的合理化。对于旧城区，通过逐步改造，降低人口与产业密度，防止灾害的发生。①

应急处置体系规划一般包括公共事件应急处置基础设施规划、信息与指挥系统规划、应急队伍规划等。主要包括应急组织、自然灾害报告、救灾实施方案，交通管制与社会治安措施，疏散避难措施，抢救与医疗措施，饮用水、食物与生活必需品供应，防疫及尸体处理措施等。

---

① 冯凯、徐志胜、冯春莹、王冬松：《城市公共安全规划与灾害应急管理的集成研》，《自然灾害学报》2005 年第 8 期。

公共安全保障体系规划一般包括社会保障体系规划、医疗卫生保障规划、应急物资保障规划、紧急运输救援保障规划、通信和网络信息安全保障规划、科技支撑体系规划等。

应急重建体系规划一般包括事发现场恢复能力规划、城乡基础设施抗灾能力和避难场所规划、调查评估体系规划等。

9. 公共安全重点项目规划

公共安全重点项目规划是在以上内容的基础上，把重点领域、重点区域、重点顽疾进行全局性、前瞻性、战略性梳理，找到其中最关键的一系列环节和节点，形成一系列重点项目规划。重点项目还可以根据层级分为国家重点项目、省重点项目、城市重点项目、区县重点项目等。

10. 政策措施

政策措施是针对以上方面提出相关的政策支撑，以及在组织、法制、资金、队伍、监督等方面提供的保障措施。政策措施要具有较强的可操作性，是解决城市内部各方面、各层面共性问题的依据。

（四）编制城市公共安全规划的基本方法

1. 资料分析法

资料分析法的重点是资料收集。资料分析要以全面与重点相结合，包括城市经济社会发展的基本情况、城市公共安全的基本情况（包括重点风险源、重点点位、风险图等情况）、城市公共安全规划及其实施的实践等。

2. 实地调研法

即根据城市公共安全编制的要求，赴城市相关部门、企事业单位等进行实地考察，掌握第一手的现状资料，了解规划中遇到的问题等。

3. 定性分析法

对无法进行量化处理的数据，可以根据具体情况进行适当的定性分析。

4. 定量分析法

需设定模型，对城市公共安全要素资源的数量进行计算。建立模型，对风险防范体系进行进一步评估。

第三节　中国城市公共安全体系建设情况

一、中国城市公共安全规划的基本情况

从 2003 年"非典"以后，中国应急预案体系建设正式开启。"十五"期间，各城市基本形成城市综合减灾体系框架，经过十几年的完善，逐步形成"常态与非常态管理相结合、综合管理和分类分级管理相衔接、防范与处置并重"的理念，并在推进城市防灾减灾工作方面取得较大进步，形成了"自上而下"和"自下而上"的综合减灾管理体制（见图 8-5）。围绕应急联动和综合减灾两大平台，在国务院办公厅和民政部的指导下，分别开展应急联动和综合减灾管理工作。在此基础上，从 2009 年开始，各城市逐步开始实施"十一五"时期的城市公共安全规划编制工作。当前，依据部门行业和不同灾种编制有各种城市灾害应急预案和防灾专项规划，在城市总体规划层面，编制有防灾专业规划。

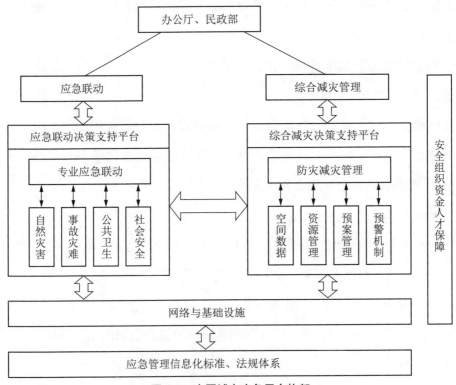

图 8-5　中国城市应急平台构架

资料来源：作者自制。编制参考宗传宏：《上海蓝皮书：上海社会发展报告（2016）》，社会科学文献出版社 2016 年版。

城市公共安全规划编制对城市经济社会的发展起到了巨大的推动作用，体现在基础设施逐步完善、公共安全防范机制逐步完善、预警预报体系逐步完善、灾害救援体系逐步完善、社会力量参与力度不断加强、宣传培训机制逐步推进等各个方面。

二、城市公共安全建设中存在的主要问题

（一）韧性城市体系与安全城市体系的衔接度不够

中国已经度过了单灾种防控阶段，进入综合防灾减灾阶段，但韧性城市体系与安全城市体系各自进行规划、建设、管理的情况还比较普遍。目前，中国很多城市在规划和建设过程中，城市公共安全规划往往只考虑消防、抗震、抗风等要素对基础设施的选址、通道、空地、周边设施布局等的影响，没有统筹考虑城市应急设施的使用和管理便利性，城乡规划中存在空间布局和公共安全管理功能相脱节的现象，甚至存在办公地点与管理地点相距很远的问题。因此，韧性城市体系与安全城市体系的资源共享程度仍然需要提升。虽然通过技术手段，通过数字化赋能可以解决一定的技术问题，但在管理边界、法律法规、治理范围等方面存在较大的交叉和衔接问题。如行政执法时，有时会遇到韧性城市体系与安全城市体系法律法规交叉的情况，如何选择、处置出现一定的困难。

（二）城市公共安全防范的前置性需要加强

发达国家的城市公共安全防范往往首先考虑城市公共安全的前置性问题。例如，日本六本木新城规划建设中，应急管理投资占总投资的一半以上，其中，社会治理方面的长期投资又占据了近一半，城市公共安全规划与社会治理同步，推动了安全防范的前置性，大大减少了突发公共事件的发生，也相应降低了大量成本。中国虽然也提出了预防为主的方针，但要真正做到以预防为主，必须夯实日常基础性的社会治理体系，形成社会自治与综合治理相结合的基层治理体系。

（三）城市公共安全规划与其他领域的规划相脱节

城市公共安全规划缺乏统筹性、孤立存在的情况仍然比较多，与其他领域规划脱节的情况仍然比较严重，往往在规划实施过程中发现与其他规划相抵触或相矛盾的情况，规划的可操作性大打折扣。

（四）城市公共安全产业发展滞后

目前，中国应急产品的开放度还不完全，气象、地震、消防、预警预报等高端产品一般不对外开放，应急物资的生产一般没有公开向社会招标。常规产品虽然市场化程度较高，但尚无整体的应急产业规划，产业目录和标准欠缺，形成专业性企业少、品牌企业少、产业集群少的"三少"现象。应急产品的自主创新能力和研发水平较低，产品不成系列。

三、城市公共安全建设的对策建议

（一）精准定位风险，抓好事前防范

在新时代高质量发展的大背景下，大型基础设施不断增多，城市结构日益复杂化，特别是人口规模的持续增长，给资源承载力带来巨大压力。同时，人口布局的阶段性不合理集聚，城市更新改造等带来的人口管理、公共卫生、群体性事件等问题日益突出。很多公共安全风险在不断转化，其跨领域、跨区域的情况越来越多，涉及的管理部门、治理主体也日益增加，因此，必须运用科学的手段精准定位好公共安全风险，需通过科学的预警预报体系，结合良好的前置性社会治理机制，如党的二十大报告提出的学习新时代"枫桥经验"，将风险化解和减少在前端。

（二）加大社会参与力度，挖掘专家资源

应理顺渠道，建立相关参与制度，积极鼓励公众、社会团体、社区、企事业单位等社会力量参与城市公共安全的编制工作。鼓励公众对城市公共安全规划方案提出修改、补偿和完善的意见和建议。规划草案、规划征求意见稿等可以征求公众的意见。同时，应注重各领域专家的作用，充分利用城市中高校、科研机构、专家的力量，完善专家参与城市公共安全科技创新活动的机制，充分发挥专家的咨询与辅助决策作用，提高应急管理科技创新水平。鼓励专家为城市公共安全规划提出决策咨询，参与起草规划。要建立"绿色通道"，及时将专家的研究成果和观点向市领导及相关部门反映。对采纳的成果和建议，要及时转化落实到规划中。

（三）健全市场化机制，提升防范效果

在符合国家法律法规的前提下，探索引进有资质的第三方，在应急体系评估、应

急产品生产、应急咨询、应急保险等方面进行运作，借助市场化手段提高应急管理水平。在大型应急项目中，对关键部件或环节，应扩大招投标的范围和招投标单位的资质条件；对一般部件和环节，可探索全面引进市场化机制。加快应急产业的发展。在现代服务业方面，加快推进应急保险业发展，探索灾害保险的发展。在现代制造业方面，抓住中国军民融合产业发展的契机，推进应急产业发展，加快推进新型应急产品的研发与生产，除了生产地震气象监测观测系统、民防工程设备等传统应急产品以外，还要重点培育金融监测、应急指挥调度平台、卫星导航、航天航空技术、特种装备、应急体验设备等新兴应急产品。

（四）完善智慧安防体系，提升应急响应效率

应集成创新应用大数据、物流网、5G 通信、云计算、人工智能等前沿技术，不断攻坚智慧安防重点项目，与城市运行智慧体系实现无缝衔接，推进智慧城市建设，形成省、市、区、街镇、网格等多级节点全覆盖、互联互通的逻辑架构，构建城市公共安全"神经中枢"。

（五）推进大区域规划，拓展资源配置空间

城市与周边区域之间存在着必然的联系，要推进城市公共安全的大区域规划，在更大的范围配置公共安全要素资源。重点是要统筹规划区域要素资源，进一步打破区域行政分割，科学合理地确定应急管理体系在区域的整体定位和职责部署。要充分发挥中心城市的功能和影响力，调动各方面的积极性，明确各地区的功能分工。要充分利用区域及周边的资源，从全局的角度出发，统筹区域的信息联通、应急物资、避难场所、设备和人员的配备。推广常态与非常态应急联动，把这种"非常态"的管理机制发展为"非常态"和"常态"相结合的区域应急管理体系。同时，规划构建公共安全防范联动机制，推进区域应急联动发展。

第四节　党的十八大以来城市公共安全防控体系的新探索

党的十八大以来，国家对安全的重视程度不断增加，党的十八届三中全会决定，于 2013 年 11 月 12 日正式成立中央国家安全委员会。中央国家安全委员会的成立，对统筹国家安全，走中国特色国家安全道路起到了统领作用。作为国家安全的一个方面，

城市公共安全持续贯彻落实总体国家安全观，对安全防控技术和体系进行了创新和探索。

一、党的十八大以来城市公共安全防控体系的基本做法

（一）瞄准理论前沿，城市安全防控理念逐步付诸实践

城市公共安全防控的发展主要经历了分散—系统—联动的发展过程，分为三个阶段。一是分散防控阶段，即分散规划阶段。主要为20世纪70年代末之前，以单灾种、单领域的防控为主。这个阶段城市系统及其公共安全事件相对比较简单，突发公共事件的发生相对较少，可控性较强，防控体系基本是针以单灾种单元防控为主的分散系统。二是系统防控阶段，即集中规划阶段。主要为20世纪八九十年代，以单灾种、多领域研究为主。80年代后，各国纷纷采取"平战结合"的决策，将更多的资源从军用转到应急体系。如美国联邦紧急事务管理署（FEMA）将原来分散的、承担救灾责任机构统一，并提出4P（预报、预警、预防、预先准备）和4R（伤病员搜救、救济，恢复、重建）。这个阶段的主要特征是形成了"管理统一，平台分散"的格局。1998年美国加利福尼亚大学伯克利分校出版的《城市的应急管理与计划》就包含了这一思想。三是联动防控阶段，即统筹规划阶段。主要为21世纪以来，以多灾种、集成化研究为主。这个阶段公共突发事件日益复杂化、综合化，以往在单灾种管理模式中形成的分散平台与统一管理之间逐步出现了矛盾，在处理跨区域、跨平台的公共突发事件时，无法形成综合性的信息资源。城市公共安全防控体系向多灾种与综合性、集成化管理相结合的模式转变。"9·11"事件促使FEMA同美国其他22个联邦机构一起并入美国国土安全部，成为该部4个主要分支机构之一。2003年，中国也开始认识到单灾种的防范模式已经不能适应公共安全的要求，把突发公共事件分为自然灾害、事故灾难、公共卫生事件、社会安全事件，突破了单灾种的分类模式。自此，城市公共安全防控体系进入联动防控阶段。近年来，中国城市规划向城乡规划转变，城市公共安全规划也开始转入城乡公共安全规划阶段。

党的十八大以来，新型城镇化、区域一体化等一系列战略的实施，为联动防控提供了广阔的空间和平台，统筹规划、分工协作、联勤联动等创新的发展理念正在逐步

落实，在社区、园区、楼宇、校区等基层单元，出现许多典型案例。

（二）数字化赋能，优化多级治理体系

经过多年探索，各城市在智慧城市、城市大脑、城运中心等数字化管理和防控系统等建设不断完善，构建出适合本城市的市、区、街镇等多级城运平台和中枢，城运、大数据和行政服务等中心互为支撑、相互赋能，风险封控数字化平台不断完善，大大发展了日常管理联勤联动、值班值守指挥调度、突发公共事件应急响应、数据分析应用、风险研判预警等功能。

5G、人工智能、物联感知、大数据分析、边缘计算等先进的数字化科技手段在安全风险防控中不断得到应用，城市突发公共事件的预警预报技术水平不断提高，为韧性城市和安全城市建设夯实了基础。同时，以数字化为底座，线上与线下管理流程相结合，形成一套系统科学的城运统筹协调、联动指挥、资源调配机制；基层一线工作站实体化开始运作；基层最小管理单元数字治理的数字化治理体系逐步形成，高度赋能为公共安全风险防控。在数字化技术支撑下，城运中心的"城市大脑"作用得到提升，网格化管理、市民热线、非警情分流、动态清零等全域性管理事项得到优化和整合，跨部门、跨领域、跨层级联动，绿化、城管、市场监管等部门对接等安全风险防控体系得到一体化布局。

【案例1】数字化转型打通社区治理的"神经末梢"[①]

田林街道率先试点"一网统管"建设，以"两张网"融合的街道城运平台建设为牵引，加快社区数字化转型，让"一网统管"直达社区治理的"神经末梢"，为此采取了以下措施：

首先，做强城运平台。整合26个数据库、11个实战系统，明确权责清单，街道12个条线655名管理力量全部纳入网格。其次，实现闭环管理。"一云汇数据"实现数据闭环，"多格合一"实现处置闭环，责任清单实现责任闭环。"汇治理""志愿汇"等小程序把数据同步发送给社区工作者，缩短处置周期。最后，治理创新。运用移动设备和"汇治理·随申拍"参与自治共治。建立网格问题"蓝、黄、橙、红"由易到

---

① 根据第二届中国（上海）社会治理创新实践案例整理，上海市徐汇区田林街道工作委员会报送。

难四色分类规则。建设物联感知网络平台，汇聚 6 000 余个传感器数据流；分析形成"物、数、智联"精细化治理模式。

通过数字化转型，田林街道实现小区"零发案"。盗窃和入室盗窃案件接报同比分别下降 70% 和 59.4%。群众安全感测评 87.23 分，高于全市平均值。

（三）立足基层单元，持续开展日常宣传教育工作

宣传教育是城市公共安全必备的环节，基层单元的宣传教育工作，更是化解基层矛盾，消除安全隐患的重要手段之一。近年来，中国立足基层社区、园区、校区、楼宇等基础单元，以党建为引领，以基层社会治理平台为载体，将传统的平面媒体手段与 VR、元宇宙等前沿的数字化手段相结合，在安全宣传教育方面不断深化，对推进和壮大基层志愿者队伍建设，助力安全防护职能部门开展应急模拟和演练，提高公共安全意识和能力，掌握识险、避险、自救、互救的知识和技能，起到了巨大的作用。

【案例 2】学校"安全屋"助力学生健康成长 [①]

2016 年，上海市普陀区教育局启动公共安全教育共享场所（简称"安全屋"，含区学生公共安全教育体验中心和学校公共安全教育体验教室）。"安全屋"的建设进一步健全完善了学校、家庭与社会相结合的安全教育网络，学校充分挖掘适合本学校实际的各种资源，根据地域特点和学生生活实际，将可能遇到的各种安全问题作为课程开发的主要内容，将公共安全教育、教育科研与实际相结合。普陀区公共安全教育馆已经成为第三批区县学生社会实践（志愿服务）基地，同时向社区和居民开放，使安全教育资源得到辐射分享，取得了一定的教育效应和社会效应。作为上海市首家由区级民防系统下设面向社会公众开放的专业教育场馆，不断有各区的民防系统政府部门和基地前来参观。

1. 强力推动学校"安全屋"的建设

截至 2018 年底，普陀区内 63 所义务教育阶段学校中每所学校至少配有 1 间公共安全教育体验教室，提前两年完成"十三五"时期建设目标。2019 年，区教育局与区民防办合作，投入经费 380 余万元，完善普陀区学生公共安全教育体验中心在应急救

---

① 根据第二届中国（上海）社会治理创新实践案例整理，上海市普陀区教育局报送。

护、交通安全等方面的功能，为全区中小学生提供一个综合型的公共安全教育科普、实践和体验场所。

2. 积极探索"安全屋"的创建与运行机制

在推进普陀区中小学公共安全体验教室建设的进程中，积极探索区公共安全教育的创建与运行机制。包括建立"资源整合，区域共享"的建设机制、项目建设进度定期上报制度、监督检查与服务验收机制、新型教育装备管理工作机制以及校长建设项目第一责任人机制等。

3. 认真实施"安全屋"的教育课程

充分发挥课堂教学主渠道作用，做到教材、课程、课时、师资、教案"五落实"。教材方面，以区教育局开发的《普陀区公共安全教育馆活动课程》为主，各学校自编教材为辅，根据季节变化、地域特点、疫情变化、校园周边环境和学生实际状况等确定安全教育重点，让学生可以系统掌握公共安全知识。在课时方面，区级共享课程以小学四年级为主，将快乐活动日课程与场馆体验课程相结合，走进区公共安全教育馆实施活动课程。各学校利用校公共安全体验教室，校本化落实公共安全教育要求。

4. 强化学校"安全屋"的主题教育功能

建有"安全屋"的学校，积极开展主题教育活动，充分利用安全教育月（周、日）、防灾减灾宣传周等时机，通过"安全屋"体验活动、校会、升旗仪式、专题讲座、游戏、模拟、橱窗、参观等形式，运用广播、电视、网络等现代教育手段，开展形式多样的公共安全教育活动。同时，加强与消防、交通、治安、卫生、气象、地震等部门协作，开展全方位、多角度的安全教育，使学生在活动中潜移默化地受到公共安全教育。在接受"安全屋"主题教育的基础上，各中小学校每月至少开展一次，以应对自然灾害、地震、消防逃生等突发事件为主的应急疏散演练。

（四）区域联动，构建一体化安全防控体系

《长江三角洲区域一体化发展规划纲要》提出，加强基本公共卫生服务合作，推动重大传染病联防联控。长三角地区已经有合作基础，特别在县、市、区的层面合作交流非常频繁，上海世博会"环沪护城河"安保工程、G20 杭州峰会疫情联合会商等都体现了长三角公共卫生的合作。随着长三角一体化发展战略的深入推进，基层合作

上升为三省一市公共应急联动机制。2018年，长三角正式建立了苏沪浙皖三省一市省级疾控中心卫生应急合作机制，定期开展长三角区域公共卫生风险联合评估和应急演练。长三角公共卫生风险的联合科研、联合评估研判机制和疫情协同处置机制逐步展开。

近年来，长三角四地医保部门主动作为，加强及时沟通协调，坚持把人民生命安全和身体健康放在第一位，为新冠肺炎患者异地备案开辟"绿色通道"，为解除患者就诊后顾之忧、做好医疗救治工作提供有力保障。未来，长三角地区医疗一体化行动固化下来，形成医保一体化制度和政策体系。

二、总结与展望

（一）规划引领城市公共安全治理体系

未来城市公共安全要素将进一步纳入城乡规划范畴，公共安全布局将得到统筹考虑。一是统筹布局突发公共事件要素。应对群体性事件的空间布局、地下避难场所的互联互通等重点考虑，特别是在大型基础规划中，将考虑公共安全要素的空间布局。二是空间布局将更加以人为本。坚持"人民城市人民建，人民城市为人民"的理念，充分考虑轨道交通站点的选址、通道、空地、周边设施布局，为突发应急事件的回避、逃生和处置提供高质量、便利化的布局。三是常态化韧性治理体系更加完善。未来将进一步打通规划—建设—管理—服务—治理等环节，形成一体化的整体治理链和治理体系，不断增强系统韧性，不断提升防范风险能力。

（二）科技赋能成为常态

随着科学技术的发展，未来城市公共安全防控信息化建设将向高质量迈进。公共安全重点控制区域、重点线路、重点控制行业、重点控制人群、重点控制项目等的大数据将更加完善，安全防控主体数据库之间互联互通程度将大大加强，信息孤岛的现象会越来越少。在应用层面，统一的数据库平台系统和城市公共安全风险信息图库将实现全覆盖，数字化助力评估体系将更加科学化。同时，政务网平台与风险防控平台将实现无缝对接，利用"大数据＋网格化"方法实时监测分析安全风险动态、跟踪排查高风险人员流向、向社会公开通报风险防范等环节将日益科学。

（三）专业化治理体系逐步完善

国内外城市安全防控经验表明，单纯依赖政府灾后救援已经不能满足社会发展，城市公共安全体系建设需要专业化的运作才能更加有效。一是基层引进专业化资源将更加普遍。目前，各城市的基层单位已经引进市场化要素，向全社会招标购买保安、医护等专业化服务团队，未来这种行为将常态化。二是重点项目的专业化评估机制将逐步完善。未来公共安全项目将更加面对市场化和社会化，专业化评估团队的进入，将对推进项目的科学化建设和管理起到推动作用。三是应急评估市场更加专业化。未来公共安全的产品、评估、咨询、保险、中介等专业化体系逐步发展，政府采购、监管以及社会监督体系将逐步确立。

（四）社会化治理将不断深入

一是"三位一体"的专业化队伍建设将不断加强。在政府主导的专业队伍建设的基础上，民间救助力量的准入门槛将逐步放宽，形成政府与民间专业救助队伍合作的长效机制框架。依托社区、园区、学校、企业，积极培养参与性相对稳定、有一定专业化程度的应急队伍；逐步形成政府应急部门、民警救助力量、社会应急队伍为核心的分工明确、层次分明的"三位一体"的专业化队伍。二是社会参与的"核心力量"志愿者队伍建设将不断加强。要针对社区、园区、学校、企业等实际情况，以社团、街道、业主委员会、居委会、物业管理委员会等为主体，通过半专业化的培训等手段，形成志愿者队伍，并以此成为社会参与的"核心力量"，贯彻落实公共安全防控的方针政策，开展对大众的宣传教育。三是应急专家队伍将不断壮大。未来各城市将充分利用高校、科研机构集中专家力量，建立专家数据库，建立"绿色通道"，及时将专家的研究成果和观点向相关部门反映，被采纳的成果和建议，要及时转化落实。

（五）区域安全防控一体化机制将不断完善

随着中国区域一体化进程的不断推进，各城市已经具备融入区域发展、优化配置安全防控资源的基础。未来区域安全防控协调机制将成为区域协调机制中的一个重要方面，将逐步形成联席会议制度、课题研究、专题推进、区域联勤联动、区域共治等不同层面、不同形式的安全防控一体化。应进一步打破区域行政分割，科学合理地确定应急管理体系在区域的整体定位和职责部署，进一步发挥中心城市的功能和影响力，更加明确各城市的分工，优化区域信息联通、应急物资、避难场所、设备和人员配备。

（六）应急产业的增长极作用得到发挥

在现代服务业方面，产业知识产权评估和交易体系将不断完善，形成行业趋势信息、产品开发、技术专利、知识产权、品牌创新、产品交易等与应急产业相关的专业性服务平台。在部分城市试点巨灾保险的基础上，有条件的一二线城市将深入开展试点工作。在现代制造业方面，新型应急产品的研发与生产将进一步得到发展。未来中国将利用军工技术优势突出的特点，鼓励城市推进军民融合，推进应急产业发展，加强在地震气象监测观测系统、民防工程设备、应急指挥调度平台、北斗卫星导航、航天航空技术、特种装备、应急体验设备等新兴应急产品方面的研发和生产。不断完善有利于应急产业发展的营商环境，逐步完善公共安全产业目录、行业标准，不断增加应急产业园区，形成新型的 PPP 模式、产学研联盟等模式，将科技基金扶持项目向公共安全产业倾斜，加快实施应急产业高端人才引进优惠政策等。

第九章 数字化转型与智慧城市建设

随着经济社会的快速进步和加速转型，传统城市管理模式难以满足超大型城市的可持续发展需求，为应对人口、资源、环境等对城市发展的挑战，全球各国多以智慧城市建设作为新的城市发展理念和实践路径。城市管理不仅是国家治理体系的重要组成部分，同时也是全球互联网治理体系的重要载体和构建网络空间命运共同体的重要基础。随着国家治理体系和治理能力现代化的持续推进，"创新、协调、绿色、开放、共享"发展理念的不断深入，网络强国战略、国家大数据战略、"互联网＋"行动计划的实施和"数字中国"建设的逐步发展，城市被赋予了新的内涵和要求，党的二十大对建设网络强国、数字中国、智慧社会也作出了战略部署。

智慧城市已从新概念的舶来品变为推动中国新型城镇化的重要抓手。经过十多年的发展，中国在智慧城市领域取得了显著成绩，有超过89%的地级以上城市明确提出构建智慧城市的相关方案，在建总数超过500个。但中国智慧城市发展仍在探索的过程，全社会对智慧城市的发展理念、本质内涵、实现路径和运营模式等仍未形成一致意见。建设中国特色智慧城市的核心宗旨是为中国以人为本的新型城镇化服务，解决城镇化进程中带来的现实问题。因此，智慧城市的建设要以物联网、云计算等新一代信息技术和产品为依托，坚持以人为本，着力解决百姓在衣食住行、安居乐业、生老病死中面临的困难。

第一节 数字化转型与智慧城市的理论基础

本节通过辨析智慧城市的概念、研究习近平总书记关于数字化转型与智慧城市建设的重要论述、探索数字化转型与智慧城市建设的国际经验，为中国的实践探索提供借鉴依据。

一、智慧城市的概念解析

"智慧城市"一词本身及其相关的技术应用和管理实践，虽然被誉为创新概念，但仍需要放到城市管理和信息通信技术（information and communication technology，ICT）在城市应用的历史中进行考虑。智慧城市通常被认为是能积极实施ICT的综合管理系统，主要包括采集数据支持、监测和改善城市基础设施（如交通管理、能源消耗和应急响应等）。在智慧城市中，ICT可以实时采集并响应系统及用户的反馈，使城市生活更加高效。这种对智慧城市的理解强调了：通过无处不在、相互连接的传感器，各种有感知能力的对象，以及可将城市活动转化为数据的高速互联网，实现监控城市活动及行为的能力。除了可以对环境和行为变化作出响应外，智慧城市还被认为应具有一定的预测性。基于监测系统，大数据分析可以在一定程度上预测未来的城市活动及状态。

在对智慧城市的概念进行阐释时，国外学者指出，过去智慧城市指的是实施了数字基础设施和ICT的城市，但现在ICT旨在优化每个城市系统，以实现改善服务水平和提高生活质量的目标。也曾有城市规划工作者总结："智慧城市是利用信息技术解决问题的地方。"[1] 国外从事智慧城市设计和实施业务的技术开发商认为，智慧城市的概念取决于其将智能物联网（internet on things，IoT）设备集成到城市发展和规划中的能力、创新性和灵活性。

中国智慧城市的概念最早由住建部在2008年提出。随着对智慧城市实践和认知的不断变化，国家发改委从数字化与技术角度认为：智慧城市是运用物联网、云计算、大数据和空间地理信息集成等新一代信息技术，促进城市规划、建设、管理和服务智慧化的新理念和新模式。智慧城市本质上是利用智慧技术对城市进行重塑和再造，是运用新一代信息通信技术促进城市创新和发展的系统工程。

二、习近平总书记关于数字化转型与智慧城市建设的重要论述

党的十八大以来，习近平总书记对数字化转型与智慧城市建设作出一系列重要论

---

[1] Townsend, A M., 2013, *Smart Cities: Big Data, Civic Hackers, and the Quest for a New Utopia*, New York: W.W. Norton,: XII.

述^①，为中国智慧城市建设指明了方向。

通过创新创业，推动智慧城市建设。习近平在《统筹改革、科技、文化三大动力，提高城市发展持续性》一文中论述：深化城市改革，包括推进城市科技、文化等诸多领域改革。要优化创新创业生态链，让创新成为城市发展的主动力，特别是要把互联网、云计算等作为城市基础设施加以支持和布局，促进基础设施互联互通，释放城市发展新功能。要加快智慧城市建设，打破信息孤岛和数据分割，促进大数据、物联网、云计算等新一代信息技术与城市管理服务融合，提升城市治理和服务水平。要加强城市管理数字化平台建设和功能整合，建设综合性城市管理数据库，发展民生服务智慧应用，实现"科技让生活更美好"的目标。^②

智慧城市建设需要从智慧政务着手。习近平总书记在 2016 年 4 月 19 日网络安全和信息化工作座谈会上指出，要以信息化推进国家治理体系和治理能力现代化，统筹发展电子政务，构建一体化在线服务平台，分级分类推进新型智慧城市建设，打通信息壁垒，构建全国信息资源共享体系，更好用信息化手段感知社会态势、畅通沟通渠道、辅助科学决策。

智慧城市建设是优化社会治理的方式。习近平总书记在十八届中央政治局第三十六次集体学习时的讲话中指出："随着互联网特别是移动互联网发展，社会治理模式正在从单向管理转向双向互动，从线下转向线上线下融合，从单纯的政府监管向更加注重社会协同治理转变。我们要深刻认识互联网在国家管理和社会治理中的作用，以推行电子政务、建设新型智慧城市等为抓手，以数据集中和共享为途径，建设全国一体化的国家大数据中心，推进技术融合、业务融合、数据融合，实现跨层级、跨地域、跨系统、跨部门、跨业务的协同管理和服务。要强化互联网思维，利用互联网扁平化、交互式、快捷性优势，推进政府决策科学化、社会治理精准化、公共服务高效化，用信息化手段更好感知社会态势、畅通沟通渠道、辅助决策施政。"^③ 此外，习近平总书记在十九届中央政治局第九次集体学习时的讲话明确表示："加强人工智能同社会

① 中共中央党史和文献研究院：《习近平关于城市工作论述摘编》，中央文献出版社 2023 年版。
② 摘自习近平：《论坚持全面深化改革》，中央文献出版社 2018 年版。
③ 习近平：《在十八届中央政治局第三十六次集体学习时的讲话》（2016 年 10 月 9 日），《人民日报》2016 年 10 月 10 日。

治理的结合，开发适用于政府服务和决策的人工智能系统，加强政务信息资源整合和公共需求精准预测，要推进智慧城市建设，促进人工智能在公共安全领域的深度应用，加强生态领域人工智能应用，运用人工智能提高公共服务和社会治理水平。"①

智慧城市建设要求数据融合和协同管理。习近平总书记在主持中共中央政治局第二次集体学习时强调，要以推行电子政务、建设智慧城市等为抓手，以数据集中和共享为途径，推动技术融合、业务融合、数据融合，打通信息壁垒，形成覆盖全国、统筹利用、统一接入的数据共享大平台，构建全国信息资源共享体系，实现跨层级、跨地域、跨系统、跨部门、跨业务的协同管理和服务。

智慧城市建设涉及多个领域、多项技术，是为民服务的有效措施。习近平总书记在主持第十九届中共中央政治局第十八次集体学习时指出，要探索区块链底层技术服务在信息基础设施、智慧交通、能源电力等领域的推广应用，提升城市管理的智能化、精准化水平。要利用区块链技术促进城市间在信息、资金、人才、征信等方面更大规模的互联互通，加强跨省市重大产业项目的利益共享，保障生产要素在区域内有序高效流动。要探索利用区块链数据共享模式，实现政务数据跨部门跨区域共同维护和利用，促进业务协同办理，深化"最多跑一次"改革，为人民群众带来更好的政务服务体验。② 此外，习近平总书记在浙江考察时提到：推进国家治理体系和治理能力现代化，必须抓好城市治理体系和治理能力现代化。运用大数据、云计算、区块链、人工智能等前沿技术推动城市管理手段、管理模式、管理理念创新，从数字化到智能化到智慧化，让城市更聪明一些、更智慧一些，是推动城市治理体系和治理能力现代化的必由之路，前景广阔。③

党的二十大报告强调："加强城市基础设施建设，打造宜居、韧性、智慧城市。"通过数字化提升城市运行效能，不断破解城市治理中的实际问题，是提升城市治理水平的重要路径。

---

① 习近平：《在十九届中央政治局第九次集体学习时的讲话》(2017年12月8日)，《人民日报》2017年12月10日。
② 习近平：《在十九届中央政治局第十八次集体学习时的讲话》(2019年10月24日)，载中国政府网 http://www.gov.cn/xinwen/2019-10/25/content_5444957.htm，2019年10月25日。
③ 习近平：《在浙江考察时的讲话》(2020年3月29日—4月1日)，《人民日报》2020年4月2日。

三、数字化转型与智慧城市建设的国际经验

智慧城市是城市数字化向更高层次的发展，其核心是体现以人为本、智能运行的理念，利用物联网、云计算等新一代信息技术全面感知城市的运行状态，提高人与物、物与物之间交互的明确性、灵活性、执行效率和响应速度，对物理现实空间中的各种实体对象更加精确、智能和直观的控制和展现，提高对各种实体系统的整体优化掌控，实现信息虚拟空间和物理现实空间的同步互动，通过海量的信息收集和存储分析能力，深入挖掘各种系统间的直接或间接联系、发现规律并提出方法，为更智慧的决策和行动提供支持，达到提高政府公共服务水平、企业竞争力和市民生活质量的目标。

国内外都意识到建设智慧城市是加快产业转型升级、推动创新城市建设的重大战略举措，这对城市来说也是一个难得的发展新机遇。全球目前有超过 400 个城市在竞逐最具智慧城市头衔。近十年间，美国俄亥俄州的哥伦布、芬兰的奥卢、加拿大的多伦多、中国台湾的台中市、爱沙尼亚的塔林等地被视为智慧城市。尽管名称上都叫"智慧城市"，但其发展的技术路线和重点不尽相同，各个国家和地区在制定发展规划时也都不同，且都会根据自身情况及技术水平建设智慧城市。本节选取具有代表性的地方进行介绍，以便从中找到有益的规律。

1. 英国的数字化转型与智慧城市建设

2007 年，英国在格洛斯特建立了"智能屋"试点，将传感器安装在房子周围，传回的信息使中央电脑能够控制各种家庭设备。在屋内使用红外线和感应式坐垫可以自动监测老人的走动，屋内还配有医疗设备，可以测心率和血压等参数，测量结果可以自动传输给相关医生。

2009 年 6 月，英国发布了"数字英国"（Digital Britain）计划，利用移动的网络优势和信息化产品，为分布在城市中心的企业提供方便、快捷、有效的统一语音、数据、视频的多媒体应用平台，将英国打造成世界的"数字之都"，在 2012 年建成覆盖所有人口的宽带网络。

贝丁顿社区是英国最大的低碳可持续发展社区，其建筑构造从提高能源利用角度

来考虑，是表里如一的真正"绿色"建筑。该社区房屋的楼顶是一种自然通风装置，设有进气和排气两套管道，室外冷空气进入和室内热空气排出时会在其中发生热交替，这样可以节约供暖所需的能源。由于采取了建筑隔热、智能供热、天然采光等设计，综合使用太阳能、风能、生物质能等可再生能源，该小区与周围普通住宅区相比，可节约 81% 的供热能耗及 45% 的电力消耗。

2. 日本的数字化转型与智慧城市建设

日本在城市信息化建设方面非常重视，希望通过智慧城市的建设来改革整个经济社会，催生出新的活力，实现积极自主的创新。2009 年 7 月，日本政府 IT 战略部制定了《i-Japan 战略 2015》，旨在将数字信息技术融入生产生活，将目标聚焦在电子化政府治理、医疗健康信息服务、教育与人才培育等三大公共事业。

在上海世博会上，日本馆以"连接"为主题，用信息化最新科技让人们看到未来 20—30 年城市"智慧生活"的美好场景，展会上亮相的"未来邮局"融合了互联网和物联网技术，在邮局中不仅能够寄送信件，还能实现人与商品的智慧交流。泛在网络环境是指在互联网处于任何时候和任何情况下都可以实现全面互联的状态。基于这种技术的优越性，日本大力发展泛在环境下的电子政府，推动医疗、健康和教育的网络化。日本政府希望通过执行这一战略，开拓支持日本中长期经济发展的新产业。

除此之外，东京建立的电子病历系统在各类医院已基本普及，整合了各种临床信息和知识库，如病人的基本信息、住院情况和护理记录等，为护士提供自动提醒，方便医生进行检查、治疗、注射等诊疗活动。此外，医院用笔记本电脑和掌上移动设备实现医生移动查房和护士床旁操作，实现无线网络化和移动化，诊疗的数字化、无纸化和无胶片化等。

3. 新加坡的数字化转型与智慧城市建设

新加坡在 2006 年启动"智慧国 2015"计划，力图通过包括物联网在内的信息技术，将新加坡建设成为经济、社会发展一流的国际化城市，其具体规划包括：所有行业实现计算机化，大力发展信息技术，帮助普通民众应用信息技术，以及建设新的基础设施。

新加坡的智能交通管理系统（Intelligent Transport Management Systems, ITMS），使道路、使用者和交通系统之间紧密、活跃而稳定的相互信息传递和处理成为可能，从而为出行者和其他道路使用者提供了实时、适当的交通信息，使其能对交通路线、交通模式和交通时间做出充分、及时的判断。

新加坡政府业务的有效整合实现了无缝管理和一站式服务，电子政务公共服务架构可以提供超过 800 项的政府服务，建成高度整合的全天候电子政务服务窗口，使各政府机构、企业以及民众间达成无障碍沟通。

第二节 中国数字化转型与智慧城市建设的实践探索

一、中国数字化转型与智慧城市建设的发展情况

《中国智慧城市发展水平评估报告》针对智慧城市的内涵特征、体系架构、发展规律等进行全面分析，选取了"规划方案、组织体系、资金投入、示范项目、信息基础设施、用户能力基础、政府服务能力、产业基础、软环境、能源利用与环保"等内在逻辑性较强、数据可采集性较高的评测指标，按智慧城市的发展水平划分为领跑者、追赶者和准备者三个阶段。初步筛选出 26 个代表性目标城市进行评估考核：领跑者（9 个）：北京、上海、广州、深圳、重庆、宁波、南京、佛山、扬州；追赶者（13个）：天津、武汉、无锡、大连、福州、杭州、青岛、昆明、成都、嘉定、莆田、江门、东莞；准备者（4 个）：沈阳、株洲、伊犁、江阴。

尽管国内智慧城市建设的单位众多，但各城市的特色均不相同，汇总起来主要分为创新推进智慧城市建设，以发展智慧产业为核心，以发展智慧管理和智慧服务为重点，以发展智慧技术和智慧基础设施为路径，以及以发展智慧人文和智慧生活为目标等五大类。

（一）创新推进智慧城市建设

这类城市将建设智慧城市作为提高城市创新能力和综合竞争力的重要途径。例如，"智慧深圳"作为推进建设国家创新型城市的突破口，着力完善智慧基础设施，发展电子商务支撑体系，推进智能交通和培育智慧产业基地，是国家三网融合试点城市，宽带无线网络覆盖率达到 100%；"智慧南京"作为转型发展的载体、创新发展的支柱和

跨越发展的动力，着力促进产业转型升级，加快发展创新型经济，从根本上提高南京整体城市的综合竞争实力。

（二）以发展智慧产业为核心

"智慧武汉"着重完善软件与信息服务发展环境，加快信息服务业、服务外包、物联网及云计算等智慧产业的发展，推进信息化建设，促进城市圈的综合协调和一体化建设。"智慧宁波"以建设网络数据基地、软件研发推广产业基地、智慧装备和产品研发与制造基地、智慧服务业示范推广基地、智慧农业示范推广基地以及智慧企业总部基地等六大智慧产业基地为重点，加快推进智慧产业的发展。

（三）以发展智慧管理和智慧服务为重点

"智慧昆山"包括智能交通、智慧医疗、服务型电子政务等内容，为城市运营和管理提供更好的指导和管控，通过实施"城市控管指挥中心""政府并联审批""城市节能减碳"等三大智慧城市解决方案，应对城市管理的现实问题。"智慧佛山"提出建设信息化与工业化融合工程、战略性新兴产业发展工程、农村信息化工程、U-佛山建设工程、政务信息资源共享工程、信息化便民工程、城市数字管理工程、数字文化产业工程、电子商务工程以及国际合作拓展工程等十大重点工程，突出其智慧管理和服务的职能。

（四）以发展智慧技术和智慧基础设施为路径

杭州因地制宜，提出建设"绿色智慧城市"，着力发展信息、环保和新材料等为主导的智慧产业，加强城市环境保护，从而实现建设"天堂硅谷"和"生活品质之城"的城市发展战略目标。南昌提出把打造"数字南昌"作为智慧城市建设的突破点，通过综合指挥调度平台、智能交通系统、市政府应急系统、数字城运和数字城管等重大工程，提升城市运行监测和城市公共信息服务水平，从而率先在中部地区建成具有区域竞争力的"数字城市"。

（五）以发展智慧人文和智慧生活为目标

成都提出要提高城市居民素质，完善创新人才的培养、引进和使用机制，通过智慧人文为构建智慧城市提供坚实的智慧源泉。重庆提出要以生态环境、卫生服务、医疗保障和社会保障等为重点建设智慧城市，提高市民的健康水平和生活质量，打造

"健康重庆"。

二、中国数字化转型与智慧城市建设的现实条件

智慧城市建设需要良好的发展环境。PEST 模型是一种宏观环境分析工具，从四方面进行考虑，即政治、经济、社会和技术因素。本小节通过 PEST 模型分析中国智慧城市发展环境。

（一）政策支持

为了支持数字化转型与智慧城市建设，我国出台了相关的国家政策。学者李霞等构建了基于"资源效用—技术结构—应用领域"的智慧城市政策工具分析框架，运用文本内容、社会网络分析与多维尺度方法对中国 2011—2021 年智慧城市政策进行演进脉络、政策网络关系、阶段共现主题词和政策工具分析，由此发现：中国智慧城市政策经历了感知基础架构与顶层设计、智慧产业培育与创新驱动、智慧应用领域异构化发展三个演进阶段。[①]

第一阶段：感知基础架构与顶层设计。2012 年《国家智慧城市试点暂行管理办法》与《国家智慧城市（区、镇）试点指标体系》指明了智慧城市具体管理办法与试点指标体系，随着《关于促进信息消费扩大内需的若干意见》中明确提出智慧城市建设目标，《国家新型城镇化规划（2014—2020 年）》提供了智慧城市构建方向与顶层设计依据，确定了中国智慧城市发展目标与意义。这一阶段围绕智能化基础设施建设展开，提出了物联网技术概念与架构体系，其中包括《国务院关于推进物联网有序健康发展的指导意见》等。

第二阶段：智慧产业培育与创新驱动。中国智慧城市政策过程的第二阶段始于2015 年，在国家创新驱动发展战略指导下，智慧城市建设快速发展，政策颁布数量随之增长。大数据、人工智能等智慧城市核心支撑技术创新驱动技术产业链优化与战略性新兴产业纵深发展，《国务院关于促进云计算创新发展培育信息产业新业态的意见》与《国务院关于印发促进大数据发展行动纲要的通知》要求构建基于大型云计算数据

---

① 李霞、陈琦、贾宏曼：《中国智慧城市政策体系演化研究》，《科研管理》2022 年第 7 期。

中心的产业创新模式，通过大数据资源的整合与处理能力为城市服务提供支撑。同时，通过智慧城市建设技术标准体系和评价指标体系立项推动智慧城市重点标准的研制与应用，以指导规模化发展的智慧城市试点实践。

第三阶段：智慧应用领域异构发展。2018年至今是基于全国分布式应用项目示范的智慧城市政策应用领域多维异构发展阶段，基于《2020年新型城镇化建设和城乡融合发展重点任务的通知》，政策应用从省级、地级城市试点逐步覆盖全国县级等，例如《淄博市智慧金融综合服务平台建设工作方案》《智慧武威"城市大脑"建设方案》。自然资源部办公厅发布《智慧城市时空大数据平台建设技术大纲（2019版）》为各省市数据平台基础提供技术保障。作为可持续发展目标的智慧商业应用服务与智能技术产业是领域结构演进的中间节点，政策应用领域结构缘起于智慧政务，端节点落脚于智慧交通，并逐步扩展到智慧环境、智慧安全等不同应用体系。

（二）经济基础

数字经济和通信技术的发展为中国数字化转型与智慧城市的建设奠定了经济基础。

近年来，中国数字经济快速发展，融入国民经济的各个领域，为经济发展提供了新动能，在调整经济结构、转变发展方式、促进产业转型升级等方面作用明显，主要表现为：数字经济规模不断扩大。2020年中国数字经济总量大39.2万亿元，占当年GDP总量的38.6%。数字产业化快速推进。2020年中国数字产业化规模达7.5万亿元，占GDP的7.3%。数字商务走在世界前列。中国电子商务交易额、网购消费者人数均排名全球第一，中国移动支付交易额是美国的十多倍。

在通信技术方面，根据工信部发布的数据，2020年中国规模以上电子信息制造业增加值同比增长7.7%，实现营业收入同比增长8.3%，利润总额同比增长17.2%；规模以上互联网和相关服务企业完成业务收入12 838亿元，实现营业利润1 187亿元，投入研发费用788亿元，同比增长6%。其中，信息服务收入7 068亿元，互联网接入及相关服务收入447.5亿元，互联网数据服务收入199.8亿元。

（三）社会环境

互联网普及率的快速提高和信息化在改善民生方面成效显著使得数字化转型和智

慧城市建设在中国具备了成熟的社会环境。

在互联网普及方面，第 47 次《中国互联网络发展状况统计报告》显示，截至 2020 年 12 月，中国 IPv4 地址数量为 3.89 亿个，拥有 IPv6 地址 57 634 块 /32。中国域名总数为 4 198 万个，其中 ".cn" 域名总数为 1 897 万个，在中国域名总数中占比达 45.2%。中国网站总数为 443 万个。国际出口宽带为 11 241.5 Gbps。中国网民规模达 9.89 亿人，互联网普及率为 70.4%。近年来，义务教育、医疗卫生、社会保障等公共事业信息化深入发展，信息化在改善民生方面成效显著。

在义务教育方面，随着在线教育的发展，部分乡村地区视频会议室、直播录像室、多媒体教室等硬件设施不断完善，名校名师课堂下乡、家长课堂等形式逐渐普及，为乡村教育发展提供了新的解决方案。通过互联网手段弥补乡村教育短板，为偏远地区青少年通过教育改变命运提供了可能，为中国各地区教育均衡发展提供了条件。截至 2020 年 12 月，中国在线教育用户规模达 3.42 亿户，占网民整体的 34.6%。

在医疗卫生方面，以医院管理和临床医疗服务为重点的医院信息化建设取得重要进展，以提高公共卫生服务能力和卫生应急管理水平为主要目标的信息化建设取得长足进步，以居民电子健康档案为基础的区域卫生信息化建设获得有益经验，信息化为群众服务、为管理和决策服务的效果逐步显现。

在社会保障方面，地级以上人力资源社会保障部门普遍建立了数据中心，多地区实现了业务数据在市级的集中统一管理。部、省、市三级网络进一步贯通，基本覆盖了各类公共就业服务机构和社会保险经办机构，初步形成了人力资源社会保障信息网络框架。信息化建设丰富了向社会公众提供信息服务的手段，政府网站、12333 咨询服务系统、基层信息服务平台使人民群众可以享受便捷的人力资源社会保障服务。

（四）技术水平

包括物联网、云计算、大数据和数字孪生在内的新一代信息技术的快速发展以及信息系统国产化程度的不断提高，让中国的数字化转型和智慧城市建设具备了相应的技术水平支持。

近年来，中国物联网技术创新能力明显提升，产业规模不断扩大。许多高校开设物联网相关专业，成立物联网实验室、研究院、研究中心等创新载体。不少科研院所积极开展物联网技术攻关，在传感器、智能终端、应用系统等领域取得了丰硕的研究成果。其中，光纤传感器和红外线传感器等技术达到国际先进水平，超高频智能卡等技术水平大幅提高，中间件平台、智能终端研发取得重大突破。中国物联网产业已形成包括软件、硬件设备、芯片、电子元器件、系统集成、运维等在内的比较完整的产业链，物联网标准体系不断完善。

当下，中国云计算产业快速发展，市场竞争激烈，技术进步加速。根据中国信息通信研究院《2020 年云计算发展白皮书》数据显示，2019 年，中国云计算产业规模达到 1 334 亿元。目前，云计算服务提供商众多，有中国移动、中国电信和中国联通等基础电信运营商，BAT 等大型互联网企业，以及浪潮等专业云计算服务提供商。市场参与方多元并存促使云计算创新能力增强。云计算平台大规模资源管理与调度、运行监控与安全保障等关键技术研发取得突破，云计算相关软硬件产品研发及产业化水平明显提升。一些地方政府提出实施"企业上云"计划，为当地中小企业提供云计算服务，降低了中小企业信息化门槛。

如今，中国大数据在互联网服务中的广泛应用催生了共享经济等数据驱动的新业态。在软硬件方面，国内骨干软硬件企业陆续推出自主研发的大数据基础平台产品，一批信息服务企业面向特定领域研发数据分析工具，提供创新型数据服务。在平台建设方面，互联网龙头企业服务器集群规模达到上万台，具备建设和运维超大规模大数据平台的技术实力。在智能分析方面，部分企业积极布局深度学习等人工智能前沿技术，在语音识别、图像理解、文本挖掘等抢占技术制高点。在开源技术方面，中国对国际大数据开源软件社区的贡献不断增大。

当前，城市数字孪生已经发展成为支撑智慧城市的重要技术手段（见图 9-1）。城市数字孪生以数字化方式创建城市物理实体的虚拟映射，包括物理空间、社会空间、数字空间三个部分，是仿真、预测、交互、控制城市物理实体全生命周期过程的技术手段；通过物联网、人工智能、区块链等新一代信息技术实现三元空间的协同演进和共生共智，进一步满足"人"在城市生活、生产、生态的各类需求，服务"以人为本"的智慧城市建设初心。

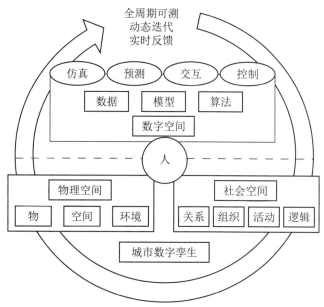

图 9-1 城市数字孪生概念模型

资料来源：全国信标委智慧城市标准工作组，《城市数字孪生标准化白皮书（2022 版）》，2022 年 1 月。

中国的科技企业在传统交通大数据模型的基础上，构建"CIM+BIM+TIM"数字孪生平台，建立城市级通用型的数字孪生底座，实现全要素空间快速建模、多源异构数据治理及数字资产统一运营，为交通运输管理部门等提供基于数字孪生的核心业务流程再造，支撑数字规划、数字基建、数字运营等业务，实现数据资产显性化、空间价值升级和城市可持续发展。

信息系统国产化程度方面，无论在硬件设备制造领域还是在软件开发和信息服务领域，无论在公安、交通、环保等政府部门还是在制造、零售、物流等商业领域，均涌现出一批具有自主知识产权、自主品牌的主体，如浪潮、万得、金碟等。在智慧城市建设过程中，中国鼓励优先使用国产软硬件和服务。随着国产软硬件厂商的崛起，各级政府部门、各类企事业单位的信息系统国产化程度不断提高。

从现实基础来看，中国推进城市智慧化转型发展具备有利条件和技术支撑。截至2022 年 6 月，中国千兆光网具备覆盖超过 4 亿户家庭的能力，已累计建成开通 5G 基站 185.4 万个，所有地级市全面建成光网城市。但也需要看到，智慧城市建设涉及面广、层次多，还有不少难点和挑战需要应对，例如如何打通跨部门、跨层级的数据壁垒和信息孤岛，实现融合共享，避免平台重复建设；如何整合政府与市场资源，推动多元主体发挥各自优势、协同联动等，这需要我们进一步完善相关制度、理顺工作机制。

第三节　党的十八大以来对数字化转型与智慧城市建设的新要求和新探索

一、新要求

中国的数字化转型与智慧城市建设正处于关键时期，政府已经制定一系列规划和试点。新时期的智慧城市建设要求夯实数据与网络基础、产业基础和组织基础。

（一）数据与网络基础

智慧城市是将新一代信息技术充分应用于城市创新 2.0 时代的城市信息化建设的高级形态。建设智慧城市的必要条件是形成城市的"信息泛在基础"，即城市中现有基础设施及各种功能系统须能够满足智慧城市的发展要求，必须在传统的工程性基础设施和社会性基础设施上叠加感知、交互、智能判断、协同运作等能力，使原有城市基础设施具备信息化能力。

智慧城市基于物联网、云计算等新一代信息技术以及社交网络、Fab Lab、Living Lab、综合集成法等工具和方法的应用，营造有利于创新涌现的生态，实现全面透彻的感知、宽带泛在的互联、智能融合的应用以及用户创新、开放创新、大众创新、协同创新为特征的可持续创新。因此，狭义来说，智慧城市就是使用各种先进的技术手段，尤其是信息技术手段来改善城市状况、提升城市品质的城市。数据与网络的作用在于感测、分析、整合城市运行核心系统的各项关键信息。从技术层面看，持续增多的感知形态以及由此带来的安全和隐私问题是制约智慧城市建设的主要障碍。

（二）产业基础

智慧城市建设依赖于新一代信息技术产业的发展。一是以移动应用平台和软件开发为核心的移动互联网产业。二是大数据产业。智慧城市的大数据产业，不仅需要吸引社会资本的长期投入，构建行业大数据平台；还需要整合城市优势企业与载体资源，构建以云计算为技术支持，以大数据分析为产业核心，以数据中心为数据存储、分享、挖掘为基础的数据产业，大力发展数据存储、数据挖掘、数据分析和数据安全。三是机器人智能制造，主要包括工业机器人、服务机器人研发，关键核心部件制造、机器人应用开发与组装、机器人下游应用产业、机器人技术培训等。四是卫星应用产业，发展卫星导航和位置服务基础设施。

（三）组织基础

发达国家建设智慧城市的实践证明，智慧城市建设的成功不仅依靠先进技术的应用，而且重视有效的管理、安全以及相应标准的构建。因此，其智慧城市建设并非仅聚焦于信息技术领域，更着眼于通过智慧化手段缓解城市发展中出现的问题，如空气污染、公众健康威胁、交通拥堵等，这对城市的组织协调能力提出了较高的要求。在智慧城市建设初期，城市各部门在长期的信息化应用中会积累海量的数据和信息，但因为各系统独立建设、条块分割，缺乏开放共享的组织协调机制，往往会产生信息孤岛，信息难以产生价值。

二、新探索

中国对于数字化转型和智慧城市建设的新探索，可以分为创新驱动型、产业驱动型、管理服务驱动型、可持续发展型以及多目标发展型五种模式。

（一）创新驱动型

创新驱动型路径以新兴信息、网络技术的应用为基础，以创新体系建设为核心，包括智慧城市创新主体、创新基础设施建设、创新管理服务体系、创新人才体系以及创新资源环境等。创新驱动型路径的核心是用创新技术促进城市的发展及整体提升，如图 9-2 所示。

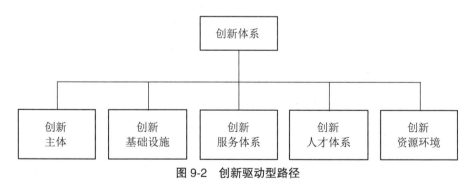

图 9-2　创新驱动型路径

资料来源：张飞舟：《智慧城市及其解决方案》，电子工业出版社 2015 年版。

（二）产业驱动型

产业驱动型路径是以高新信息技术产业为导向，形成以智慧产业链或产业集群为核心推动力的城市发展路径，主要包括以信息技术为基础的新兴产业和经智慧化优化后的传统产业，如图 9-3 所示。

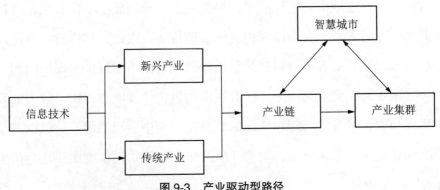

图 9-3　产业驱动型路径

资料来源：张飞舟：《智慧城市及其解决方案》，电子工业出版社 2015 年版。

（三）管理服务驱动型

管理服务驱动型路径是指利用技术手段，优化、提升公共管理服务能力，使城市公共管理功能更精准、高效、智能和便民，其主要内容包括：信息网络的完善、基础设施智能化转型建设、公共管理体系和公共服务体系的智能化全面提升。如图 9-4 所示。

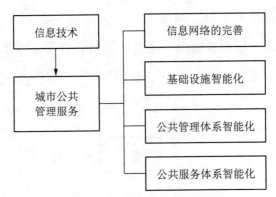

图 9-4　管理服务趋动型路径

资料来源：张飞舟：《智慧城市及其解决方案》，电子工业出版社 2015 年版。

（四）可持续发展型

可持续发展型路径是指以环境保护、资源可持续发展等为出发点，形成环境资源的智慧管理以及合理、高效、可重复利用，创建可持续发展的环境资源体系与城市发展路径，如图 9-5 所示。

（五）多目标发展型

多目标发展型路径是指在智慧城市建设过程中，综合考虑产业的智慧化升级、公

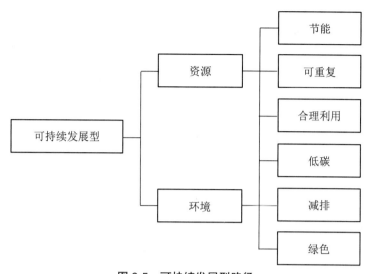

图 9-5　可持续发展型路径

资料来源：张飞舟：《智慧城市及其解决方案》，电子工业出版社 2015 年版。

共管理服务的提升、居民生活的改善以及资源环境的可持续利用等因素而形成的发展
路径。其总体思路是以新一代信息技术发展为依托，坚持以智慧应用为导向，以智慧
产业发展为基础，以智慧创新为动力，加快推进智慧应用体系，是以上几种类型路径
的综合，如图 9-6 所示。其典型城市代表是深圳，该市以信息技术为基础，整合城市关
键信息，旨在形成生活、产业和社会管理的综合模式。

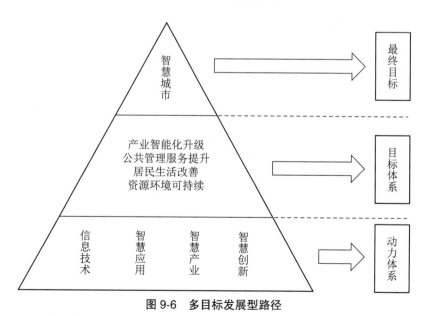

图 9-6　多目标发展型路径

资料来源：张飞舟：《智慧城市及其解决方案》，电子工业出版社 2015 年版。

第四节 中国数字化转型与智慧城市建设的总结与展望

一、中国数字化转型与智慧城市建设的经验与机制

（一）中国数字化转型与智慧城市的建设内容

数字化转型与智慧城市建设是浩大的工程，工程建设完成后的运营又是长期复杂的工作。不同的智慧信息化项目，需要根据其独有特性选择不同的建设和运营模式。一般而言，数字化转型与智慧城市建设需考虑：加强信息基础设施建设，扩大互联网利用，构成覆盖城市的信息共享网络体系；开发和整合利用各种信息资源，建立和发展智慧城市的技术支撑体系；以信息化带动工业化，通过微电子、计算机、网络等技术的应用，推动传统产业研发、设计、制造和工艺技术的改革，通过电子商务推动营销、运输和服务方式的变革；开发建设重点领域的信息应用系统；建设信息化政策法规环境；建设智慧城市人才队伍。

中国数字化转型与智慧城市建设的内容包括云计算数据中心、基础通信、终端、物联网、业务平台以及典型应用系统等。其中，云计算数据中心是承载智慧化应用，构成各种支撑能力的核心基础设施，承载各种物联网、三网融合等的数据，更重要的是承载用户行为数据，构成智慧化应用的核心；基础通信网络包括宽带接入、承载和传输等有线宽带网络，4G/5G 蜂窝通信网络，以及无线 Wifi 等设备；终端即各种设备，如 PC、电视、电话等各种物联网终端；物联网包括信息采集、存储、预处理等；业务平台支持各种智慧化应用的业务（包括订单管理、用户管理、服务管理）；典型应用系统主要包括各种应用系统，如智能物流和监控应用等。

（二）中国数字化转型与智慧城市的管理模式

城市管理是以城市这个开放的复杂巨系统为对象，以城市基本信息流为基础，运用计划、组织、协调等一系列机制，采用法律、经济、行政、技术等手段，通过政府、市场与社会的互动，围绕城市运行和发展所开展的决策引导、规范协调、服务和经营行为。科学的管理可以促进城市的健康、快速发展。城市管理的本质是对城市资源进行合理调配，实现城市资源效益最大化，其目的是协调、强化城市功能，保证城市发展战略的实施，促进城市和谐发展，使人们能够享受幸福生活。

中国数字化转型与智慧城市管理的思路是准确把握智慧城市的技术基础、内涵及发展趋势，基于城市公共应用平台的体系化管理，进一步整合、共享各种管理资源，集聚各种管理力量，形成一体化的智慧管理体系。数字化转型与智慧城市管理模式主要体现以下方面：

在管理理念上，将从经济主导型向社会服务型转变。社会服务型的管理更注重以人为本，确立人在管理过程中的主导地位，并从人的需求出发，力求调动人的主动性、积极性、创造性，以实现组织目标和促进人的全面发展为目的实施管理。

在管理架构上，将从垂直独立型向扁平协同型转变。扁平协同型的管理打破部门限制，实行集中与分散相结合的管理、处置方式，管理架构趋向扁平化，达到信息互联、资源共享，实现低成本、高效率的网络化、协同化以及智能化城市管理。

在管理对象上，将从对人的管理向人、物和信息流的管理转变。智慧城市的管理对象不仅包括人和物，还包括信息流，通过对各种信息流的有效分析、利用和管理，作出科学的判断和决策，进而实现对城市人与物的正确引导和管理。

在管理方式上，将从行政管理向行政管理与社会自我调节相结合转变。智慧城市管理需要行政管理与社会自我调节相结合的综合管理方式，充分发挥社会的自我调节功能，减少人为干预。

（三）中国数字化转型与智慧城市建设运营的影响因素

在智慧城市资源共享、协同管理、应用聚合的主体需求下，整个信息产业链会发生导向性变革，整个建设模式和产业链模式围绕智慧城市主体需求展开。政府、企业、市场在智慧城市建设变革过程中将面临各种挑战，以下因素会直接影响智慧城市的运营模式：

第一，基础数据资源共建共享的相关整合因素。中国目前对信息资源的归属、采集、开发等相关的管理规则并不清晰，导致不少政府部门和行业数据产品部门化和区域化，而且在法规方面缺乏硬性规定，极大地制约了政府信息服务效能、协同管理水平和应急响应能力，成为阻碍信息化发展的瓶颈。

第二，运营数据资源有效开发的市场机制。政府占有60%以上的社会资源，并分散于各个部委办局，数据信息资源的市场开发和使用效率不足，普遍存在信息利用率不高的问题，缺乏竞争、激励和考核机制，缺乏对公众使用信息资源的服务意识和信息资源的协调管理，造成国家数据资源开发和应用率较低。

第三，政务数据资源共享运营的政策保障。各政府部门对信息资源的分割和垄断使巨大的信息资源共享需求与实际共享情况形成鲜明反差，在政府数据安全、数据所有权、数据使用权以及数据保持等方面缺乏相关规定，社会需求与供给的矛盾越来越突出，从行业和区域角度都迫切需要建立和完善相应法规标准。

第四，多维信息安全的相关保障。传统的静态安全措施无法适应动态变化的、多维互联的智慧系统应用环境。智慧城市建设涉及城市范围内各行各业的数据资源，加上物联网、云计算、移动互联网等所对应的安全机制没有完善，保障数据安全成为首要任务。

第五，面向智慧城市运营的统筹规划。科学加强智慧城市的顶层设计和统筹规划，实现跨部门、行业、领域的信息集成和利用，兼顾信息资源现有配置与管理状况，对分散异构的信息资源系统实现合理整合，在新的信息交换与共享平台上开发新应用，为智慧城市的产业经济、城市管理以及资源环境等提供支撑。

第六，面向智慧城市运营的组织保障。智慧城市运营是一项涉及多行业、多部门的综合性、基础性工作，需要梳理和规范建设、运营及行政管理各项流程，以更加科学和精细的方式来提升政府的行政服务效能和管理模式，增强智慧城市的综合竞争力和品牌影响力，保障智慧城市的正常、高效运营。

（四）数字化转型与智慧城市建设的风险控制

在数字化转型与智慧城市建设与运营的过程中，需要考虑顶层设计和组织机构的风险控制、人才体系与技术的风险控制、资金与运营模式的风险控制和信息安全与支撑环境的风险控制。

首先，顶层设计和组织机构风险控制是中国数字化转型与智慧城市建设与运营中最先需要考虑的问题。

在智慧城市建设过程中，合理的规划以及科学的顶层设计是搞好智慧城市建设的前提。应根据智慧城市发展趋势、愿景和发展目标，在综合区域基础条件、产业发展、资源供给和内外部环境等基础上，结合城市发展规律和先进经验，运用科学的规划理论和绩效模型，制定完整的智慧城市建设方案。此方案为一份长远路线图，指导、规范智慧城市各项工作的实施，帮助政府量化决策、提升效能，影响智慧城市建设的理念、思路及进程等。

智慧城市建设涉及面广，需要专门的组织机构持续推进实施。若组织机构建设不完善、决策不科学、执行不到位，则会半途而废，这在智慧城市建设过程中是一个很大的风险。对此，需要建立强有力的组织机构，例如：成立智慧城市领导机构，组织分工合理、权责明确、高度协同和工作高效的推进机构，形成"有人决策、有人协调、有人落实、有人督查"的工作机制；提高智慧城市建设的领导力和执行力，抓好各级领导、机关干部和企业家的培训，提升推动智慧城市建设的能力。

其次，智慧城市人才体系与技术风险控制对于中国数字化转型与智慧城市建设与运营具有重要意义。

智慧城市的建设和运营需要大量高素质人才，尤其是高端技术、科学管理和跨学科领域的复合型人才。若缺乏完善的人才体系，智慧城市建设很可能事倍功半。针对人才缺失引起的风险，应建立科学的人才保障体系，完善人才培养、引进和激励机制；加强高层次领导人才、高层次复合型实用人才和高技能人才的培养，出台相应配套政策，积极吸引优秀人才，建立完善的智慧城市人才体系；支持企业和社会力量参与人才的培养，建立人才激励保护机制，从生活待遇、科研设施配置、创业条件提供等方面支持优秀人才创新，营造有利于人才发展的良好环境；制定具体的人才培养计划，确保智慧城市建设人才培养工作落到实处。

智慧城市建设的技术体系规模大、范围广、涉及环节多，包括感知技术、传输技术和应用技术等。其中，传感技术有微机电系统、超高频和微波 RFID 标签及基于 MEMS 的传感器等；传输技术有传感网自组网技术、新型近距离无线通信技术、局域网和广域网技术等；应用技术有云计算、大数据、系统软件以及中间件等。目前，很多技术还在研发推广应用中，有些技术尚未成熟，可能引起智慧城市建设中的技术风险。对此，可以采取相应措施，包括：积极引进高端的技术研发机构，突破感知信息网络融合、高宽带网络、智能分析决策等共性技术，为智慧城市建设提供技术支持；加大资金投入，支持企业进行技术研发并加强与高校、科研院所的合作；鼓励中国企业和研发机构积极开展物联网产业研究，加紧制定智慧城市标准体系，加强信息技术和产业领域的知识产权保护。

再次，资金与运营模式风险控制是中国推进数字化转型与智慧城市建设的基本保障。

与一般的城市建设相比，智慧城市建设因其建设内容较多、工程项目复杂、建设周期长，通常需要更多的资金支持。从目前上海、广东、福建等地的经验来看，在中国智慧城市建设的资金投入量大，否则难以顺利完成相关项目。针对智慧城市建设运营方面的资金风险，需要建立完善的投融资体系，如设立专项资金，引导具有管理、技术优势的企业、社会组织参与智慧城市的建设；充分发挥资本市场作用，鼓励通过PPP和REITs等方式拓宽融资渠道，逐步建立以政府投入为导向、企业投入为主体、社会投入为重要渠道的多元化投融资体系。

智慧城市的运营需要大量人力和物资的投入，只有建立合适的运营模式，才能理清权、责、利的关系，让政府、企业、用户及其他机构等形成合力、利益共享，保证其持续、安全、高效地运营。对此，科学合理的运营模式至关重要。从目前国内外智慧城市建设运营来看，主要有几种模式：纽约采取的是政府独自投资建网运营的模式；新加坡采取的是政府投资、委托运营商建网运营的模式；东京采取的是运营商独立投资建网运营的模式；厦门采取的是政府指导（部分投资）运营商投资建网运营的模式。

最后，信息安全与支撑环境风险控制是保证中国数字化转型与智慧城市建设健康发展的必备要求。

智慧城市是以新一代信息技术为基础而建设的新型城市，涉及信息的采集、传输、处理等环节，信息安全关系到国家安全、经济发展和社会运行。针对智慧城市建设存在的信息安全风险，可以采取的措施包括：建立健全信息安全法律法规，强化互联网安全管理，规范互联网运营商等单位的信息安全管理职责。按照国家颁布的信息安全等级保护等相关要求，对每个系统进行定级，并实行等级保护。全面实行重要单位信息安全等级保护制度，完善数字认证、信息安全等级测评等工作机制。规范重要数据库和信息系统的开发、运营和管理等各环节的信息安全工作。建设信息安全基础设施，建立重要数据容灾中心，提升网络应用的数据备份和应急处理能力。加强信息安全宣传教育，强化行业自律，提高全民信息安全意识，建立可信、可靠、可控的信息安全环境。

智慧城市建设的支撑环境主要包括信息网络、基础设施等硬环境以及人才体系、体制机制、公众信息化水平等软环境。软环境不是一朝一夕形成的，其建设水平是智慧城市建设的关键。要加强智慧城市理念的宣传推广，加强智慧城市相关知识普及和应用培训，打破部门之间的藩篱。建设人才培训基地，拓宽培训渠道，创新培训模式，广泛开展面向全社会的信息化知识与技能的培训和普及，尤其要开展专业领域和政府部门管理人员的信息化培训，从而形成全社会支持智慧城市建设的良好氛围。

（五）中国数字化转型与智慧城市建设发展水平评估

智慧城市建设发展水平的高低与技术、政策、管理、人才等综合效用的发挥直接相关。在评估智慧城市建设发展水平上，首先，应该研究制定智慧城市的评价体系，为整个智慧城市的建设明确目标和标准；其次，科学系统的评价体系可以帮助管理者对整体建设过程及结果做出客观的评判，及时发现建设过程中出现的问题，优化解决方案，使资源得到有效利用。

1. 智慧城市评价构建原则

智慧城市指标体系主要基于城市"智慧化"发展理念，统筹考虑城市信息化水平、综合竞争力、平安城市、绿色低碳、人文科技等方面的因素综合量化而成，其主要目的是准确地衡量和反映智慧城市建设的主要成果和发展水平，既提升城市竞争力，又促进经济社会转型发展。因此，智慧城市指标体系的制定，主要遵循科学性、系统性、可操作性、可比性以及可持续性原则。

科学性是构建智慧城市评价指标体系的基本原则。要保证评价指标体系的科学性，首先要明确构建智慧城市评价指标体系的理论基础，要依据社会经济发展理论、城市信息化发展及创新理论等，对智慧城市的内涵本质、愿景、目标以及发展规律等进行科学论证；其次，针对评价指标体系的每个指标都要有明确的含义和目标导向，指标选择与层次划分要符合逻辑。

智慧城市评价指标体系作为一个有机整体，要能反映充分的信息量，由若干个相互独立的指标综合成一个完整的评价指标体系，用来测度和评价城市信息化的整体水平。在智慧城市评价指标体系构建、指标选取与权值分配上，要抓住智慧城市建设的核心要素，注意各个部分的关系，符合事物发展规律，以保证评价的全面性和可信度。

智慧城市评价指标体系是重要的实践工具，利用其对现有的智慧城市建设情况进行评价，必须与所评估对象的内涵与结构相符合，真正反映某一城市智慧化水平的本质。因此，在构建智慧城市评价指标体系时要考虑可操作性，具体包括：数据资料的可获得性；数据资料可量化，定量指标数据要保证真实、可靠和有效，而应尽量少用定性指标和经验指标；评价指标不能过多，应尽可能简化，以便于实施。

应明确评价指标体系中每个指标的含义、统计口径、时间和适用范围，以确保评价结果能进行横向与纵向比较，更好地把握不同城市或同一城市在不同发展阶段智慧化的实际水平和变化趋势。因此，选用指标时应注意指标口径的一致性，保证指标体系不仅能进行地区横向比较，而且可以进行某一时间序列上的纵向比较，在指标选取时要注意将不可比因素转化为可比因素，尽可能与国际通用的指标相统一，应尽量采用相对指标，少用绝对指标。

智慧城市评价指标体系应从发展的角度集中展示智慧城市的理念、建设目标、内在逻辑及体系架构等核心要素，要具有较强的导向性，能起到指导智慧城市建设、引领智慧城市发展的作用。在选择评价指标时，既要有测度智慧城市的现状（城市基础设施智慧化应用状况）的现实指标（静态指标），又要有反映城市推进智慧化发展进程（城市智慧化发展方向等）的过程指标（动态指标），能综合反映城市智慧化的现状和未来趋势，而且其评价指标应根据城市所处的发展阶段进行适当的调整。

2. 智慧城市建设效果评价模式

智慧城市评价指标体系是由一套科学系统的评价指标构成的，对智慧城市建设成果进行量化计算、科学评测的方法体系，是智慧城市建设的行动指南，也是检验智慧城市成果的具体体现，这将起到引领、监测指导、量化评估等作用。

2011年5月，上海提出"智慧城市评价指标体系"，统筹考虑了城市信息化水平、综合竞争力、绿色低碳、人文科技等方面因素，形成了45项具体的量化指标，其中15项为核心指标，30项为一般指标。这45项指标除了城市基础网络设施等硬件建设外，还包括智慧化交通管理、社区管理、产业可持续发展能力、市民文化科学素养等软实力。

2011 年 8 月，"中国智慧城市（镇）评价指标体系"发布，该体系包含智慧城市幸福指数、管理指数和社会责任指数 3 项一级指标，医疗卫生等 23 项二级指标，86 项三级指标和 362 项四级细分指标。其中，智慧城市幸福指数包括就业收入、文化教育、医疗卫生和健康、社会保障、安居和消费、城市凝聚力、公共服务、机构与基础设施以及社会服务等；智慧城市管理指数包括经济基础、科技创新水平、人力资源、人居环境、环保行动以及生态环境等；智慧城市社会责任指数包括执政水平、区域影响力、形象传播力、管理和决策、公共事业责任、权益责任以及诚信责任等。

根据智慧城市涵盖的内容，某市提出了一套基于智慧人群、智慧基础设施、智慧治理、智慧民生、智慧经济、智慧环境和智慧规划建设等七个方面的评价指标体系，如表 9-1 所示。

表 9-1　某市智慧城市评价指标体系

一级指标	二级指标	三　级　指　标
智慧人群	人力资源	1. 每万人受过高等教育人数 2. 每万人拥有科技人员数 3. 信息产业从业人数占全社会从业人数比重
	终身学习	4. 人均公共图书馆书刊文献外借次数
	教育与信息消费	5. 城镇居民人均教育支出所占比重 6. 人均信息消费系数 7. 人均电子商务交易额
智慧基础设施	通信设施	1. 每百人移动电话持有数 2. 每百户家庭计算机拥有量 3. 有线电视双向数字化改造率 4. 有线宽带接入率 5. 无线宽带网络覆盖率
	信息共享基础设施	6. 政府数据中心，四大基础数据库，信息安全灾备建设情况 7. 通信网络共建共享
智慧治理	电子政务	1. 政府交互平台（公众号 / 服务号 / 微博）发布数 2. 是否有一站式网上行政审批服务及电子监察系统 3. 市政府门户网站点击量
	政府决策的公共参与	4. 人民代表大会议案立案数 5. 政协委员提案立案数 6. 听证会数量
	公共服务投入	7. 一般公共服务指出（地方财政）

（续表）

一级指标	二级指标	三 级 指 标
智慧民生	社保	1. 基本养老保险覆盖率 2. 基本医疗保险覆盖率
	医疗	3. 网上预约挂号医院比例
	交通	4. 人均交通卡拥有数量 5. 城市交通诱导系统 6. 公交站牌电子化率
智慧治理	经济实力	1. 人均地区生产总值
	智慧产业	2. 信息产业增加值占 GDP 比重 3. 软件服务外包产值占 GDP 比重
	研发能力	4. 研发投入与 GDP 比重 5. 万人专利授权量
	产出消耗	6. 平均每万元地区生产总值能源消耗量
	产业机构 优化水平	7. 平均每一从业人员创造农、林、牧、渔业增加值 8. 规模以上高技术制造业增加值占工业增加值比重 9. 第三产业增加值占 GDP 比重
智慧环境	废弃物处理能力	1. 城镇生活污水处理率 2. 生活垃圾无害化处理率 3. 工业固体废物综合利用率 4. 三废综合利用产品产值
	环境吸引力	5. 建成区绿化覆盖率 6. 人均绿地面积
智慧规划建设	城乡统筹一体化	1. 城乡居民收入比 2. 城乡居民受教育年限比 3. 城乡公共财政投入比 4. 城镇化率
	城市空间布局	5. 通勤时间（或换乘次数）
	智慧楼宇	6. 建筑智能化水平

资料来源：参考顾德道、乔雯：《我国智慧城市评价指标体系的构建研究》，《未来与发展》2012 年第 10 期。经过作者调整。

二、中国数字化转型与智慧城市建设的发展趋势与展望

中国的智慧城市发展已经步入世界前列。在宏观调控与顶层设计上具有优势。参考英国"智能屋"试点和日本城市"智慧生活"场景等经验，结合技术水平和现实情况，中国智慧城市发展仍可在以下方面进行提升：

第一，在解决民生相关的问题中坚持以人为本，形成共建共享的智慧城市运行生

态圈。避免盲目追求技术的先进化和利用技术解决城市问题的绝对性，充分发挥居民的主观能动性，在智慧化全过程中以满足居民的需求为出发点。如在智慧公交的建设中尽力满足交通出行的多样化需求，可极大地提高居民的生活便捷程度。

第二，智慧城市建设与用地规划相结合，利用既有数据和前瞻规划合理布局公共设施。智慧城市的建设将给城市运行的各个领域带来深刻的社会变革，将城市基础设施建设（硬件）与智慧化（软件）深度融合，有利于提升城市运行系统的整体韧性。

第三，鼓励企业、高校和社区参与到智慧城市的建设中，推动数据更大范围、更深层次的共享。以提升数据互操作为基础，助力企业利用数据提供成本更低、质量更优的社会服务。完成教育、医疗、交通、文旅等领域与其他城市运行、治理部门的数据联通，实现公共服务数据的融合。

第四，构建分层部署框架，完善智慧城市从宏观到微观的数据衔接。从区域、城市到社区要明确其在数据收集、整理和应用中的具体任务和功能。例如，智慧交通的精细化管理力求精确到社区层面，在社区层面建立完善的特殊人群出行数据库。在各种智慧交通应用程序的开发和设计上，要使其不但能适应目前的出行方式，也能适应即将到来的自动驾驶时代。

第五，切实提升全民"数字素质"教育，从供需两侧推动信息反馈。鼓励高校、社会机构等面向各类群体建立数字化技术终身学习平台和培训体系。同时在供给侧和需求侧推动信息反馈。坚持面向市民、基层、市场，完善居民信息反馈渠道，调动居民的共建积极性。

第十章　城市更新发展

城市更新是伴随城市发展进步的永恒话题。随着中国城市发展由大规模增量建设转向存量提质改造和增量结构调整并重，推动城市更新发展成为适应城市发展新形势的必然要求。国家"十四五"规划纲要提出实施城市更新行动，将城市更新上升为国家战略。党的二十大报告明确提出，"坚持人民城市人民建、人民城市为人民，提高城市规划、建设、治理水平，加快转变超大特大城市发展方式，实施城市更新行动，加强城市基础设施建设，打造宜居、韧性、智慧城市"，这是以习近平同志为核心的党中央站在全面建设社会主义现代化国家、实现中华民族伟大复兴中国梦的战略高度，对进一步提升城市发展质量作出的重大决策部署，为新时期推进以人民为中心的城市更新发展指明了基本方向。

第一节　中国城市更新的发展历程

一、城市更新发展概述

城市更新这一概念源自西方，是欧美国家为应对城市衰败问题而提出的一系列解决方案，近现代案例中的城市更新迄今已有 100 多年的历史。自二战以来，欧洲和北美地区的城市更新经历了从"城市重建""城市再开发""城市复兴""城市振兴"到如今"城市更新"的发展演变历程，[①] 不仅对城市的物质形态和社会结构产生了深远影响，也使得城市更新发生了从形体主义到人本主义、从推倒重建走向渐进式公共利益保护、从单纯物质层面走向综合目标、从地块改造提升走向区域整体更新的转变。尽管不同发展阶段城市更新的理念、内涵和目标以及更新方式、任务和机制等均不相同，但作

---

① 丁凡、伍江：《城市更新相关概念的演进及在当今的现实意义》，《城市规划学刊》2017 年第 6 期。

为城市持续发展和繁荣的推动者，城市更新伴随城市发展的全过程，是城市生命重新被赋能的过程，现已成为全球最具影响力的城市政策之一。

事实上，自人类在城市居住时起，便有了城市更新活动。中世纪时，人们用石头建造房屋及道路结构来替代易燃的木结构建筑和黏土茅舍，这便是一种早期的城市更新活动。对城市更新概念较早且权威的阐释是在 1958 年荷兰召开的一次城市更新研究会上，会议讨论认为：生活在都市的人，对于所住房屋的修理改造，对街路、公园、绿地、不良住宅区等环境的改善，以及对土地利用形态的改善以及大规模都市规划事业的实施，以便形成舒适的生活、美丽的市容等，都抱有很大的希望。有关这些的都市改善，就是城市更新。产业革命加速了世界范围的城市化进程，随着大量人口涌入城市，欧洲国家的城市急剧扩张，随后，交通拥挤、人口密集、环境污染等问题日益凸显。尤其是经历了第二次世界大战，很多西方国家的城市遭到了毁灭性的破坏，为了复兴城市经济、缓和阶级和种族矛盾、改善城市环境，欧美城市率先开展了大规模的城市更新运动。

在中国，城市更新可追溯到新中国成立后。1984 年和 1987 年，原城乡建设环境保护部分别在合肥和沈阳召开的全国旧城改造经验交流会，对全国城市更新改造工作起到了积极的推动作用。最初的城市更新内容以简单的推倒重建为主，由于城镇化的演进和居住方式的巨大变迁，人们对于居住环境、城市生态的需求也越来越高。随着以人为核心的新型城镇化战略的纵深推进，城市更新开始更多关注城市的内涵发展、品质提升、产业转型升级以及土地集约利用等重大问题，城市更新的内容和模式越来越趋向多样化和丰富化。总体来看，中国城市更新主要指城市通过对衰落的区域进行拆迁、改造、投资和建设，以全新的城市功能替换功能性衰败的物质空间，使之重新发展和繁荣。大力开展城市更新已成为更好推进以人为核心的新型城镇化战略的重点任务。

二、中国城市更新发展的回顾

中国城市更新的发展历程大体上可以分为四个阶段。[①] 第一阶段为新中国成立初

---

① 阳建强、陈月：《1949—2019 年中国城市更新的发展与回顾》，《城市规划》2020 年第 2 期。

期，城市更新主要解决城市居民基本生活环境和条件的问题。第二阶段为改革开放以后，随着市场经济体制的建立，城市更新以大规模的旧城改造和城市功能结构调整为主。第三阶段为20世纪90年代后至党的十八大前，城市土地有偿使用制度在中国全面实施，城市更新以旧区更新、旧工业区的文化创意开发、历史地区的保护性更新为主。第四阶段为2012年至今，进入存量发展阶段，城市更新发展的原则目标与内在机制均发生了深刻转变，更多关注城市内涵发展、城市品质提升、产业转型升级以及土地集约利用等重大问题，为满足人民日益增长的美好生活需要服务。整体而言，在积极推进城镇化的过程中，中国城市更新无论是在促进城市的产业升级转型、社会民生发展、空间品质提升、功能结构优化方面，还是在城市更新自身的制度建设与体系完善方面，都取得了巨大的成就。

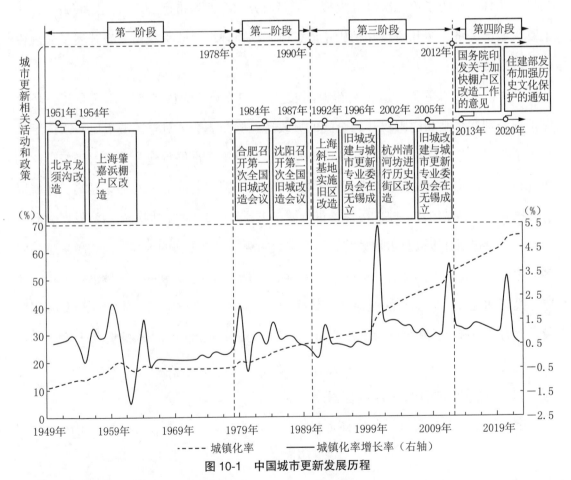

图 10-1　中国城市更新发展历程

资料来源：作者自制。

（一）第一阶段（1949—1977 年）：聚焦城市基本环境卫生和生活条件改善

新中国成立前的长期战乱和破坏造成城市物质设施落后且衰败，人民群众的生活环境和条件十分恶劣，因此，新中国成立初期城市更新的重点是改善城市基本环境卫生和生活条件。由于新中国成立初期公共财政十分紧缺，在大城市的建设战略上，国家提出了"重点建设，稳步推进"的建设方针，优先将建设资金用于发展生产性的城市新工业区；对于大多数城市旧城区，则采取"充分利用、逐步改造"的更新方式，仅对旧城中原有房屋和市政公用设施进行维修养护和局部的改建或扩建。这一时期的优秀改造工程包括北京的龙须沟整治、上海的棚户区改造、南昌的八一大道改造等。尽管这一时期的城市更新规模有限，但城市建设规模仍在中国历史上前所未有，各地开展的环境卫生、城市交通、市政设施改善和修整等工作，对城市居住环境和生活条件的改善均起到了积极有效的推动作用。梁思成先生和陈占祥先生提出的关于北京老城保护与改造"梁陈方案"，即跳出老城，在更大的区域层面，解决城市发展与历史保护之间的矛盾，也是当时整体性城市更新的重要提法之一。

（二）第二阶段（1978—1989 年）：主要解决住房紧张和偿还基础设施欠债

在改革开放与社会主义现代化建设的大背景下，国家重新明确了城市建设是形成和完善城市多种功能、发挥城市中心作用的基础性工作，要求集中力量进行城市的规划、建设和管理。这一阶段，城市更新工作开展主要是为了解决住房紧张、改善居住条件、优化出行交通，以及偿还城市基础设施欠债等问题。全国各地开展了较大规模和类型多样的城市更新活动，代表性的工作包括沈阳旧城改造、合肥旧城改造、上海南京东路改建、南京市中心综合改建、苏州桐芳巷小区改造和北京菊儿胡同整治等。吴良镛先生提出的"有机更新理论"成为这一时期城市更新的重要思想理论。该理论不仅获得了"世界人居奖"，所提出的"类四合院"体系和"有机更新"思想在北京、苏州、西安、济南等诸多城市进行了广泛实践，有效地推动了中国城市更新从"大拆大建"到"有机更新"的根本性转变，现实意义也极为深远。在法制建设方面，1980年制定了《中华人民共和国城市规划法（草案）》；1984年公布了《城市规划条例》，这是中国第一部关于城市规划、建设和管理的基本法规。

（三）第三阶段（1990—2011 年）：市场机制推动下住房改造和旧区再开发

伴随着国有土地有偿使用和住房商品化的深入改革，过去进展缓慢的城市更新获得了新的动力，由单一的旧房改造逐渐转向旧区再开发，中国城市更新开启了以市场机制主导的实践探索与创新时期。在这个阶段，许多城市借助土地有偿使用的市场化运作，通过房地产业开发，推动了旧城功能结构调整、用地布局结构调整、居住环境改善和基础设施改造，历史城区中的文化遗产保护问题也受到广泛关注。这一阶段城市更新的代表性案例有南京老城保护更新、北京 798 艺术区更新、苏州平江历史街区保护整治、杭州城市有机更新等，涉及包括旧居住区更新、城中村改造、老工业基地改造、重大基础设施更新以及历史街区保护与整治等多种类型实践探索。制度建设方面，2004 年国务院颁布了《关于深化改革严格土地管理的决定》，旨在通过明确的权责分配限制过度土地浪费与城市蔓延；2007 年出台了《中华人民共和国物权法》，赋予房屋所有权者基本权利，规范了长期以来城市更新中存在的强制拆迁与社会不公平问题；2008 年实施的《中华人民共和国城乡规划法》，规定"旧城区的改建，应当保护历史文化遗产和传统风貌，合理确定拆迁和建设规模，有计划地对危房集中、基础设施落后等地段进行改建"。

（四）第四阶段（2012 年以来）：开启以人为本和促进高质量发展的新局面

随着中国城镇化率突破 50%，城镇化发展已正式进入质量优先的"下半场"。过去被经济发展掩盖的隐性问题日益显像化，倒逼中国城市空间的增长主义走向终结。以内涵提升为核心的"存量"，乃至"减量"发展，成为中国空间规划的新目标。在生态文明宏观背景以及"五位一体"发展、国家治理体系建设的总体框架下，城市更新更加注重城市内涵发展，更加强调以人为本，更加重视人居环境的改善和城市活力的提升。北京、上海、广州、南京、武汉、沈阳、青岛等城市积极推进城市更新，强化城市治理，不断提升城市更新水平，出现多种类型、多个层次和多维角度的探索新局面。制度建设方面，2013 年出台《国务院关于加快棚户区改造工作的意见》和《国务院办公厅关于推进城区老工业区搬迁改造的指导意见》重要文件。2014 年《政府工作报告》提出"三个一亿人"的城镇化计划，其中一个亿的城市内部的人口安置就针对的是城中村和棚户区及旧建筑改造。2019 年 7 月，住房城乡建设部会同发展改革委、财政部联合发布了《关于做好 2019 年老旧小区改造工作的通知》，希望通过老旧小区改造，完善城市管理和服务，彻底改变粗放型管理方式，让人民群众在城市生活得更方便、更舒心、更美好，对指导城市更新工作有序开展起到了重要作用。与此同时，北上广深等大城市在城市更新机构设置、更新政策、实施机制等方面进行了积极探索与创新。

第二节　城市更新发展的新要求

党的十八大以来，党中央先后召开中央城镇化工作会议、中央城市工作会议，习近平总书记对城市工作发表了一系列重要论述，对城市更新发展提出新的要求，着力推动解决城市发展中的突出问题和短板、提升人民群众获得感幸福感安全感、促进经济发展方式全面转变。

一、城市更新的新形势和新要求

进入新的发展阶段，城市成为贯彻新发展理念、落实区域发展战略、新型城镇化战略以及实现人民群众美好生活的重要载体，城市更新与以往模式相比，无论是更新理念、内涵与目标，还是更新方式、任务以及机制，均发生了巨大且深刻的变化，需要上升到经济社会总体发展和城市发展机制的高度，才能准确把握城市更新的内涵，更好实施城市更新行动。

理念上，城市更新更加强调整体性、系统性和持续性。城市更新涉及诸多方面，是一项复杂的社会系统工程。城市发展的全过程是一个不断更新、改造的新陈代谢过程，城市更新作为城市自我调节或受外力推动的机制永远存在于城市发展之中。因此，不能仅将城市更新看作物质性和功能性的建设活动，而是要将其视作通过不断调试城市结构与功能、增强城市整体机能，使城市能够不断适应未来发展需要、满足人们对美好生活品质需求的调节机制。[①] 需要确保城市更新与经济、社会、文化发展的关联协调，处理好"局部与整体""新与旧""地上与地下""单方效益与综合效益""近期与远景"等多重关系，构建促进城市文明、推动社会和谐发展的更长远和更综合的新格局。

---

① 程大林、张京祥：《城市更新：超越物质规划的行动与思考》，《城市规划》2004 年第 2 期。

目标上，城市更新更加突出以人为本和高质量发展。新发展阶段的城市建设需要摆脱以往仅注重"增长"和"产出"的单一价值观，要坚持以人为本，坚持以解决好人民最关心的问题为导向，更加注重人民生活质量的提高、人居环境的改善、生活品质的提升，进而提升人民群众获得感、幸福感和安全感；借助城市更新扩大内需，形成新的经济增长点，同时，通过产业转型升级、土地集约利用、城市整体机能提升等，实现城市发展方式的根本转变。"十四五"期间，要以建设宜居城市、绿色城市、韧性城市、智慧城市和人文城市为目标，实现"完善城市空间结构""修复生态和完善功能""加强历史文化保护，塑造城市风貌""加强居住社区建设，建设完整居住社区""推进新型城市基础设施建设""加强城镇老旧小区改造""增强城市防洪排涝能力"和"推进以县城为重要载体的城镇化"等八项任务。[①]

类型上，城市更新形成要素更加多元、层次更加丰富的新局面。宏观尺度上，许多城市结合城市高质量发展和新旧动能转换的要求，强调基于国土空间规划体系总体框架基础下的城市功能结构调整、城市产业结构升级和城市人居环境改善；中观尺度上，依据城市不同功能区的现实情况和成熟程度，开展老旧小区改造、老工业基地更新改造、老中心区再开发、历史街区保护性更新、城中村改造、棚户区改造、危旧房改造、老码头地区更新再开发、工业园区更新、城市滨水区更新再开发和轨道交通基础设施改造等存量更新；微观尺度上，更加注重与群众日常生活息息相关的社区营造和街道环境提升。

机制上，城市更新强调政府、市场和社会的共同参与。进入新发展阶段，城市更新越来越得到社会各界的积极响应与深度参与，打破了过去长期由政府统管的单一局面，政府职能从"多头管理"向"协同治理"转变，企业责任从"单求盈利"向"兼顾公益"转变，社会公众从"表达诉求"向"深度参与"转变，专业群体从"技术理性"向"多元定位"转变。[②]在中央政府引导和地方政府响应下，越来越多的组织机构、企业部门、社会群体开始参与到城市更新的实践之中，为城市建设提供了更丰富的视

①　杨保军：《实施城市更新行动的核心要义》，《中国勘察设计》2021 年第 10 期。
②　张帆、葛岩：《治理视角下城市更新相关主体的角色转变探讨——以上海为例》，《上海城市规划》2019 年第 5 期。

角、更肥沃的土壤与更持久的动力，形成了更加健康、和谐和良性的共建共治共享协同机制。

二、城市更新的基本原则和任务

实施城市更新行动，总体目标是建设宜居城市、绿色城市、韧性城市、智慧城市、人文城市，不断提升城市人居环境质量、人民生活质量、城市竞争力，走出一条中国特色城市发展道路。[①]

（一）基本原则

坚持党对城市工作的领导。深入学习贯彻习近平总书记关于城市工作的重要论述和重要指示批示精神，进一步增强"四个意识"、坚定"四个自信"、做到"两个维护"，全面加强党的领导，发挥党总揽全局、协调各方的领导核心作用，建立健全党委统一领导、党政齐抓共管的城市工作格局。

坚持以人民为中心的发展思想。坚持人民城市人民建、人民城市为人民，努力满足人民群众对城市宜居生活的新期待，着力解决城市发展过程中的不平衡不充分问题，创造优良人居环境，不断实现人民对美好城市生活的向往。

坚定不移贯彻新发展理念。转变城市发展方式，将"创新、协调、绿色、开放、共享"的新发展理念贯穿实施城市更新行动的全过程和各方面，推动城市实现更高质量、更有效率、更加公平、更可持续、更为安全的发展。

坚持"一个尊重、五个统筹"。认识、尊重、顺应城市发展规律，树立正确的发展观和政绩观，统筹城市工作的各个方面各个环节，整合各类资源，调动各方力量，提高城市工作水平。

加快改革创新步伐。加快完善城市规划建设管理体制机制，形成一整套与大规模存量提质改造相适应的体制机制和政策体系，健全社会公众满意度评价和第三方考评机制，促进城市治理体系和治理能力现代化。

用统筹的方法系统治理"城市病"。建立完善城市体检评估机制，统筹城市规划建

[①]　诸大建、孙辉：《用人民城市理念引领上海社区更新微基建》，《党政论坛》2021 年第 2 期。

设管理，系统安排各方面工作，持续推动城市有机更新，促进城市全生命周期的可持续发展。

（二）目标任务

完善城市空间结构。健全城镇体系，构建以中心城市、都市圈、城市群为主体，大中小城市和小城镇协调发展的城镇格局，落实重大区域发展战略，促进国土空间均衡开发。建立健全区域与城市群发展协调机制，充分发挥各城市比较优势，促进城市分工协作。推进区域重大基础设施和公共服务设施共建共享，建立功能完善、衔接紧密的城市群综合立体交通等现代设施网络体系，提高城市群综合承载能力。

实施城市生态修复和功能完善工程。坚持以资源环境承载能力为刚性约束条件，以建设美好人居环境为目标，合理确定城市规模、人口密度，优化城市布局。建立连续完整的生态基础设施标准和政策体系，完善城市生态系统，加强绿色生态网络建设。补足城市基础设施短板，加强各类生活服务设施建设，增加公共活动空间，推动发展城市新业态，完善和提升城市功能。

强化历史文化保护，塑造城市风貌。建立城市历史文化保护与传承体系，加大历史文化名胜名城名镇名村保护力度，保护具有历史文化价值的街区、建筑及其影响地段的传统格局和风貌，推进历史文化遗产活化利用，不拆历史建筑、不拆真遗存、不建假古董。全面开展城市设计工作，加强建筑设计管理，优化城市空间和建筑布局，加强新建高层建筑管控，治理"贪大、媚洋、求怪"的建筑乱象，塑造城市时代特色风貌。

加强居住社区建设。居住社区是城市居民生活和城市治理的基本单元，要以安全健康、设施完善、管理有序为目标，把居住社区建设成为满足人民群众日常生活需求的完整单元。开展完整居住社区设施补短板行动，推动物业服务企业大力发展线上线下社区服务业。建立党委领导、政府组织、业主参与、企业服务的居住社区治理机制，推动城市管理进社区，提高物业管理覆盖率。开展美好环境与幸福生活共同缔造活动，发动群众共建共治共享美好家园。

推进新型城市基础设施建设。加快推进基于信息化、数字化、智能化的新型城市基础设施建设和改造。加快推进城市信息模型平台建设，打造智慧城市的基础操作平台。实施智能化市政基础设施建设和改造，协同发展智慧城市与智能网联汽车。推进智慧社区建设。推动智能建造与建筑工业化协同发展，建设建筑产业互联网，推广钢结构装配式等新型建造方式，加快发展"中国建造"。

加强城镇老旧小区改造。城镇老旧小区改造是重大的民生工程和发展工程。要进一步摸清底数，合理确定改造内容，科学编制改造规划和年度改造计划，有序组织实施，力争到"十四五"期末基本完成2000年前建成的需改造城镇老旧小区改造任务。不断健全统筹协调、居民参与、项目推进、长效管理等机制，建立改造资金政府与居民、社会力量合理共担机制，确保改造工作顺利进行。

增强城市防洪排涝能力。坚持系统思维、整体推进、综合治理，争取"十四五"期末城市内涝治理取得明显成效。统筹区域流域生态环境治理和城市建设，将山水林田湖草生态保护修复和城市开发建设有机结合，提升自然蓄水排水能力。统筹城市水资源利用和防灾减灾，系统化全域推进海绵城市建设。统筹城市防洪和排涝工作，加快建设和完善城市防洪排涝设施体系。

推进以县城为重要载体的城镇化建设。县城是县域经济社会发展的中心和城乡统筹发展的关键节点。实施强县工程，加强县城基础设施和公共服务设施建设，改善县城人居环境，更好吸纳农业转移人口。建立健全以县为单元统筹城乡的发展体系、服务体系、治理体系，促进一二三产业融合发展，统筹布局县城、中心镇、行政村基础设施和公共服务设施，建立政府、社会、村民共建共治共享机制。

三、城市更新的全国性政策

当城镇化率超过50%，城市内涵发展日益成为城市更新的重点，包括城市功能结构优化、人居环境改善、人民群众福祉水平提高和城市社会经济活力提升等在内的多个方面已经成为中国城镇化下半场的主要工作。2013年，中央城镇化工作会议明确提出"严控增量，盘活存量，优化结构，提升效率""由扩张性规划逐步转向限定城市边界、优化空间结构的规划"等政策方针，从而将城市更新工作提高到了国家战略高度。

《国家新型城镇化规划（2014—2020年）》指出，城镇化必须进入以提升质量为主的转型发展新阶段，要优化城市内部空间结构、促进城市紧凑发展和提高国土空间利用效率。这既适应世界城镇化发展普遍规律，也符合中国发展现状。2015年12月召开的中央城市工作会议，提出要坚持集约发展，要树立"精明增长""紧凑城市"理念，要推动城市发展由外延扩张式向内涵提升式转变。

2017 年，党的十九大作出中国社会主要矛盾已经转化的重大论断，并提出必须坚持以人民为中心的发展思想。因此，城市建设也必须是建设让人民满意的城市。2019 年以来，中共中央政治局会议、国务院常务会议等多次重大会议，提出要大力进行老旧小区改造提升和开展全国老旧小区改造试点工作。2020 年 7 月，《关于全面推进城镇老旧小区改造工作的指导意见》的颁布，正是对上述国家政策的进一步落实与部署，充分体现了党中央对人民群众生活质量水平提升的高度重视。

党的十九届五中全会通过的《中共中央关于制定国民经济和社会发展第十四个五年规划和二〇三五年远景目标的建议》明确提出实施城市更新行动，这在城市更新行动中具有深远的时代意义。2020 年中央经济工作会议将"实施城市更新行动，推进城镇老旧小区改造"列入"十四五"开局之年要做好的重点任务。这可以被看作进一步提升城市发展质量而作出的重大决策部署，为"十四五"期间乃至今后一段时期做好城市建设指明了前进的方向。

"十四五"规划和 2035 年远景目标纲要在第八篇"完善新型城镇化战略 提升城镇化发展质量"中确定深入推进以人为核心的新型城镇化战略，并在第二十九章"全面提升城市品质"中提出"加快转变城市发展方式，统筹城市规划建设管理，实施城市更新行动，推动城市空间结构优化和品质提升"的方针政策，赋予了新发展阶段城市更新工作新的使命、内涵和任务。

进入 2022 年，《政府工作报告》中提出有序推进城市更新。同时，城市更新被写入多个地方政府工作报告中。2022 年 3 月 17 日，国家发改委印发《2022 年新型城镇化和城乡融合发展重点任务》，再次"点题"城市更新，将其列入 2022 年的重点任务。党的二十大报告提出："坚持人民城市人民建、人民城市为人民，提高城市规划、建设、治理水平，加快转变超大特大城市发展方式，实施城市更新行动，加强城市基础设施建设，打造宜居、韧性、智慧城市。"这是以习近平同志为核心的党中央深刻把握城市发展规律，对新时代新阶段城市工作作出的重大战略部署。2023 年《政府工作报告》再次提出，"实施城市更新行动"，并将其作为着力扩大国内需求的工作重点之一。

表 10-1 中国主要的城市更新全国性政策

出台时间	出台单位	政策名称	主要内容
2013 年 7 月	国务院	《国务院关于加快棚户区改造工作的意见》	加快推进各类棚户区改造,重点推进资源枯竭型城市及独立工矿棚户区、三线企业集中地区的棚户区改造,稳步实施城中村改造。
2013 年 11 月	中共中央政治局	《中共中央关于全面深化改革若干重大问题的决定》	推进城市建设管理创新。建立透明规范的城市建设投融资机制,允许地方政府通过发债等多种方式拓宽城市建设融资渠道,允许社会资本通过特许经营等方式参与城市基础设施投资和运营,研究建立城市基础设施、住宅政策性金融机构。
2013 年 12 月	中共中央	《中央经济工作会议公报》	调整产业结构、防控债务风险,促进区域协调发展、保障和改善民生(棚户区改造)。
2013 年 12 月	中共中央	《中央城镇化工作会议公报》	明确推进新型城镇化的六大任务,强调三大城市群以盘活存量为主,不能再无节制地扩大建设用地规模。
2013 年 12 月	住房和城乡建设部	《全国住房和城乡建设工作会议公报》	重点推进各类棚户区改造;转变城乡规划理念,切实提高城乡规划编制的科学性;鼓励社会资本参与城市基础设施建设。
2014 年 3 月	中共中央	《国家新型城镇化规划(2014—2020 年)》	按照改造更新与保护修复并重要求,健全旧城改造机制,优化提升旧城功能。有序推进旧住宅小区综合整治、危旧住房和非成套住房改造,全面改善人居环境。
2015 年 12 月	中共中央	《2015 年中央城市工作会议》	有序推进老旧住宅小区综合整治;推进城市绿色发展,提高建筑标准和工程质量。
2016 年 2 月	国务院	《关于深入推进新型城镇化建设的若干意见》	全面提升城市功能。加快城镇棚户区、城中村和危房改造。加快城市综合交通网络建设。实施城市地下管网改造工程。推进海绵城市建设。加快建设绿色城市、智慧城市、人文城市等新型城市建设。提升城市公共服务水平。
2016 年 11 月	国土资源部	《关于深入推进城镇低效用地再开发的指导意见(试行)》	明确城镇低效用地的改造开发范围。指出布局散乱、设施落后,规划确定改造的老城区、城中村、棚户区、老工业区等可列入改造开发范围。鼓励市场主体收购相邻多宗低效利用地块,申请集中改造开发。
2019 年 3 月	国务院	2019 年《政府工作报告》	城镇老旧小区量大面广,要大力进行改造提升,更新水电路气等配套设施,支持加装电梯,健全便民市场、便利店、步行街、停车场等生活服务设施。
2019 年 4 月	住房和城乡建设部	《关于做好老旧小区改造工作的通知》	2019 年起将老旧小区改造纳入城镇保障性安居工程,给予中央补助资金。

（续表）

出台时间	出台单位	政策名称	主要内容
2019 年 9 月	财政部、住房和城乡建设部	《中央财政城镇保障性安居工程专项资金管理办法》	首次将老旧小区纳入支持范围，主要用于老旧小区水电路气等配套基础设施和公共服务设施改造，小区内房屋公共区域修缮、建筑节能改造等。
2019 年 12 月	中共中央	《2019 年中央经济工作会议公报》	再次提出要加强更新和存量住房改造提升，做好城镇老旧小区改造工作。
2020 年 7 月	国务院	《国务院办公厅关于全面推进城镇老旧小区改造工作的指导意见》	明确城镇老旧小区改造任务，重点改造 2000 年年底前建成的老旧小区。改造内容可分为基础类、完善类、提升类 3 类，各地因地制宜确定改造内容清单、标准和支持政策。2020 年新开工改造城镇老旧小区 3.9 万个，涉及居民近 700 万户；到 2022 年，基本形成城镇老旧小区改造制度框架、政策体系和工作机制。
2020 年 8 月	住房和城乡建设部	《住房和城乡建设部办公厅关于在城市更新改造中切实加强历史文化保护坚决制止破坏行为的通知》	加强对城市更新改造项目的评估论证。对涉及老街区、老厂区、老建筑的城市更新改造项目，各地要预先进行历史文化资源调查，组织专家开展评估论证，确保不破坏地形地貌、不拆除历史遗存、不砍老树。对改造面积大于 1 公顷或涉及 5 栋以上具有保护价值建筑的项目，评估论证结果要向省级住房和城乡建设（规划）部门报告备案。
2020 年 10 月	中共中央	《中共中央关于制定国民经济和社会发展第十四个五年规划和二〇三五年远景目标的建议》	推进以人为核心的新型城镇化，实施城市更新行动，推进城市生态修复、功能完善工程，统筹城市规划、建设、管理、合理确定城市规模、人口密度、空间结构，促进大中小城市和小城镇协调发展。
2021 年 3 月	中共中央	2021 年《政府工作报告》	深入推进以人为核心的新型城镇化战略，加快农业转移人口市民化，常住人口城镇化率提高到 65%，发展壮大城市群和都市圈。实施城市更新行动，完善住房市场体系和住房保障体系，提升城镇化发展质量。政府投资更多向惠及面广的民生项目倾斜，新开工改造城镇老旧小区 5.3 万个，提升县城公共服务水平。
2022 年 10 月	中共中央	《习近平在中国共产党第二十次全国代表大会上的报告》	坚持人民城市人民建、人民城市为人民，提高城市规划、建设、治理水平，加快转变超大特大城市发展方式，实施城市更新行动，加强城市基础设施建设，打造宜居、韧性、智慧城市。

资料来源：作者根据资料整理。

第三节 人民城市理念与城市更新

2019 年 11 月，习近平总书记考察上海时，首次提出"人民城市人民建、人民城市为人民"重要理念，明确了城市发展的价值观和方法论，揭示了中国特色社会主义城市发展规律，深刻回答了城市建设发展依靠谁、为了谁的根本问题，以及建设什么样的城市、怎么样建设城市的重大命题。人民城市重要理念不仅揭示了社会主义现代化城市的人民性，也为推动城市更新发展提供了根本遵循和行动指南。

一、人民城市理念及其基本内涵

城市是承载现代国家发展和建设最为重要的战略空间。人是城市的主体，是城市文明的创造者和拥有者。基于中国城市发展的实际需要和时代背景，将城市的发展置于人的发展的宏观视角之下，探索以人民为中心的中国特色城市发展之路，是以习近平同志为核心的党中央基于人民利益和科学发展树立的新时代城市观。[1]2015 年召开的中央城市工作会议上，习近平总书记强调提出"中国特色城市发展道路"这一全新的重大命题，并确立了城市发展的价值取向必须符合时代要求、凝聚中国智慧、内含人民意志，"人民城市"的概念首次出现在党和国家的工作部署中。2019 年，习近平总书记高瞻远瞩，创造性地提出了"人民城市"的理念，强调"城市是人民的城市，人民城市为人民""城市建设要贯穿以人民为中心的发展思想"，形成了关于人民城市的系列重要论述。[2]2020 年 11 月，在浦东开发开放 30 周年庆祝大会上的讲话中，习近平总书记再次指出，"提高城市治理现代化水平，开创人民城市建设新局面"。人民城市成为新时代最具中国特色的城市发展理念，为新时代城市的建设、发展和治理提供战略指引。

"人民城市人民建、人民城市为人民"是人民城市重要理念的核心内涵。人民城市的核心要义首先是以人民为中心，人民城市理念强调城市发展要以人民的利益和需求为出发点和落脚点，以满足人民对美好生活的向往为目标。这体现了以人民为中心的

---

① 魏崇辉：《习近平人民城市重要理念的基本内涵与中国实践》，《湖湘论坛》2022 年第 1 期。
② 《习近平：城市是人民的城市，人民城市为人民》，《人民日报》（海外版）2019 年 11 月 4 日。

发展理念，将人民的利益至上置于城市建设和发展的首要位置。其次是人民参与和民主决策，人民城市理念强调人民的参与和民主决策，鼓励广泛的人民参与城市规划、决策和管理。通过增加居民的参与度，充分听取和尊重居民的意见和需求，实现城市发展的民主化和人民的主体地位。再次是社会公平和可持续发展，人民城市理念强调社会公平和可持续发展。在城市更新和发展中，要关注弱势群体的权益保护，促进城乡一体化发展，推动经济、社会和环境的协调发展，以实现社会公平和可持续发展的目标。最后是人文关怀和文化传承，人民城市理念注重培育城市的人文氛围和文化传承。通过保护和传承城市的历史文化遗产，提供优质的教育、医疗、文化和体育等公共服务，满足人民群众的精神和文化需求，营造人文关怀的城市环境。[①]

总之，人民城市理念强调城市发展要以满足人民群众的美好生活需要为根本目标，推动城市建设与社会进步、经济发展与人的全面发展相协调，不仅是新时代中国特色城市现代化道路的新探索，也为世界城市发展理论贡献了中国智慧。

二、人民城市理念的实践逻辑

人民城市理念为中国特色城市建设提供了重要支撑。以共建为根本动力、以共治为重要方式、以共享为最终目的是人民城市的实现路径。[②]共建共治共享既是社会治理新格局，又是城市建设新境界。建设人民城市的根本动力在于人民的支持、参与和建设。人民是城市建设的主力军，更是城市建设和发展的动力源泉和深厚根基。城市在过去取得的辉煌成就归根结底是人民创造的，城市未来的发展更要依靠人民。

随着人民城市的实践发展，要更注重与吸纳人民对城市建设的积极探索，持续创新"有事好商量、众人的事情由众人商量"的制度化实践，开拓多元社会主体共建人民城市的新局面。要激活蕴藏在广大群众中的无穷智慧和磅礴力量，为打造中国特色现代化城市提供不竭动力。共治是人民城市重要理念的题中应有之义，亦是人民城市建设的必由之路。城市是人民的城市，人民主动参与城市治理体系，充分发挥其在治

---

① 何星亮：《"以人民为中心"的核心理念和价值取向》，《人民论坛》2020 年第 28 期。
② 刘吕红、余红军：《70 年来城市建设的历史进程、主要特征和基本经验》，《江西社会科学》2019 年第 9 期。

理体系中的主体作用，将人民城市建设转化为牢固根植人民、紧密依靠人民、不断造福人民的行动。人民城市建设的最终目的是共享，即人民共享城市的发展成果，使人民城市建设真正满足人民的服务需求、切实提高人民的生活水平、不断满足人民对美好生活的新期待。

坚持和加强党的领导，是中国特色社会主义城市建设保持正确方向、不断前行的根本保障。人民城市的实质是人民主权与中国共产党领导的辩证统一。坚持和加强党对人民城市的全面领导根本上是要充分认识到党在城市建设中的重要地位和作用。要更好地发挥党的领导在人民城市建设中的整合功能和嵌入特征，加强和完善城市基层党建工作，将服务群众推向"最后一厘米"。既抓党建驱动牵引资源，又抓基层党建保障群众诉求回应，充分发挥枢纽型组织的作用，进而达到人民城市重要理念一张蓝图绘到底的目标。

三、以人民城市为中心推进城市更新发展

在新时代推进城市更新，必须把以人民为中心的思想贯穿于全过程和各方面，聚焦人民群众的需求，合理安排生产、生活、生态空间，走内涵式、集约型、绿色化的高质量发展路子，努力创造宜业、宜居、宜乐、宜游的良好环境，让人民有更多获得感，为人民创造更加幸福的美好生活。以人民城市为中心推进城市更新发展路径如下。

加强顶层设计，激发多元合力，创新机制模式。从国家层面出台城市更新的指导意见，细化城市更新的范围内涵、目标任务、工作重点和保障措施等，严格城市更新底线要求，细化部门职责，做出整体性、框架性安排。将城市更新专项规划纳入国土空间法定专项规划体系，做好城市更新片区（单元）、国土空间管控单元、控制性详细规划单元之间的有效衔接。制定城市更新标准、规范和设计规章，强化技术指导，逐步形成工作体系。同时，给予地方一定自主权，鼓励支持地方根据各自实际，制定出台具有地方特色的城市更新法规、政策，因城施策、分类推进，防止乱铺摊子、千篇一律。创新机制模式，加强城市设计管理。用好城市体检成果。完善城市体检制度，逐步形成分层级、多目标、有特色的体制指标体系，顺畅体检和更新之间关系，挖掘城市短板、问题的深层次原因，科学提出"药方"对策。通过立法等形式，将城市设

计成果转译为地方公共管理语境下可操作的具体规程，提高城市设计法定地位，打通规划建设和管控应用等上下游环节。培育更新实施主体。根据更新对象不同，灵活采用产权人自主更新、"政府＋企业""平台公司＋""社会资本出资＋政府采购"等多种实施模式。加强项目监督管理。完善物业权利人、利害关系人参与城市更新规划编制、方案制定等方面的制度，按规定执行重大行政决策程序，主动接受监督。

完善基本公共服务，构建多元融合的社区生活圈，不断满足人民群众日益增长的美好生活需要。超前做好城市更新区域规划设计，以功能性改造为重点，完善生活功能，补齐公共设施短板，满足全体居民尤其是社会弱势人群的生活需求，建设全龄友好型包容社区，增强城市亲和力，体现城市的人文关怀。通过城市更新，把更优的资源、更好的地块、更大的投入配置到民生事业上，以幼有善育、学有优教、劳有厚得、病有良医、老有颐养、住有宜居、弱有众扶为建设导向和努力方向，让便捷、高效的社区生活成为居民生活的常态。

创新社会治理，构建温情基层社区文化。城市更新也是城市社会治理的更新。城市更新直接涉及人民群众切身利益，要不断完善共建共治共享的基层社会治理结构，发挥党建引领作用，注重倾听民声、汇集民智、凝聚民心，激发居民的自治意识，充分尊重居民意愿，发挥自下而上的巨大作用，共享发展成果。[1] 加强城市更新与数字化建设糅合力度，依托城市云脑，形成快速治理机制，因地制宜地探索基层社会治理模式。

统筹生产、生活、生态三大布局，着力营造宜居环境。城市更新是一个系统工程，只有统筹好生产、生活、生态三大布局，才能提高城市的宜居性。通过多措并举统筹生产、生活、生态三大布局，努力使城市变得更美、百姓生活变得更好。为了营造宜居环境，用高科技手段应对社区治理中的顽疾，用微更新让老式社区更加宜居，用精细化服务改善生产生活环境。比如，杨浦区着力打造走得进、待得住、留得下的美丽街区，通过加大城市老建筑保护力度等方式，推动黄浦江两岸贯通及滨江岸线转型，把工业"锈带"变成生活"秀带"。同时，针对"老、小、旧、远"民生问题，加大投入、真抓实干，努力为人民群众营造宜居环境。

---

① 容志、宋纪祥：《以人民为中心的治理：人民城市更新的逻辑与实践》，《复旦城市治理评论》2021 年第 2 期。

第四节　中国城市推动以人民为中心的城市更新探索

2019 年底，中国城镇化率突破 60%，城市更新成为"推进以人为核心的新型城镇化"的重要手段。以人民为中心，是中国推进城市更新的出发点和落脚点。推动以人民为中心的城市更新，要顺应城市发展规律，尊重人民群众意愿，以内涵集约、绿色低碳发展为路径，转变城市开发建设方式。评判城市更新的成效，最终要落实到提升人民群众获得感、幸福感、安全感上。

一、推动以人民为中心城市更新的重要意义

城市建设既是贯彻落实新发展理念的重要载体，也是构建新发展格局的重要支点。实施城市更新行动，推动城市结构调整优化和品质提升，转变城市开发建设方式，对于全面提升城市发展质量、不断满足人民群众日益增长的美好生活需要、促进经济社会持续健康发展，具有重要而深远的意义。

推动以人民为中心的城市更新是适应城市发展新形势、推动城市高质量发展的必然要求。改革开放以来，中国城镇化进程波澜壮阔，创造了世界城市发展史上的伟大奇迹。2019 年中国常住人口城镇化率为 60.6%，已经步入城镇化较快发展的中后期，城市发展进入城市更新的重要时期，由大规模增量建设转为存量提质改造和增量结构调整并重，从"有没有"转向"好不好"。我们不仅要解决城镇化过程中的问题，还要更加注重解决城市发展本身的问题，走出一条内涵集约式高质量发展的新路。

推动以人民为中心的城市更新是坚定实施扩大内需战略、构建新发展格局的重要路径。城市是扩内需补短板、增投资促消费、建设强大国内市场的重要战场。城市建设是现代化建设的重要引擎，是构建新发展格局的重要支点。[1] 中国城镇生产总值、固定资产投资占全国比重均接近 90%，消费品零售总额占全国比重超过 85%。实施城市更新行动，谋划推进一系列城市建设领域民生工程和发展工程，有利于充分释放我国发展的巨大潜力，形成新的经济增长点，培育发展新动能，畅通国内大循环。

---

[1]　汪韶源、吴江：《以人民为中心的城市治理：理论内涵、价值遵循及实现路径》，《中共郑州市委党校学报》2022 年第 4 期。

推动以人民为中心的城市更新是加快城市开发建设方式转型、促进经济发展方式转变的有效途径。城市建设是贯彻落实新发展理念、推动高质量发展的重要载体。随着中国经济发展由高速增长阶段转向高质量发展阶段，过去"大量建设、大量消耗、大量排放"和过度房地产化的城市开发建设方式已经难以为继。实施城市更新行动，推动城市开发建设从粗放型外延式发展转向集约型内涵式发展，将建设重点由房地产主导的增量建设逐步转向以提升城市品质为主的存量提质改造，促进资本、土地等要素根据市场规律和国家发展需求进行优化再配置，从源头上促进经济发展方式转变。

推动以人民为中心的城市更新是解决应对城市发展中的突出问题和短板、提升人民群众获得感幸福感安全感的重大举措。在经济高速发展和城镇化快速推进过程中，一些城市发展注重追求速度和规模，城市规划建设管理"碎片化"问题突出，城市的整体性、系统性、宜居性、包容性和生长性不足，人居环境质量不高，一些大城市"城市病"问题突出。通过实施城市更新行动，及时回应群众关切，补齐基础设施和公共服务设施短板，推动城市结构调整优化，提升城市品质，让人民群众在城市生活得更方便、更舒心、更美好。①

二、以人民为中心城市更新的实践探索

（一）深圳大冲城中村改造

大冲城中村改造项目位于深圳市南山科技园东区，是目前深圳市最大的城中村改造项目。改造前，村内楼房密集、小巷狭窄、街道凌乱、居室昏暗，与周边现代、整洁的城市风貌形成鲜明反差；村民的"握手楼"存在一定的消防隐患，公共设施匮乏；集体经济发展主要来源于集体商铺、厂房出租，由于金融危机，很多工厂纷纷撤离大冲甚至倒闭，集体经济备受冲击。

大冲城中村改造项目采取拆除重建和局部综合整治相结合的更新模式，实施过程采用了"政府主导、市场化运作、股份公司参与"的运作模式。通过在计划立项、规划审批、用地出让等各环节配套出台政策措施，推动了城市更新工作的制度化和规范

---

① 温锋华、姜玲：《整体性治理视角下的城市更新政策框架研究》，《城市发展研究》2022年第11期。

化发展。通过旧村改造与市场经济结合，使人居环境得到改善，保障了村民财富的增值和集体经济的可持续发展，有效带动了改造实施主体的积极性。充足的现代化配套设施极大地丰富了居民的物质文化生活，城市更新后大冲还给村里的年轻人提供了更多就业机会，包括参与物业管理、酒店、写字楼的管理等。整体来看，大冲城中村改造带来了本片区的组织管理、生存方式、思想观念全面升级，并为经济转型和社会转型带来推动和示范效应，真正实现了人和经济社会的同步现代化。

（二）上海苏州河（普陀段）沿岸有机更新

上海在"十四五"期间积极推进"一江一河"沿岸历史建筑和工业遗存的保护和更新利用，着力打造以世界级城市会客厅为核心的旅游休闲带。苏州河作为"一江一河"旅游休闲带的核心载体，是中国近代民族工业的摇篮，沿河分布众多工业遗址资源与城市文创旅游资源，具备旅游发展的资源优势。然而，苏州河沿岸住区密布、资源布局分散、存量产品老化，叠加黄浦江旅游发展的高度遮蔽，苏州河旅游发展和居民生活品质亟待同步提升。

在苏州河（普陀段）沿岸空间更新过程中充分体现了以人民为中心的核心理念。该项目特色如下：在旅游品牌塑造上，注重发掘与黄浦江旅游的差异化和互补性，突出苏州河（普陀段）旅游在传承文脉、提升生活品质、赋能产业发展等方面的重要作用，传述苏州河中国近代民族工业文明发源地、工业转型示范地及创新策源地特色，形成苏州河发展新优势。关于沿岸文旅产业发展，项目以河岸为核心驱动器，基于苏州河全线贯通的岸线公共空间，聚焦驳岸空间、滨河绿道空间及码头空间的活化利用，通过百年工业文明滨河画廊、主题文化码头、超级慢道、共生记忆围栏等产品创意，推出苏州河超级岸线公园，以岸线核心吸引物塑造，带动水上旅游产品主动迭代。在苏州河滨河绿地功能构建过程中，全面挖潜城市居民与游客的潜在价值需求，以滨河快闪公园焕活绿地空间的商业价值性，以生态文化公园焕活绿地空间的艺术价值性，营造能够真正实现主客共享、多元价值转化的绿地空间系统。在苏州河步行系统的优化更新中，充分利用周边文旅资源特色，结合城市街角畸零地的更新利用，打造兼具休闲、艺术、体验等功能复合的艺术作品，更新街区主力消费业态与公共空间，以深度交互的街区体验场景与消费场景，实现游客有效引流、街区商业盘活、提升辨识度沉淀等多元价值溢出。在平衡和解决苏州河两岸住区对旅游发展影响的问题方面，该项目将旅游目的地打造与城市精细化治理相结合，通过大量样本调查居民对于品质生活的需求，赋予居民苏州河导赏员角色等让其深度参与并唤醒其对传播苏河文化的认同感、自豪感，进而化解旅游发展与社区生活的矛盾。

（三）包头东河区公共空间"微更新"

东河区位于内蒙古西部地区的商贸中心，是包头地方工业的集中地，在包头乃至内蒙古西部地区的商业流通中占有十分重要的地位。东河区的很多老旧社区缺乏公共空间的完整设计，也缺乏口袋公园等完整的块状绿地，景观层级单一，现状多为陈旧设施，且利用率较低，城市活力空间缺乏。2022年东河区选取5个更新单元实施城市更新微改造，从人居环境提升、公共设施共享、空间功能保护与利用层面开展渐进式更新，具体策略如下。首先是在街巷空间层面开展"碎片化整理＋缝合织补＋引导疏导"，利用街巷空间的尺度优势对交通组织进行管控，对重点时段车辆进行分类管控，推动慢行系统和绿色公共交通的完善，打造综合性能强的线性空间。其次是通过要素提取在保留和补充修复传统文化元素的同时，满足复合性功能和公共性的总体诉求。再次是营造微型公共空间，从老年、儿童友好层面，增加木制有靠背、扶手的座椅，增加色彩丰富的沥青跑道、趣味性强的户外拓展小品等；结合老年人带孩子较多的层面考虑，重点考虑圆形、弧形、椭圆形设计，在河卵石健身步道旁边设置防摔倒轮胎。然后是立体公共空间利用方面，通过立体延伸拓展出"非边面公共空间"，补充了地面公共空间功能；设置空中走廊，拓展了步行交往空间。最后是结合全民健身资源布局，开展多中心、多层级、多节点的公共空间建设。

三、中国城市更新发展的总结与展望

城市更新是转变城市发展方式、推动城市高质量发展的关键举措，也是推动城市补短板、强弱项，改善城市社会民生、优化城市公共服务、提升城市人居品质，推动共同富裕的重要抓手。[①] 中国的城市更新发展伴随城市发展的历史演进，既体现了世界

---

① 翟斌庆、伍美琴：《城市更新理念与中国城市现实》，《城市规划学刊》2009年第2期。

城市发展的共同规律，也折射出波澜壮阔的中国式现代化图景。作为立足城市建成环境高质量维育、建设和再发展的行动，中国式城乡现代化进程中的城市更新具有地方实践先行、制度创新引领、理论研究伴随的交互影响特征，在立足民生、发展、经济、活力的基础上，致力于实现促进经济、提质增效、激发活力等多元目标。因此，中国的城市更新不仅是一项阶段性城市改造或再开发行动，而且深刻地指向城市的基本功能。

现阶段中国城市更新发展正处于从粗放化、外延式增量发展转为精细化、内涵式存量提升发展的时期，在生态文明宏观背景以及"五位一体"发展、国家治理体系建设的总体框架下，城市更新更加注重城市内涵发展，更加强调以人为本，更加重视人居环境的改善和城市活力的提升。2022年《政府工作报告》中提出城市有序更新，这意味着中国城市更新将过渡到以创新改造为主的渐进式有机更新，通过小尺度改造，使城市功能不断优化和城市空间品质不断提升。尽管城市更新主要是空间更新，但空间更新与产业的更新密不可分，甚至产业更新才是城市最本质的更新。在更加注重产业内涵的发展趋势下，随着扩大内需战略的推进，城市更新不仅对于补短板、扩内需、增投资意义重大，同时也将有助于畅通循环，建设强大的国内市场，促进经济长期持续健康发展。另外，城市更新要坚持绿色引领，结合低碳发展理念，实现城市更新的技术体系突破，促使改造后的城市更具可持续性，确保城市社会与自然和谐共生发展。目前，北京、上海、无锡、天津、成都、广州、石家庄等地已纷纷成立城市更新基金。一些城市的城市更新基金还呈现出多元化构成特征，除政府和国企，社会资本也参与其中。多方资本参与推动城市更新可持续化运作，进一步发挥城市建设撬动内需的重要支点作用。最后，通过政策引导更新区域居民自主改造，充分调动群众的积极性，不仅节省政府的成本，还会给城市更新带来多样性，同时促进社会和经济的平衡。

整体而言，中国城市更新取得了长足进展，但更新的内涵和模式面临着变革和创新。未来，城市更新的内涵将更加丰富，由外延式的发展转向城市内部空间质量提升；模式也更多样，从传统的拆旧建新式发展到以人为本、反映时代要求的有机更新；参与主体更加多元，政府、居民、企业、专业群体等相关利益主体形成合力，推进城市更新有序进行，释放城市内生动力；运营也将基于市场化逻辑，吸引新的业态进入，培育产业发展，提供物业增值服务，持续获取现金流，通过发掘可持续的商业模式，并用政策加以引导，推动城市更新可持续发展。这样既满足了市民对美好生活的追求，又能够通过盈利助推经济发展。

智慧城市和城市更新融合发展也是未来趋势。近年来，数字经济开始从网络、电商走向实体，5G、大数据、AI 系统、智能化等新技术的应用，推动着智慧城市的快速发展，越来越多的城市开展了智慧城市建设。城市更新需要利用科技的力量去推动，运用科技手段提升更新项目和区域的品质，推动城市发展更高效、更合理、更智能、更适应未来需求。在城市更新过程中充分利用和发挥科技的力量，让智慧城市和城市更新融合发展变得至关重要。总之，未来，中国城市更新应进一步将实践和理论结合，坚持可持续发展和以人为本的原则，强化建成环境的基本职能，培育居民主体自主更新的能力，探索从规划设计到实施的善治过程，在服务打造国内大循环为主的经济发展模式中发挥积极作用。

第十一章　新城与新区建设

　　中国的新城新区建设是中国工业化和城镇化的重要组成部分，与西方国家相比，有鲜明的特色。本章在相关理论指导下，致力于阐述中国新城新区建设实践，研究党的十八大以来对新城新区发展的新要求和新探索，总结和概括中国新城新区建设的经验和内在机制，结合国内外案例经验，展望新城新区建设的发展趋势。

第一节　新城新区的理论基础

一、新城新区的概念解析

（一）是相对于原中心城区或老城区而言的概念

　　关于新城的概念，《英国大不列颠百科全书》从功能的角度给出了解释："是一种规划形式，其目的在于在大城市以外重新安置人口，设置住宅、医院和产业，设置文化、休憩和商业中心，形成新的、相对独立的社会。"在约翰斯顿（Johnston）主编的《人文地理学词典》则强调新城与城市中心的关系，指出新城"是一种独立、自给自足和社会平衡的城市中心，最初规划用于疏散来自附近的集合城市的人口和就业岗位"。

　　新城新区概念在中国官方文件上最早出现于"十二五"规划第三节，提出要通过"规范新城新区建设"以达到"增强城镇综合承载能力"的目的。刘士林等以西方新城这个最接近中国新城新区的概念为基础，初步建构和阐释了新城新区的概念和内涵，并提出了新城新区广义和狭义的两种界定。广义上，新城新区指 1979 年（蛇口工业区）以来，中国各省市在原农村地区设立的、具有独立行政机构及一种或多种功能（如工业、商业、居住、社区公共服务和文化娱乐等）的新城市中心。狭义上，新城新区指 1992 年（浦东新区设立）以来，中国城市在原中心城区范围之外新建的、在行政、经济、社会和文化上具有相对独立和较大自主权的综合性城市中心。一般都与国

233

家或省市的特殊政策及战略规划相关，因而在行政、经济、社会、文化方面有相对独立性和较大的发展自主权，各种公共设施和服务设施比较完善，不包括单一功能的如大学城、高新园区、工业园区等。①

（二）新城新区具有明显的中国特色

顾朝林认为，中国的新城新区是国家改革开放的产物，是满足经济发展需要、按照增长原则规划而成的一类城市空间单元，与西方城市的"新区"和"新城"含义相近，但具有非常独特的中国特色印记。②

（1）由政府主导。中国的新城新区建设是在政府主导下进行的。一方面是由政府设立。王凯等强调了新城新区设立的政府主导特征，认为新城新区是改革开放以来，县级以上人民政府或有关部门为实现特定目标而批复设立的，拥有相对独立管理权限的空间地域单元，是城市集中建设区的有机组成部分，主要包括国务院批复的国家级新区、国务院及省级人民政府批复的各类开发区、县级以上人民政府批准设立的各类功能性新城。③另一方面是由政府监管。新城或新区的管委会是政府派出机构，在配合开发公司的同时还对开发公司进行监管。

（2）发展经济是新城新区发展的主要驱动力。新城新区建设伴随中国工业化、城镇化全过程，是该进程的重要组成部分，是响应国家战略和经济发展的需要，尤其是开发区和各种功能性新城，大多数始于发展工业的需要。而在欧美等私有制国家，发展经济并不是新城发展的主要原因。如美国 1880 年建设的 Pullman 是美国工业革命以来第一座具有一定规模的工业新城，但其建设初衷主要是资本家希望改善工厂环境，提高企业产出效率。

（3）与改革开放密切相关。经济特区、各类开发区的设立源于改革开放，新区是在改革开放大潮中成长起来的，随着各类改革创新。如蛇口工业区仅从 1979 年到 1984 年就创造了 24 项全国第一，探索出"蛇口模式"。在早期开发阶段浦东新区缺少资金，

---

① 刘士林、刘新静、盛蓉：《中国新城新区发展研究》，《江南大学学报（人文社会科学版）》2013 年第 4 期。
② 顾朝林：《基于地方分权的城市治理模式研究——以新城新区为例》，城市发展研究 2017 年第 2 期。
③ 王凯、刘继华、王宏远：《中国新城新区 40 年：历程、评估与展望》，中国建筑工业出版社 2020 年版。

探索出"资金空转、土地实转"的新模式，地方政府通过土地批租获得城市建设资金。

（三）新城新区分类

从外延上，讨论比较多的中国新城新区包括：经济特区、经济技术开发区、高新技术产业开发区、保税区、边境经济合作区、出口加工区、旅游度假、物流园区、工业园区、自贸试验区、大学科技园，以及产业新城、高铁新城、智慧新城、生态低碳新城、科教新城、行政新城、临港新城、空港新城等。[①] 但王凯等认为，近年来出现的自贸试验区、自主创新示范区等作为一种新型政策区，一般是依托现有功能区或开发区划定，不应被纳入新城新区范畴，对旅游度假区、农业科技园等以第一、第三产业为主的功能区，不在城市集中建设区范围内的，不属于新城市空间范畴，也不应被纳入新城新区范畴[②]。

一般认为，新城新区主要包括三类。

（1）国务院主导并批复的承担国家重大发展和改革开放战略任务的国家级新区。如深圳经济特区、浦东新区、天津滨海新区、雄安新区等。国家级新区被赋予更多的经济管理权限和更高的行政管理权限，可在更大范围内打破行政区划壁垒，实现资源的快速集中。

（2）国务院或省级人民政府批复设立的在城市规划区内设立的开发区。其中国家级开发区指由国务院批准、国家各个部委监管的各类开发区，包括商务部主导的经济技术开发区、科技部主导的高新技术产业开发区、海关总署主导的各类海关特殊监管区和边境/跨境经济合作区，省级开发区为由省（自治区、直辖市）人民政府批准的开发区，一般根据国家政策导向和产业发展需求设立，包括经济技术开发区、工业园区、高新技术产业园区、专业化产业功能区等，开发区实行国家特定优惠政策。

（3）地方人民政府主导的功能性新城。指除国家级新区和开发区外，县级以上地方政府以经济增长、对外开放、拓展城市空间等目的，依托产业园区、政府机构、大学园区，或机场、港口、高铁站等区域交通设施或其他特色资源，在城市集中建设区

---

① 冯奎：《中国新城新区发展报告》，中国发展出版社2015年版。
② 王凯、刘继华、王宏远：《中国新城新区40年：历程、评估与展望》，中国建筑工业出版社2020年版。

范围内设立的功能区。功能性新城由地方政府主导推动，暂无国家统一标准和政策。可划分为产业园区型、设施带动型、新理念引领型三类。其中，产业园区型新城出现最早、数量最多，其设立目的、功能定位、优惠政策、管理体制比较接近开发区，发展较好的逐步升级成为国家级、省级开发区。

三类新城新区建设具有不同功能，体现了不同主导者的意志。其中，国家级新区体现了国家战略意图；开发区归属不同部门，体现了多头管理；功能性新城市地方政府主导推动，体现的是地方事权主导下的发展意图。①

二、新城新区建设的相关理论

相关理论主要包括城市空间布局理论、新城建设相关理论和新区建设的增长极理论、新城新区治理所涉及的中国特色社会主义理论。

（一）城市空间布局理论

（1）城市区划。从 20 世纪初开始，城市区划（zoning）的概念（这个概念最先源于德国的柏林规划）在美国得以广泛应用。伴随当时城市功能主义的盛行，功能分区成为以土地利用（land use）为基础的规划工具，按照商业、办公、住宅等用途，城市被分解为各种单一功能区。虽然这有利于减少不同功能区之间可能存在的负外部效应，但也带来了严重的社会和交通问题。正因如此，此后规划学者们又提出了功能混合的概念，绿地/带、林荫大道、交通干道等再次用于围合"自足的功能混合区"，这在亚历山大（Alexander）的《模式语言》、克里尔（Krier）的《城镇中的城镇》、杜安尼和普拉特–齐贝克（Duany and Plater-Zyberk）的《新城市主义词汇》，以及考尔索普（Calthorpe）的《区域城市》中都有各类详述。

（2）多中心理论。经济活动的快速分散化促使城市空间结构由单中心向分散型多中心演化，部分郊区已经成长为能够与城市中心相对独立的郊区中心，单中心城市空间结构的研究框架已经不能适应日益多中心化的城市地域。1933 年，麦肯齐（R. D. Mckenzie）最先提出了多中心理论，该理论强调，随着城市的发展，城市中会出现多

① 武敏、彭小雷、叶成康等：《国家治理视角下我国新城新区发展历程研究》，《城市规划学刊》2020 年第 6 期。

个商业中心，其中一个主要商业区为城市的核心，其余为次核心。这些核心不断发挥着成长中心的作用，直到城市的中间地带被完全扩充为止。在城市化的过程中，随着城市规模的扩大，新的极核中心又会产生。多中心理论也是基于地租理论，但它认为城市内土地并不是均质的，所以各种功能区的面积大小不同，空间布局具有较大的弹性。20 世纪 90 年代，克鲁格曼（Krugman）建立了多中心城市空间自组织模型一边缘城市模型，认为在任何满足该模型假设的城市中，无论商业活动沿地域分布的初始状态如何，都会自发地组织成为一个具有多个截然分开的商业中心的形态格局。而且对于满足假设的许多城市来说，商业活动沿地域的任何初始分布不但会演化成一个具有多个商业中心的形态格局，而且会演化成这样的形态格局：商业中心在其间大体呈均匀分布，相互间具有一特征性的距离，该距离因模型的细节和参数而异。多中心空间结构支持者认为，与单中心空间结构相比，多中心将吸引就业机会，远离拥挤的城市中心，家庭和企业总是周期性地通过空间位置的调整来实现居住一就业的平衡，从而使交通总量降低并且分散在更广的区域里，达到缩短通勤距离和通勤时间的目的。

（二）新城建设相关理论

1. 霍华德"田园城市"理论

一般认为，英国城市学家埃比尼泽·霍华德（Ebenezer Howard）于 1898 年提出的"田园城市"是西方新城理念的雏形。霍华德认为，19 世纪下半叶在伦敦、曼彻斯特、纽约、芝加哥等大城市出现的人口拥挤、环境污染、贫富差距悬殊等"城市病"，其根源在于城市中各种要素的过分集聚，因此城市发展到一定规模后应停止增长，其过量的部分由临近的另一城市来接纳。该理论遵循生态有机规划理念，规模小而功能健全、发展适度是其主要特点。通过在母城边缘建造足够的新城，使家庭和公司从过度拥挤的大城市中移居过来，减少大城镇中人和工作环境的过度集中，避免交通拥挤、环境污染和社会失序等问题，重建一个健康有效和社会满意度高的发展模式，这一初衷至今还是新城建设的重要出发点。[1]

---

[1]　Osborn, F. J. S., A. Whittick, 1963 *The New Towns: the Answer to Megalopolis*, Leonard Hill.

2. 有机疏散理论

沙里宁（Saarinen）综合了城市分散主义［如美国赖特（Wright）提出的"广亩城市"构想］和城市集中主义［如柯布西耶（Corbusier）］两方面的观点，提出了"有机疏散论"。他将城市生活划分为日常性活动和偶然性活动，对日常性活动既需要进行功能性集聚，同时对这些集聚点也需要有机疏散。面对如何实现特大城市发展形态的优化这一全球面临的共同问题，沙里宁的"有机疏散论"成为新城规划的理论源头。

3. 美国的精明增长理论

该理论是为应对城市蔓延而提出的。二战之后，在美国、加拿大等地区出现了畸形的城市蔓延（urban sprawl）现象，在生态、社会等方面出现严重的负面效应。20 世纪 90 年代以后，北美学者开始检讨这种不受控制的城市增长方式，提出要对土地开发活动进行管制以提高空间增长的综合效益。受生态主义和新城市主义等影响，1997 年，美国马里兰州州长兰德宁（Lendening）率先提出了精明增长（smart growth）的概念，实现精明增长是目标，实施增长管理是手段。截至 2000 年，全美已有 20 个州推出了增长管理计划，或是制定了各自的精明增长法与增长管理法。增长管理一般是通过划分城市增长的不同类型区域，对需要促进增长的地（优先资助区）予以鼓励和支持；对不应该增长的地区（非优先资助区）则坚决予以控制。美国俄勒冈州制定的"城市增长界线"（urban growth boundaries, UGRS)，将所有城市增长都限定在一个明确的区域界限之内，其外用于发展农业、林业和其他非城市的用途，在这个 UGRS 内，包含了已建设用地、闲置土地及足以容纳未来 20 年城市增长需求的新土地。除了通过规划，其他增长管理的手段还包括法规、计划、税收、行政手段等方面。[①]

4. 新城市主义

20 世纪 90 年代初，针对郊区无序蔓延带来的城市问题而形成的城市规划及设计理论，提倡创造和重建丰富多样的、适于步行的、紧凑的、混合使用的社区，对建筑环境进行重新整合，形成完善的都市、城镇、乡村和邻里单元。包括传统邻里社区发展理论（TND）和公共交通主导型开发理论（TOD）[②]。

---

① 张京祥：《方城市规划思想史纲》，东南大学出版社 2005 年版。
② 李晓慧：《城市主义居住区研究》，武汉理工大学硕士论文，2003 年。

在这些理论指导下，西方新城主要经历了"田园城市""单一功能卫星城"和战后大规模的"新城运动"三个阶段。恩温（Unwin）的卫星城思想在1924年阿姆斯特丹召开的国际城市会议上，被广泛接受并成为国际通用概念。后来又衍生出具有特定功能的新城形态，如居住新城、产业新城、TOD新城、教育新城等。而田园城市的要素在卫星城则被转变为田园郊区景观。

英国发展到第三代新城，进一步强调了新城发展的相对独立性，基本上是一定区域范围内的中心城市，为其周围的地区服务并与"母城"发生相互作用，成为区域城镇体系中的一个组成部分，能对涌入大城市的人口和要素起到一定的截流作用。随着新城理念的不断变化，在形态上主要表现为独立新城、卫星城、新城中城及新城市中心。

此外，中国新城的发展还受到倡导汽车导向的道路网格和复杂高层建筑的柯布西耶光明城市愿景、美国新城市主义中的公交导向开发理念等的影响。

（三）增长极理论

增长极概念最初由法国经济学家弗郎索瓦·佩鲁（Francois Perroux）提出。他认为，如果把发生支配效应的经济空间看作力场，那么位于这个力场中推进性单元就可以描述为增长极。增长极是围绕推进性的主导工业部门而组织的有活力的高度联合的一组产业，它不仅能迅速增长，而且能通过乘数效应推动其他部门的增长。因此，增长并非出现在所有地方，而是以不同强度首先出现在一些增长点或增长极上，这些增长点或增长极通过不同的渠道向外扩散，对整个经济产生不同的最终影响。他借喻了磁场内部运动在磁极最强这一规律，称经济发展的这种区域极化为增长极。

该理论主要观点是，区域经济发展主要依靠条件较好的少数地区和少数产业带动，应把少数区位条件好的地区和少数条件好的产业培育成经济增长极。在此理论框架下，经济增长被认为是一个由点到面、由局部到整体依次递进、有机联系的系统。其物质载体或表现形式包括各类别城镇、产业、部门、新工业园区、经济协作区等。

同时也应认识到，扩散作用是极化作用的反向过程，两者作用力的大小是不等的。缪尔达尔（Myrdal）认为市场力的作用通常是倾向扩大而不是缩小地区间的差异，在增长极作用过程中，如果不加强国家干预，回流效应（即极化效应）总是大于扩散效应。但赫希曼（Hirschman）认为，增长的累积性不会无限的进行下去，从长期看，地理上的涓滴效应（即扩散效应）将足以缩小区域之间的差距。

（四）中国特色社会主义实践理论

中国特色社会主义理论涉及中国特色社会主义道路、中国特色社会主义理论体系和中国特色社会主义制度。党的十八大报告指出，中国特色社会主义道路是实现途径，中国特色社会主义理论体系是行动指南，中国特色社会主义制度是根本保障，三者统一于中国特色社会主义伟大实践，这是党领导人民在建设社会主义长期实践中形成的最鲜明特色。

建设中国特色社会主义，总依据是社会主义初级阶段，总布局是五位一体，总任务是实现社会主义现代化和中华民族伟大复兴。中国特色社会主义，既坚持了科学社会主义基本原则，又根据时代条件赋予其鲜明的中国特色，以全新的视野深化了对共产党执政规律、社会主义建设规律、人类社会发展规律的认识，从理论和实践结合上系统回答了在中国这样人口多底子薄的东方大国建设什么样的社会主义、怎样建设社会主义这个根本问题。

与资本主义国家的新区新城建设相比，中国的新城新区建设以人民为中心，无"贫民窟""居住隔离"等现象，具有鲜明的中国特色。

第二节　中国新城新区建设的实践探索

一、中国新城新区发展历程

中国新城新区建设源于改革开放，走过了一条从个别试点到全国布局、从"单一功能"向"城市综合新区"发展的曲折道路。其中，新区建设经历了产业区到产城融合阶段，新城建设也经历过卫星城、郊区新城和综合性节点城市等不同发展阶段，不少新城新区目前仍处于从前者向后者的演化和升级过程中。本节结合新城新区建设的主导类型、建设理念、建设主体、布局分布和功能变化等情况，把改革开放以来中国新城新区建设历程划分为四个阶段。

（一）1979—1991 年：以特区和国家部门主导的各类开发区为主导

国家级新区的设立源于改革开放的基本国策，经济开发区、高新技术开发区、保税区等也是为了推进改革开放的需要而设立的。1979 年，邓小平首次提出开办"出口特区"，1980 年 3 月改称为"经济特区"；1979—1980 年，深圳、珠海、汕头、厦门和海南经济特区相继成立；1990 年，国家作出开发开放上海浦东的决策。20 世纪 70 年代末和 80 年代，国家开始建立经济技术开发区和高新技术开发区，前者主要以发展劳动密集型和技术密集型工业为主，后者则主要为促进高新技术成果的商品化、产业化和国际化。1984 年，大连、秦皇岛、天津、上海、宁波等 14 个沿海港口城市开放，并成立了中国第一批 14 个经济开发区。[①]1988 年，在科技部"火炬计划"主导下，中关村科技园成为全国第一个高新技术产业开发区。1990 年，全国第一个国家级保税区上海外高桥保税区设立，集自由贸易、出口加工、物流仓储及报税商品展示交易等多种功能于一体。在这个阶段，开发区和国家级新区逐渐成为中国地方经济建设和城市拓展的重要载体。

（二）1992—1999 年：国家级开发区全国布局，地方各级开发区大量设立

新城新区发展随着中国重大利好政策的出台。1987 年后，国有土地使用权有偿使用制度建立，土地批租成为地方政府城市建设的重要资金来源。1991 年出台外商税收减免政策，外资引进加速。1992 年邓小平南方谈话后，各类开发区获批加快。1994 年分税制改革，地方财政压力加大。1994 年的住房市场化改革则促进了房地产业的蓬勃发展，新城和新区成为新型房地产开发载体、现代产业拓展空间和土地批租的主要来源。大量的政策利好推动了开发区的迅猛发展。20 世纪 90 年代初，东部沿海地区各级政府开始大量批复设立开发区，高峰时期几乎每个县级市均有一个或多个开发区。[②]到 1999 年底，国家级开发区覆盖了除西藏、青海以外的所有省区市，全国各类新区达到 362 个。[③]1992—2000 年，新城新区年均批复 33 个，中西部地区数量逐渐增加。[④]在这个阶段，出现了"开发区"变体，如科学城、大学城、政务新区等。如 1998 年广州规划的第二个科学城，深圳引进清华（1996 年）研究生院。青岛（1994 年）、无锡（1995 年）、苏州（1996 年）先后通过迁址行政中心建设了城市新区。

① 冯奎：《中国新城新区发展报告：2018》，企业管理出版社 2019 年版。
② 王凯、刘继华、王宏远：《中国新城新区 40 年：历程、评估与展望》，中国建筑工业出版社 2020 年版。
③ 冯奎：《中国新城新区发展报告：2018》，企业管理出版社 2019 年版。
④ 王凯、刘继华、王宏远：《中国新城新区 40 年：历程、评估与展望》，中国建筑工业出版社 2020 年版。

（三）2000—2009 年：数量增长快速，类开发区大量设立，规范引导加强

从驱动力来看，受 1998 年亚洲金融危机影响，面对 1999 年中国开发区利用外资首次出现负增长等情况，国家相继提出西部大开发、中部崛起、振兴东北老工业基地等区域发展战略，为中西部地区发展带来了机遇。1999 年启动了"面向 21 世纪"的高等教育振兴计划，高等学校开始大幅扩招。随着 2001 年中国加入 WTO，在全球化力量的驱动下，中国新城新区发展加速。为应对 2008 年全球金融危机，国家采取了扩大内需、促进经济平稳较快增长、金融宽松等政策，刺激了地方大规模设立各类新城新区。从批复情况来看，2000 年国务院新批准合肥、郑州、西安、成都、昆明、长沙、贵阳、南昌、石河子、呼和浩特、西宁 11 个中西部地区开发区升级为国家级经济技术开发。2000 年 4 月，国务院批准设立了首批 15 个出口加工区。2006 年天津滨海新区成立，成为中国第二个国家级新区、国务院批准的第一个国家综合改革创新区。新城发展进入新阶段。从 20 世纪 90 年代末开始，北京、上海、广州等大城市都已出现了空间局促、运行效率下降等问题。上海、北京先后在 2001 年和 2004 年的城市总规中明确提出新城建设，广州也在 2001 版总规中提出构建"星座式"城乡布局结构。此后，有很多大城市试图以新城规划建设来优化城市空间结构。其中，上海在继规划 7 座卫星城后，2000 年启动的"一城九镇"规划将中心城与郊区的发展作为城市化新空间，《上海市城市总体规划（1999 年—2020 年）》提出"中心城—新城—中心镇——般镇"的四级城镇体系，在郊区规划建设 11 座"新城"。从管理上来看，2000 年后，国家开始规范和细化管理，优惠类政策比例降低，规范类、引导类和整改类的政策比例增加。地方政府对开发区设立需求强烈，开始大量设立产业园区、产业功能区、工业区等"类开发区"型新城新区，由于监管不到位，导致设立混乱、名目众多、管理失控、污染环境等诸多负面影响。[①] 在此时期，上海启动松江大学城（2001年）建设，深圳也引进北京大学（2001 年）、哈尔滨工业大学（2000 年）等名校的研究生院，2003 年广州在番禺规划建设大学城，这一时期，全国大学城项目猛增到近 50个。[②]2003 年国家审计署审计"大学城"圈地情况、2006 年教育部提出控制扩招速度

---

① 王凯、刘继华、王宏远：《中国新城新区 40 年：历程、评估与展望》，中国建筑工业出版社 2020 年版。
② 汪劲柏、赵民：《我国大规模新城区开发及其影响研究》，《城市规划学刊》2012 年第 5 期。

后，大学城热潮才明显开始降温。① 2003 年 7 月开始对全国各类开发区清理整顿，到 2006 年 12 月，全国各类开发区数量从 6 866 个减少至 1 568 个，规划面积由 3.86 万平方千米压缩到 9 949 平方千米。② 尽管如此，依然没有遏制各省市建设新城新区的热情，而且还存在超标建设的情况，例如，有的开发区建设面积远远超过审批面积等。③

（四）2010 年至今：新区分布更加均衡，功能更加多元

从驱动力情况来看，2010 年外商审批权下放，出台中西部及边境区贴息贷款政策，掀起了设立新城新区的高潮，2013 年起，从单一的 GDP 考核进入了多元目标治理体系。从批复数量来看，2010—2014 年为批复高峰期，一年内新设立的新城新区数量达到 300 个以上。2010 年后相继批复设立了 17 个国家级新区，对大量省级开发区进行升级，省级及以下等级的各类新城新区批复设立的数量迅速增加，新区新城在全国的分布更加均衡。2016 年以来，随着国家对各类新城新区的管控力度不断加强，批复设立的数量迅速减少。在此阶段，出现了新城建设热现象。根据国家发改委城市和小城镇改革发展中心课题组对 12 个省区的调查显示，2013 年，中国 12 个省和自治区的 156 个地级市中，90% 以上的地级市在规划建设新城新区，12 个省会城市共规划建设了 55 个新城或新区。④ 从规划理念的变化来看，党的十八大以来，在生态文明理念的指导下，中国的发展建设进入提质增效、结构调整的新时代。规划理念由追求规模和速度转变为生态优先、全域统筹。新规划体系的建构基于新时期的发展诉求，并兼顾城市职能和区域职能、高效发展和能力培育、激活内生动力和营造特色，以及完善运作机制和提升治理能力。如新城规划建设更注重质量而非数量。如《北京城市总体规划（2016 年—2035 年）》将新城数量减至 5 个；《上海市城市总体规划（2017—2035 年）》（以下简称"上海 2035"）将新城数量减至 5 个，但对新城建设提出了更为明确和更高的要求。⑤

在此阶段，新区新城建设目标更加多元化，更加注重体制机制创新、科技自主创

① 冯奎等：《中国新城新区发展报告》，中国发展出版社 2015 年版。
② 王凯、刘继华、王宏远：《中国新城新区 40 年：历程、评估与展望》，中国建筑工业出版社 2020 年版。
③ 刘士林、刘新静、盛蓉：《中国新城新区发展研究》，《江南大学学报（人文社会科学版）》2013 年第 4 期。
④ 张宏：《供给过剩的新城》，《中国报道》2013 年第 9 期。
⑤ 张捷、肖宏伟、赵民：《国土空间规划背景下上海新城建设的若干分析与思考》，《上海城市规划》2021 第 4 期。

新、扩大和深化开放、区域统筹发展、产城融合发展。设立了大量国家级新区，自由贸易试验区、自主创新示范区，新区新城建设与"一带一路"、长江经济带建设等。地方政府设立的新城也更加多元化，出现了空港新城、高铁新城、生态城、智慧新城等更多功能类型。但部分地方仍存在违规设立新区、随意圈占土地、扩大开发区面积、低水平重复建设等现象。2012年开展了第三轮清理整改，其措施也注重加强新城新区在科技创新、制造升级、体制改革等方面进行引导和规范。

截至2018年，中国新城新区数量超过3 800个，其中国家级新区20个（含雄安新区），国家级开发区552家、省级开发区1 991家，省级以下新城新区1 284个。根据中国开发区网最新统计数据显示，截至2021年8月，中国国家级开发区和省级开发区共有2 732家，三年约增加189家。

二、中国新城新区建设的政策措施

多年来，国家出台了大量政策措施，激励和调控政策有利促进了新城新区的健康发展。其中，国家级新区政策主要体现为分权和经济体制改革便利，开发区和新城发展的政策主要可划分为优惠政策、规范政策、引导政策和整改政策四类。

（一）分权政策

新区的放权政策始于深圳。1979年成立深圳市，当年被设为地区一级省辖市，1980年设置为经济特区，1987年开展土地制度改革，1988年被批准为计划单列市，被授予特区立法权和住房制度改革权。20世纪80年代，中央对开发区和高新技术开发区的政策体现在分权上，而不是直接给予资金扶持，通过行政分权引入市场机制实现对外开放和与国际接轨。如2015年4月15日，国家发展和改革委员会、国土资源部、环境保护部、住房和城乡建设部等四部委联合下发《关于促进国家级新区健康发展的指导意见》，提出国家级新区是由国务院批准设立，承担国家重大发展和改革开放战略任务的综合功能区。

（二）优惠政策

主要体现在外商投资准入、财税、金融、土地等方面。使用较多的如税收优惠、基础设施项目贷款财政贴息等。如目前已失效的1984年的《国务院关于经济特区和沿海十四个港口城市减征、免征企业所得税和工商统一税的暂行规定》，2005 年 6 月出台的《中西部等地区国家级经济技术开发区基础设施项目贷款财政贴息资金管理办法》、2012 年 3 月的《国家级经济技术开发区国家级边境经济合作区基础设施项目贷款中央财政贴息资金管理办法》、上海市出台的《关于本市"十四五"加快推进新城规划建设工作的实施意见》等。目前，早期的普遍实行"两免三减半"和地方留成部分财政十年全留等政策现在已经取消，但允许各地国家级经济技术开发区依据自身条件创设新一代政策，比如"一事一议"政策、重点项目"量身定制"政策、"先缴后奖"政策、"基金招商"政策、"先租后转让"政策等，各地优惠政策更加灵活多样。

（三）规范类政策

对不是同类型的新城新区提出相对系统、规范的管理办法、审批程序等方面的政策。如 1996 年 11 出台的《国家高新技术产业开发区管理暂行办法》、2005 年 8 月出台的《商务部办公厅关于印发〈国家级经济技术开发区扩建审批原则和审批程序〉的通知》、2021 年印发的《国家级经济技术开发区综合发展水平考核评价办法（2021 年版）》、科技部《关于印发〈国家高新技术产业开发区综合评价指标体系〉的通知》等。

（四）引导类政策

国家提出了诸如科技创新、生态宜居、产城融合等方面的提升和转型要求，引导新城新区实现高质量发展。如 2002 年 12 月出台的《国家环境保护总局关于加强开发区区域环境影响评价有关问题的通知》、2009 年 3 月出台的《商务部关于 2009 年国家级经济技术开发区工作的指导意见》、2011 年 12 月出台的《环境保护部商务部科技部关于加强国家生态工业示范区建设的指导意见》、2016 年 4 月出台的《国务院办公厅关于完善国家级经济技术开发区考核制度促进创新驱动发展的指导意见》等。2019 年 12 月 31 日，《国务院办公厅关于支持国家级新区深化改革创新加快推动高质量发展的指导意见》出台，提出要优化新区管委会机构设置，健全法治化管理机制，科学确定管理权责，进一步理顺与所在行政区域以及区域内各类园区、功能区的关系。允许相关省（区、市）按规定赋予新区相应的地市级经济社会管理权限，下放部分省级经济管理权限。研究推动有条件的新区按程序开展行政区划调整，促进功能区与行政区协调发展、融合发展。

（五）整改类政策

一般针对新城新区发展过程中存在的某类问题而制定，提出整改措施和要求。如针对开发区泛滥的情况，曾分别在 1993 年、2003—2005 年、2012—2016 年进行了三次清理，出台《国务院关于严格审批和认真清理各类开发区的通知》《国务院办公厅关于暂停审批各类开发区的紧急通知》《国务院办公厅关于清理整顿各类开发区加强建设用地管理的通知》《关于开展各类开发区清理整改前期工作的通知》。

三、中国新城新区发展的现状与问题

根据 2015 年住房和城乡建设部对全国各类新城新区的普查数据以及六部门联合发布的《中国开发区审核公告目录》（2018 年版）、19 个国家级新区的相关统计等数据，截至 2018 年底，中国当前新城新区数量共 3 846 个（见表 11-1）。全国各级各类新城新区批复面积 7.5 万平方千米，规划面积 14.8 万平方千米，规划建设用地面积 7.3 万平方千米，已建面积 2.9 万平方千米，规划人口 4.3 亿人，现状人口 1.55 亿人。[①]

表 11-1　全国各级各类新城新区数据汇总（2018 年）

级别	数量	批复面积	规划面积	规划建设用地面积	已建面积	规划人口	现状人口
	（个）	（平方千米）	（平方千米）	（平方千米）	（平方千米）	（万人）	（万人）
国家级新区	19	22 166	25 721	6 675	3 409	5 589	2 669
国家级开发区	552	5 522	29 674	16 169	7 692	9 570	3 794
省级开发区	1 991	12 652	57 806	31 221	12 346	16 340	5 661
省级以下各类新城新区	1 284	34 542	34 542	18 525	5 506	11 421	3 325
合计	3 846	74 882	147 743	72 590	28 953	42 920	15 450

资料来源：国家级新区数据根据新区规划整理，国省级开发、省级以下新城新区数据分别根据《中国开发区审核公告目录》（2018 年版）和 2015 年住建部调查数据整理汇总。

全国新城新区平均规划面积为 37 平方千米，平均规划建设用地 19 平方千米，平均规划人口为 11 万人，平均已建设面积为 7.6 平方千米，平均现状人口为 4 万，平均

---

① 武敏、彭小雷、叶成康等：《国家治理视角下我国新城新区发展历程研究》，《城市规划学刊》2020 年第 6 期。

建成率为 55%，平均规划人口实现度为 36%。 [①]

经过 40 多年来的发展，中国的新城新区建设取得了显著成效，成为国家工业化和城镇化的重要组成部分，同时也面临一些瓶颈和问题。

（一）新城新区发展的成效

第一，新城新区成为经济增长的发动机。新城新区为中国经济发展作出了重要贡献。如 2017 年，156 家国家级高新区就实现地区生产总值 9.52 万亿元，占全国 GDP 的 11.5%，219 家国家级经济技术开发区地区生产总值占全国 GDP 的 11%。仅国家级高新区和经济技术开发区就占全国 GDP 的 22.5%。

第二，新城新区是缓解城市困局的突破口。通过在老城区外建设新城，在一定程度上能够缓解"城市病"，提高居民居住质量，有助于产业疏解，有利于平衡城市发展和老城保护，满足城市发展需要。

第三，新城新区是科技创新的核心区。截至 2017 年底，156 家高新技术产业开发区集聚了全国约 40% 的高新技术企业，形成了中关村、深圳、张江等有代表性的全球创新高地，拥有近 50% 的国家级科技企业孵化器和 43% 的科技部备案的众创空间。

第四，新城新区是改革开放的试验田。包括政府职能改革、投融资制度改革、土地制度改革、人才使用制度改革等在内的改革举措均从新城新区开始。如中关村"1+6"政策，其中 6 项先行先试政策得以向全国推广。又如天津滨海新区的审批制度改革等。

（二）新城新区发展中存在的问题

中国的新城新区建设是在摸索中前行的，对新城新区建设的管理主要是问题导向，缺乏对新城新区建设的顶层设计，造成新城新区建设质量不高，管理失序。

第一，长期以来政策目标单一，缺乏全面统筹的制度设计。1984 年以来，国家政策长期以经济发展为最重要的发展目标，经济利益成为长期驱动新城新区发展的主要力量，产业招商和发展房地产成为新区新城发展的两个重要抓手。存在的问题有：长期缺乏对新城新区选址、规模合理性的论证，以及对产出效益、环境保护、基础设施

[①] 王凯、刘继华、王宏远：《中国新城新区 40 年：历程、评估与展望》，中国建筑工业出版社 2020 年版。

及公共服务等方面的评估及监管，缺乏科学、系统、全面的统筹管理措施和政策设计。缺乏系统的跟踪评估，信息掌握不充分。管理体制的法律化和规范化不足，过渡性、临时性体制安排特征明显。[①] 如 2008 年后出台的《中西部等地区国家级经济技术开发区基础设施项目贷款财政贴息资金管理办法》，在促进中西部地区产业发展的同时，加重了部分人口流出城市的负债率，[②] 建设中的新城新区难以实现其本来规划意图，造成极大的浪费。[③]

第二，管理相对简单粗放，对地方的发展需求兼顾不够。如面对开发区大量设立的情况，1993 年出台《国务院关于严格审批和认真清理各类开发区的通知》，要求"省、自治区、直辖市以下各级人民政府不得审批各类开发区"，此后省级以下的开发区停止设立，但工业区、产业园区、产业功能区、工业集中区等各类名目的产业园区型新城却大量设立，本质上与早期的开发区并无差异。[④] 在实践中，为了获得更多的建设机会，"未批先建""少批多占""越权审批""以租代征""借壳建设"等现象屡见不鲜，导致人均面积超标。据国土资源部 2006 年发布的统计数据，中国人均建设用地已超过 130 平方米 / 人，超过城市人均建设用地上限为 100 平方米 / 人的目标，远高于发达国家人均 82.4 平方米和发展中国家人均 83.3 平方米的水平。[⑤]

第三，监管效果不够理想，规模仍然偏大，土地利用效率仍然偏低。由于政策可操作性不强、监管力度不够、反馈机制不健全等原因，部分政策实施效果不佳。自 1993 年国家对全国开发区进行第一次清理后，不断出台各类规范、引导和整改类政策，但始终未出台法律法规如开发区管理条例，大量违规操作无法得到及时发现、有效整改和依法处理，纠错制度不健全导致大量国家管理文件成为"空头文件"。在执行层面，只能通过逐级向下传导，进一步导致整改类政策难以实施。[⑥] 规划面积普遍较大，

① 王凯、刘继华、王宏远：《中国新城新区 40 年：历程、评估与展望》，中国建筑工业出版社 2020 年版。
② 武敏、彭小雷、叶成康等：《国家治理视角下我国新城新区发展历程研究》，《城市规划学刊》2020 年第 6 期。
③ 常晨、陆铭：《新城之殇——密度、距离与债务》，《经济学（季刊）》2017 年第 4 期。
④ 王凯、刘继华、王宏远：《中国新城新区 40 年：历程、评估与展望》，中国建筑工业出版社 2020 年版。
⑤ 刘士林：《中国的新城新区建设的正确认识和评价》，《学术界》2014 年第 2 期。
⑥ 武敏、彭小雷、叶成康等：《国家治理视角下我国新城新区发展历程研究》，《城市规划学刊》2020 年第 6 期。

用地较为浪费。例如，奉贤新城、松江新城、嘉定新城主城区、青浦新城规划面积均超过 110 平方千米，临港地区规划面积甚至达到 300 多平方千米。

第四，"房地产＋工业园区"发展模式导致扩张速度快、土地资源浪费等一系列问题。改革开放以来一系列的分权化改革使地方政府面临更大财政压力的同时，也获得了更大的资源配置和决策自主权，地方政府成了城市经营者。随着城市、区县之间竞争加剧，土地成为吸附资本和技术、聚集劳动力的首要环节，地方政府开始跳出原有城市边界，大规模地建设新城与工业园区。[①] 一方面，在"土地财政"利益机制驱使下，房地产开发成为新城建设的主导，大部分新城的建成项目主要集中于房地产等投资回报快的项目。在土地一级开发完成后，一部分用于公共项目，大部分进入二级市场进行房地产开发。另一方面，为了吸引资本发展产业，在郊区设立了大量的工业园区，以低廉的价格将工业用地出让给企业。这种以"房地产＋工业园区"的发展模式导致城市面积快速扩张，土地城市化明显快于人口城市化，从而造成新城人口集聚不够、公共配套设施不足、产业发展能级不高等问题。[②]

第五，管理模式难以满足产城融合的需求。"管委会＋公司"管理模式重开发、轻管理。中国各类开发区和新城多数采用的是政府主导下的"管委会"模式。管委会行使规划建设、招商、企业入驻等职能，引导产业入驻。但对于文化、医疗、教育、商业、市政公用服务等城市功能的完善则相对滞后。反映在部门设置层面显现为部门设置不足。如吉林高新区下设行政事务机构 27 个，科教文卫、公共设施、人社保障等社会事业仅设两个局分管。[③] 开发区选址一般在城市郊区，以产业集聚功能为主，生活居住消费娱乐等活动依托与其相邻的城市主要生活区或城市中心，但随着园区的规模不断扩大，逐步出现园区和城区之间潮汐交通压力大，园区环境品质低、活力不足的问题。[④] 此外，管委会成员一般由区政府各部门官员担任，一方面，缺少明确的管理职权

① 武廷海、杨保军、张城国：《中国新城：1979—2009》，《城市区域规划研究》2011 年第 2 期。
② 王周杨、石崧：《上海新城建设的主要问题及其制度成因，持续发展　理性规划》，载《2017 中国城市规划年会论文集》中国建筑工业出版社 2017 年版。
③ 姜顺杰：《产城融合理念下开发区规划转型启示——以吉林高新北区为例》，载《新常态：传承与变革——2015 中国城市规划年会论文集》，中国建筑工业出版社 2015 年版。
④ 冯奎等：《中国新城新区发展报告：2017》，企业管理出版社 2017 年版。

划分，容易造成多头管理、无人管理。另一方面，市级层面对郊区新城建设的支撑不足。许多新城建设项目都面临较大的资金压力。以上海为例，新城建设前期的重大基础设施、重大社会功能性服务项目的配套资金需求规模庞大，而市级层面未建立"新城建设发展专项资金"和"新城产业投资专项资金"。如轨道交通、越江隧道、骨干公路等大型基础设施配套资金，由区级财政负担的比重较大，市级对郊区的财政转移力度不足。新城的道路、绿化、上下水等基础设施项目建设均由新城承担，市级层面对功能性项目的支持也比较欠缺。如世博会、迪士尼等具有带动性的大型功能项目、大型居住社区选址都没有聚焦新城，加速了中心城向外蔓延的态势，早期提出的宝山新城、闵行新城基本上已与中心城连绵成片。[①]

此外，中国粗放型发展的阶段性特征和以 GDP 增长为核心的政绩观也造成新城新区建设质量不高、规划建设管理失序等问题。[②]

第三节 党的十八大以来对新城新区发展的新要求和新探索

一、新要求

党的十八大以来，以习近平同志为核心的党中央统筹推进"五位一体"总体布局、协调推进"四个全面"战略布局，提出一系列新理念新思想新战略，出台一系列重大方针政策，推出一系列重大举措，推进一系列重要工作，解决了许多长期想解决而没有解决的难题，办成了许多过去想办而没有办成的大事，推动中国改革开放和社会主义现代化建设取得了历史性成就，推动党和国家事业发生了历史性变革，推动中国特色社会主义进入新阶段。在新的历史条件下，党的十八大报告提出，必须牢牢把握"八个必须坚持"：必须坚持人民主体地位、必须坚持解放和发展社会生产力、必须坚持推进改革开放、必须坚持维护社会公平正义、必须坚持走共同富裕道路、必须坚持促进社会和谐、必须坚持和平发展、必须坚持党的领导。习近平同志在党的十九大报告中指出："中国特色社会主义进入新时代，我国社会主要矛盾已经转化为人民日益增

---

① 王周杨、石崧：《上海新城建设的主要问题及其制度成因，持续发展　理性规划》，载《2017 中国城市规划年会论文集》中国建筑工业出版社 2017 年版。
② 王凯、刘继华、王宏远：《中国新城新区 40 年：历程、评估与展望》，中国建筑工业出版社 2020 年版。

长的美好生活需要和不平衡不充分的发展之间的矛盾。"中国的发展站到了新的历史起点上，中国特色社会主义进入了新时代。对新城新区的发展，也提出了新的要求。

（一）要有序发展新区新城，疏解中心城区功能，推动城市多中心发展

一是建设新城新区要保护耕地。推进城镇化不一定都要连成片，可以跨出去，搞串联式、卫星城式的发展，连成片就势必占用大量经过长期努力好不容易建设形成的高产农田。[①] 二是要明确与中心城区的关系。"产业和人口向优势区域集中是客观经济规律，但城市单体规模不能无限扩张"。[②] 要控制中心城区特别是中心地区建设规模和部分功能，结合功能疏解，集中力量打造城市副中心，做强新城核心产业功能区，做优新城公共服务中心区，构建功能清晰、分工合理、主副结合的格局。[③]

（二）新城新区建设要以人为核心

一是新城新区建设的出发点是人民。习近平指出，"人民城市人民建，人民城市为人民。无论是城市规划还是城市建设，无论是新城区建设还是老城区改造，都要坚持以人民为中心，聚焦人民群众的需求，合理安排生产、生活和生态空间，走内涵式、集约型、绿色化的高质量发展路子，努力创造宜业、宜居、宜乐、宜游的良好环境，让人民有更多获得感，为人民创造更加幸福的美好生活"。[④] 二是新城新区建设的基础目标是人民生命安全和身体健康。2020 年 4 月 10 日，习近平总书记在中央财经委员会第七次会议上发表重要讲话，提出"关键是要把人民生命安全和身体健康作为城市发展的基础目标"，要更好推进以人为核心的城镇化，使城市更健康、更安全、更宜居，成为人民群众高品质生活的空间。要把生态和安全放在更加突出的位置。要增强中心城市和城市群等经济发展优势区域的经济和人口承载能力，符合客观规律，但城市发展不能只考虑规模经济效益，必须统筹城市布局的经济需要、生活需要、生态需要、安全需要。

（三）更加注重生态文明建设

党的十八大报告提出，大力推进生态文明建设。一是面对资源约束趋紧、环境污

---

① 习近平：《耕地红线一定要守住》，中央文献出版社 2022 年版。
② 2020 年 4 月 10 日，习近平总书记在中央财经委员会第七次会议上发表重要讲话，后来发表于 2020 年第 21 期《求是》杂志。
③ 习近平：《在北京市考察工作结束时的讲话》（2014 年 2 月 26 日）。
④ 习近平在上海考察时的讲话（2019 年 11 月 2 日、3 日），《人民日报》2019 年 11 月 4 日。

染严重、生态系统退化的严峻形势，必须树立尊重自然、顺应自然、保护自然的生态文明理念，把生态文明建设放在突出地位。二是要按照人口资源环境相均衡、经济社会生态效益相统一的原则，控制开发强度，调整空间结构，促进生产空间集约高效、生活空间宜居适度、生态空间山清水秀，给自然留下更多修复空间，给农业留下更多良田，给子孙后代留下天蓝、地绿、水净的美好家园。三是要加快实施主体功能区战略，推动各地区严格按照主体功能定位发展，构建科学合理的城市化格局、农业发展格局、生态安全格局。要加快水利建设，增强城乡防洪抗旱排涝能力。四是要加强防灾减灾体系建设，提高气象、地质、地震灾害防御能力。

（四）新城新区建设要推动多中心郊区化发展

习近平指出，"要建设一批产城融合、职住平衡、生态宜居、交通便利的郊区新城，推动多中心、郊区化发展，有序推动数字城市建设，提高智能管理能力，逐步解决中心城区人口和功能过密问题"。[①] 此外，"在改造老城、开发新城过程中，要保护好历史文化遗存延续城市文脉，使历史与当代相得益彰"。[②]

二、新探索

（一）产城融合发展

产城融合是中国在经济发展方式和城市发展方式全面进入转型升级的背景下，针对长期存在的产城分离问题提出的重要改革举措和治理方略。2013 年，党的十八届三中全会通过的《中共中央关于全面深化改革若干重大问题的决定》明确指出："坚持走中国特色新型城镇化道路，推进以人为核心的城镇化，推动大中小城市和小城镇协调发展、产业和城镇融合发展，促进城镇化和新农村建设协调推进。"2015 年，国家发改委发布《关于开展产城融合示范区建设有关工作的通知》，在全国范围内选择 60 个左右有条件的地区开展产城融合示范区建设工作，发挥先行先试和示范带动作用，加快产业园区从单一的生产性园区向综合型城市转型。在实践中，青岛经济技术开发区范

---

① 《国家中长期经济社会发展战略若干重大问题》(2020 年 4 月 10 日)，《十九大以来重要文献选编》（中），中央文献出版社 2021 年版。
② 习近平：《在广东考察时的讲话》，《人民日报》2020 年 10 月 16 日。

围扩大到黄岛全区，未按惯例动迁岛上居民，而是建立新的居住区，并发展服务业。[①]

【案例1】杭州未来科技城

杭州未来科技城地处杭州市余杭区，于2011年正式挂牌成立，地处浙江海外高层次人才创新园，是中组部推动的四个未来科技城之一，从引进、集聚高科技人才入手推动科技城发展。由余杭区政府授权未来科技城（海创园）管委会开发、建设和运营管理，建设面积约130平方千米。以功能完善、产业集聚、生态和谐、产城融合为原则，划分为高端产业功能区、科技创新功能区和创新创业配套功能区。

截至2021年底，杭州未来科技城规上工业总产值达291.1亿元，同比增长36.8%；规上服务业营收达8073.4亿元，同比增长17.4%；注册企业数超3.4万家，其中上市企业15家。累计引进31名两院院士和12名海外院士，引培海外高层次人才4700多名。[②]杭州未来科技城以数字经济和生命健康为核心，主要发展新一代信息技术、生物医药、高端装备制造和科技服务四大产业。特别是在数字经济领域，杭州未来科技城已成为全国首屈一指的数字经济发展高地。

杭州未来科技城以建设生态、低碳新城为目标，更加注重产城融合。目前，已经建成高标准基础设施，未来科技城的城市能级不断提升。既有杭州西站这样处于"心脏"地位的交通配套，也有3号线、5号线等地铁线路，文一西路隧道等快速路，良睦路等主干道构成的交通网络，区域交通畅通，串联起了沿线重量级产学研高地。为让创客人才拥有更扎实的幸福感，未来科技城建成投用了12所高品质学校。建成了欧美广场、万达广场、亲橙里等商业配套。在医疗方面，拥有浙大一院总部和各级医疗机构，浙大一院二期也计划开工建设。此外，还拥有100余千米长的绿道、280余万平方米绿化空间，还将规划国际体育中心等重量级公共文化设施。[③]

（二）更加注重以人为中心

2014年3月颁布的《国家新型城镇化规划（2014—2020年）》，提出"以人为本，公平共享"的原则，要"以人的城镇化为核心，合理引导人口流动，有序推进农业转

---

① 冯奎等：《中国新城新区发展报告》，中国发展出版社2015年版。
② 《谁在崛起，谁最闪亮：这些科技城串起长三角"创新珍珠链"》，《苏州规划》2022年7月12日。
③ 《杭州未来科技城打造产城融合的城市样板　助力"建设城市新中心"》，《杭州日报》2022年9月20日。

移人口市民化，稳步推进城镇基本公共服务常住人口全覆盖，不断提高人口素质，促进人的全面发展和社会公平正义，使全体居民共享现代化建设成果"。2015年12月20—21日，中央城市工作会议在北京举行，习近平总书记在会上发表重要讲话，会议指出，做好城市工作，要顺应城市工作新形势、改革发展新要求、人民群众新期待，坚持以人民为中心的发展思想，坚持人民城市为人民。这是我们做好城市工作的出发点和落脚点。

【案例2】深圳前海"人本水城"

为高质量建设前海，将前海打造成世界一流的滨海新城，前海管理局于2014年6月成立了前海规划建设专业咨询委员会。咨委会有20多名委员，包括4名院士、1名普利茨克奖获得者在内的世界顶级规划建筑界专家，其中三分之一来自境外，具有广泛的代表性和国际视野。新城规划在国内较早开展了城市总体规划、土地利用总体规划、国民经济与社会发展规划的"多规合一"。以"小地块密路网"为基础，充分体现以人为本、多样化、步行导向的城市空间，步行15分钟可达所有的公共服务设施和交通设施。建立多类型、层级丰富的公共空间系统。实行以轨道站点为核心的TOD开发模式，统一规划、综合开发地下空间。坚持公共交通主导、各类交通方式协调发展。新建建筑100%为绿色建筑。倡导水统筹治理、海绵城市、市政综合管廊等先进理念。开展区域集中供冷规划。倡导单元式的城市综合体开发模式等。

2022年，前海实现地区生产总值1 948.7亿元、增长5.2%，前海实际使用外资58.6亿美元，增长0.7%，占全市53.5%、全省21.0%、全国3.1%；世界500强企业已在前海布局超300家，风投创投集聚区已入驻渣打、惠理等87家重点机构，天然气贸易集聚区引进华润燃气、中海油等27家龙头企业；前海深港国际金融城已入驻239家金融机构，三分之一是港资和外资；2022年以来，新推出制度创新成果155项、累计765项，全国复制推广累计达72项。[①]

（三）更加注重低碳生态宜居

党的十八大倡导基于生态文明和以人为本的新型城镇化道路，以集约节约、循环

---

① 深圳市前海管理局：《2022年前海经济运行情况》，2023年3月16日，http://qh.sz.gov.cn/sjfb/content/mpost_10487211.html。

利用、低碳绿色为基本特征。为深入贯彻党的十八大精神，把生态文明建设融入城乡建设的全过程，加快推进建设资源节约型和环境友好型城镇，2013 年住房城乡建设部发布《关于印发"十二五"绿色建筑和绿色生态城区发展规划的通知》，在自愿申请的基础上，确定 100 个左右不小于 1.5 平方千米的城市新区按照绿色生态城区的标准因地制宜进行规划建设。并及时评估和总结，加快推广。2017 年住房城乡建设部批准《绿色生态城区评价标准》为国家标准，自 2018 年 4 月 1 日起实施。

各地相继出台配套政策和措施。如北京相继出台《北京市发展绿色建筑推动生态城市建设实施方案》《北京市装配式建筑、绿色建筑、绿色生态示范区项目市级奖励资金管理暂行办法》《北京市规划和自然资源委员会关于启动 2020 年北京市绿色生态示范区评选工作的通知》，上海先后发布《上海市绿色生态城区试点和示范项目申报指南（2019 年）》《上海绿色生态城区评价技术细则 2019》。到 2020 年 3 月，上海已创建或梳理储备的绿色生态城区共计 27 个，总用地规模约为 83 平方千米。其中，虹桥商务区核心区获得全国首个"绿色生态城区实施运管三星级标识认证"，桃浦智创城、宝山新顾城、浦东前滩获得上海市首批"上海绿色生态城区试点"称号，2023 年远香湖中央活动区等 3 个项目获得第二批"上海绿色生态城区试点"称号。

【案例 3】北京长辛店生态城

2014 年，长辛店生态城被住房与城乡建设部评为第一批"绿色生态城区示范项目"，作为北京市唯一生态示范项目，其规划方案从环境、资源、社会、经济四个维度制定了 19 项可度量的可持续发展指标，成为全国首个可实施的生态规划。将生态规划融入城乡规划设计与管理系统，将生态控制指标纳入规划行政许可文件和规划审查管理流程并付诸实施，建立了生态城市建设全生命周期的监管体系。规划突破了国内传统城区规划建设框架，引入低碳生态城区理念，采用了综合资源管理为目标的创新规划工具，集土地、交通、能源、水资源、废弃物等发展策略为一体，提出了一系列可量化的低碳生态指标，建立了低碳生态的生活与产业混合社区。长辛店生态城的绿地率可以超过 50%，生活垃圾 100% 分类。同时，长辛店生态城将用地热采暖系统，使用清洁能源，还限定人均耗水量为每天 110 升，并规划了区域雨水收集滞留点、住区雨水收集设施，通过污废水的分级处理，提高再生水资源的利用比例，降低对自来水的需求量。长辛店生态城 20% 的住宅将建设为符合乘轮椅者居住的无障碍住房套型，社区中还包括 15% 的保障性住房，3% 的建设面积将用于 SOHO 办公，从而达到不同阶层居民混合居住的目的。同时，长辛店生态城还倡导绿色交通，设置了区域集中商业和邻里服务中心（如幼儿园、学校等配套服务），确保居民在四五百米内可以到达邻里中心和公共广场等开放空间以及公交和地铁站点，以方便步行出入，减少私家车使用和二氧化碳的排放量。多种低碳的建设和生活方式，将使这个容纳两万多人口的大型社区的二氧化碳排放量比常规小区至少减少 50%。

（四）发展目标更加多元

新城新区的发展目标更加多元化。从 2021 年的国家高新区评价考核体系来看，未来将从五个方面对新区的发展进行评价，包括创新能力和创业活跃度（权重 20%）、结构优化和产业价值链（权重 20%）、绿色发展和宜居包容性（权重 15%）、开放创新和国际竞争力（权重 15%）、综合质效和持续创新力（权重 30%）。《国家级经济技术开发区综合发展水平考核评价办法（2021 年版）》设置了对外开放、科技创新、绿色发展、统筹协调和发展质量五大类一级指标。从功能性新城来看，发展目标不再单纯的是宜居或产业发展，发展趋势是成为多中心城市网络中的节点城市。

【案例 4】上海嘉定新城

党的十八大以来，嘉定区以崭新的姿态，助推各类资源要素相互赋能，促进产城融合、城乡融合、新老城融合、"嘉昆太"区域融合，实现"产城人"融合发展。嘉定新城"十四五"规划指出，嘉定新城将定位沪宁发展轴上的枢纽节点，计划 2025 年初步具备独立的综合性节点城市地位，到 2035 年基本建成长三角城市群中的综合性节点城市，成为科技创新高地、智慧交通高地、融合发展高地、人文教化高地，成为具有较强辐射带动作用的上海新城样板。

十年来，嘉定新城发展成效显著。嘉定区常住人口从 2012 年的 152.77 万人增长到 2021 年 185.48 万人，增长 21%；商业综合体营业额从 2012 年的 15.4 亿元增至 2021 年的 121.8 亿元，增长了近 7 倍；社会销售品零售额从 2012 年的 430 亿元增加到 2021 年的 1 609.9 亿元；生产总值为由 2012 年的 1 438 亿元增加到 2021 年 2 705.6 亿元；新兴产业产值由 2012 年的 472.6 亿元增加到 2021 年的 1 312.4 亿元。2021 年，嘉定新城范围内规模以上工业总产值完成1 912.7亿元，同比增长5.2%。[①]

十年来，嘉定新城城市能级不断提升。白银路远香湖地块建成，环湖步道、活力步道、城市骑行道纵贯区域内，童趣花园、乐活广场等八大主题与嘉定图书馆、上海保利大剧院联动，智慧导览、智慧跑道、互动设施布局完成。2020年开门迎客的上海南翔印象城MEGA已成为上海文旅商业新地标。教育和医疗优质资源不断积聚，2012年瑞金医院北院成立，近年来，瑞金医院肿瘤（质子）中心、江桥医院、安亭医院新院等一批卫生项目顺利建成，2021年，瑞金医院北部院区二期扩建工程开工。引进了中福会嘉定新城幼儿园、上海私立蒙特梭利、嘉定华二初级、交附嘉定分校、宋庆龄学校嘉定分校、上实分校等，2022年9月30日，上海市实验学校嘉定新城分校开工，成为上海五大新城里数一数二的优质教育资源区。十年间，全区的中小幼学校数从2012年的123所增至2021年的194所，增长了约58%；卫生技术人员数从2012年的5 476人增至2021年的11 022人，卫生机构床位数从2012年的3 545张增至2021年的8 948张。

与上海市中心的联系更加紧密，与周边城市的交通逐步打通，嘉定新城的综合交通能级加快提升。市域线嘉闵线开工建设，轨交11号线陈翔公路站和13号线、14号线建成通车，沪嘉高速—嘉闵高架联络线新建工程正式开工建设；S7沪崇高速一期、二期和沪苏通铁路一期顺利通车，一批省际、区区对接道路和区内断头路被打通。嘉定新城逐步向"独立的综合性节点城市"迈进。

第四节　中国新城新区建设的总结与展望

一、中国新城新区建设的经验与机制

（一）是国家工业化、城镇化的重要组成部分，是国家战略实施的载体

与西方发达国家的新城新区不同，中国的新城新区建设是工业化、城镇化的重要组成部分。以国家级新区为龙头，以国家级经济技术开发区、国家级高新技术产业区为骨干，以各省区市开发区和工业区、各类新城为基础支撑的新城新区，是国家战略

---

① 《非凡十年｜深化融合发展，打造现代化新型节点城市》，《新闻晨报》2022年10月11日。

的重要组成部分。① 从最初的特区、浦东新区，到后来的雄安新区，无一不承载了国家的战略重任。如雄安新区的设立在疏解北京的非首都功能的同时，还担负了贯彻新发展理念，探索现代化新型城市开发和发展新模式的功能。2014 年国务院办公厅《关于促进国家级经济技术开发区转型升级创新发展的若干意见》明确，国家级经济技术开发区是带动地区发展和实施区域发展战略的重要载体，构建开放型经济新体制和培育外资新优势的排头兵，是科技创新与绿色集约发展的示范区；科技部 2014 年发布的《国家高新技术产业开发区创新驱动战略提升行动实施方案》明确，国家级高新区的总体目标是自主创新的战略高地，培育和发展战略性新兴产业的核心载体，转变发展方式和调整经济结构的重要引擎，是创新驱动关于科学发展的线性区域，抢占世界高新技术产业制高点的前沿阵地。

（二）制度力量、行政力量和市场力量相结合，开发效率高

一方面，中国的土地公有制和征地制度保证了土地供给，提供了进行大规模开发的基础和便利，更能获得规模效应的好处。另一方面，中国新城新区开发模式是政府力量与市场力量兼顾的开发公司和管委会相结合的模式。与国外的新城建设往往由私人企业承担不同，中国新城新区建设一般是在政府主导下，分区块、分项目地交由企业开发和建设。开发区和新城一般是"管委会＋公司"管理模式。从国家级新区来看，目前全国 19 个国家级新区中，浦东新区、滨海新区是行政区，设立区委区政府，其余新区都是行政管理区，只设立国家级新区管理委员会，因有国务院批复体现国家级战略和新区发展需要，所在省按要求须下放部分省级管理权限，其实质均拥有副省级管理自主权。而南沙新区甚至需要省级以上的权力来管理和协调，是由国家发改委牵头的国家级新区。

对规划出的一定范围的土地，一般由具有半公共性质的开发公司进行管理和开发，开展资金筹措、土地收储、搬迁安置、基本道路和基础设施建设、项目招标等工作。同时，增设了新城或新区建设管理委员会作为政府派出机构，对开发公司进行监督管理，并协助开发公司与各个政府职能部门进行沟通和协商，推进新城规划和建设。开

---

① 冯奎等：《中国新城新区发展报告》，中国发展出版社 2015 年版。

发公司和管委会相结合的管理和运营模式兼顾了政府主导和市场手段。既能快速应对市场变化，又能在规划和开发方面获得政府更多的支持和协助。[①]

（三）具有强烈的动力机制和灵活的自我调整机制

第一，地方政府的经济增长压力是发展新城新区的直接动力。1994 年分税制改革后地方政府财政压力增大，在以经济增长为主要考核指标情况下，地方政府对建设用地需求强劲。随着国家对建设用地指标控制得越来越严格，地方政府把目光投向农村宅基地，随着 2004 年《国务院关于深化改革严格土地管理的决定》提出增减挂钩思路，即"鼓励农村建设用地整理，城镇建设用地增加要与农村建设用地减少相挂钩"，2005 年 10 月 11 日，国土资源部下发了《关于规范城镇建设用地增加与农村建设用地减少相挂钩试点工作的意见》，在全国部分省市部署开展了"城镇建设用地增加与农村建设用地减少相挂钩试点"工作。2006 年 4 月，山东、天津、江苏、湖北、四川五省市被列为城乡建设用地增减挂钩第一批试点。2008 年 6 月 27 日，国土资源部颁布了《城乡建设用地增减挂钩试点管理办法》，进一步明确了挂钩内涵。对增减挂钩思路的应用，使地方政府在常规渠道之外获得了更多的建设用地指标，同时尽量扩大新城新区规划规模，包括类开发区的各类功能性新城在内的新城新区数量大幅增加。虽然后期对地方政府的考核更加多元化，但财政压力不减反增，对经济增长的诉求加剧。

第二，优惠政策的取消和功能提升渠道倒逼新城新区内涵式增长。一方面，从 2008 年开始内外资税率统一，外资"两免三减"优惠取消，新城新区不再以政策优惠吸引外资，经济开发走过了从分散办企业到集中办企业，再到集中办产业的道路，招商引资从招企业向发展产业链转变，通过加强服务，为招来的投资商建立完整的产业链。另一方面，新城新区有多种功能提升渠道。一是允许升级。如区县级的功能性新城可以申请升级为省级开发区或国家级开发区，省级开发区也可以申请升级为国家级开发区。2008 年 11 月，国务院批准了启动省级开发区升级为国家经济技术开发区的工作，为在年工业产值、实现税收收入、年出口额、实际吸收外资直接投资等几个方面达到条件的省级开发区提供上升通道。2009—2015 年是省级开发区升级的高峰期，共

---

① 王兰、饶士凡：《中国新城新区规划与发展》，同济大学出版社 2018 年版。

有 253 个省级开发区升级为国家级开发区。二是允许功能叠加。如国家自主示范区选择的试点都是发展基础较好、自主创新成果丰硕、体制机制探索较多的新城新区。[①] 有些国家智慧城市试点直接以新城新区为依托。如北京试点依托北京未来科技城，江苏省试点依托南京河西新城、苏州工业园区、盐城城南新区、昆山花桥经济技术开发区。这两个因素迫使新城新区提高服务意识，提升自身竞争力，在客观上促进了新城新区发展方式向内涵式增长转变。

第三，"试点推进，经验推广"推动了新城新区在全国范围内覆盖。一方面，试点申报为新城新区提供了自下而上跨越式发展的机会；另一方面，试点的成功经验在全国起到示范作用，让其他地区看到了更多经济发展可能性。同时，经验在全国范围内的推广使得新城新区建设得以推广到其他地区，逐步实现在全国范围内实现全覆盖，推动区域平衡发展。如 2010 年底，国务院同意支持中关村自主创新示范区实施"1+6"先行先试政策，其中，"1"是中关村创新平台，"6"是在科技成果处置权和收益权、股权激励、税收、科研项目经费管理、高新技术企业认定等方面实施 6 项新政策。2014 年 12 月，国务院常务会议决定把 6 项先行先试政策推向全国。

第四，"招商引资"主导的新城新区发展自带自我调整机制。新城新区的发展要引"企"，还要引"人"。一方面，新城新区会根据企业的需要做出调整。吸引投资是新城新区发展的首要任务，从初期的基础设施配套到后期的城市功能设施的配套无一不是为了招商引资，以迎合潜在入驻企业的现实需要。意识到投资拉动的局限性，政府在 2001 年逐渐减低政策优惠，倒逼新城新区"二次创业"。如苏州工业园区成立于 1994 年，第一个十年园区以制造业为主，2005 年，其定位由国际化现代工业园区改为综合性园区，在高科技工业园区的基础上，增加了现代化、园林化、国际化新城区的新定位，成为苏州东部新城和市域 CBD。另一方面，新城新区会为了吸引人才改善环境，提升城市功能。以工业区为例，在意识到初期功能单一的规划远不足以应对城市发展的多元需要之后，很多工业区都已启动向综合城市体的升级，而且可以预见，在不久的将来，很多有条件的工业园区、大学园区、科技园区等都会按照这个模式实施升级

---

① 冯奎等：《中国新城新区发展报告》，中国发展出版社 2015 年版。

改造。①

（四）体现公平公正与社会和谐

党的二十大报告提出：增进民生福祉，提高人民生活品质，必须坚持在发展中保障和改善民生。

第一，中国的制度背景使新城新区建设兼顾各类居民。中国是共产党领导下的人民民主专政国家，城市建设理念是"人民城市人民建、人民城市为人民"。在规划引导和城市治理中，更多体现就业优先、民有所居，表现为新城新区建设中一般工业用地比例偏高；包括农民房、售后公房、动迁房、保障性用房、小面积商品房，和大平层、别墅等多层次房屋供给，为不同消费水平的居民提供了或租或购、或廉或贵的多种选择。比如对占地较高的别墅一直限制审批，1994年开始一直限制别墅用地，到2012年多部委联合发文出台限墅令，2016年出台最严"禁墅令"。国家明确规定自2006年6月1日起，新建商品住房套型建筑面积90平方米以下住房面积所占比重，必须达到开发建设总面积的70%以上。而中国的宅基地制度不仅确保了住有所居，还为城市化地区的居民提供了租金低廉的居住条件，在城市化中避免了贫民窟现象。

第二，在布局上各类居民区参差交叉，共享城市基础设施。在市场力量推动下，高品质居民区选址往往远离经济适用房或动迁居民区。但在"人民城市为人民"的理念引导下，动迁居民区的选址得到关注，更多的动迁房或政策性住房选址在好区位。如上海市青浦区动迁安置房在房屋外观设计、小区环境打造、小区功能配套等方面都有兼顾。动迁房设计不仅考虑到安置居民的生活环境和意识形态影响，更考虑到邻里交往的需要，配备社区食堂、商业服务网点、社区服务站、老年人日间照料中心、养育托管点、室内健身点等社区配套。

二、新城新区建设的发展趋势

（一）数量上，新城新区数量增长减缓，进入稳定发展期

截至2023年，国家级经济技术开发区的数量为230个，国家级高新区的数量为

---

① 刘士林、刘新静、盛蓉：《中国新城新区发展研究》，《江南大学学报（人文社会科学版）》2013年第4期。

220 个，国家级新区的数量为 19 个。中国新城新区建设进入内涵式增长阶段。数量趋于稳定，增速有所放缓。其中，国家级新区可能会极少量增加。根据国家战略的需要，可能会在一些重要的功能区或重要战略位置上设立新的国家级新区；关于高新技术开发区，根据科技部《"十四五"国家高新技术产业开发区发展规划》，为进一步优化国家高新区、国家自主创新示范区发展布局。到"十四五"时期末，国家高新区数量达到 220 家左右，实现东部大部分地级市和中西部重要地级市基本覆盖。还将适度增加国家自主创新示范区数量，鼓励有条件的地方整合国家高新区资源打造国家自主创新示范区；关于省级开发区，随着部分省级开发区升级为国家级开发区，部分优秀县域工业园区升级为省级开发区，数量相对稳定；随着大学入学人数趋稳甚至降低的现状，大学城数量不会有较大增加；各类功能性新城数量应有所增加，但随着产业类新城向省级开发区和国家级开发区的升级（如陕西汉中航空智慧新城升级为省级经济技术开发区，广东江门鹤山工业城升级为省级高新技术产业开发区），数量增长有限。

（二）质量上，践行"以人为本"

各类新城新区规划将践行"人民城市"理念，紧紧围绕"人"这个核心主体来统筹谋划。如空间尺度将更加人性化，实现街坊的"小尺度、集约化"，打造人性化慢行活力街区，建设贯穿全域的慢行网络，增加拥有独立路权的慢行网络密度。建设生态宜居环境，新建建筑实行绿色建筑 LEED 标准。

更加关注生态韧性。在生态文明建设背景下，中央多次强调城市发展不能只考虑规模效益，必须把生态和安全放在更加突出的位置，打造韧性城市、低碳城市。目前中国已经承诺 2030 年碳达峰、2060 年碳中和目标。未来，中国将更注重发展综合型低碳生态新城新区。在这方面，瑞典斯德哥尔摩的皇家海港城和哈马碧新城有较为成功的经验，它们强调城市与自然融合共生的蓝绿生境，安全韧性、弹性适应的城市系统，以及循环高效、资源节约的低碳街区。

更加智能便利。为应对新技术革命对未来生活方式和城市空间格局带来的深刻影响，已经有城市开始注重智慧科技在不同领域的深度融合和迭代演进。如加拿大的谷歌 Sidewalk 智慧社区模型、日本的丰田未来城市设想、沙特阿拉伯的 The line 智慧城市计划、芬兰的 Whim "出行即服务"平台等都作出了一定的探索。它们试图运用物联网、大数据、人工智能、5G 通信等新技术，全面提升城市（社区）在综合交通、公共服务、基础设施等领域的信息化、智慧化水平，提升城市生活的便利度。

更加重视活力宜居。国际上的新城普遍经历了从居住区、工业区等单一功能地区到具有综合功能的独立城市的发展过程，现在普遍注重城市活力，强调以功能引人、以产业聚人、以安居留人。注重街区尺度的亲切宜人和慢行友好，街区界面的整体连续和开放复合，街区功能体验的丰富多样和全时可享。更加注重高效便捷的公交出行、共享出行，深入街区、均衡覆盖的公共设施，全域贯通、绿色友好的慢行网络，提供线上线下融合化、个性化、精准化服务的未来社区。

更加重视个性和特色。不同的地理位置、自然环境和历史演变过程，造就了不同的城市底蕴，形成了不可替代的文化价值。应顺应区域自然环境格局，塑造清晰有序的空间结构和整体形态；充分挖掘文化内涵，强化独有的风貌特色。

（三）功能上，新城新区将逐渐成为区域网络中的节点城市

随着新城新区建设向产城融合方向发展，新城新区将成为区域网络中的重要节点。从纽约、东京等国际城市发展经验来看，城市发展更加强调构建多维度、综合性的目标定位。新城的规划也必须强化综合性节点城市功能的培育，围绕现代便利、生态宜居、富有活力，不断改善和提升新城的综合交通枢纽地位，加强高等级公共服务设施的倾斜力度。国家级开发区在完善产业配套设施的同时，也加快了住房、医院、学校、休闲设施等生活配套设施建设，完善城市综合服务功能，积极推进产城融合。随着中国新型城镇化的推进，以及《国家发改委关于开展产城融合示范区建设有关工作的通知》的贯彻实施，国家级开发区，尤其是东部发达地区、国家新型城镇化综合试点地区的国家级开发区产城融合探索步伐将加快。新城建设也将成为新一轮空间发展的重要战略。如上海市政府出台《关于本市"十四五"加快推进新城规划建设工作的实施意见》，提出将嘉定、青浦、松江、奉贤、南汇等 5 个新城培育成在长三角城市群中具有辐射带动作用的综合性节点城市。上海新一轮的新城建设，超越了新城作为特大城市空间疏散的传统功能，更赋予了新城在区域网络中发挥中心作用的重大战略意义，肩负了引领城市高品质生活的新使命。

（四）管理上，更加规范化

一是更加注重规划的科学性和引领作用。影响规划稳定性的前提是规划的具有科学性和法定性，只有科学合理地编制规划，才能保障"一张蓝图绘到底"。如上海为指导新城城市设计，对既有规划进行再提升，形成新城发展的"一张蓝图"，专门研究制定了《上海市新城规划建设导则》，"上海2035"总体规划对新城的发展提出了战略指引。二是统筹层次更高。新城规划建设的推进协调工作由市规划资源部门牵头，这体现了新时期新城规划建设的统筹层次提高，用地和资金保障能力提高，有助于城市功能升级。如上海为保障项目用地，加大建设用地指标奖励、指标统筹和周转支持力度；为平衡建设资金，从土地出让收入返还、基础设施投资、产业财税等多渠道增加资金支持力度，提高市级补贴和返还力度。为提高新城人才吸引力，加快人才集聚，上海明显缩短新城居转户年限及相应加分政策，统筹全市公共服务等工作岗位向5个新城所在区倾斜。2019年11月20日，《中国（上海）自由贸易试验区临港新片区支持人才发展若干措施》发布，促进临港新城人才集聚，2022年，五大新城落户政策又进一步放宽。

（五）环境上，对新城新区提出更高要求

目前，政府对新城新区的支持，从以前的给项目、给产业定位，转变为给试点、给机制、给政策、给创新空间，以往的区位、资源等优势减弱，需要各新城新区进行核心能力建设获得竞争优势。对新城新区管理机构在制度建设与突破能力、规划制定与实施能力、创新集成与转化能力、人才的集聚与培育能力等方面提出更高的要求。

第十二章　城乡融合发展

城乡关系是城镇化、现代化进程中必须要面对和处理好的重要关系。习近平总书记指出："我们一定要认识到，城镇和乡村是互促互进、共生共存的。能否处理好城乡关系，关乎社会主义现代化建设全局。"[①] 从世界范围来看，随着工业化、城镇化发展，城乡关系一般呈现"低水平均衡→对立失衡→高水平均衡"的历史演变轨迹，城乡融合发展是城乡关系演进的高级阶段，也是一个国家和地区高质量、高度化发展的重要特征与标志。党的十八大以来，中国城乡关系加快调整重塑，自党的十九大起正式步入融合发展的新阶段。

第一节　城乡融合发展的理论综述

城乡融合发展的理论研究与实践进展紧密关联，西方发达国家率先开启了工业化、城镇化进程，也更早地出现了城乡矛盾对立、不均衡发展的问题，因此较早地引发了对城乡关系的关注与思考；国内学者虽然对城乡融合的研究起步较晚，但近年随着中国城乡关系步入新的发展阶段，城乡融合已成为研究热点和重点，相关成果大量涌现。

一、城乡融合发展的概念内涵

"融合"是指几种不同的事物合成一体，[②]"城乡融合发展"，简言之，就是城市和乡村相互联系、相互作用、相互影响，趋向均衡化、一体化的发展过程。"城乡融合"既是发展过程，也是发展目标和结果，是在城乡统筹、协调、一体化等概念内涵基础上的进一步丰富和发展，当城市与乡村实现全面融合发展，意味着城乡关系演进到了高

---

① 习近平：《论"三农"工作》，中央文献出版社 2022 年版。
② 中国社会科学院语言研究所词典编辑室编：《现代汉语词典》（第 7 版），商务印书馆 2016 年版。

级阶段，达到高水平的均衡发展状态，在保持各自核心功能价值及主要优势特色的基础上，形成均衡均等、互促互进、和谐共生、共同繁荣的区域有机体。

城乡融合发展主要涵盖以下几个方面内容：

城乡空间的融合。改变城市与乡村相互隔离或者杂乱交错的空间关系，优化调整城乡布局，使城市和乡村在物理空间上实现有序组合、有机衔接，城市功能区和乡村功能区合理布局，形成联系畅通、功能互补、科学高效的空间布局和结构组合关系。

城乡要素的融合。破除阻碍城乡要素自由流动和平等交换的体制机制壁垒，促进人口和资源要素在城市与乡村之间双向自由顺畅流动，城乡资源要素平等交换、合理配置、高效利用。

城乡产业的融合。突破城乡固有的产业结构格局，促进三次产业融合发展。乡村地区以第一产业为基础，发挥农业农村资源优势，对应城市需求，积极发展农产品加工业和现代服务业，延长农业产业链，提升价值链，培育乡村新产业、新业态，提升乡村经济社会发展活力，缩小城乡居民收入差距，促进城乡共同繁荣；城市地区在大力发展现代服务业和先进制造业的同时，也根据市民需求和发展条件，引导鼓励城市农业规范、有序、高质量发展。

城乡基本公共服务的融合。打破城乡基本公共服务制度和标准不统一的问题，健全完善全民覆盖、城乡一体、公平统一、可持续的教育、医疗、养老、就业、救助、治理等基本公共服务体系，提升基本公共服务均等化水平，缩小城乡差距。

城乡基础设施的融合。弥补城乡人居环境设施条件的差距，将城市基础设施和市政设施管网向乡村延伸，根据乡村实际情况及生产生活需要，采取多种方式构建与城市一样现代化、便利化的人居环境设施条件。

城乡社会文化的融合。消除城乡社会文化发展水平的差距，在保持各自文化特色的基础上，促进乡村居民生活方式和社会文化的现代化转变，摒除不良文化风气，弘扬城乡优秀文化，促进城乡文明相互融合、相互渗透。

二、国外城乡融合发展研究简述

国外关于城乡融合的直接提法较少，但相关理念与思想体现在对城乡相互联系、城乡等值、城乡一体、城乡互补等理论研究和实践探索之中。

国外关于城乡融合的思想萌芽最早可追溯至空想社会主义。例如，托马斯·莫尔（St. Thomas More）在其所著《乌托邦》中设想的城乡一体化的理想社会；[①] 傅立叶（Fourier）设想的没有城乡差别、工农结合的社会基层组织"法郎吉"；欧文（Owen）提出的城乡和谐的公社制度等[②]。

马克思和恩格斯立足于现实问题对城乡关系进行了深入思考、系统阐释与科学预测。1847 年，恩格斯在《共产主义原理》中首先提出"城乡融合"的概念，[③] 提出通过城乡的融合，使社会全体成员的才能得到全面发展；《共产党宣言》中提出，最先进的国家几乎都可以"把农业和工业结合起来，促使城乡对立逐步消灭"，[④] 马克思和恩格斯认为城乡对立是阶级分化的结果，消除城乡对立不仅是可能的，而且是必需和必然的，实现城乡融合的物质前提是高度发达的生产力，制度条件是彻底消灭私有制，[⑤] 这是一个长期的过程，城乡融合发展是未来社会发展的趋势。

西方城市规划建设和经济学者对城乡融合发展进行了多维度的理论思考与实践探索。19 世纪末，埃比尼泽·霍华德提出了在城市规划和建设领域具有广泛深入影响的"田园城市"思想，他针对城市畸形发展、乡村停滞衰退等问题，提出除了城市生活和乡村生活，还有第三种选择，即将城市和乡村和谐地组合在一起，他指出"城市和乡村都各有其主要优点和相应缺点，而城市—乡村则避免了二者的缺点"，通过建设田园城市，把"城市和乡村生活的健康、自然、经济因素组合在一起"。[⑥]20 世纪 60 年代，美国著名城市理论家刘易斯·芒福德（Lewis Mumford）提出："城与乡不能截然分开；城与乡同等重要；城与乡应当有机结合在一起"。[⑦] 美国建筑大师赖特提出"广亩城市"纲要和"区域统一体"的设想，通过低密度、分散布局等模式，构建城市区域统

---

① 张惠玲、芦麒元：《城乡一体化思想的理论溯源》，《建筑与环境》2009 年第 6 期。

② 田茜：《马克思的城乡融合思想及当代启示》，《法治与社会》2019 年第 23 期。

③ 周德、戚佳玲、钟文钰：《城乡融合评价研究综述：内涵辨识、理论认知与体系重构》，《自然资源学报》2021 年第 10 期。

④ 马克思、恩格斯著：《共产党宣言》，中共中央马克思恩格斯列宁斯大林著作编译局编译，人民出版社2018 年版。

⑤ 董黎航：《马克思恩格斯城乡融合思想的新时代内涵与当代实践》，《经济研究导刊》2022 年第 22 期。

⑥ 埃比尼泽·霍华德著：《明日的田园城市》，金经元译，商务印书馆 2010 年版。

⑦ 景普秋、张复明：《城乡一体化研究的进展与动态》，《城市规划》2003 年第 6 期。

一体，实现城乡之间更大的平衡。20 世纪 70 年代美国经济学家利普顿（Lipton）提出，由于政府在经济社会发展中采取了"城市偏向"政策，必然引起城乡差距的出现"。20 世纪 80 年代，关于城乡关系出现多种流派和思想，从"城市偏向""乡村偏向"走向"城乡融合"；进入 21 世纪以来，更加关注城乡之间相互联系、相互作用的"网络"和"流"等。①

西方发达国家城乡融合的理论研究与实践发展是紧密结合的。在实践方面，1903 年和 1919 年，霍华德先后在英国启动建设了两座田园城市——莱奇沃思（Letchworth）和韦林（Welwyn），此后法国、德国、日本、美国等多个国家受这一思想影响，开始建设田园城市。②20 世纪 60 年代中期，德国通过《联邦空间规划法》，在此基础上，巴伐利亚州制定了《城乡空间发展规划》，将"城乡等值化"作为区域空间发展和国土规划的核心理念与战略目标，该发展理念认为，城市和乡村承载着同等重要的价值，在尊重城乡客观差异的基础上，强调"不同类但等值"，将城市和乡村作为有机统一整体，实现均衡、协调、公平发展，使农村居民在收入、就业、基础设施、社会保障等方面与城镇居民享有相同的待遇；③此后，欧盟将等值化理念作为解决城乡不均衡发展和促进农村地区发展的政策之一。④日本在 20 世纪 80 年代中期进行了"第四全综国土规划"，突出城镇、基础设施和农村域的网络化发展，岸根卓郎对这一规划思想进行了总结，提出构建"自然—空间—人类系统"，旨在建立一个城乡融合的社会。⑤

三、中国城乡融合发展研究概况

通过在中国知网、万方数据库等平台检索，国内学者对城乡融合的关注约始于 20 世纪 80 年代初，其中最早一篇文献是 1983 年由汪巽人撰写的《初探马克思主义的城乡融合学说》。但从公开发表的文献数量来看，直到 20 世纪末，对城乡融合发展的关

---

① 武小龙、刘祖云：《城乡关系理论研究的脉络与走向》，《领导科学》2013 年第 11 期。
② 张宁：《田园城市理论的内涵演变与实践经验》，《现代城市研究》2018 年第 9 期。
③ 高启杰、张沭：《德国城乡等值化的发展理念及其对中国的启示》，《古今农业》2021 年第 4 期。
④ 周佳宁、邹伟、秦富仓：《等值化理念下中国城乡融合多维审视及影响因素》，《地理研究》2020 年第 8 期。
⑤ 柳思维、晏国祥、唐红涛：《国外统筹城乡发展理论研究综述》，《财经理论与实践》（双月刊）2007 年第 6 期。

注度并不高，每年仅有几篇相关研究成果。

自 21 世纪初以来，随着中国城乡经济社会发展水平提升及国家战略政策调整转变，对城乡融合发展的思考逐渐增多，年均文献数量增至几十篇再到几百篇。自党的十八大以来，对城乡融合的关注度明显提升，年度公共发表文献数量达到 1 000 篇以上。党的十九大后，掀起关于城乡融合的研究热潮，年度公开发表文献数量翻番式增长，一度达到 3 000 篇以上。

从研究主题和内容来看，近年中国学者对城乡融合的研究重点也呈现多元化、复合化等趋势特征，涵盖西方城乡融合发展的理论和国际经验梳理分析，中国城乡融合发展的理论思考、政策演变、内涵特征、实现路径、体制机制、评价体系研究等诸多方面。①

第二节　中国城乡关系的阶段性演变

新中国成立以来，中国城乡关系经历了从分割失衡，向逐渐恢复改善，再向统筹协调、一体化至融合发展的转变过程，主要可划分为以下几个阶段。

一、城乡关系失衡阶段（新中国成立初至改革开放前）

这一阶段中国城乡关系经历了较曲折的转变过程，但总体呈现明显的城市偏向特征，城乡关系开始走向分割与失衡。

新中国成立前，1949 年 3 月，党的七届二中全会召开，明确提出"党的工作重心由乡村转移到城市"。新中国成立初期，党和国家政府采取了多项政策举措，促进城乡物资交流，保持工农业发展适度平衡，采取相对宽松的城乡人口流动政策。这一阶段虽然以城市为中心，但也兼顾乡村发展，推动形成了互通有无、相互支援的良好城乡关系。

但是，自 1953 年起，在粮食供应严重紧缺以及确立重工业优先发展战略等背景下，中国开始实施农产品统购统销制度、人民公社制度和户籍制度，对农产品实行计

---

① 孙祥栋、王红雨、刘锐剑：《中国式城乡融合政策演化、理论框架、及其突破进路研究》，《区域经济评论》2023 年第 1 期。

划和统一收购，严格限制城乡人口流动，对应城市户口和农村户口实施明显不同的社会保障、劳动就业等制度，通过工农业产品价格"剪刀差"为工业化发展积累资金，城乡二元体制形成并固化。①②

自 20 世纪 50 年代初至改革开放前，中国城市和乡村形成了明显不同的经济和社会发展制度，城乡二元结构长期积累，总体呈现"以农补工、以乡促城、城乡分割"的工农城乡关系。

二、城乡关系改善阶段（改革开放至党十八大以前）

这一阶段中国城乡关系开始发生明显调整转变，虽然期间一度出现城乡二元结构徘徊和加剧化等波动变化，但总体步入恢复与改善的发展轨道。

改革开放后，通过实行家庭联产承包责任制，改革人民公社制度，取消农产品统购派购制度等一系列重要改革，破解城乡二元制度，中国乡村发展活力明显提升，虽然城乡关系开始恢复性缓和，但城乡二元结构仍然明显。同时，对于农村劳动力进入城镇、农业人口转为非农业人口，仍采取严格限制政策，直至 20 世纪 90 年代初政策开始放宽，进而转向促进农村剩余劳动力向城镇转移。

进入 21 世纪以来，党中央和国家政府高度重视城乡关系问题，在重要政策文件中开始明确出现了关于城乡关系的阐述与战略部署，并将处理好城乡关系上升到重要战略地位，提出把解决好"三农"问题作为全党工作的重中之重，统筹城乡发展是全面建设小康社会的重大任务，城乡发展一体化是解决"三农"问题的根本途径等战略思想。2002 年 11 月，党的十六大报告提出"统筹城乡经济社会发展"，2007 年 10 月，党的十七大报告提出"统筹城乡发展，推进社会主义新农村建设……形成城乡经济社会发展一体化新格局"。

在实践发展中，按照统筹城乡发展和城乡一体化发展等要求，制定实施一系列支农惠农政策，推进农村税费制度改革，从根本上减轻农民负担，健全完善农业支持保护政策，促进农民增收和现代农业发展，推进社会主义新农村建设，改善农村人居环

---

① 罗志刚：《中国城乡关系政策的百年演变与未来展望》，《江汉论坛》2022 年第 10 期。
② 邓玲：《中国共产党引领城乡关系发展的逻辑理路及实践进程》，《理论导刊》2023 年第 1 期。

境，逐步建立健全社会养老保险、合作医疗、最低生活保障等农村社会保障制度，使城乡关系呈现实质性改善。[①]

改革开放以后，中国城乡关系开始恢复和改善，并且自 21 世纪初开始向统筹发展和一体化发展的方向目标引导转变，但这一阶段的政策侧重点主要是补齐"三农"短板，缩小城乡差距，实行工业反哺农业、城市支持农村和"多予、少取、放活"的方针，采取一系列支农惠农政策，总体处于"以工促农、以城带乡"的工农城乡关系发展阶段。

表 12-1　21 世纪初至党的十八大前中国城乡关系的重要战略指导思想演变

时　间　及　名　称		主　要　内　容
2002 年 11 月 党的十六大报告	《全面建设小康社会，开创中国特色社会主义事业新局面》	统筹城乡经济社会发展，建设现代农业，发展农村经济，增加农民收入，是全面建设小康社会的重大任务。
2004 年 中央一号文件	《中共中央　国务院关于促进农民增加收入若干政策的意见》	按照统筹城乡经济社会发展的要求，坚持"多予、少取、放活"的方针……尽快扭转城乡居民收入差距不断扩大的趋势。
2005 年 中央一号文件	《中共中央　国务院关于进一步加强农村工作　提高农业综合生产能力若干政策的意见》	坚持统筹城乡发展的方略，坚持"多予少取放活"的方针……促进农村经济社会全面发展。
2006 年 中央一号文件	《中共中央　国务院关于推进社会主义新农村建设的若干意见》	统筹城乡经济社会发展，扎实推进社会主义新农村建设……加速推进现代化，必须妥善处理工农城乡关系……实行工业反哺农业、城市支持农村和"多予少取放活"的方针……加快建立以工促农、以城带乡的长效机制。
2007 年 中央一号文件	《中共中央　国务院关于积极发展现代农业扎实推进社会主义新农村建设的若干意见》	坚持把解决好"三农"问题作为全党工作的重中之重，统筹城乡经济社会发展，实行工业反哺农业、城市支持农村和多予少取放活的方针……
2007 年 10 月 党的十七大报告	《高举中国特色社会主义伟大旗帜　为夺取全面建设小康社会新胜利而奋斗》	统筹城乡发展，推进社会主义新农村建设。解决好农业、农村、农民问题，事关全面建设小康社会大局，必须始终作为全党工作的重中之重。……建立以工促农、以城带乡长效机制，形成城乡经济社会发展一体化新格局。
2008 年 中央一号文件	《中共中央　国务院关于切实加强农业基础建设进一步促进农业发展农民增收的若干意见》	建立以工促农、以城带乡长效机制，形成城乡经济社会发展一体化新格局……要坚持并落实工业反哺农业、城市支持农村和多予少取放活的方针……探索建立促进城乡一体化发展的体制机制。

[①]　孔祥智等：《城乡大融合："三农政策演变与趋势"》，中国人民大学出版社 2022 年版。

（续表）

时 间 及 名 称		主 要 内 容
2009 年 中央一号文件	《中共中央　国务院关于2009年促进农业稳定发展农民持续增收的若干意见》	坚定不移推进社会主义新农村建设……坚定不移加快形成城乡经济社会发展一体化新格局……推进城乡经济社会发展一体化。
2010 年 中央一号文件	《中共中央　国务院关于加大统筹城乡发展力度进一步夯实农业农村发展基础的若干意见》	必须不断深化把解决好"三农"问题作为全党工作重中之重的基本认识……协调推进工业化、城镇化和农业现代化，努力形成城乡经济社会发展一体化新格局。……把统筹城乡发展作为全面建设小康社会的根本要求。
2011 年 中央一号文件	《中共中央　国务院关于加快水利改革发展的决定》	强化城乡水资源统一管理，对城乡供水、水资源综合利用、水环境治理和防洪排涝等实行统筹规划、协调实施，促进水资源优化配置。
2012 年 中央一号文件	《中共中央　国务院关于加快推进农业科技创新持续增强农产品供给保障能力的若干意见》	把农村环境整治作为环保工作的重点……逐步推行城乡同治……扶持供销合作社、农民专业合作社等发展联通城乡市场的双向流通网络……促进城乡文化一体化发展。

资料来源：作者根据相关政策文件梳理摘录。

三、城乡关系重塑阶段（党的十八大至今）

党的十八大以来，中国关于城乡关系的战略思想与发展政策层层递进，着力构建新型工农城乡关系，明确重塑城乡关系，中国城市和乡村开始向均衡化、平等化、互促互进、共生共存、共同繁荣的高水平均衡发展阶段迈进。

党的十八大以来，党中央始终坚持把解决好"三农"问题作为全党工作的重中之重，组织推进脱贫攻坚战，实施乡村振兴战略，全面建成小康社会，城乡关系发生深刻的历史转变。2012 年 11 月，党的十八大报告提出要"形成以工促农、以城带乡、工农互惠、城乡一体的新型工农、城乡关系"；2017 年 10 月，党的十九大报告提出"建立健全城乡融合发展体制机制和政策体系"；2018 年 1 月，中央一号文件《中共中央　国务院关于实施乡村振兴战略的意见》提出"加快形成工农互促、城乡互补、全面融合、共同繁荣的新型工农城乡关系"；2019 年 4 月，《中共中央　国务院关于建立健全城乡融合发展体制机制和政策体系的意见》提出"重塑新型城乡关系，走城乡融合发展之路"。

在实践发展领域，党的十八大以来，中国逐步建立健全了城乡统一的居民基本养老保险制度、基本医疗保险制度等重要社会制度，按照"产业兴旺、生态宜居、乡风文明、治理有效、生活富裕"的总要求实施乡村振兴战略，加快建立健全城乡融合发展的体制机制和政策体系，城乡发展差距不断缩小，城乡要素流动逐渐加快，城乡融合发展的经济社会基础条件日趋成熟，城乡相互作用、相互促进的发展成效日渐显现。

党的十八大以来，中国在高度重视"三农"发展问题，加快补齐"三农"短板、缩小城乡差距的同时，也重视工农、城乡之间互促互补的双向关系，引导推动城市和乡村融合发展，目前城乡融合发展的体制机制初步建立，正在加快形成"工农互促、城乡互补、全面融合、共同繁荣"的新型工农城乡关系。

表 12-2　党的十八大以来我国城乡关系的战略思想与政策演进

时　间　及　名　称		主　要　内　容
2012 年 11 月 党的十八大报告	《坚定不移沿着中国特色社会主义道路前进　为全面建成小康社会而奋斗》	促进工业化、信息化、城镇化、农业现代化同步发展；推动城乡发展一体化。解决好农业农村农民问题是全党工作重中之重，城乡发展一体化是解决"三农"问题的根本途径。要加大统筹城乡发展力度；逐步缩小城乡差距，促进城乡共同繁荣……加快完善城乡发展一体化体制机制；形成以工促农、以城带乡、工农互惠、城乡一体的新型工农、城乡关系。
2013 年 中央一号文件	《中共中央　国务院关于加快发展现代农业进一步增强农村发展活力的若干意见》	始终把解决好农业农村农民问题作为全党工作重中之重，把城乡发展一体作为解决"三农"问题的根本途径；必须统筹协调，促进工业化、信息化、城镇化、农业现代化同步发展。
2014 年 中央一号文件	《中共中央　国务院关于全面深化农村改革加快推进农业现代化的若干意见》	要城乡统筹联动；推进城乡要素平等交换和公共资源均衡配置，让农民平等参与现代化进程、共同分享现代化成果；健全城乡发展一体化体制机制。
2015 年 中央一号文件	《中共中央　国务院关于加大改革创新力度加快农业现代化建设的若干意见》	如何在城镇化深入发展背景下加快新农村建设步伐、实现城乡共同繁荣，是必须解决好的一个重大问题；围绕城乡发展一体化，深入推进新农村建设。
2016 年 中央一号文件	《中共中央　国务院关于落实发展新理念加快农业现代化　实现全面小康目标的若干意见》	在经济发展新常态背景下，如何促进农民收入稳定较快增长，加快缩小城乡差距，确保如期实现全面小康，是必须完成的历史任务；推动城乡协调发展，提高新农村建设水平。
2017 年 中央一号文件	《中共中央　国务院关于深入推进农业供给侧结构性改革加快培育农业农村发展新动能的若干意见》	坚持新发展理念，协调推进农业现代化与新型城镇化……补齐农业农村短板，夯实农村共享发展基础。

（续表）

时 间 及 名 称		主 要 内 容
2017 年 10 月 党的十九大报告	《决胜全面建成小康社会 夺取新时代中国特色社会主义伟大胜利》	实施乡村振兴战略。农业农村农民问题是关系国计民生的根本性问题，必须始终把解决好"三农"问题作为全党工作重中之重。要坚持农业农村优先发展；建立健全城乡融合发展体制机制和政策体系，加快推进农业农村现代化。
2018 年 中央一号文件	《中共中央 国务院关于实施乡村振兴战略的意见》	坚持城乡融合发展；推动新型工业化、信息化、城镇化、农业现代化同步发展，加快形成工农互促、城乡互补、全面融合、共同繁荣的新型工农城乡关系。
2019 年 中央一号文件	《中共中央 国务院关于坚持农业农村优先发展做好"三农"工作的若干意见》	坚持农业农村优先发展总方针，以实施乡村振兴战略为总抓手；抓重点、补短板、强基础；确保顺利完成到 2020 年承诺的农村改革发展目标任务。
2020 年中央一号文件	《中共中央 国务院关于抓好"三农"领域重点工作确保如期实现全面小康的意见》	集中力量完成打赢脱贫攻坚战和补上全面小康"三农"领域突出短板两大重点任务；确保农村同步全面建成小康社会。
2021 年 中央一号文件	《中共中央 国务院关于全面推进乡村振兴 加快农业农村现代化的意见》	要坚持把解决好"三农"问题作为全党工作重中之重，把全面推进乡村振兴作为实现中华民族伟大复兴的一项重大任务；加快形成工农互促、城乡互补、协调发展、共同繁荣的新型工农城乡关系；把县域作为城乡融合发展的重要切入点。
2022 年 中央一号文件	《中共中央 国务院关于做好2022 年全面推进乡村振兴重点工作的意见》	必须着眼国家重大战略需要……接续全面推进乡村振兴……推动乡村振兴取得新进展、农业农村现代化迈出新步伐。
2022 年 10 月 党的二十大报告	《高举中国特色社会主义伟大旗帜 为全面建设社会主义现代化国家而团结奋斗》	着力推进城乡融合和区域协调发展；全面推进乡村振兴。全面建设社会主义现代化国家，最艰巨最繁重的任务仍然在农村。坚持农业农村优先发展，坚持城乡融合发展，畅通城乡要素流动。
2023 年 中央一号文件	《中共中央 国务院关于做好2023 年全面推进乡村振兴重点工作的意见》	必须坚持不懈把解决好"三农"问题作为全党工作重中之重，举全党全社会之力全面推进乡村振兴；坚持农业农村优先发展，坚持城乡融合发展；推进县域城乡融合发展。

资料来源：作者根据相关政策文件梳理摘录。

第三节 中国城乡融合发展的探索实践

党的十八大以来，中国进一步推动城乡统筹发展、一体化发展和协调发展，城乡发展格局和城乡关系发生重要变化，开始呈现融合发展的新态势，自党的十九大起，正式步入了城乡融合发展的新阶段。

一、中国城乡融合发展的政策脉络

2017 年 10 月，党的十九大报告提出"实施乡村振兴战略……建立健全城乡融合发展体制机制和政策体系"，首次明确提出了城乡融合发展的战略指导思想和政策目标，中国城乡关系正式从统筹发展、一体化发展、协调发展迈入融合发展的新历史阶段。

2018 年 1 月，中央一号文件《中共中央 国务院关于实施乡村振兴战略的意见》，明确了乡村振兴的分阶段目标，其中包括"到 2020 年，……城乡居民生活水平差距持续缩小……城乡基本公共服务均等化水平进一步提高，城乡融合发展体制机制初步建立。……到 2035 年，……城乡基本公共服务均等化基本实现，城乡融合发展体制机制更加完善"等有关城乡融合发展的阶段性目标；进一步提出"坚持城乡融合发展……加快形成工农互促、城乡互补、全面融合、共同繁荣的新型工农城乡关系"。

2018 年 9 月，中共中央、国务院印发《乡村振兴战略规划（2018—2022 年）》，其中明确将"坚持城乡融合发展"作为实施乡村振兴战略的基本原则之一，提出"统筹城乡国土空间开发格局"，"顺应城乡融合发展趋势，重塑城乡关系"，并就"完善城乡融合发展政策体系"的主要任务作出了战略部署。

2019 年 4 月，《中共中央 国务院关于建立健全城乡融合发展体制机制和政策体系的意见》发布，这是中国关于城乡融合发展的首个专项政策文件，其中进一步明确细化了"到 2022 年，城乡融合发展体制机制初步建立。……到 2035 年，城乡融合发展体制机制更加完善。……到本世纪中叶，城乡融合发展体制机制成熟定型。城乡全面融合，乡村全面振兴，全体人民共同富裕基本实现"等三个阶段性目标；提出建立健全有利于城乡要素合理配置、城乡基本公共服务普惠共享、城乡基础设施一体化发展、乡村经济多元化发展、农民收入持续增长的体制机制等方面的主要任务，以及对各地区各部门的组织保障要求，成为指导和推动今后一个时期我国城乡融合发展的重要政策文件。

2020 年 12 月，习近平总书记在中央农村工作会议上的讲话中提出："民族要复兴，乡村必振兴"，"振兴乡村，不能就乡村论乡村，还是要强化以工补农、以城带乡，加快形成工农互促、城乡互补、协调发展、共同繁荣的新型工农城乡关系"，"要把县域作为城乡融合发展的重要切入点"等重要战略思想。①

2021年3月，"十四五"规划和2035年远景目标纲要提出"健全城乡要素自由流动机制，构建区域产业梯度转移格局，促进城乡区域良性互动"，"以县域为基本单元推进城乡融合发展"，以及"健全城乡融合发展体制机制"等行动纲领。

2021年4月，第十三届全国人民代表大会常务委员会第二十八次会议通过《中华人民共和国乡村振兴促进法》，在总则中明确"国家建立健全城乡融合发展的体制机制和政策体系"，并专门以一章对"城乡融合"提出了全面的指导和要求，为促进城乡融合发展提供了法律依据和保障。

2022年12月，习近平总书记在中央农村工作会议上的讲话中强调："要顺应城乡融合发展大趋势，破除妨碍城乡要素平等交换、双向流动的制度壁垒，促进发展要素、各类服务更多下乡，率先在县域内破除城乡二元结构。"②

表 12-3　2017—2023 年中国城乡融合发展的主要政策文件

时间及名称		政 策 要 点
2017年10月 党的十九大报告	《决胜全面建成小康社会 夺取新时代中国特色社会主义伟大胜利》	建立健全城乡融合发展体制机制和政策体系。
2018年中央一号文件	《中共中央 国务院关于实施乡村振兴战略的意见》	到2020年，城乡融合发展体制机制初步建立；到2035年，城乡融合发展体制机制更加完善。坚持城乡融合发展。坚决破除体制机制弊端，使市场在资源配置中起决定性作用，更好发挥政府作用，推动城乡要素自由流动、平等交换。 推动建立以城带乡、整体推进、城乡一体、均衡发展的义务教育发展机制；健全覆盖城乡的公共就业服务体系；推动城乡基础设施互联互通；完善统一的城乡居民基本医疗保险制度和大病保险制度；建立城乡、区域、校地之间人才培养合作与交流机制；形成城乡融合、区域一体、多规合一的规划体系。
2018年9月	《乡村振兴战略规划（2018—2022年）》	迫切需要重塑城乡关系； 坚持城乡融合发展； 统筹城乡国土空间开发格局； 完善城乡融合发展政策体系；加快农业转移人口市民化；强化乡村振兴人才支撑；加强乡村振兴用地保障；健全多元投入保障机制；加大金融支农力度。

---

① 习近平：《论"三农"工作》，中央文献出版社 2022 年版。
② 中共中央党史和文献研究院编：《习近平关于城市工作论述摘编》，中央文献出版社 2023 年版。

（续表）

时间及名称		政 策 要 点
2019 年 4 月	《中共中央　国务院关于建立健全城乡融合发展体制机制和政策体系的意见》	到 2022 年，城乡融合发展体制机制初步建立； 到 2035 年，城乡融合发展体制机制更加完善； 到本世纪中叶，城乡融合发展体制机制成熟定型，城乡全面融合； 建立健全有利于城乡要素合理配置的体制机制； 建立健全有利于城乡基本公共服务普惠共享的体制机制； 建立健全有利于城乡基础设施一体化发展的体制机制； 建立健全有利于乡村经济多元化发展的体制机制； 建立健全有利于农民收入持续增长的体制机制。
2021 年 3 月	《中华人民共和国国民经济和社会发展第十四个五年规划和 2035 年远景目标纲要》	促进城乡区域良性互动； 建立健全城乡统一的建设用地市场； 以县域为基本单元推进城乡融合发展； 建立健全城乡要素平等交换、双向流动政策体系。
2021 年 4 月	《中华人民共和国乡村振兴促进法》	国家建立健全城乡融合发展的体制机制和政策体系，推动城乡要素有序流动、平等交换和公共资源均衡配置； 各级人民政府应当协同推进乡村振兴战略和新型城镇化战略的实施，整体筹划城镇和乡村发展； 县级人民政府和乡镇人民政府应当优化本行政区域内乡村发展布局； 县级以上地方人民政府应当……推动城乡基础设施互联互通； 国家推进城乡基本公共服务均等化； 国家完善城乡统筹的社会保障制度； 国家推动形成城乡统一的人力资源市场； 县级以上人民政府应当采取措施促进城乡产业协同发展； 各级人民政府及其有关部门应当采取措施鼓励农民进城务工，全面落实城乡劳动者平等就业、同工同酬。
2022 年 10 月党的二十大报告	《高举中国特色社会主义伟大旗帜　为全面建设社会主义现代化国家而团结奋斗》	坚持城乡融合发展，畅通城乡要素流动； 加快义务教育优质均衡发展和城乡一体化； 推进城乡精神文明建设融合发展； 多渠道增加城乡居民财产性收入； 统筹城乡就业政策体系； 健全覆盖全民、统筹城乡、公平统一、安全规范、可持续的多层次社会保障体系。

资料来源：作者根据相关政策文件梳理摘录。

二、中国城乡融合发展的主要成就

经过多年持续发力，积极探索实践，中国城乡融合发展取得了比较明显的阶段性成就，主要可归结为以下几个方面。

（一）城乡居民收入差距持续缩小

改革开放以后，中国农业农村发展活力增强，农村居民收入逐渐提升，城乡居民收入差距一度呈缩小趋势，但从1978—2007年的长周期来看，中国城乡收入比总体仍呈波动式上升走势，21世纪初，中国城乡居民收入比上升到3以上，并在十余年的时间中保持在3以上的高位区间，于2007年达到最高值，2008年略有下降，2009年再次回升，城乡居民收入差距不断拉大。自2010年起，城乡收入比开始逐渐缩小。党的十八大以来，城乡收入比连续多年保持持续下降态势，逐渐下降到2.5以下，2022年，中国城乡居民收入比降至2.45（见图12-1）。

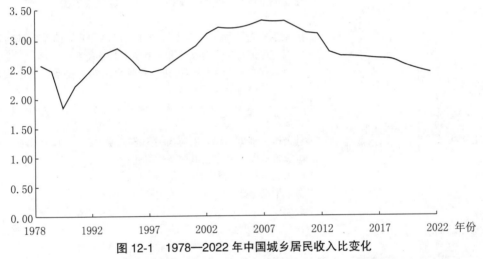

图 12-1　1978—2022 年中国城乡居民收入比变化

资料来源：1978—2021年数据来自相关年份《中国统计年鉴》；2022年数据来自《中华人民共和国2022年国民经济和社会发展统计公报》。

党的十八大以来，中国从工资性收入、经营性收入、财产性收入和转移性收入等各方面，制定实施了一系列支持和保障政策，全方位、多渠道促进农民增收，取得明显成效。从增速来看，党的十八大以来中国农村居民收入一直保持高于城镇居民收入的较快增长态势，从收入额来看，党的十八大以来，中国农村居民人均可支配收入逐步迈上2万元台阶，2022年达到20 133元，农村居民收入水平不断提高，城乡居民收入差距持续稳步缩小（见表12-4）。

表 12-4　2012—2022 年中国城乡居民收入变化及比较

年份	城镇居民人均可支配收入（元）	实际增长（%）	农村居民人均可支配收入（元）	实际增长（%）	城乡收入比（城/乡）	城乡增速差（乡−城）
2012	24 564.72	9.6	7 916.58	10.7	3.10	1.1
2013	26 467	7	9 429.6	9.3	2.81	2.3
2014	28 843.9	6.8	10 488.9	9.2	2.75	2.4
2015	31 194.8	6.6	11 421.7	7.5	2.73	0.9
2016	33 616.2	7.8	12 363.4	8.2	2.72	0.4
2017	36 396.2	6.5	13 432.4	7.3	2.71	0.8
2018	39 250.8	5.6	14 617	6.6	2.69	1.0
2019	42 358.8	5	16 020.7	6.2	2.64	1.2
2020	43 833.8	1.2	17 131.5	3.8	2.56	2.6
2021	47 411.9	7.1	18 930.9	9.7	2.50	2.6
2022	49 283	1.9	20 133	4.2	2.45	2.3

资料来源：2012—2021 年数据来自相关年份《中国统计年鉴》；2022 年数据来自《中华人民共和国2022 年国民经济和社会发展统计公报》。

（二）城乡基本公共服务均等化水平明显提高

2014 年 4 月，国务院发布《关于建立统一的城乡居民基本养老保险制度的意见》，决定将新农保和城居保两项制度合并实施，提出"2020 年前，全面建成公平、统一、规范的城乡居民养老保险制度"，目前全国基本养老保险参保人数已覆盖 10.5 亿人，自推动城乡融合发展以来，建立健全城乡居民基础养老金标准正常调整机制，城乡居民养老保障水平稳步提高。

2016 年 1 月，国务院发布《关于整合城乡居民基本医疗保险制度的意见》，明确整合城镇居民医疗保险和新型农村合作医疗两项制度，提出"逐步在全国范围内建立起统一的城乡居民医保制度"，目前中国已建立统一的城乡居民基本医疗保险制度，基本医疗保险覆盖 13 亿人以上，农村居民基本医疗保险水平逐步提高，近年进一步整合城乡居民大病保险，健全完善统一的城乡居民大病保险制度，以及城乡居民医保全国异地就医联网直接结算制度。

党的十八大以来，中国加快推进城乡基本公共服务标准统一、制度并轨。党的十八大报告确立了"基本公共服务均等化总体实现"的战略目标，提出"要坚持全覆盖、保基本、多层次方针，以增强公平性、适应流动性、保证可持续性为重点，全面建成覆盖城乡居民的社会保障体系"；党的十九大报告要求加快推进基本公共服务均等化，提出"全面建成覆盖全民、城乡统筹、权责清晰、保障适度、可持续的多层次社会保障体系"；党的二十大报告进一步明确未来五年"基本公共服务均等化水平明显提升，多层次社会保障体系更加健全"的任务目标，提出"健全覆盖全民、统筹城乡、公平统一、安全规范、可持续的多层次社会保障体系"。通过一系列重要政策举措，中国建成了世界上规模最大的社会保障体系，农村公共服务水平全面提升，城乡基本公共服务均等化水平明显提高。

党的十八大以来，中国努力推进义务教育优质均衡发展和城乡一体化，统筹城乡教育资源，建立城乡统一、重在农村的义务教育经费保障机制，党的十九大以后，进一步提出"推动建立以城带乡、整体推进、城乡一体、均衡发展的义务教育发展机制"。通过重在农村的义务教育经费保障机制，以及推动城镇优秀师资向乡村学校流动，实施农村义务教育学生营养改善计划，推进城乡学校共同体建设等一系列政策措施，缩小了中国城乡教育差距。

此外，还包括推动统筹城乡社会救助体系，推进城乡低保制度统筹发展，完善城乡劳动者平等就业制度，健全覆盖城乡的公共就业服务体系，同步推进城乡法治建设，推进城乡公共文化服务体系一体建设，探索推动城乡精神文明融合发展等。中国城乡基本公共服务均等化的政策内涵、覆盖领域不断丰富拓展，城乡基本公共服务均等化水平加快提升。

（三）城乡要素流动加快并呈现双向流动格局

党的十八大以来，中国着力破除阻碍城乡要素自由流动和平等交换的体制机制壁垒，促进城乡要素流动，并改变农村要素单向流出格局，推动形成城乡资源要素双向流动的新格局。

2012年，党的十八大报告提出"加快改革户籍制度，有序推进农业转移人口市民化"；2014年7月，国务院发布《关于进一步推进户籍制度改革的意见》，提出取消农业户口与非农业户口，"建立城乡统一的户口登记制度"，中国持续60多年的城乡二元户籍制度开始退出历史舞台，并就此拉开了分类放宽或取消城镇落户限制的新帷幕。

通过改革户籍制度，促进农民工多渠道转移就业，有序推进农业转移人口市民化等一系列政策举措，2012—2022 年，中国实现 1.4 亿农村人口在城镇落户，城镇常住人口增加近 2 亿人，常住人口城镇化率提高 12 个多百分点，2022 年末达到 65.2%（见表 12-5）。此外，出台相关政策文件，支持农民工等人员返乡创业，尤其是党的十九大以后，推动建立城乡人才合作交流机制，建立城市人才入乡激励机制，实施乡村振兴战略，有效引导促进了城市人口向乡村流动，形成了城乡人口双向流动、融合发展的新格局。

表 12-5　2012—2022 年中国城乡人口及城镇化率

年份	总人口（万人）	城镇人口（万人）	乡村人口（万人）	人口城镇化率（%）
2012	135 922	72 175	63 747	53.10
2013	136 726	74 502	62 224	54.49
2014	137 646	76 738	60 908	55.75
2015	138 326	79 302	59 024	57.33
2016	139 232	81 924	57 308	58.84
2017	140 011	84 343	55 668	60.24
2018	140 541	86 433	54 108	61.50
2019	141 008	88 426	52 582	62.71
2020	141 212	90 220	50 992	63.89
2021	141 260	91 425	49 835	64.72
2022	141 175	92 071	49 104	65.22

资料来源：2012—2021 年数据来自《中国统计年鉴 2022》，2022 年数据来自《中华人民共和国 2022 年国民经济和社会发展统计公报》。

党的十八大以来，中国优化城乡建设用地布局，完善和拓展城乡建设用地增减挂钩试点，自党的十九大起，进一步深化农村土地制度改革，完善承包地"三权分置"制度，稳慎推进农村宅基地制度改革试点，推进农村集体经营性建设用地入市改革，探索建立城乡统一的建设用地市场，盘活乡村闲置低效土地资源，引导推动乡村土地高效利用，促进了城乡土地资源优化配置。

党的十八大以来，中国加大推动力度，引导市场化资金、科技、信息、管理等现代生产要素向乡村流动。2018 年中央一号文件提出"加快制定鼓励引导工商资本参与乡村振兴的指导意见"；2018 年 9 月，中共中央、国务院印发《乡村振兴战略规划

（2018—2022 年）》，提出"推动人才、土地、资本等要素双向流动"，"引导和撬动社会资本投向农村……吸引社会资本参与乡村振兴"；2021 年、2022 年，农业农村部办公厅和国家乡村振兴局综合司连续两年联合印发《社会资本投资农业农村指引》，提出"引导社会资本将人才、技术、管理等现代生产要素注入农业农村"，"各级农业农村部门、乡村振兴部门要把引导社会资本投资农业农村作为重要任务"等要求，引导推动社会资本参与乡村振兴。从鼓励民间资本进入农村金融服务领域，到投向农村产业和设施项目建设，再到全面参与乡村振兴，支持参与的领域范围不断拓展，配套政策体系逐步健全完善，改变了资源要素从乡村向城市单向流出的格局，呈现出城乡要素双向流动的新态势。

（四）城乡基础设施一体化建设深入推进

党的十八大以来，中国持续加强农村基础设施建设，加大财政投入支持保障力度，健全建设、管护、运营等长效机制，着力推进城乡基础设施一体化建设，提升乡村基础设施建设水平。

党的十八大报告提出"坚持把国家基础设施建设和社会事业发展重点放在农村"，中国坚持将基础设施建设向农村倾斜，持续推进农村供水、供电、道路交通、危房改造等工程项目，缩小城乡差距，促进城乡基础设施互联互通、共建共享。党的十九大后进一步提升农村基础设施建设水平，2018 年中央一号文件提出"推动农村基础设施提档升级"。近年来，通过推进"四好农村路"建设，启动乡村建设行动，实施乡村清洁能源建设工程、数字乡村建设发展工程，推动有条件的地区将城市管网向农村延伸，推进城乡供水一体化，开展城乡交通一体化示范创建等，引导推动公共基础设施往村覆盖、往户延伸，建设水平提档升级，覆盖领域不断拓展，涵盖乡村道路、供水、供电、供气、环保、信息、广播电视等多方面，以及客运站点、文化体育、公共照明等服务设施。通过一系列政策措施，中国农村自来水普及率提高到 87%，实现符合条件的乡镇和建制村通硬化路、通客车，实现所有行政村实现通宽带，多年累计改造农村危房 2 400 多万户。[①] 尤其是实施乡村振兴战略，促进城乡融合发展以来，中国乡村环

---

① 资料来源：2023 年《政府工作报告》。

境设施条件明显改善，与城市的差距加快缩小。

（五）乡村振兴取得积极成效

2017 年 10 月，党的十九大作出实施乡村振兴战略的重大决策部署，2018 年起，相关政策文件陆续出台，进一步明确了"产业兴旺、生态宜居、乡风文明、治理有效、生活富裕"的 20 字总要求、阶段性目标及主要任务要求等，乡村振兴战略正式启动。"十三五"时期末，中国如期完成脱贫攻坚目标任务，进入"十四五"规划期，中国"三农"工作重心发生历史性转移，开始全面推进乡村振兴，扎实推动乡村产业、人才、文化、生态、组织振兴。经过不断探索实践，乡村振兴取得了积极成效，对全方位夯实中国粮食安全根基，推进中国农业农村现代化进程发挥了重要作用。除了涵盖促进农民增收、乡村公共服务水平提升和人居环境改善等成效外，还提升了乡村治理水平，促进乡风文明发展；并且通过建立健全城乡融合发展体制机制和政策体系，促进了城市人才、资金、科技、信息、管理等现代生产要素向乡村流动，实现城乡消费市场更紧密对接、三次产业融合发展，在乡村培育新产业新业态，为乡村经济和产业发展注入了新动能，激活了乡村的潜力与优势，增强了乡村对保障城市食物供给安全，改善了城市环境品质，疏解了城市功能，促进了城市高质量、可持续发展。

三、中国城乡融合发展的特色与经验

在实践发展中，中国从人口规模巨大等基本国情特征出发，探索走出了具有中国特色的城乡融合发展之路，主要经验包括以下几点。

（一）促进工业化、信息化、城镇化、农业现代化同步发展

2012 年，党的十八大报告提出："坚持走中国特色新型工业化、信息化、城镇化、农业现代化道路……促进工业化、信息化、城镇化、农业现代化同步发展。"2013 年，习近平总书记在主持中共十八届中央政治局第九次集体学习时的讲话中进一步指出："西方发达国家是一个'串联式'的发展过程，工业化、城镇化、农业现代化、信息化顺序发展，发展到目前水平用了二百多年时间。我们要后来居上，把'失去的二百年'找回来，决定了我国发展必然是一个'并联式'的过程，工业化、信息化、城镇化、

农业现代化是叠加发展的。"①提出并推动工业化、信息化、城镇化、农业现代化同步发展，走新型工业化、信息化、城镇化、农业现代化发展之路，为中国重塑城乡关系，推动城乡融合发展、实现跨越式发展、加快建设社会主义现代化国家奠定重要的战略基础，是符合中国国情特征，具有中国特色的城乡融合发展路径与经验。

（二）探索形成"三权分置"的农村土地制度

党的十八大以来，中国坚持和完善农村基本经营制度，开展农村土地确权登记颁证工作，深化农村土地制度改革。2014年中央一号文件提出，稳定农户承包权，放活土地经营权，引导和规范农村集体经营性建设用地入市，改革农村宅基地制度等重要思想；2015年，中国正式启动农村土地征收、集体经营性建设用地入市、宅基地制度改革试点；2016年，中共中央办公厅、国务院办公厅印发了《关于完善农村土地所有权承包权经营权分置办法的意见》，明确提出："现阶段深化农村土地制度改革，顺应农民保留土地承包权、流转土地经营权的意愿，将土地承包经营权分为承包权和经营权，实行所有权、承包权、经营权分置并行，着力推进农业现代化，是继家庭联产承包责任制后农村改革又一重大制度创新。"中国正式开启了农村土地"三权分置"制度改革与实践探索的创新发展之路。2017年中央一号文件提出"落实农村土地集体所有权、农户承包权、土地经营权'三权分置'办法"；党的十九大报告提出"完善承包地'三权'分置制度。保持土地承包关系稳定并长久不变，第二轮土地承包到期后再延长三十年"；2018年中央一号文件进一步提出"完善农民闲置宅基地和闲置农房政策，探索宅基地所有权、资格权、使用权'三权分置'"，自此，开始稳慎推进农村宅基地制度改革试点，探索农村宅基地"三权分置"的有效实现形式。党的十八大以来，中国提出建立城乡统一的建设用地市场，允许农村集体经营性建设用地入市，推进农村集体经营性建设用地入市试点。

通过深化农村"三块地"改革，尤其是探索农村土地"三权分置"制度，在保障农村土地集体所有，巩固和完善农村基本经营制度的基础上，引导农村土地资源有序流转，促进了农业规模化、现代化水平提升，盘活了农村闲置和低效利用的土地及房

---

① 习近平：《论"三农"工作》，中央文献出版社2022年版。

屋资源，更好地满足城乡建设发展的用地需求，为城乡融合发展提供了重要的土地制度保障，奠定了重要的发展空间和资源基础，是中国在解决"三农"问题、促进城乡融合发展中形成的重大制度与实践创新。

（三）构建覆盖全民、公平统一、可持续的社会保障体系

21世纪初以来，中国农村新型合作医疗、新型社会养老保险等重要社会保障制度逐步建立，然而与城市相比，农村在覆盖面和保障水平等方面都存在明显差距。党的十八大以来，中国开始着力构建城乡统一、公平的社会保障制度体系。但在当时农村社会保障起步晚、起点低，全国13亿多总人口中有6亿多农村常住人口，经济发展总体水平还不高，财政支撑能力有限等背景下，中国农村社会保障制度不可能一步到位，关于农村社会保障制度呈现渐进式建立健全、逐步提升完善、持续推进发展的演变轨迹。

党的十八大报告提出"要坚持全覆盖、保基本、多层次、可持续方针，以增强公平性、适应流动性、保证可持续性为重点，全面建成覆盖城乡居民的社会保障体系"；党的十九大报告提出"全面建成覆盖全民、城乡统筹、权责清晰、保障适度、可持续的多层次社会保障体系"；党的二十大报告提出"健全覆盖全民、统筹城乡、公平统一、安全规范、可持续的多层次社会保障体系"。通过多年循序渐进的持续推进，中国实现了城乡居民基本养老保险制度、基本医疗保险制度等重要社会保障制度的城乡统一，促进了城乡社会保障制度的融合发展，建成世界上规模最大的社会保障体系，城乡基本公共服务均等化水平明显提升，探索出了符合基本国情，覆盖全面、公平统一、可持续的社会保障制度模式。

（四）逐步放宽分类引导农业转移人口在城镇落户

党的十八大以来，顺应城镇化发展和农村劳动力向城镇转移的大趋势，中国开始加快户籍制度改革，取消了实行60多年的城乡二元户籍制度，建立城乡统一的户籍登记制度，放宽或取消落户限制，全面实施居住证制度，促进农业转移人口市民化。

对农业转移人口在城镇落户，采取了逐步放宽、分类引导的政策。2013年11月，党的十八届三中全会通过《中共中央关于全面深化改革若干重大问题的决定》，其中提出"全面放开建制镇和小城市落户限制，有序放开中等城市落户限制，合理确定大

城市落户条件，严格控制特大城市人口规模"；2014 年 3 月，《国家新型城镇化规划（2014—2020 年）》印发，提出"不仅要放开小城镇落户限制，也要放宽大中城市落户条件"，以及"实施差别化落户政策"，"以合法稳定就业和合法稳定住所（含租赁）等为前置条件，全面放开建制镇和小城市落户限制，有序放开城区人口 50 万—100 万的城市落户限制，合理放开城区人口 100 万—300 万的大城市落户限制，合理确定城区人口 300 万—500 万的大城市落户条件，严格控制城区人口 500 万以上的特大城市人口规模。……特大城市可采取积分制等方式设置阶梯式落户通道调控落户规模和节奏。"2021 年，"十四五"规划和 2035 年远景目标纲要进一步提出："放开放宽除个别超大城市外的落户限制……全面取消城区常住人口 300 万以下的城市落户限制……全面放宽城区常住人口 300 万至 500 万的 I 型大城市落户条件。完善城区常住人口 500 万以上的超大特大城市积分落户政策……鼓励取消年度落户名额限制。"

通过深化户籍制度改革，中国破除了城乡融合发展在户籍方面的重要体制机制壁垒，促进了城乡人口自由流动，为城乡融合发展创造了重要的人口、劳动力和人才等条件。同时，党的十八大以来，中国重要政策文件中明确要求不得以退出承包地和宅基地作为农民进程落户条件，保障进城落户农民土地承包权、宅基地使用权、集体收益分配权，为城乡经济社会稳定发展，"四化同步"发展，城乡融合发展提供了重要保障。而基于中国人口规模巨大、城镇化率还有较大上升空间等国情，以及超大特大城市人口资源环境承载力等因素，采取逐渐放宽和分类引导的政策促进农业转移人口在城镇落户，是合理引导城镇化、现代化发展的重要政策创新。

四、中国城乡融合发展的思考与展望

城乡融合发展不仅是解决"三农"问题的根本途径，也是解决"大城市病"问题的重要路径，对全面推进乡村振兴，以及保障大城市区域稳定、高质量和可持续发展都具有重大战略意义，关乎中国社会主义现代化建设全局。

从世界范围来看，城乡关系演进既是城乡之间关系自组织演进的结果，也有政策干预的重要作用，具有阶段性的发展规律。新中国成立以来，中国城乡关系经历了曲折变化过程，在较长一段时期呈现分割发展格局，城乡二元结构形成并固化、改革开

放以后，中国城乡关系开始恢复和改善，逐渐步入常态化演进轨道、21 世纪初以来，城乡关系走向统筹和一体化发展、党的十八大以来，中国城乡关系进一步调整重塑，开始迈入融合发展的新阶段。从长历史周期来看，中国城乡关系总体发展轨迹符合世界城乡关系演进的一般规律特征。

由于历史基础、时代背景、国情特征等的差异，中国城乡融合发展不能照搬任何发达国家的经验模式，通过积极探索，逐渐走出了一条具有中国特色的城乡融合发展之路，取得了较明显的阶段性成就，在路径机制和发展模式等方面积累了中国经验。

进入"十四五"规划期，在如期打赢脱贫攻坚战，全面建成小康社会，实现第一个百年奋斗目标之后，中国开启了全面建设社会主义现代化国家新征程，向第二个百年奋斗目标进军。当前，中国城乡融合发展体制机制初步建立，阶段性目标和重点任务已经明确，人均国内生产总值达到 1 万美元以上，常住人口城镇化率超过 65%，具备了更好地推动城乡融合发展的重要基础条件，今后一段时期有望步入城乡融合发展的快车道。2020 年 12 月，习近平总书记在中央农村工作会议上的讲话中指出："当前，我国常住人口城镇化率已经突破了 60%。今后 15 年是破除城乡二元结构、健全城乡融合发展体制机制的窗口期。"[1]

但是也要注意到，城乡融合发展是一个长期的历史过程，目前中国城镇化水平和经济发展水平与发达国家还存在较大差距，并且由于人口规模巨大、城乡二元结构长期积累等多种原因，中国城乡发展差距仍然较大，例如，城乡居民收入差额仍呈持续拉大趋势，乡村基本公共服务尤其是社会保障水平还比较低，乡村环境基础设施还不完善等。因此，今后一段时期，只有深入贯彻落实党的二十大精神，以及《中共中央 国务院关于建立健全城乡融合发展体制机制和政策体系的意见》等重要政策文件提出的任务目标要求，持续扎实地推进城乡融合发展，健全完善城乡融合发展的体制机制，促进城乡要素自由流动，全面缩小城乡差距，促进城乡全面融合、共同繁荣，才能推动城乡融合发展水平加快迈上新台阶。

---

[1] 习近平：《论"三农"工作》，中央文献出版社 2022 年版。

第十三章　城市群与都市圈

　　中国城市群源于 20 世纪 70 年代，经过 40 多年的培育和发展，探索出一条具有中国特色的城市群发展特征和规律。党的二十大报告提出，以城市群、都市圈为依托构建大中小城市协调发展格局，推进以县城为重要载体的城镇化建设。城市群作为中国城镇化发展的主体形态，基本确立"19+2"城市群格局，京津冀协同发展、粤港澳大湾区建设、长三角一体化发展取得重大进展，成渝双城经济圈发展迅猛，长江中游、北部湾、关中平原等城市群集聚能力持续提升。以上海大都市圈、南京都市圈、成都都市圈为代表的都市圈同城化加速推进，成为省市推动跨行政区发展的突破口。①

第一节　中国城市群、都市圈概念的提出与发展

一、中国"城市群"概念的提出与内涵

（一）城市群概念的源起

　　城市群的概念起源于国外，19 世纪末 20 世纪初，霍华德第一次将观察城市的目光投射到城市周边区域上，并将城乡功能互补、群体组合的"城市集群"（town cluster）发展作为解决当时城市问题的方法。之后，格迪斯（Geddes）提出了集合城市（conur-bation）的概念，认为它是人口组群发展的新形态。他论及英国的 8 个城镇集聚区，并预言，这一现象将成为世界各国的普遍现象。而大都市地区（metropolitan area）的概念最早由美国提出，并作为国家统计范围的单位之一。它指向一个较大的人口中心及与其具有高度社会经济联系的邻接地区的组合，常常以县作为基本单元。1957 年法国地理学家戈特曼（Gottmann）发表了名为《大都市带：东北海岸的城市化》

---

① 邓智团：《加快构建大中小城市协调发展格局》，《光明日报》2023 年 2 月 23 日。

（"Megalopolis：The Urbanization of the Northeastern Seaboard"）的论文，对美国东北部大都市带进行了研究，在地理学界和城市规划学界掀起了城市群研究的热潮，这是国际公认的城市群概念的提出，戈特曼认为城市群具有一定的规模、密度；一定数量的大城市会自发形成都市区；都市区之间通过便捷的交通走廊产生紧密的社会经济联系，认为这种空间结构是为"人类文明新阶段的开端"。在戈特曼的影响下，日本学者提出了以城市服务功能范围为边界的都市圈概念。进入 20 世纪 80 年代后，国外对城市群的研究对象也逐渐从欧美、日本等发达国家，扩展到拉美、印度、印度尼西亚等发展中国家和地区。

（二）中国城市群概念内涵

中国学者对城市群研究源于 1970 年代中期，当时城市规划开始复苏，研究和引进西方城市发展的理论和经验成为学界的重点。宋家泰等在他们编著的《城市总体规划》一书中认为，城市群即多经济中心的城市区域，是指在一个特定区域内，除其中一个最为行政、经济中心外，还存在几个具有同等经济实力或水平的非行政性的经济中心。[①] 姚士谋、陈振光出版了《中国大城市群》，这是首次以城市群为研究对象的专著，将城市群定义为一个复杂的区域系统，在一定地区范围内，城市之间、城市与地区之间都存在着相互作用、相互制约的特定功能，是各类不同等级规模的城市依托交通网络组成的一个统一体。[②] 顾朝林认为，城市群是指以中心城市为核心向周围辐射构成的多个城市的集合体。城市群在经济上紧密联系，在功能上分工合作，在交通上联合一体，并通过城市规划、基础设施和社会设施建设共同构成具有鲜明地域特色的社会生活空间网络。几个城市群或单个大的城市群可进一步构成国家层面的经济圈，对国家乃至世界经济发展产生重要的影响力。[③] 方创琳认为，城市群是指在特定地域范围内，以 1 个以上特大城市为核心，由至少 3 个以上大城市为构成单元，依托发达的交通通信等基础设施网络，所形成的空间组织紧凑、经济联系紧密，并最终实现高度同城化和高度一体化的城市群体。[④]

---

① 宋家泰、崔功豪、张同海：《城市总体规划》，商务印书馆 1985 年版。
② 姚士谋、陈振光、朱英明：《中国城市群》，中国科学技术大学出版社 1992 年版。
③ 顾朝林：《城市群研究进展与展望》，《地理研究》2011 年第 5 期。
④ 方创琳：《中国城市群研究取得的重要进展与未来发展方向》，《地理学报》2014 年第 8 期。

综合以上国内外城市群概念的研究，学者从规模结构、空间联系、功能分工等不同角度阐述城市群概念，但尚未形成统一认识。总体来说，城市群内涵的核心为集聚和城市功能联系：[①]多个城市集聚，特别是形成一个或多个城市为核心是城市群的先决条件；城市之间交通、经济、社会等紧密联系是城市群的重要特征。为此，城市群可以被理解为：在区域协调的思想影响下，随着城市集聚发展，城市的功能影响范围超过城市传统行政边界，城市区域协作出现并在逐步加强后而产生的一种人类聚居形式。

二、中国都市圈概念的提出与内涵

（一）都市圈概念的提出

1950 年，日本行政管理厅提出都市圈概念，具体指可在一日内接受城市某一方面功能服务的地域范围，其中心城市人口规模在 10 万以上。1960 年，日本行政管理厅又提出大都市圈概念，具体在中心城市人口规模、外围地区至中心城市通勤人口、都市圈内物流等方面进行界定，并划分出首都圈、近畿圈、中部圈、北海道圈、九州圈、东北圈、中国圈和四国圈八个大都市圈。都市圈的主要特征在于城市具有围绕中心城市的圈域空间特性。其中，高密度的人口、稠密的城镇网络、明显的多核心结构、高度的连续性、很强的内部相互作用、连接多个网络的枢纽功能等是其基本要素；产业的互补性和整合性、基础设施建设在空间上的连续性和网络化、区域资源和生产要素的聚散性和广域流动性、区域政策环境的无差异性和协同性、区域经济关系的依存性和融合性等则是其客观标准。都市圈是以中心城市职能的空间集聚与扩散为条件，由中心城市与多个周边城市和地区共同构成的，以城市日常生活圈的空间范围为界限的一个多核心、一体化的城市实体地域。由此可以看出，都市圈和城市群概念有着密切联系，二者都强调城市聚集和城市之间相互联系作为内在特征。

都市圈和城市群概念也有区别。都市圈更强调核心城市对周边的辐射和带动作用，故其形态上以核心城市为中心向外辐射，呈现圈层结构。一般而言，在现代交通技术条件下，直径在 200—300 千米，面积在 4 万—6 万平方千米、人们可以在一天内乘汽

---

① 刘玉亭、王勇、吴丽娟：《城市群概念、形成机制及其未来研究方向评述》,《人文地理》2013 年第 1 期。

车进行面对面交流的特定区域。[①]

（二）中国都市圈概念内涵

在戈特曼的大都市带理论引入中国以后，该词也常被译为都市圈。1989—2007 年间，中国多数学者所界定的都市圈的概念，与城市群表达着相似的含义。随着科学研究的发展，都市圈的理论开始和城市群出现分歧，在内涵和范畴上都不相同，但又有一定的联系。肖金成指出，都市圈属于同一城市场的作用范围，一般是以一个或两个大都市辐射的半径为边界，并以该城市命名；城市是一个区域的中心，通过极化效应集中了大量的产业和人口，获得快速的发展；随着城市规模的扩大、实力的增强，对周边区域产生辐射带动效应，形成一个又一个城市圈或都市圈。此后，中国学者对都市圈的概念认知逐渐倾向于统一。主要表现在三个方面：（1）多数是单核心，都市圈的范围在一个中心城市最大的辐射区域内。（2）都市圈空间范围较小。（3）城市群区域可包含都市圈：都市圈可独立存在，也可是整个城市群区域的重要组成部分。[②]

2019 年，中国的《国家发展改革委关于培育发展现代化都市圈的指导意见》对国内的现代都市圈概念作出了官方的界定，都市圈是城市群内部以超大特大城市或辐射带动功能强的大城市为中心、以 1 小时通勤圈为基本范围的城镇化空间形态。对于城市群与都市圈之间的联系与区别，国家在相关文件中也进行了明确辨析，主要表现在以下几点：（1）都市圈空间尺度较小，以 1 小时通勤圈为界定范围的标准；而城市群空间范围较大，界限比较模糊。（2）都市圈同城化、一体化水平更高。（3）二者之间的联系主要体现在城市群是由都市圈或者各级城市构成的。[③]

三、中国城市群发展的理论认知

（一）城市群特征

综合国内外有关城市群概念，提炼共性要素。可以看出，城市群是由于生产要素和产业在空间集聚，形成产业和人口在特定区域双重极化的一种新的空间组织形态。

---

① 王健：《美日区域经济模式的启示与中国"都市圈"发展战略的构想》，《战略与管理》1997 年第 2 期。
② 肖金成、袁朱：《中国将形成十大城市群》，《中国经济时报》2007 年 3 月 27 日。
③ 于艳邱：《中国城市群的概念及战略演进探析》，《现代商贸工业》2022 年第 16 期。

城市群有如下主要特征：

集聚性。城市群首要特征便是多个城市的集聚和组合，进而体现在人口、产业等要素在空间的上的集聚。纵观世界六大城市群，基本都是一个国家或地区城市化高度发达的地区，人口密度高、人口规模大，产业要素集聚，经济发达。其中人口集聚是城市群形成的先决条件。如，美国东北部地区 2010 年的人口规模超过 5 200 万人、五大湖地区人口超过 5 500 万人、日本东海道城市群人口超过 7 000 万人、英国中南部地区人口超过 3 600 万人。同时，由于人口大规模的集聚，也是产业要素集聚并形成集聚经济效应。如美国东北部大西洋沿岸城市，城市化水平达到 90% 以上，也是美国经济的核心地带，制造业产值占全美的 30%，是美国最大的生产基地。日本太平洋沿岸城市群集聚了全日本工业企业和工业就业人数的三分之二，工业产值的四分之三和国民收入的三分之二。

网络性。具有发达区域性基础设施网络，特别是具有发达交通网络，是城市群的重要特征。国外城市群大多拥有由高速公路、高速铁路、航道、通信干线、运输管道、电力输送网和给排水管网体系所构成的区域性基础设施网络，其中，发达的铁路、公路设施构成了城市群空间结构的骨架。但由于初始条件不同，城市群内部选择的交通联系方式也有差异。如，美国东北部地区城际交通体系主要以高速公路为主，以轨道交通为辅；而日本东海道城市群建设了以新干线为主的快速轨道交通网，它可以在 4 小时之内将京滨、中京、阪神工商业地带及中间城市有机地连接起来，大幅改善人员和物资流通环境。总之，发达的交通网络使城市群内各城市之间形成同城化，促进各城市之间人口、资金、产业等要素相互流动和作用。

联动性。城市群突出的特征体现在城市之间的合作与联动，产生了 1+1>2 的效果，这也是城市群的根本特征。城市群是不同规模结构和功能结构的城市相互作用而形成的共同体，在城市发展成熟的过程中，城市间的空间结构、产业布局、信息服务、基础设施、公共服务、政府管理与环境保护等都将通过外部效应产生相互影响，需要建立多元化的治理机制，促进城市群实现竞争合作共赢发展。特别是随着全球化和区域一体化的不断深入发展，全球竞争不再是以单个城市为竞争单元，而是以城市群为竞争地域单元。为此加强城市群内城市之间分工合作，需要城市群内城市之间合作、分工、联动、联治才能发挥最大效应。习近平总书记在 2013 年中央城镇化工作会议上指出，城市群是形成和发展有其内在规律，是城市之间经济和市场联系不断深化形成的，是由共同的区域历史文化支撑的，不是人为"捏"出来的。政府可以通过规划和基础设施网络加以引导，但不是靠长官意志把几个城市"圈"起来就能形成城市群了。

中枢性。城市群经济发达，往往是国家或区域的中枢，乃至全球的经济中心。城市群一般区位优势明显，多毗邻海洋或交通运输枢纽，具有发展国际联系的最佳区位、优越的生产生活条件和巨大的消费市场，是连接海内外市场、利用国内外先进技术、参与国际分工的"桥头堡"。城市群常常集外贸门户职能、科技创新职能、现代工业职能、商业金融职能、文化先导职能于一身，成为国家经济社会最发达、经济效益最高的地区，是产生新技术、新思想的"孵化器"，对国家、地区乃至世界经济发展具有中枢的支配作用。例如，以伦敦为核心的城市群，是英国主要的生产基地，大伦敦区、英格兰东南部和东部三个区域政府所辖范围，在财富上大大超过了整个不列颠岛地区。伦敦成为世界三大金融中心之一。

总之，以城市为载体体现的人口、产业等要素的集聚，是城市群产生的首要条件。而发达的基础设施网络，特别是交通体系网络成为城市群的硬件支撑。城市群内城市之间的分工合作与联动发展是城市群的内在核心。中枢性是城市群的集群效应和联动发展的重要体现。

（二）中国城市群空间范围的识别标准

相较于西方城市群相比，中国城市群具有空间范围广、人口密集、行政区域经济明显等特征。为此众多学者提出符合中国国情特征的城市群空间范围的识别标准。比较具备代表性的有：

姚士谋在《中国城市群》论著中，提出界定中国城市群空间范围的十大标准，它们分别是：（1）城市群区域总人口超过 1 500 万—3 000 万；（2）城市群内特大超级城市不少于 2 座；（3）区域内城市人口比重大于 35%；（4）区域内城镇人口比重大于40%；（5）区域内城镇人口占省区比重大于 55%；（6）城市群等级规模结构完整，形成 5 个等级；（7）交通网络密度：铁路网密度大于 250—350 千米 / 万平方千米，公路网密度大于 2 000—2 500 千米 / 万平方千米；（8）社会消费品零售总额占全省比重大于45%；（9）流动人口占全省、区比重大于65%；（10）工业总产值占全省、区比重大于70%。①

宁越敏认为，城市群具有引领区域经济增长的作用，而这种作用的发挥需要城市群具有一定的规模和经济实力，对城市群界定提出了6条标准：（1）以都市区作为城市群的核心。由于中国城市的行政区划不能反映城市实体地域的大小，有必要引入城市功能地域，即都市区的概念。一个城市群至少有两个人口百万以上的大都市区作为发展极，或至少拥有一个人口在200万以上的大都市区。（2）大城市群的总人口规模达1000万以上。（3）应高于全国平均的城市化水平。（4）沿着一条或多条快速交通走廊，连同周边有着密切社会、经济联系的城市和区域，相互连接形成的巨型城市化区域。（5）城市群的内部区域在历史上要有较紧密的联系，区域内部要有共同的地域认同感。（6）作为功能地域组织的都市区缺少相应的经济统计数据，而地级市能够提供较为齐全的统计数据，因此，城市群的组成单元以地级市及以上城市行政区为主，包括副省级市、直辖市（重庆的市域规模相当于省，只计算核心地区），个别情况下包括省辖市，如中原城市群的济源，武汉城市群的仙桃、天门、潜江。②

方创琳充分考虑中国所处的城市化发展阶段、中国城市化在经济全球化时代的重要地位和国际地位，以及中国城市群形成发育中政府主导的国家特色，提出中国城市群空间范围识别的十大基本判断标准：（1）城市群内都市圈或大城市数量不少于3个，最多不超过20个。其中，作为核心城市的城镇人口大于100万人的特大或超大城市至少有1个。（2）城市群内人口规模不低于2000万，其中城镇人口规模不少于1000万。（3）城市群人均GDP超过3000美元，工业化程度较高，一般处于工业化中后期。（4）城市群经济密度大于500万元/平方千米，经济外向度大于30%。（5）城市群铁路网密度大于250—350千米/万平方千米，公路网密度大于2000—2500千米/万平方千米，基本形成高度发达的综合运输通道。（6）城市群非农产业产值比重超过70%，非农产业劳动力比重超过60%。（7）城市群区域城市化水平大于50%。（8）城市群内

---

① 姚士谋、陈振光、朱英明：《中国城市群》，中国科学技术大学出版社1992年版。
② 宁越敏：《中国都市区和大城市群的界定——兼论大城市群在区域经济发展中的作用》，《地理科学》2011年第3期。

中心城市的 GDP 中心度大于 45%，具有跨省际的城市功能。（9）城市群周围区到中心城市的通勤率大于本身人口的 15%。（10）中心城市到紧密圈外的时间不到半小时，发车频率在 10 分钟左右，视为半小时经济圈：到中间圈外围的时间不到一小时，发车频率在 20 分钟左右，视为一小时经济圈；到外围圈的时间不超过两小时，发车频率在 30 分钟以上，视为两小时经济圈。[①]

顾朝林在借鉴国内外界定城市群空间范围标准的基础上，结合中国的实际情况，提出了以下四个标准：（1）人口城市化水平，总体上要高于全国平均水平；（2）城市密度与城镇用地比率，如美国东北沿海大都市圈内城镇用地已占到整个地区土地总面积的 20% 以上，许多城市沿交通线连成一片；（3）区域社会经济特点以及城市之间的社会经济联系程度，以城市之间的社会经济联系常用人员和信息交流规模来衡量，区内交流规模一般应占总规模的 50% 以上；（4）人口密度，城市群中心地区人口密度以不低于 500 人 / 平方千米，外围地区人口密度不低于 250 人 / 平方千米。该标准借鉴美国界定标准统计区的方法，对城市群中心地区和外围地区的人口提出了最低门槛标准，但与其他标准相比，该标准突出了城市群内部的城镇化水平和人员及信息交流规模。[②]

综合以上国内外学者对城市群界定标准的确定，中国城市群界定标准的关键要素可以归纳为以下几点：

一是城市群规模，主要从人口规模和人口密度指标来界定。从人口规模来看，不同学者提出了城市群人口规模超过 1 500 万、2 000 万和 3 000 万等不同标准。这还要基于各国人口发展特征，例如中国、日本等东亚地区人口稠密，可将城市群人口规模设置在 3 000 万，而欧洲地区人口相对较少，其规模可设置超过 1 500 万；从人口密度来看，提出了 200 人 / 平方千米（美国规划协会）、500 人 / 平方千米等不同标准。

二是中心城市数量，城市群内部有大城市、中心城市或者特大城市的数量，主要反映城市群内核心城市的带动辐射作用。具体有：要有一个或几个大城市作为中心城市、城市群内特大超级城市不少于 2 座、至少有 2 个人口百万以上大都市区作为发展

---

① 方创琳、王振波、马海涛：《中国城市群形成发育规律的理论认知与地理学贡献》，《地理学报》2018 年第 4 期。

② 顾朝林：《城市群研究进展与展望》，《地理研究》2011 年第 5 期。

极、城市群内都市圈或大城市数量不少于 3 个。由此可以看出，城市群内必须要有一个到两个以上大城市作为城市群的增长极。

三是便捷的交通体系，是城市群形成的必要条件。具体有：有联系方便的交通走廊把核心城市连接起来、城市外围当天可通勤、城市群铁路网密度大于 250—350 千米 / 万平方千米，公路网密度大于 2 000—2 500 千米 / 万平方千米，基本形成高度发达的综合运输通道，等等。对城市路网密度提出了界定标准。目前中国提出的部分城市群，只是简单的城市集聚，还未形成交通一体化，进而很难形成城市之间的互动联系。

四是城市群辐射范围，更多从交通通勤角度提出当天通勤圈，或者一小时、两小时、三小时辐射圈。日本对城市群辐射范围提出核心城市与外围地区的空间距离在 300 千米以内（或通勤时间不能超过一定限度）；方创琳提出中心城市到紧密圈、中间圈、外围圈，分别通勤时间为半小时、一小时和两小时。可见城市群辐射范围和交通便捷性密切相关。

五是城市化水平，主要从人口城市化和产业城市化提出。城市群往往是区域乃至全国城市化较高地区，城市群城市化水平应高于全国平均水平，部分学者指出城市群内城镇人口比重大于 40% 或 50%。从产业角度提出了非农业就业人口占比，例如城市群非农产业产值比重超过 70%，非农产业劳动力比重超过 60%。

第二节　中国城市群、都市圈战略的演进与特征

一、中国城市群发展战略演进

城市群作为城市发展到成熟阶段的高级空间组织形式，也是国家经济发展的重要增长极、参与全球竞争的战略区域。为此，中国高度重视城市群发展，并纳入国家层面的战略规划，并不断深化发展。中国经济社会发展"十一五""十二五""十三五""十四五"四个五年规划纲要连续把城市群作为推进新型城镇化的空间主体（见表 13-1）。党的十七大、十八大、十九大、二十大报告连续把城市群作为新的经济增长极，《国家主体功能区规划》把城市群作为重点开发区和优化开发区。2013 年底召开的首次中央城镇化工作会议和《国家新型城镇化规划（2014—2020 年）》也把城市群作为推进国家新型城镇化的空间主体，提出以城市群为主导，构建大中小城市与小

城镇协调发展的城镇化新格局。党的二十大报告明确提出，"以城市群、都市圈为依托构建大中小城市协调发展格局，推进以县城为重要载体的城镇化建设"。

党的十八大以来，从国家战略层面系统化、集成化布局城市群发展战略。2013年12月12日，习近平总书记在中央城镇化工作会议上指出："城市群是人口大国城镇化的主要空间载体，像我们这样人多地少的国家，更要坚定不移，以城市群为主体形态推进城镇化。从世界城市发展和布局看，一般来说，城市和人口集中在沿海地区是规律。我国已经形成京津、长三角、珠三角三大城市群，成为支撑和带动我国经济发展、体现国家竞争力的重要区域。我国有十三亿多人口，只发展京津冀、长三角、珠三角三大城市群是不够的。在中西部和东北有条件的地区，如成渝、中原、长江中游、哈长等地区，要依靠市场力量和国家规划引导，逐步发展形成若干城市群。这类地区要积极推进新型工业化，加强基础设施建设和环境保护，壮大城市综合实力，提高产业和人口集聚力，成为带动中西部和东北地区发展的重要增长极，推动国土空间均衡开发。同时，也要看到，一些特大城市已经出现了不同程度的城市病，包括人口过多、交通拥堵、房价高涨、环境恶化等。对此，中央将进行专门研究，从顶层做前瞻性、重构性设计，对症下药，提出一揽子解决方案。"由此可见，中国城市群战略不断深化和演化，由东部沿海三大城市群逐渐拓展中西部地区，由重视大城市发展转化为注重大中小城市协调发展。

表13-1　中国经济社会发展五年规划中对城市群战略以及布局的阐述

五年规划	概　　述	国务院批准的城市群规划
"十一五"规划	珠江三角洲、长江三角洲、环渤海地区，要继续发挥对内地经济发展的带动和辐射作用，加强区内城市的分工协作和优势互补，增强城市群的整体竞争力。 有条件的区域，以特大城市和大城市为龙头，通过统筹规划，形成若干用地少、就业多、要素集聚能力强、人口分布合理的新城市群。	《长江三角洲地区区域规划》（2010年）
"十二五"规划	构建以陆桥通道、沿长江通道为两条横轴，以沿海、京哈京广、包昆通道为三条纵轴，以轴线上若干城市群为依托、其他城市化地区和城市为重要组成部分的城市化战略格局。 加快构建沿陇海、沿京广、沿京九和沿长江中游经济带，促进人口和产业的集聚，加强与周边城市群的对接和联系。重点推进太原城市群、皖江城市带、鄱阳湖生态经济区、中原经济区、武汉城市圈、环长株潭城市群等区域发展。	《国务院关于长江中游城市群发展规划的批复》（2015年）

（续表）

五年规划	概　述	国务院批准的城市群规划
"十三五"规划	优化提升东部地区城市群，建设京津冀、长三角、珠三角世界级城市群，提升山东半岛、海峡西岸城市群开放竞争水平。培育中西部地区城市群，发展壮大东北地区、中原地区、长江中游、成渝地区、关中平原城市群，规划引导北部湾、山西中部、呼包鄂榆、黔中、滇中、兰州—西宁、宁夏沿黄、天山北坡城市群发展，形成更多支撑区域发展的增长极。促进以拉萨为中心、以喀什为中心的城市圈发展。建立健全城市群发展协调机制，推动跨区域城市间产业分工、基础设施、生态保护、环境治理等协调联动，实现城市群一体化高效发展。	哈长城市群（2016）、成渝城市群（2016年）、长江三角洲城市群（2016年）、中原城市群（2016） 北部湾城市群（2017）、关中平原城市群（2018年）、呼包鄂榆城市群（2018年）、兰西城市群（2018年）、粤港澳大湾区（2018年）
"十四五"规划	坚持走中国特色新型城镇化道路，深入推进以人为核心的新型城镇化战略，以城市群、都市圈为依托促进大中小城市和小城镇协调联动、特色化发展，使更多人民群众享有更高品质的城市生活。 以促进城市群发展为抓手，全面形成"两横三纵"城镇化战略布局。优化提升京津冀、长三角、珠三角、成渝、长江中游等城市群，发展壮大山东半岛、粤闽浙沿海、中原、关中平原、北部湾等城市群，培育发展哈长、辽中南、山西中部、黔中、滇中、呼包鄂榆、兰州—西宁、宁夏沿黄、天山北坡等城市群。	

资料来源：作者根据"十一五""十二五""十三五""十四五"规划整理。

二、中国城市群总体布局与特征

目前，中国政府已规划的 19 个城市群土地面积为 322.79 万平方千米（以地级市行政管辖区域为统计单元），占全国陆地面积的 33.62%，常住人口 10.52 亿人，占全国总人口 75.4%，国内生生总值 81.81 万亿元，占全国总量的 88.98%，即以三分之一的国土面积承载了四分之三的人口和近九成的 GDP 总量。目前，中国的城市化率达到 60%，还有大约 20 个百分点的上升空间，大都市圈和城市群加快发展成为我国经济今后五到十年最重要的结构性潜能。

纵观中国经济社会发展"十一五"到"十四五"规划中对城市群发展的战略布局，呈现以下特征：一是城市群空间布局由东部沿海城市群拓展到"两横三纵"的总体格局。"十一五"期间，重点发挥沿海三大城市群的引领作用，规划指出，"珠江三角洲、长江三角洲、环渤海地区，要继续发挥对内地经济发展的带动和辐射作用，加强区内城市的分工协作和优势互补，增强城市群的整体竞争力"。"十二五"规划提出我国城市群的"两横三纵"的总体布局，规划指出，"构建以陆桥通道、沿长江通道为两条横轴，以沿海、京哈京广、包昆通道为三条纵轴，以轴线上若干城市群为依托、其他城市化地区和城市为重要组成部分的城市化战略格局"。中国幅员辽阔，有14亿多人口，只发展京津冀、长三角、珠三角三大城市群是不够的，要进一步发挥陆桥通道、长江通道以及重要交通轴线的带动作用，着力培育中西部城市群发展。二是适应中国经济社会发展的现实基础，提出分类分层指导城市群发展战略。这在我国经济社会发展"十三五""十四五"规划中均有所体现。在"十三五"规划中，提出优化提升东部城市群、培育中西部地区城市群、规划引导部分城市群等。基于中国东中西不同地区城市群发展发育程度不同，其发展着力点有所不同。东部城市群发育比较成熟，重在提升城市群竞争力，使其成为参与全球竞争的重要地域单元；中西部地区城市群要加大培育，城市群内交通一体化、中心城市的带动作用还有限，要重点促进城市群域内城市之间的互联互通和跨区域合作；规划引导的城市群，主要是城市群形态尚未形成，其发展边界尚不清晰，需要从规划层面引导城市群的形成。随着城市群发育的不断完善和成熟，进行分类指导的城市群也是动态变化的。如优化提升城市群由"十三五"规划中的京津冀、长三角、珠三角等三大城市群，到"十四五"规划中增加的成渝、长江中游。三是基于中国行政区经济特征，中国城市群重视跨区域协调体制机制建设。在"十三五"规划中明确提出："建立健全城市群发展协调机制，推动跨区域城市间产业分工、基础设施、生态保护、环境治理等协调联动，实现城市群一体化高效发展。"2018年，《中共中央　国务院关于建立更加有效的区域协调发展新机制的意见》明确指出："立足发挥各地区比较优势和缩小区域发展差距，围绕努力实现基本公共服务均等化、基础设施通达程度比较均衡、人民基本生活保障水平大体相当的目标，深化改革开放，坚决破除地区之间利益藩篱和政策壁垒，加快形成统筹有力、竞争有序、绿色协调、共享共赢的区域协调发展新机制，促进区域协调发展。"2019年，国家发改委发布《长三角生态绿色一体化发展示范区总体方案》，指出"率先探索从区域项目协同走向区域一体化制度创新，不破行政隶属、打破行政边界，实现共商、共建、共管、共享、共赢"。四是中国城市群与都市圈发展相互嵌套，呈现多种发展模式。城市群与都市圈之间重叠、嵌套是中国新型城镇化空间布局的重要特征。都市圈是城市群发展的"强核"，也是城市群一体化发展的先行区，更是城市群高质量发展的动力来源。中国都市圈多以省会城市、重要节点城市等中心城市为依托，以其周边中小城市为支撑，本质上是内嵌于城市群的关联网络之中的，它自身的发展有助于促进城市群与区域一体化发展。基于都市圈的空间范围，中国都市圈主要三种类型：（1）省内规划的都市圈，如山东省在半岛城市群发展基础上，陆续出台关于省会经济圈、胶东经济圈、鲁南经济圈的一体化发展的指导意见；（2）跨省自主协作的都市圈，2021年2月，国家发改委正式复函同意《南京都市圈发展规划》，以南京为中心，既包括江苏省的溧阳、金坛，也包括安徽省的芜湖、马鞍山、滁州以及宣城的部分区域；（3）高位推动的跨域合作都市圈，2020年10月，中共中央政治局召开会议审议《成渝地区双城经济圈建设规划纲要》，从国家规划顶层设计助力跨省级的合作。

第三节 中国重点城市群实践与经验总结

城市群发展重在推进城市之间跨区域协同和联动，促进资本、技术、劳动力以及数据等要素资源自由流动和优化配置。目前，中国城市群建设扎实推进，特别是京津冀、长三角以及粤港澳大湾区等东部沿海城市群，积累了较为丰富的实践经验。

一、京津冀协同发展特征与实践

京津冀协同发展由首都经济圈的概念发展而来，包括北京、天津以及河北的保定、唐山、石家庄、邯郸、邢台、衡水、沧州、秦皇岛、廊坊、张家口和承德，涉及京津和河北省11个地级市。区域面积约为21.6万平方千米，人口总数约为1.1亿人。京津冀协同发展，着力打造现代化新型首都圈和具有较强竞争力的世界级城市群，使之成为中国经济发展新的支撑带。其协同发展呈现以下特征：

京津冀协同发展自上而下推动，从国家战略高度统筹推进。2014年2月，习近平总书记召开京津冀协同发展座谈会，要求北京、天津、河北三地打破"一亩三分地"的思维定式，要求抓紧编制首都经济圈一体化发展的相关规划。强调实现京津冀协同发展，是面向未来打造新的首都经济圈、推进区域发展体制机制创新的需要。实现京津冀协同发展是一个重大国家战略，要坚持优势互补、互利共赢、扎实推进，加快走出一条科学持续的协同发展路子。2015 年 2 月，习近平主持召开中央财经领导小组第九次会议，审议研究了《京津冀协同发展规划纲要》。2015 年 4 月，中共中央政治局召开会议，审议通过《京津冀协同发展规划纲要》，明确了区域整体定位及三省市定位以外，还确定了京津冀协同发展的近期、中期、远期目标，包括总纲、实施细则和具体名录，既有顶层设计纲要，也有实施方案细则和路线图，细则包括交通一体化细则、环保一体化细则和产业一体化细则。

交通基础设施一体化是京津冀协同发展的重要前提基础。长期以来，行政区划阻隔使京津冀区域形成了以北京为原点的"单中心加放射型"格局，造成区域内各地间难以互联互通。北京承担了过重的周边城市过境运输。据统计，2014 年河北和京津之间有 18 条"断头路"和 24 条"瓶颈路"，包括京昆、京台、京秦等 4 条国家级高速。2014 年习总书记在北京市考察工作结束时指出："交通拥堵是'城市病'的典型表现，也是大城市发展中最难以治理的突出问题。北京要把解决交通拥堵问题放在城市发展的重要位置，加快形成安全、便捷、高效、绿色、经济的综合交通体系。对中心城区交通运输，也要善用人性化的办法，更加巧妙地疏解。"针对交通一体化问题，京津冀三地形成了共识。在交通布局方面，变"单中心、放射状"交通格局为纵横相连的网络状格局，形成首都环线通道暨北京大外环和京津冀区域环线通道两个环线，并建立"四纵"（沿海、京廊沧、京衡、承京保石邢邯）"四横"（张京唐秦、涿廊津、保津、石衡沧）的公路网。在交通体系方面，加快建设覆盖三地的城际轨道交通和便捷的客运网络，提高不同交通运输方式和城市交通的衔接水平。同时积极建设北方最大的港口群和枢纽机场群，空港、海港、公路、铁路协同发展，形成立体化交通运输网络。在交通联动机制方面，三地成立京津冀区域交通一体化领导小组，并建立定期会商机制，共同编写交通发展规划，协同解决交通建设问题。2019 年习近平总书记在出席投运仪式并宣布北京大兴国际机场正式投入运营时指出，"城市现代化要交通先行，要发挥好大兴国际机场的辐射带动作用，联通京津冀世界级城市群、北京'四个中心'、雄安新区建设，服务好京津冀协同发展"。

以首都功能再造为动力优化区域产业功能布局。京津冀区域协同发展就是首都功能的调整和再造过程。在计划经济体制下，全国的财政资源大部分投入了北京、上海、广州这些大都市，推动了这些都市的快速发展。改革开放后，国家财政继续向首都倾斜。北京的城市功能过多且有序性不够，首都人口膨胀、交通拥挤、环境污染、社会治安等问题凸显，亟需疏解非首都核心功能。天津选择了面向外资的发展路径。由于土地成本低廉和坐拥海港优势，使其在承接国内、国际产业转移过程中，具有较强的竞争力。河北发展是一种拾遗补缺式的爆发性发展，承接了北京首都经济功能重塑中搬迁来钢铁工业，发展北京和天津都不愿发展的许多小化工厂和小钢铁厂，造成了京津冀区域环境问题。2015 年 12 月，习近平总书记在《做好城市工作的基本思路》中指出，各城市群要借鉴京津冀协同发展的有效做法，打破在"自家一亩三分地上转圈圈"的思维定式，结合城市定位和功能，有序疏解特大城市非核心功能。大城市在发展上不要贪大求多，搞得"虚胖"，最后患上"城市病"。要强化大城市对中小城市的辐射和带动作用，弱化虹吸挤压效应，力戒把县区、小城市作为大中城市的"提款机""抽水机"，避免出现"市卡县""市刮县"现象。各城市要结合资源禀赋和区位优势，明确主导产业和特色产业，强化大中小城市和小城镇产业协作协同，逐步形成横向错位发展、纵向分工协作的发展格局。要建立跨地区投资、地区生产总值、财税等利益分享机制，推动城镇产业分工、产业整合、园区共建。要加强创新合作机制建设，构建开放高效的创新资源共享网络，以协同创新牵引城市协同发展。

雄安新区设立是京津冀协同发展的核心举措。北京非首都核心功能疏解主要分为三个层面：一般性产业特别是一些高耗能制造业、专业性的批发市场和区域性物流中心等功能向天津、河北分散疏解；北京市行政功能集中疏解到通州城市副中心；设立雄安新区，重点承接北京疏解出的行政事业单位、总部企业、金融机构、高等院校、科研院所等。雄安新区地处北京、天津、保定腹地，区位优势明显、交通便捷通畅、生态环境优良、资源环境承载能力较强，具备作为北京非首都功能疏解集中承载地的条件。它的设立也能为其他非首都功能疏解起到一个很好的示范作用，将有力缓解北京"大城市病"。2017 年 4 月，中共中央、国务院决定在河北省雄县、容城、安新等 3 个县及周边部分区域设立国家级新区。这是以习近平同志为核心的党中央作出一项重大的历史性战略选择，是继深圳经济特区和上海浦东新区之后又一具有全国意义的新区，是千年大计、国家大事。2019 年，习总书记在京津冀三省市考察并主持召开京津冀协同发展座谈会时，指出，"建设雄安新区是千年大计。新区首先就要新在规划、建设的理念上，要体现出前瞻性、引领性。要全面贯彻新发展理念，坚持高质量发展要求，努力创造新时代高质量发展的标杆。"

二、长江三角洲区域一体化发展特征与实践

长江三角洲地区是中国经济最具活力、开放程度最高、创新能力最强、吸纳外来人口最多的区域之一，主要包括上海、江苏、浙江、安徽，区域面积 35.91 万平方千米。2022 年长三角地区生产总值达 29.03 万亿元，人口 2.37 亿人，分别占全国的 24% 和 16.7%。其一体化特征和经验主要体现在以下几方面：

长三角区域合作起步较早，历经布局合作、要素合作、制度合作和更高质量一体化阶段。长三角区域合作始于 1982 年国务院成立的"上海经济区"。1989—2000 年间，长三角区域政府按照市场经济的要素配置资源原则，建立了初步的区域协调机制。长三角城市经济协调会设立了数十项的区域一体化专题，包含了科技、国企改革、港口、通关、人才、资本、技术、信息等各类生产要素的合作专题。21 世纪后，长三角地区的政府以共赢为目的，使生产要素的合作与区域协调体制及制度合作对接，通过长三角地区的政府制度合作，建立完善、高效的合作框架，自觉推动了区域一体化。长三角地区的政府建立了"三级运作、统分结合"多层次合作机制，以决策层，协调层和执行层组成的合作机制与体制，建立了省市长联席会议、经济合作与发展座谈会、城市经济协调会、行政首长联席会和专题例会的多层次会议制度，通过轮值制为长三角区域合作的正常运行提供了制度保障。2018 年，国家主席习近平在中国国际进口博览会开幕式指出，"将支持长江三角洲区域一体化发展并上升为国家战略，着力落实新发展理念，构建现代化经济体系，推进更高起点的深化改革和更高层次的对外开放，同'一带一路'建设、京津冀协同发展、长江经济带发展、粤港澳大湾区建设相互配合，完善中国改革开放空间布局"。这标志着长三角区域一体化发展上升为国家战略，进入更高质量一体化发展阶段。

长三角区域合作内容从经济合作逐渐拓展到社会、环境、治理等多领域。最初长

三角区域合作项目，主要集中在经济要素一体化，政府搭台，企业唱戏，推进生产要素的人流、物流、技术流、资金流和信息流的聚集和辐射。通过多年的合作与交流，长三角初步建立了多层次、宽领域的城市间的项目合作机制。近年来，长三角区域转向经济、社会、人口、资源、环境的"五位一体"的一体化合作，更加注重全面可持续发展，构建了综合交通、科技创新、环境保护和能源四大平台，形成了以项目带动合作、以合作促进发展的良好势头。设立了大交通体系、区域能源合作、生态环境治理、海洋、自主创新、信息资源共享、信用体系建设、旅游合作、人力资源合作等若干个专题，推进了区域一体化机制的建设。同时，以长三角生态绿色一体化示范为抓手，探索不打破行政区划，只打破行政边界的制度合作。

政府和市场双重力量推动长三角区域一体化发展。一方面，长三角区域一体化是从区域市场化开始的，经历了三种市场化模式，即苏南模式、温州模式和上海模式，其共同点是"化解"国有企业。苏南模式是江苏苏南地区利用上海国有企业的要素资源发展乡镇企业。在长三角区域的产业起步阶段，苏南地区将上海国企的订单转包给苏南乡镇企业，乡镇企业将购置副食品等与国企交换，改善国企职工福利，实施"横向联合"。到21世纪初，上海为承接新一轮国际产业转移，主动将纺织业、家电业等轻工业转移到苏南等地，这不仅培养了一大批熟练工人而且带动了江苏的外贸发展，推动了江苏经济的起飞。温州模式是浙江地区在企业原始积累过程中利用上海国企品牌效应，发展个体经济。由于中国处于改革开放初期，轻工业的小商品短缺市场成为社会的需求，浙江企业借助上海品牌优势，走出了市场化路子。上海模式是国企与外资改造国企的合资经营方式。上海"化解"国企的办法是发展外资企业，上海成立了国内最早的经济技术开发区，引进了大量外资，"牺牲"了一批国有企业，在合资中，推动了上海早期的对外开放。同时，上海国际都市的级差地租，为长三角区域优化产业布局奠定了重要基础。浦东新区开放之初，上海实行了土地批租政策，在长三角区域内形成了级差地租的阶梯分布，使企业在进入长三角区域时，自然而然地根据自身的技术水平和赢利能力选择在不同的区域发展，从而通过土地价格这一市场信号配置产业，在长三角区域内形成了产业的梯度配置，较好地解决了长三角区域的产业布局问题。另一方面，在国家和三省一市、城市等不同层面政府推动区域一体化发挥了重要的作用。2018 年长三角区域一体化发展上升为国家战略，2020 年中央层面高规格成立推动长三角一体化发展领导小组，并下设领导小组办公室，充分发挥指导推进、统筹协调、督促检查职能作用，积极推动长三角一体化发展在全国大局中发挥更大作用。长三角层面建立了"三级运作、统分结合"的合作机制，并率先探索了三地合属办公的新模式，从政府层面推动长三角区域一体化发展。

多重国家战略叠加赋能长三角更高质量一体化发展。自 2018 年长三角区域一体化发展上升为国家战略以来，先后推出长三角 G60 科创走廊、长三角生态绿色一体化发展示范区、虹桥国际开放枢纽等国家战略平台，赋能长三角区域更高质量一体化发展。一是以虹桥国际枢纽为抓手，推动长三角双向开放。2021 年国务院批复《虹桥国际开放枢纽建设总体方案》。虹桥国际开放枢纽"一核两带"面积 7 000 平方千米，2022 年实现地区生产总值 2.69 万亿元，以三省一市不到 2% 的区域面积，贡献了近 10% 的经济总量。虹桥国际中央商务区作为核心承载区，2022 年，外商投资实际到位金额增长一倍，进出口总额增长 8.6%，商务区累计吸引各类总部企业 500 余家，正成为长三角区域高速发展的新标杆和双向开放的新地标。二是以生态绿色一体化示范区为抓手，探索长三角区域制度创新。自 2019 年来，长三角生态绿色一体化发展示范区在要素流动、信用管理、生态保护等 10 个领域推出了 112 项制度创新成果，成为长三角更大区域一体化发展和全国区域协调发展的样本。三是以长三角 G60 科创走廊为抓手，探讨以极轴发展引领长三角创新链产业链深度融合。长三角 G60 科创走廊包括上海、嘉兴、杭州、金华、苏州、湖州、宣城、芜湖、合肥等 9 个城市，覆盖面积约 7.62 万平方千米，沿线城镇化水平高、经济活力足。2022 年，科创走廊建设初显成效，先进制造业和战略性新兴产业集群建设走在全国前列，上市（挂牌）企业数量年均新增 100 家以上，高新技术企业年均新增 3 000 家左右，引进高层次人才、应届高校毕业生等各类人才每年不少于 20 万人。

三、粤港澳大湾区建设特征与实践

粤港澳大湾区包括香港、澳门和广东广州、深圳、珠海、佛山、惠州、东莞、中山、江门、肇庆。2017 年召开的中央经济工作会议，将"科学规划粤港澳大湾区建设"纳入实施区域协调发展战略中。粤港澳大湾区将成为国家建设世界级城市群和参与全球竞争的重要空间载体。2019 年 2 月 18 日，中共中央、国务院印发《粤港澳大湾区发展规划纲要》。2022 年粤港澳大湾区经济总量超 13 万亿元，着力打造国际一流湾区和世界级城市群。

粤港澳大湾区的提出源于深圳，重在内地与港澳深化合作。深圳是"粤港澳大湾区"最早的提出者和倡导者。早在 10 年前就有学者提出这一概念。2013 年底，深圳市政府提出发展湾区经济，2014 年"湾区经济"首次被写入深圳市政府工作报告。2015 年打造粤港澳大湾区被正式写进国家《推动共建丝绸之路经济带和 21 世纪海上丝绸之路的愿景与行动》；2016 年国务院印发《关于深化泛珠三角区域合作的指导意见》，明确要求广州、深圳携手港澳，共同打造粤港澳大湾区；在 2017 年《政府工作报告》中，提出要推动内地与港澳深化合作，研究制定粤港澳大湾区城市群规划，发挥港澳独特优势。党的十九大报告也明确提出"要支持香港、澳门融入国家发展大局，以粤港澳大湾区建设、粤港澳合作、泛珠三角区域合作等作为重点，全面推进内地同香港、澳门互利合作"。同时，粤港澳大湾区也是珠三角区域合作的 2.0 版。20 世纪 80 年代兴起的珠三角区域合作主要是制造业的合作，而大湾区的合作应该集中在创新和开放上。在新常态下，珠三角城市群区域发展面临诸多深层次问题，需要寻求新的发展动力和突破口。例如，在广东《珠江三角洲地区改革发展规划纲要》里，提出广佛肇、深莞惠、珠中江三个城市群，其中，深莞惠一体化日渐成熟，广佛结合紧密，但与肇庆联动不强，珠中江只是规划意义上的城市群。总体布局呈现"东岸强、西岸弱"的基本格局。可见，粤港澳大湾区成为国家进一步深化内地与港澳特别行政区的重要抓手，发挥港澳优势成为粤港澳大湾区最突出的特色。

规划和建设粤港澳大湾区是落实"一带一路"倡议，是国家战略实施的主要抓手。粤港澳大湾区在国家级文件提出是在《推动共建丝绸之路经济带和 21 世纪海上丝绸之路的愿景与行动》，指出"充分发挥深圳前海、广州南沙、珠海横琴、福建平潭等开放合作区作用，深化与港澳台合作，打造粤港澳大湾区"。"发挥海外侨胞以及香港、澳门特别行政区独特优势作用，积极参与和助力'一带一路'建设。"粤港澳大湾区建设的最大公约数便是扩大对外开放，推动"一带一路"建设。这也是国家赋予粤港澳大湾区的国家责任。

粤港澳三地积极推进基础设施互联互通、制度对接以及规则衔接。一是在基础设施互联互通方面，区内跨江跨海通道持续打通，随着广深港高铁、港珠澳大桥、南沙大桥相继建成并运营，粤港澳大湾区"一小时生活圈"基本形成。二是在制度对接方面，随着"深港通""跨境理财通"等持续推进，粤港澳三地在金融领域一体化水平逐步提升。同时，在科创领域，随着相关制度的逐步完善，粤港澳三地协同创新能力不断提升。如广东省通过完善省财政科研资金过境港澳使用管理制度，推动广东与港澳深度合作并实现跨境协同创新。此外，在人才领域，在相关制度的支持下，截至2022年，共有402名港澳医师获得内地医师资格证，707名港澳律师参加大湾区律师执业考试，推动金融、税务等16个领域的港澳专业人才享受跨境执业便利。三是在规则衔接方面，随着食品、药品、交通、民生等23个领域共70项首批"湾区标准"陆续制定，粤港澳大湾区同城化趋势不断加快。①

推动湾区创新要素流动探索共享创新新模式。建设国际科技创新中心是粤港澳大湾区的重要战略使命，自启动粤港澳大湾区建设以来，大湾区不断强化各区域之间的创新要素流动、创新主体合作和创新成果共享，不断推进城市和区域、产业和企业创新一体化，逐步形成了独具特色的"共享创新"新模式。一是在城市和区域方面，在充分依托各城市产业发展基础上，积极发挥广州、深圳、香港、澳门的引领带动作用，全力打破城市之间的行政壁垒，共建"环湾科创带"，打造共享创新的地理支撑。二是在产业和企业方面，大湾区各企业发挥自身特色和优势，以华为为代表的"硬科技"和以腾讯为代表的数字平台强强联手、同向发力，联合区内中小科创企业协同创新，实现共享创新的全行业参与。

总之，中国城市群研究与建设的经验与模式正在被全球城市群建设所效仿和借鉴。2018年1月26日，中国科学院国家自然科学基金重大项目组邀请了香港大学叶嘉安教

---

① 国研智库：《粤港澳大湾区协调发展的实践经验》，中国发展出版社2023年版。

授就中国特大城市群发展等问题做了特邀报告，报告指出，中国城市群的研究正在引领着世界城市群的研究与发展，美国正在向中国学习城市群建设的经验和模式，美国提出要建设新的城市群，英国也在开始学习中国建设新的城市群，印度学习中国建设都市区和城市群。可见，中国城市群研究与建设经验及模式正在影响欧美等西方发达国家新的城市群建设思路与方向。[①]

[①] 方创琳、王振波、马海涛：《中国城市群形成发育规律的理论认知与地理学贡献》，《地理学报》2018第 4 期。

第十四章　面向新时代的国土空间规划体系

建立全国统一、责权清晰、科学高效的国土空间规划体系并监督实施，是党的十八大以来基于新思想、新要求和新探索，党中央、国务院作出的重大部署。本章简要梳理国土空间规划的概念内涵、国土空间规划体系建构的历史逻辑和时代要求，介绍国土空间规划体系的总体框架与运行逻辑，以及国土空间规划体系发展的未来展望。

第一节　国土空间规划的内涵与属性

一、国土空间规划的概念与内涵

2019 年 5 月,《中共中央　国务院关于建立国土空间规划体系并监督实施的若干意见》发布，明确提出将主体功能区规划、土地利用规划、城乡规划等空间规划融合为统一的国土空间规划，实现"多规合一"。国土空间规划是国家空间发展的指南、可持续发展的空间蓝图，是各类开发保护建设活动的基本依据。

国土空间规划工作由主体和客体两部分构成，其工作的主体是"规划"，工作的对象客体是不同的"国土空间"。① 从支撑国土空间规划开展的知识内容上解读，包括三个层面：一是规划本体，即什么是规划，以及规划怎么做；二是规划对象，即国土空间规划统筹安排和管控的对象和内容，也就是各类国土空间的规划使用及其相互关系；三是构成国土空间使用的对象，也就是国土空间的构成要素。②

对于"规划"一词，学者们有多种不同的理解：霍尔（Hall）认为，"规划作为一项普遍活动，是指编制一个有条理的行动顺序，使预期目标得以实现"。多罗（Doror）认为，"规划是拟订一套决策以决定未来活动，即指导以最佳的方式实现目标，而且从

---

① 吴志强：《国土空间规划原理》，同济大学出版社 2022 年版。
② 孙施文：《从城乡规划到国土空间规划》，《城市规划学刊》2020 年第 4 期。

其结果中学习新的各种可能及追求新目标的过程"。沃特斯顿（Waterston）认为，"规划本质上是一种有组织的、有意识的和连续的尝试，以选择最佳的方法来达到特定的目标。""规划是将人类知识合理地运用至达到决策的过程中，这些决策将作为人类行动的基础"。缪尔达尔认为，"规划是通过民主机制集体决定的努力，以作出有关未来趋势集中的、综合的和长期的预测，提出并执行协调的政策体系"。全国科学技术名词审定委员会审定的城乡规划学名词中，将规划（planning、plan）分别定义为"确定未来发展目标，制定实现目标的行动纲领以及不断付诸实施的整个过程""规划制定工作完成的成果"。[①]

对于"国土空间"一词，其本身是一个地域范畴的概念，以主权所管辖的范围为边界，涵盖了领土、领海和领空。在自然地理学、生态学、环境科学等大多数自然科学的语境下，国土空间无论是从整体看作为地球表层的复杂系统，还是从局部看作为各类生态环境变化及发展过程的反应"容器"，其都是物质性的。国土空间的使用离不开人类的干预，按照干预程度的不同，可以分为自然空间、人工空间和人工自然混合空间，其概念内涵得以拓展。在大多数社会科学的语境下，国土空间是一个"社会建构"的概念，是经济、社会、文化等多方面关系共同作用下的产物，存在着超越物质空间的范畴。近年来，"数字孪生""智慧国土""空间智治"等新理念和新技术不断涌现，构建数字世界中的国土空间成为地理信息科学、城乡规划学等学科共同关注的议题。

具体来说，国土空间规划是对一定区域国土空间开发、保护的空间与时间上所做出的统筹安排。国土空间规划既有别于传统以发展建设为主导的城乡规划，也不同于传统要素单一、纯管控思维的土地利用规划，是在生态文明理念下，对原有各类空间规划的理念与方法进行重大的调整与重构。

二、国土空间规划的属性与作用

首先，国土空间具有多元价值属性。国土空间作为一切自然资源存在、经济社会

---

① 张京祥、黄贤金：《国土空间规划原理》，东南大学出版社 2021 年版。

活动开展的物质载体，承载了政府、市场、社会、个人等众多主体的不同利益诉求，因而具有自然资源属性、资产与资本属性、人文社会属性等多重价值属性。国土空间不是纯粹的物质形态空间，也不是纯粹的、不受扰动的纯自然空间，而是现实经济社会活动与需求的具体投影，也是充满人性、文化和活力的场所。在国家治理现代化的目标要求下，空间规划体系的重构首先应基于对国土空间多元价值属性的全面理解和准确把握。

其次，国土空间规划要求多目标整体统一。一方面，正是因为国土空间具有多元价值属性，在面对政府、市场、社会等多元主体各自利益取向时，国土空间规划不能仅仅追求单一的目标，而需要实现对多元化目标的统筹平衡。另一方面，国土空间规划涉及生态、海洋、农田、城镇等不同空间子系统，在国土空间规划的编制过程中，需要不断协调各子系统的发展目标，达成多目标的整体统一，即统一在生态文明的整体框架中和永续发展总目标之下。具体来看，国土空间规划作为生态文明的空间治理形态，需要达成保障国土安全、落实生态保护、支撑社会治理、繁荣经济产业、实现文明美丽和布局基础设施等基本目标。

最后，国土空间规划需要多维度发挥作用。国土空间规划是政府管理空间资源、保护生态环境、合理利用土地、改善民生质量、平衡地区发展的重要手段，需要在管控资源要素、支撑美好生活和优化空间治理等方面发挥作用。一是国土空间规划作为资源要素的管控工具。对国土空间的规划管控和发展引导是国土空间规划的核心内容，国土空间规划通过规定保护或发展要求，对空间资源及其利用方式进行优化配置，从而建立一个可持续发展的空间框架，发挥规划的战略引领与刚性管控的作用。二是国土空间规划作为满足人民美好生活需要的重要支撑。以人民为中心，通过科学合理的国土空间规划，满足人民对美好生活的向往，延续历史文脉、突出地域特色、塑造美丽宜居的城乡人居环境，不断提高广大群众的幸福感、获得感。三是国土空间规划作为国家治理体系的重要构成与有效手段。国土空间规划延续了城乡规划等各类空间规划的公共政策属性，是空间化的公共政策，是空间治理的重要手段；在国家规划体系中发挥基础性的作用，真正成为保障国家战略有效实施、基于地域空间开展综合治理的运行平台，成为国家实现治理现代化的重要工具。

第二节　国土空间规划体系建构的历史逻辑

中国国土空间规划体系建构受到国家治理体系变迁的影响具有历史逻辑，不同学者对于新中国成立以来空间规划的演变历程有五个阶段[①]和四个阶段[②]不同的阶段总结，差别在于对新规划体系的探索阶段划分。本节从探讨党的十八大以来中国城市学发展的角度出发，将党的十八大以前与国土空间规划紧密关联的空间规划发展分为三个阶段。

一、计划经济时期：作为国民经济计划的空间落实

新中国成立初期，国家刚经历过长期的战争洗礼，亟需稳定政治与经济形势、快速恢复生产，因此在各领域全面效仿苏联，构建了一套建立在计划经济体制之上、由"全能型"政府制定并执行经济社会发展计划的中央集权式国家治理体制。在经济领域，通过社会主义改造实现生产资料的全面公有制，自上而下形成对各级政府、整个经济部门事无巨细的计划指令式管理，国家经济生产高度依赖政府对资源的调控和分配；在社会领域，则依靠自上而下的政治动员来实现对社会群体与个人的高度整合和有效管理。

配合中央集权、政府主导的国家治理模式，这一时期起步的空间规划主要是为了配合国家基本建设而开展，如20世纪50年代的包头、太原、洛阳、西安、兰州、武汉、成都和大同等城市的总体规划，主要是为了落实"一五"时期苏联援助中国建设的156个重要工业项目的厂址选择任务，更加注重物质空间的规划设计。因此，在整个国家完整严密的计划经济体制框架中，区域规划和城市规划等都是从属于国民经济计划的一部分，承担着对国民经济发展计划进行单向、被动的空间落实功能，即空间规划是"国民经济计划的空间图解"。在此期间，空间规划编制工作经历了大起大落，既出现过"大跃进"式的"快速规划"，也出现过"三年不搞规划"的倒退。1980年国

---

① 张京祥、夏天慈：《治理现代化目标下国家空间规划体系的变迁与重构》，《自然资源学报》2019年第10期。

② 赵民：《国土空间规划体系建构的逻辑及运作策略探讨》，《城市规划学刊》2019年第4期。

务院批准的《全国城市规划工作会议纪要》指出，"我国城市规划长期被废弛，造成了严重后果"，"为了彻底改变多年来形成的'只有人治，没有法制'的局面，国家有必要制定专门的法律，来保障城市规划稳定地、连续地、有效地实施"。

二、市场化改革时期：作为支持经济增长的空间工具

1978 年中共十一届三中全会后，市场经济发展和空间开发管控的现实需求推动了空间规划的发展和规划的法制化进程。在改革开放初期，自上而下的管控和"计划"色彩依然比较强烈，使得这一时期的国家治理体系呈现出独特的计划经济与市场经济并存的"双轨制"局面。受到国家治理体系"双轨制"影响，中国的空间规划体系此时也表现出集权—分权相交织的特征。一方面，空间规划在很大程度上延续了计划经济时期以国家宏观调控为主的色彩，由计划部门牵头编制宏观层面的国土规划和区域规划，并藉此体现国民经济发展计划的空间布局意图；另一方面，随着垂直计划性指令的不断弱化，地方发展的自主性不断增强，各地市纷纷启动城市总体规划的编制工作，并在其中着力体现地方的发展诉求。在此期间，1982 年国务院公布了新版《国家建设征用土地条例》；1986 年全国人大通过了《中华人民共和国土地管理法》，将土地利用和保护问题上升到了国家立法层面；1984 年国务院颁发了行政法规《城市规划条例》；1989 年全国人大通过了《中华人民共和国城市规划法》，以立法方式确立了城市总体规划、详细规划和城镇体系规划的编制审批制度和针对空间用途管制的"一书两证"制度，标志着以城市规划为主体的、完整的国家空间规划体系基本形成。

1993 年中共十四届三中全会通过了《中共中央关于建立社会主义市场经济体制若干问题的决定》，确立了市场在资源配置中的基础性作用，标志着中国从此转向外向型、市场化的经济增长道路，由此进入经济高速增长的阶段。1994 年分税制改革实质上完成了中央向地方的行政性分权过程，加之此前的城市土地有偿使用制改革，此后取消住房福利化分配体制、城镇化战略等一系列重大政策的实施，地方政府被赋予了相对独立的利益，掌握着土地资源的地方政府更加追求经济增长目标，开始更加积极地介入经济发展，形成了具有中国特色的"土地财政"。伴随着国家治理体系的分权化，空间规划体系的重心进一步下沉，地方层面上基于增长导向的城市总体规划、控

制性详细规划等快速发展，试图努力突破上位规划、法定规划约束的城市发展战略规划等"非法定规划"也风起云涌。作为支持经济增长的空间工具，通过空间规划来超前、超值实现城市土地经营以发挥其最大价值的理念得到普遍认同和实践。

三、21 世纪调整时期：多元体系与多规冲突矛盾凸显

2001 年中国正式加入 WTO，通过不断深化改革，持续推进高水平对外开放，在自身经济实力、综合国力显著提升的同时，也为世界发展提供了巨大红利。与此同时，经济高速增长过程中积累的发展粗放、生态恶化、社会矛盾激化等问题开始集中暴露。为了纠正单一追求经济增长的发展模式的种种弊端，党的十六大以后，提出"五个统筹""和谐社会"等一系列目标，进而提出以人为本、全面、协调、可持续的"科学发展观"，表达出中央政府的发展价值取向已经发生了重大的变化。但是，在广大的地方政府层面，经济增长仍然是追求的主要目标，"中央统筹的目标"与"地方发展的冲动"之间的拉锯式博弈，深刻地影响了这一时期的国家治理格局。

在空间规划体系方面，多元体系与多规冲突的矛盾日益凸显，矛盾最为集中体现在三大空间规划类型之间，有学者称之为规划的"三国演义"。[①] 在此期间，为了落实城乡统筹等发展理念，2008 年开始施行《中华人民共和国城乡规划法》，城乡规划建设被纳入了统一的法制和管理框架；为了规范国土空间开发秩序，2011 年国务院发布《全国主体功能区规划》，将国土空间划分为优化开发、重点开发、限制开发和禁止开发四类主体功能区。城乡总体规划的实际编制主体是地方政府，更多地体现了地方发展意志；土地利用规划是对地方空间发展资源的严格管控，但是手段单一、"刚性有余，弹性不足"；主体功能区规划更多地体现了对地方分类发展的引导，但是缺乏有关配套政策机制等实施手段。总体来看，各级各类空间规划在支撑城镇化快速发展、促进国土空间合理利用和有效保护方面发挥了积极作用，但也存在规划类型过多、内容重叠冲突，审批流程复杂、周期过长，地方规划朝令夕改等问题。

---

① 杨保军：《城市规划 30 年回顾与展望》，《城市规划学刊》2010 年第 1 期。

第三节　国土空间规划体系建构的时代要求

一、党的十八大以来建立国土空间规划体系的宏观背景

首先，生态文明的新时代是建立国土空间规划体系的逻辑起点。党的十八大以来，以习近平同志为核心的党中央站在全局和战略的高度，对生态文明建设提出一系列新思想、新战略、新要求。党的十八大把生态文明建设纳入中国特色社会主义事业"五位一体"总体布局，十八届五中全会确立了"创新、协调、绿色、开放、共享"的新发展理念，党的十九大将"坚持人与自然和谐共生"作为新时代坚持和发展中国特色社会主义的十四条基本方略之一，并将建设美丽中国作为社会主义现代化强国目标之一，与此同时，"增强绿水青山就是金山银山的意识"正式写入党章，新发展理念、生态文明和建设美丽中国等内容写入宪法。随着这一系列新理念、新战略的提出，生态文明战略地位得到显著提升，生态文明建设和生态环境保护成为高质量发展的重要组成部分。

与之相关的是，生态文明顶层设计和制度体系建设全面推动，《中共中央　国务院关于加快推进生态文明建设的意见》《生态文明体制改革总体方案》等纲领性文件相继出台。通过制修订30多部生态环境领域法律和行政法规，覆盖各类环境要素的法律法规体系基本建立。其中，2015年中共中央、国务院颁发《生态文明体制改革总体方案》，要求"构建以空间治理和空间结构优化为主要内容，全国统一、相互衔接、分级管理的空间规划体系，着力解决空间性规划重叠冲突、部门职责交叉重复、地方规划朝令夕改等问题……要整合目前各部门分头编制的各类空间性规划，编制统一的空间规划，实现规划全覆盖"。由此，生态文明的新时代成为建立空间规划体系的逻辑起点，国土空间规划的理论、方法和实践都需要顺应这一发展要求，生态文明建设优先成为国土空间规划体系构建的核心价值观，治理生态病成为生态文明时代国土空间规划的核心作用。

其次，坚持以人民为中心是建立国土空间规划体系的现实需要。党的十八大以来，以习近平同志为核心的党中央坚持以人民为中心的发展思想，坚持一切为了人民、一切依靠人民，始终把人民放在心中最高位置、把人民对美好生活的向往作为奋斗目标，

推动改革发展成果更多更公平惠及全体人民，推动共同富裕取得更为明显的实质性进展。具体来看，2015 年 10 月，习近平总书记在党的十八届五中全会上明确提出坚持以人民为中心的发展思想。2019 年 11 月，习近平总书记在上海考察时提出，"人民城市人民建、人民城市为人民。在城市建设中，一定要贯彻以人民为中心的发展思想，合理安排生产、生活、生态空间，努力扩大公共空间，让老百姓有休闲、健身、娱乐的地方，让城市成为老百姓宜业宜居的乐园"。2021 年 11 月，党的十九届六中全会审议通过了《中共中央关于党的百年奋斗重大成就和历史经验的决议》，将"坚持人民至上"作为中国共产党百年奋斗的一条重要历史经验。

建立国土空间规划体系，是坚持以人民为中心、实现高质量发展和高品质生活、建设美好家园的重要手段。规划是为人民服务的，规划做得好不好，最终要用人民群众满意不满意、高兴不高兴来衡量。顺应时代变化，国土空间规划体系需要适应人民群众对国土空间日趋丰富多元、复杂多样的需求，制定差别化的管控要求，满足人民群众日益增长的美好生活需要；要以人的需要、人的感受、人的全面发展来安排好生产、生活、生态空间，最大限度地实现空间布局安全便利、舒适宜居、美丽有序。

最后，推进国家治理体系和治理能力现代化是建立国土空间规划体系的根本动因。党的十八大以来，以习近平同志为核心的党中央以巨大的政治勇气全面深化改革，坚决破除各方面体制机制弊端，各领域基础性制度框架基本建立，许多领域实现历史性变革、系统性重塑、整体性重构，中国特色社会主义制度更加成熟更加定型，国家治理体系和治理能力现代化水平明显提高。其中，2013 年 11 月，党的十八届三中全会提出"推进国家治理体系和治理能力现代化"的改革总目标，首次在国家政治层面明确提出了"治理现代化"的重大命题，标志着中央开始着手对国家治理体系进行全面的重构。党的二十大报告把"国家治理体系和治理能力现代化深入推进"作为发展的主要目标任务之一，深入推进国家治理体系现代化为推进中国式现代化提供制度保障。

随着国家治理体系的重大调整，中国的空间规划也迎来了一场自上而下的全面、深刻变革。"建立全国统一、责权清晰、科学高效的国土空间规划体系"构成了国家治理体系的重要组成部分，其目的是在整体谋划国土空间开发保护格局，消除多规矛盾，在全面理顺、重构各级政府事权等方面发挥主导作用。因此，建立国土空间规划体系是有效实施国家战略、促进国家治理体系和治理能力现代化的必然要求。最为直接的行动便是国家机构改革，将分散在多个部门的空间规划与管理职责统一划归新组建的自然资源部，建立覆盖全域的空间开发保护框架，推动"多规合一"，不仅是对空间规划体系的一次深度整合，其本质上更是对纵向府际关系、横向政府—市场—社会关系，即垂直治理与水平治理体系的全面重构。

二、多规合一与国土空间规划体系重构的探索历程

按照十八届三中全会提出"建立国家空间规划体系"的要求，2014年8月，国家发展改革委会同国土资源部、环境保护部、住房城乡建设部发出了《关于开展市县"多规合一"试点工作的通知》，试点范围包括28个地区。根据该通知："开展市县空间规划改革试点，推动经济社会发展规划、城乡规划、土地利用规划、生态环境保护规划'多规合一'，形成一个市县一本规划、一张蓝图，是2014年中央全面深化改革工作中的一项重要任务"；开展试点工作的主要任务是，"探索经济社会发展规划、城乡规划、土地利用规划、生态环境保护等规划'多规合一'的具体思路，研究提出可复制可推广的'多规合一'试点方案，形成一个市县本规划、一张蓝图。同时，探索完善市县空间规划体系，建立相关规划衔接协调机制。"

2017年1月，中共中央办公厅、国务院办公厅印发了《省级空间规划试点方案》，中央提升了"多规合一"试点层级。其宗旨是："为贯彻落实党的十八届五中全会关于以主体功能区规划为基础统筹各类空间性规划、推进'多规合一'的战略部署，深化规划体制改革创新，建立健全统一衔接的空间规划体系，提升国家国土空间治理能力和效率，在市县'多规合一'试点工作基础上，制定省级空间规划试点方案。"试点范围为海南、宁夏、吉林、浙江、福建、江西、河南、广西、贵州等9个省区。试点工作的基本原则是，"针对各类空间性规划存在的问题，加强体制机制、法律法规等顶层设计，研究提出系统解决重点难点问题的一揽子方案，打破各类规划条块分制、各自为政局面"。

2018年，国务院机构改革方案出台，明确将主体功能区规划、城乡规划、土地利用规划等空间规划职能统一划归新成立的自然资源部，由其承担"建立空间规划体系

并监督实施"的职责。2019 年 5 月,《中共中央 国务院关于建立国土空间规划体系并监督实施的若干意见》发布,明确提出到 2020 年基本建立国土空间规划体系,标志着国家空间规划体系重构迈出了历史性的一步。国土空间规划体系是国家治理体系的重要组成部分,国土空间规划将消除此前的多规矛盾冲突,实现空间规划的体系与职能整合,全面重构各级政府事权,成为中央对地方发展进行有效规制的重要手段。

第四节　国土空间规划体系的总体框架与运行逻辑

一、国土空间规划体系的总体框架

《中共中央 国务院关于建立国土空间规划体系并监督实施的若干意见》明确提出了国土空间规划体系"五级三类四体系"的基本构成,标志着中国国土空间体系已初步完成顶层设计,形成了"四梁八柱"的总体框架,各级各类规划编制工作据此有序推进。

一是国土空间规划体系的"五级"。"五级"对应中国的行政管理体系,将国土空间规划分为五个层级,分别是国家级、省级、市级、县级和乡镇级,各级国土空间规划的侧重点有所不同。全国国土空间规划是对全国国土空间作出的全局安排,是全国国土空间保护、开发、利用、修复的政策和总纲,侧重战略性,由自然资源部会同相关部门组织编制,由党中央、国务院审定后印发。省级国土空间规划是对全国国土空间规划的落实,指导市县国土空间规划编制,侧重协调性,由省级政府组织编制,经同级人大常委会审议后报国务院审批。市县和乡镇国土空间规划是本级政府对上级国土空间规划要求的细化落实,是对本行政区域开发保护作出的具体安排,侧重实施性。需报国务院审批的城市国土空间总体规划,由市政府组织编制,经同级人大常委会审议后,由省级政府报国务院审批;其他市县及乡镇国土空间规划由省级政府根据当地实际,明确规划编制审批内容和程序要求。各地可因地制宜,将市县与乡镇国土空间规划合并编制,也可以几个乡镇为单元编制乡镇级国土空间规划。总体上,各地区可以根据实际情况,因地制宜、实事求是,建立起适合本地区发展需要的空间规划体系。

二是国土空间规划体系的"三类"。"三类"是指国土空间规划的类型,包括总体规划、详细规划和相关专项规划。国家、省、市县编制国土空间总体规划，各地结合实际编制乡镇国土空间规划。相关专项规划是指在特定区域（流域）、特定领域，为体现特定功能，对空间开发保护利用作出的专门安排，是涉及空间利用的专项规划；相关专项规划可在国家、省和市县层级编制，不同层级、不同地区的专项规划可结合实际选择编制的类型和精度。在市县及以下编制详细规划，详细规划是对具体地块用途和开发建设强度等作出的实施性安排，是开展国土空间开发保护活动、实施国土空间用途管制、核发城乡建设项目规划许可、进行各项建设等的法定依据。在城镇开发边界内的详细规划，由市县自然资源主管部门组织编制，报同级政府审批；在城镇开发边界外的乡村地区，以一个或几个行政村为单元，由乡镇政府组织编制"多规合一"的实用性村庄规划，作为详细规划，报上一级政府审批。国土空间总体规划是详细规划的依据、相关专项规划的基础；相关专项规划要相互协同，并与详细规划做好衔接。

三是国土空间规划的"四体系"。"四体系"是指国土空间规划的编制审批体系、实施监督体系、法规政策体系和技术标准体系。规划编制审批体系即各级各类国土空间规划的编制和审批，强调不同层级、类别规划之间的协调与配合。国土空间规划编制体系中的"五级"体现了一级政府一级事权，实现全域全要素规划管控，同时也强调各级规划的侧重点不同；"三类"规划的定位更加清晰，总体规划是战略性总纲，相关专项规划是对特定区域或特定领域空间开发保护的安排，详细规划则做出具体细化的实施性规定，是规划许可的依据。从审批权限看，针对不同层级的国土空间规划采取了分级审批的设置，体现了对应各级政府事权、自上而下管控、建构现代化治理体系的思想。实施监督体系即国土空间规划的实施和监督管理，法规政策体系是对国土空间规划体系的法规政策支撑，技术标准体系是对国土空间规划体系的技术支撑。其中，规划的编制审批体系与实施监督体系属于规划流程系统，规划的法规政策体系和技术标准体系属于规划运行系统。

二、国土空间规划体系的运行逻辑

结合规划实践，国土空间规划运行可以总结为六大逻辑：未来导向，战略引领；综合统筹，三生互动；以流定形，形流相生；时空交换，数字智能；法治管控，流程管理；留白弹性，生生不息。①

而从空间规划发展的进程来看，相较于传统的城乡规划，国土空间规划体系的运行逻辑呈现出几个方面较为显著的转变。②

一是规划体系的转变。前述国土空间规划的"五级三类四体系"总体框架延续了"一级政府、一级事权、一级规划"的基本格局，通过"国土空间规划一张图"的建制，为各层次、多类型规划之间的统一和上下贯通提供了基础，应该说这是规划体系建构中的一大创新，相对于过去的城乡规划体系而言，也是一个重大的转变。

二是规划对象的转变。国土空间规划的完整对象是全域、全要素和全行动方略：全域是指空间范围，全要素是指构成国土空间的各项要素，包括山水林田湖草滩漠海岛等自然空间要素，以及城、镇、村等人工环境，全行动方略是指对国土空间构成要素的各类使用方式，即保护、开发、利用、修复、治理等。国土空间规划的对象不只是国土空间，而是国土空间的使用。因此，国土空间规划的实质是对人类空间使用行为的组织和安排，是对全域范围内的各类空间组成要素的多种使用活动进行统筹安排，而不只是对各类自然要素或人工环境的空间划定。在建立全域规划概念的基础上，需要对各类国土空间组成要素的使用方式及其条件进行深入的分析，这部分的内容相对于原先的城乡规划而言是有极大的扩展，城乡规划过去关注的是城、镇村，较少涉及山水林田湖草滩漠海岛等，较多关注开发，部分或者较简单地涉及保护和利用，对于大量的自然要素的多种使用方式则基本没有涉及。因此，在国土空间规划工作中需要全面拓展视野、补充相关的知识。

三是规划内容的转变。国土空间规划的核心内容就是在全域的范围内，对组成国土空间的各项要素的各种使用进行统筹安排。因此，在许多讨论中被过度关注的"三线"划定只是规划工作内容的一部分，而且是规划结果中的一部分，而不是规划的前提和条件。规划是为实现一定目标和解决特定问题，预先安排未来行动纲领，并不断付诸实施的过程，因此具有非常明确的未来导向性。

四是规划传导和管控方式的转变。国土空间规划体系采用"一张图"为基础实现

---

① 吴志强：《国土空间规划原理》，同济大学出版社 2022 年版。
② 孙施文：《从城乡规划到国土空间规划》，《城市规划学刊》2020 年第 4 期。

了整个规划体系的严密性但要保证各级各类规划之间的有机统一和对各类实施行为的有效管理，需要有相应的传导机制和管控体制来加以保障。国土空间规划体系合并了城乡规划、土地利用规划等的主要传导和管控手段，形成了更为综合的体系。要求规划工作者掌握各层级的管控内容及其要求，并整合各类公共干预的手段和方法，通过政策设计和制度建设来具体设定相关的规划内容和传导管控要求，政策研究的任务和内容将大为增加。

五是规划思维方式的转变。国土空间规划仍然是规划，规划思维必须坚持，但规划思维中的一些思考问题的方式必须有所改变。这种改变的核心，是要建立起可以称之为"'满'的哲学"的观念。整个国土领域都有着各种各样的空间使用，也就是山水林田湖草海等，即使是无人的原始森林、沙漠地带，也是一种空间使用方式。因此，我们所进行规划的地域是被满满当当地使用着的，规划工作是在各种实有的使用状况下所开展的。规划中各类使用方式的变动都是对现有使用方式的调整，是用一种使用方式去替代另一种使用方式，那么，为什么要去替代，理由是什么？被替代的使用方式果真没有价值吗？既有的周边关系被改变，会带来什么样的后果？这些问题将成为规划安排的重要检验。

第五节　国土空间规划体系发展的未来展望

中国的国土空间规划体系仍处在不断的开拓创新过程中，当前这一过程仍面临几个方面的挑战，包括完整的理论和原理体系尚未形成，完整的技术和规范体系尚在探索之中，针对来自当代的新进经验与变革尚待各方形成共识，汲取世界各国空间规划体系养分时须更深入理解其体系形成的原因，大数据与人工智能等信息技术的发展如何为解决传统问题提供方法创新，全球气候变化与国内外复杂形势使得空间规划体系建构过程中面临的问题和挑战不断增多。[1]总体上，国土空间规划体系的发展需要考虑的因素较多，但核心应该充分把握综合性知识运用、数字智能技术赋能和人民参与规划治理等发展趋势。

---

[1]　吴志强：《国土空间规划原理》，同济大学出版社2022年版。

第一，充分汲取、应用和整合各相关学科知识。聚焦空间配置和土地利用的理论和技术发展，围绕国土空间规划编制审批改革要求，加强对相关学科知识的汲取、应用和整合是必要而紧迫的。[①] 要认真把握国土空间规划的科学性，系统有机地管理国土空间的发展变化，使之更加符合自然规律、经济规律、社会规律和城乡发展规律，从而增强规划的科学性。"多规合一"国土空间规划体系的建立，从制度环境上改变了空间规划相关学科发展演进的外部条件，要实现国土空间规划战略引领与刚性管控的作用，自然会针对国家发展的新需要，汲取、应用和整合各相关学科知识，但无论怎样，规划过程是追求科学性的过程，知识体系的扩展应有利于体现规划的整体性和综合性。如在全球新一轮科技革命和产业变革突飞猛进的背景下，科技创新成为国际战略博弈的主要战场，在重构空间规划体系的关键时期，系统探索国土空间规划全面响应创新发展逻辑转变，具有必要性和紧迫性。具体来看，就是国土空间规划体系响应创新发展逻辑，需回答三个问题：一是响应什么，创新发展的空间需求逻辑存在哪些转变；二是如何响应，各级各类规划如何形成分类响应策略；三是响应如何传导，各级各类规划之间在响应创新发展的空间需求逻辑上如何传导，以保证体系的有机统一。[②]

第二，充分应用数字智能技术赋能国土空间规划。随着文明的空间形态由物质空间、社会空间向数字空间拓展，数字化、信息化、智能化成为国土空间规划的新发展动力，数字智能技术将赋能国土空间规划的感知、学习和迭代升级。数字智能技术不但提供了用大数据开展国土空间研究的新视角，大数据、人工智能、移动互联、云计算、区块链和物联网技术，即"大智移云链物"技术，还为国土空间规划体系提供了强有力的新技术工具，使国土空间规划对空间的发展预期判断更加准确。具体来看，其一，数字智能技术可以大大提升社会需求识别的效率和全面性。如数字化智能问卷访问调查技术、多元数据互校的全样本社会需求智能诊断感知技术等，将改变传统访谈和问卷调查低效和存在样本误差的缺陷，具有更加准确、高效和全面的特点。其二，数字智能技术可以大大提升空间特征诊断的效率和准确性。如城市大数据库平台、大数据监测与分析的智能分析技术、智能规划成效评价技术等，将改变传统的国土空间

---

① 张兵：《国土空间规划的知与行》，《城市规划学刊》2022 年第 1 期。
② 程鹏、屠启宇：《响应创新发展逻辑的国土空间规划策略》，《城市规划学刊》2022 年第 6 期。

统计数据和现状图纸分析方法的片面、低效和延时缺陷，信息科技支撑的空间特征诊断技术体系具有全面、高效和及时的特征。其三，数字智能技术可以大大促进国土空间功能配置优化。如通过发展针对各类属性用地的多方多元博弈模拟技术体系，可以改变传统规划自上而下的单一方向国土空间布局的弊端，促进空间规划及治理与市场化配置要素之间取得平衡。其四，数字智能技术可以大大促进规划成效预知的准确性。如人工智能的规划设计模拟优化应用场景分析技术、城乡空间关键问题智能推演技术、人视空间智能模拟分析技术等，将改变传统技术无法准确预知规划成效的缺陷，规划成效模拟具有准确预知、高度可视化的特点。

第三，充分发挥人民参与共建共治共享的规划治理。人民城市理念深刻揭示了中国特色社会主义城市的人民性，强调城市是人民的城市，城市发展为了人民，城市发展依靠人民，城市发展的成果由人民共享，人民城市理念成为中国特色社会主义城市发展道路的新引领。[1]2021年，中国常住人口城镇化率达到64.7%，在城镇化中后期阶段，推进以人为核心的新型城镇化，不仅要解决农村人口向城市转移过程中的问题，更要重点解决城市自身发展的问题，推动城市发展从外延快速扩张向内涵提质增效转变。全面提升国土空间品质，切实增强人民群众的获得感、幸福感、安全感，构成未来一段时期中国国土空间发展满足人民日益增长的美好生活需要的主要方向。以人民城市理念为价值牵引，全面提升国土空间品质，不仅需要体现在有形的国土空间发展需求和供给的动态匹配，即物质秩序的变化上，更需要体现在人与人之间社会关系和经济制度特征的变化上。在目标上成就人民、在路径上依靠人民、在内容上服务人民，都对制度秩序的变化提出了要求。以共建为基本动力，以共治为重要方式，以共享为最终目的，加强国土空间治理体系和治理能力建设，构成运行机制层面的治理保障逻辑。

---

① 程鹏、李健：《在人民城市建设中放大中心辐射作用的机制与路径研究——以上海实践为例》，《南京社会科学》2022年第1期。

参考文献

［1］Apgar, IV. M., 1971, "New Business from New Towns", *McKinsey Quarterly*, 7（4）: 3—25.

［2］Knights, C., 2008, "Urban Regeneration: A Theological Perspective from the West and Newcastle-upon-Tyne", *The Expository Times*, 119（5）: 217—225.

［3］Hardy, D., 1991, *From New Towns to Green Politics: Campaigning for Town and Country Planning 1946—1990*, London. GBR: Spon Press: 31.

［4］Fu, X., 2015, *China's Path to Innovation*, Cambridge University Press.

［5］Gu, J., 2022, "Sharing Economy, Technological Innovation and Carbon Emissions: Evidence from Chinese Cities", *Journal of Innovation & Knowledge*, 7(2): 100228.

［6］He, G., A. P. J. Mol, Y. Lu, 2016, "Wasted Cities in Urbanizing China", *Environmental Development*, 18: 2—13.

［7］Hu, R., Q. Liang, C. Pray, et al, 2019, "China's Rising Leadership in Science and Technology: Quantitative and Qualitative Indicators", *Scientometrics*, 118(3): 1075—1101.

［8］Lombardi, P., S. Giordano, H. Farouh, et al, 2012, "Modelling the Smart City Performance", *Innovation: The European Journal of Social Science Research*, 25(2): 137—149.

［9］Carmon, N., 1999, "Three Generation of Urban Renewal Policies", *Analysis and Policy Implications. Geoforum*, (30): 145—158.

［10］Qiu, J. L., 2009, "The Rise of the Network Society in China", *The China*

Quarterly，198：33—53.

［11］Schumpeter，J. A.，1934，*The Theory of Economic Development*：*An Inquiry into Profits*，*Capital*，*Credit*，*Interest*，*and the Business Cycle*，Harvard University Press.

［12］Xu，F.，2010，"The Effect of Foreign Direct Investment on Domestic Product Innovation：Evidence from China"，*Economics Letters*，107(2)：211—213.

［13］Zhou，Y.，2017，"The Role of the State in China's Spatial Economic Development：An Evolving Approach,"*Asian Geographer*，34(1)：23—39.

［14］常晨、陆铭：《新城之殇——密度、距离与债务》,《经济学（季刊）》2017年第 4 期。

［15］陈昌兵：《新时代我国经济高质量发展动力转换研究》,《上海经济研究》2018 年第 5 期。

［16］陈彦光、周一星：《城市化 Logistic 过程的阶段划分及其空间解释——对 Northam 曲线的修正与发展》,《经济地理》2005 年第 6 期。

［17］崔功豪、马润潮：《中国自下而上城市化的发展及其机制》,《地理学报》1999 年第 2 期。

［18］范剑勇、莫家伟：《地方债务、土地市场与地区工业增长》,《经济研究》2014 年第 1 期。

［19］付高生：《中国共产党城市工作的百年历程与宝贵经验》,《湖南农业大学学报（社会科学院版）》2021 年第 4 期。

［20］龚刚、杨兰、刘铭：《论新发展阶段下经济的高质量发展》,《中国经济问题》2022 年第 6 期。

［21］胡玉梅、范剑勇：《地方政府债务对企业融资的影响：基于"基建挤入效应"和"信贷挤出效应"的视角》,《江海学刊》2019 年第 5 期。

［22］李兰冰、高雪莲、黄玖立：《"十四五"时期中国新型城镇化发展重大问题展望》,《管理世界》2020 年第 11 期。

［23］李文刚：《人民城市理念：出场语境、意蕴表征与伦理建构》,《城市学刊》2021 年第 6 期。

［24］刘玉亭、王勇、吴丽娟：《城市群概念、形成机制及其未来研究方向评述》，《人文地理》2013 年第 1 期。

［25］刘志彪：《为高质量发展而竞争：地方政府竞争问题的新解析》，《河海大学学报（哲学社会科学版）》2018 年第 2 期。

［26］倪鹏飞：《改革开放 40 年中国城镇化发展的经验与启示》，《智慧中国》2018 年第 12 期。

［27］倪鹏飞：《中国城市崛起的经验提炼与理论启示》，《天津社会科学》2019 年第 4 期。

［28］宁越敏、张凡：《关于城市群研究的几个问题》，《城市规划学刊》2012 年第 1 期。

［29］宁越敏：《中国城市化特点、问题及治理》，《南京社会科学》2012 年第 10 期。

［30］任保平：《新时代中国经济从高速增长转向高质量发展：理论阐释与实践取向》，《学术月刊》2018 年第 3 期。

［31］师博：《从农村到城市：建党百年来我国经济发展的理论创新与实践演进》，《西安财经大学学报》2021 年第 2 期。

［32］宋道雷：《人民城市理念及其治理策略》，《南京社会科学》2021 年第 6 期。

［33］王成金：《大数据时代的城市管理科学化：问题与对策》，苏州大学硕士论文，2014 年。

［34］王建康、韩倩：《创新驱动是否促进了城市经济高质量发展？》，《科学学与科学技术管理》2022 年第 11 期。

［35］徐勇：《从"农村包围城市"到"城市带动乡村"——以新城市建设引领新农村建设》，《东南学术》2007 年第 2 期。

［36］薛德升、郑莘：《中国乡村城市化研究：起源、概念、进展与展望》，《人文地理》2001 年第 5 期。

［37］杨东昌：《试论科技创新的内涵及其系统构成要素》，《科技信息（科学教研）》2007 年第 24 期。

［38］杨东峰、龙瀛、杨文诗、孙晖:《人口流失与空间扩张:中国快速城市化进程中的城市收缩悖论》,《现代城市研究》2015 年第 9 期。

［39］杨思莹、李政:《中国特色创新发展道路:探索历程、实践经验与政策展望》,《学习与探索》2022 年第 2 期。

［40］叶雷:《中国高校技术转移网络空间演化与动力机制研究》,华东师范大学博士论文,2021 年。

［41］尹稚:《以人民为中心的城市治理》,《城市规划》2022 年第 2 期。

［42］张成甦、包雅钧:《科技创新嵌入城市治理的体制机制》,《科技导报》2020 年第 5 期。

［43］张京祥、赵丹、陈浩:《增长主义的终结与中国城市规划的转型》,《城市规划》2013 年第 1 期。

［44］张磊:《"新常态"下城市更新治理模式比较与转型路径》,《城市发展研究》2015 年第 12 期。

［45］赵剑波、史丹、邓洲:《高质量发展的内涵研究》,《经济与管理研究》2019 年第 11 期。

［46］周士跃:《习近平关于科技创新重要论述的时代背景、演进历程与核心要义》,《江南社会学院学报》2020 年第 2 期。

后 记

为贯彻落实习近平总书记关于加快构建中国特色哲学社会科学重要讲话精神和上海市委关于推动上海哲学社会科学大发展大繁荣的战略部署，我院党委提出以学科体系建设为抓手，发挥高端智库优势，加快推进中国特色哲学社会科学"三大体系"建设。

我们的基本设想是，坚持以习近平新时代中国特色社会主义思想为指导，按照习近平总书记在哲学社会科学工作座谈会上的重要讲话精神和上海市推动上海哲学社会科学大发展大繁荣建设目标要求，以我国经济与社会发展的实践经验和现实需求为起点，结合我院各研究所专业学科特色和重点研究方向，组织开展学科体系建设，注重从我国改革发展的实践工作中挖掘新材料、发现新问题、提出新观点、构建新理论，注重深化对党的创新理论研究阐释，注重总结实践中的新规律，提炼新理论，提出具有主体性、原创性的新观点，彰显我国哲学社会科学的特色和优势，为构建中国特色哲学社会科学学科体系、学术体系、话语体系作出上海社会科学院的贡献。

2023年，我院结合主题教育，围绕科研工作、人才队伍建设、智库建设等开展大调研活动，在我院建院65周年院庆之际，组织全院17个研究所，开展集体研究和联合攻关，推出我院"中国特色哲学社会科学'三大体系'研究丛书"学术成果，本书为丛书系列成果之一。

本书是城市与人口发展研究所集体科研成果。在2年多时间的多次研讨、写作、论证及修改过程中，大家付出心血智慧和艰辛工作，最终形成本书。其中，周海旺同志作为负责人，全面指导、重点把握，从本书开始申请到分组讨论、论证、确认，从本书撰写结构的编排到书稿内容的谋篇布局都严格把关，并负责本书最终统稿和定稿工作。李健同志为本书倾注了大量研究精力，负责本书研究全过程组织、协调和沟通工作，深入参与本书的研究申请、作者选定、讨论论证、修改完善等工作，在一段时间内全力以赴，为本书的成稿做出了重要贡献。其他参与本书写作的科研人员根据撰写工作任务安排，加班加点及时完成工作任务，为本书的最终成稿付出了智慧和心血。具体分工和负责人如下：

第一章　中国特色城市发展实践探索与理论阐释　李健

第二章　城市人口发展与新应对　周海旺、高慧

第三章　以人为本的新型城镇化　杨传开

第四章　城市经济高质量发展　邓智团

第五章　科技创新驱动城市转型　林兰

第六章　现代化城市治理体系　陈晨

第七章　城市基本公共服务均等化　王新贤

第八章　韧性城市与安全城市建设　宗传宏

第九章　数字化转型与智慧城市建设　樊豪斌

第十章　城市更新发展　刘志敏

第十一章　新城与新区建设　戴伟娟

第十二章　城乡融合发展　薛艳杰

第十三章　城市群与都市圈　李娜

第十四章　面向新时代的国土空间规划体系　程鹏

在本书研究和写作过程中，院主要领导全程予以关心和指导，先后组织了多轮专题会和座谈会，听取城市与人口发展研究所汇报并提出宝贵建议，在此谨表敬意和感谢！

最后，对上海人民出版社、格致出版社高效细致的出版工作一并致以谢意！

上海社会科学院城市与人口发展研究所

2023 年 8 月

图书在版编目(CIP)数据

中国特色城市理论与实践研究 / 周海旺等著. — 上海 : 格致出版社 : 上海人民出版社,2023.9
(中国特色哲学社会科学"三大体系"研究丛书)
ISBN 978 - 7 - 5432 - 3501 - 4

Ⅰ. ①中…　Ⅱ. ①周…　Ⅲ. ①城市建设-研究-中国
Ⅳ. ①F299.2

中国国家版本馆 CIP 数据核字(2023)第 163832 号

责任编辑　王浩淼
装帧设计　零创意文化

中国特色哲学社会科学"三大体系"研究丛书
中国特色城市理论与实践研究
周海旺　李　健　等著

出　　　版　格致出版社
　　　　　　上海人名出版社
　　　　　　(201101　上海市闵行区号景路 159 弄 C 座)
发　　　行　上海人民出版社发行中心
印　　　刷　上海新华印刷有限公司
开　　　本　787×1092　1/16
印　　　张　21.5
插　　　页　3
字　　　数　341,000
版　　　次　2023 年 9 月第 1 版
印　　　次　2023 年 9 月第 1 次印刷
ISBN 978 - 7 - 5432 - 3501 - 4/F·1534
定　　　价　98.00 元